“十二五”普通高等教育规划教材

管理会计学

GUANLI KUAIJIXUE

樊淑侠◎主　编
陈雅娟◎副主编
杨利云◎主　审
郭东凯◎参　编

中国铁道出版社
CHINA RAILWAY PUBLISHING HOUSE

内容简介

基于实用、简练、系统的原则，集编者27年的管理会计教学经验及众多企业管理者的实践总结，在深入研究管理会计的发展历史及相关学科理论的基础上，对管理会计的内容作了较大的调整。本书主要讲四大块内容，第一章至第三章为第一部分内容，主要介绍管理会计的基本理论和基本方法；第四章至第五章为第二部分内容，主要介绍管理会计中产品成本的两种成本计算方法；第六章至第九章为第三部分内容，主要介绍预测、决策、规划控制会计；第十章为第四部分，主要介绍业绩考核与评价会计。

图书在版编目(CIP)数据

管理会计学/樊淑侠主编．—北京：中国铁道出版社，2015．2（2017．7重印）

"十二五"普通高等教育规划教材

ISBN 978-7-113-19713-1

Ⅰ．①管…　Ⅱ．①樊…　Ⅲ．①管理会计－高等学校－教材　Ⅳ．①F234．3

中国版本图书馆CIP数据核字(2014)第306122号

书　　名："十二五"普通高等教育规划教材
管理会计学

作　　者：樊淑侠　主编

策　　划：邢斯思
责任编辑：张丽娜　贾淑媛
封面设计：一克米工作室
责任校对：龚长江
责任印制：李　佳

出版发行：中国铁道出版社（100054，北京市西城区右安门西街8号）
网　　址：http://www.tdpress.com/51eds/
印　　刷：三河市华业印务有限公司
版　　次：2015年2月第1版　2017年7月第2次印刷
开　　本：787 mm×1 092 mm　1/16　印张：18.75　字数：453千
书　　号：ISBN 978-7-113-19713-1
定　　价：39.80元

编写委员会名单

（按姓氏笔画排序）

系列教材特色

1. 遵循了教材编写与人才培养相结合，教材建设与学科发展共创新的创作理念。
2. 涵盖了财务管理、会计等专业的主干课程，构筑了财会学科体系的完整框架。
3. 创作团体精挑细选，集专业性与实践性于一体。
4. 坚持理论与实践相结合，并侧重于实用性。
5. 密切关注学科领域最新、最前沿的理论研究成果以及准则、制度，并及时体现在教材内容中。
6. 在充分考虑各具体教材内容体系完整性的基础上，依据课程安排的前后衔接，对各教材之间重复的内容，做了统筹安排。既体现了学科体系的完整性，又节约了资源。
7. 设计独具匠心，在版面设计等方面均有所创新。

前言

管理会计学 Preface

管理会计从20世纪80年代引进我国起，就在企业管理中发挥着重大作用，其理论随着经济的发展得到不断充实和完善。

管理会计学理论体系的架构及内容体系的安排一直以来备受大家的关注，研究者们也在不断地思考和探索。随着我国经济高速、高效、科学的发展，对以资源有效利用为核心任务的管理会计工作也提出了更高的要求：一方面，会计理论工作者努力将国际先进的管理思想和管理方法引进来并与我国的实践相结合；另一方面，广大的会计实务工作者也在努力提高业务能力以适应现代管理的需要。作为会计教育工作者，我们有责任编写一本通俗、易懂、实用、简单的教材奉献给读者。

本书具有以下特点：

第一，教学内容充实，理论体系结构合理。本书在保证学科理论体系完整的基础上，充分把握“基础理论够用、专业知识重点突出，应用能力强化培养”的宗旨，系统、完整、实用、准确、简明地阐述管理会计的基本理论和基本方法。

第二，内容简单，通俗易懂、实用性强。本书以传统的管理会计教材内容为基础，并将近年的EVA（Economy add value，经济增加值）的业绩考核与评价、战略的业绩考核与评价等内容引入，增强了实用性。

第三，重点突出、强化应用能力的培养。本书通过大量案例分析、案例讨论和实习实训，提高学生分析问题、解决问题的能力，各章后面有思考题和同步测试题，以强化学生对知识的理解和把握。

本书的亮点：

第一，WPS的应用。对于书中公式复杂、手工计算难度大的内容，引入WPS强大的函数功能，把复杂问题简单化。

第二，注重学生实际能力培养。每章内容从案例导入开始，提出问题，解决问题。章内有案例分析题供学生学习参考，向其示范如何解决实际问题。案例讨论题、课后案例题锻炼学生独立思考的能力。

第三，能力测试的训练。附录包含针对全书内容、知识点、考点的两套自测题及答案，供学生复习应考。

本书由樊淑侠任主编，陈亚娟任副主编，杨利云任主审，郭东凯参加编写。其中，第一章～第四章、第七章内容及课后练习题及附录A、附录B由樊淑侠编写；第五章、第九章、第十章内容及课后练习题由陈亚娟编写；第六章、第八章内容及课后练习题由郭东凯编写。全书由樊淑侠负责统稿与总纂。

由于编者水平有限，加之时间仓促，书中难免存在一些疏漏和不足之处，敬请同行、专家和读者不吝赐教，批评指正。

编　者

2014年9月

教学建议

教学目的：

管理会计是一门实用性非常强的课程，本课程的教学目的在于让学生了解管理会计的基本概念、职能及研究对象，以及管理会计与财务会计的区别和联系；理解成本按性态分类及混合成本的分解方法，理解标准成本的制订及差异的计算和分析；理解业绩评价与考核的几种方法，理解全面预算的编制方法；掌握本-量-利分析的基本公式，单一产品、多种产品保本点、保利点的计算及利润的敏感性分析；掌握管理会计中产品成本的两种计算方法——变动成本法、作业成本法与传统成本计算方法的区别和联系；掌握管理会计如何在企业预测、决策中发挥作用。

课时分布建议：

教学内容	学习要点	课时安排		案例使用建议
		本科	专科	
第一章　管理会计概论	1. 掌握管理会计的定义，理解管理会计的形成与发展 2. 掌握管理会计的基本理论 3. 管理会计与财务会计的区别与联系 4. 了解管理会计人员的职业道德和职业教育	4	4	
第二章　成本性态分析	1. 掌握成本按经济用途的分类，成本按性态的分类 2. 掌握固定成本、变动成本和混合成本的含义、特点、内容、进一步分类，以及成本的相关范围 3. 掌握混合成本分解的几种方法	6	8	实践案例
第三章　本-量-利分析	1. 掌握贡献边际的计算、变动成本率的计算、营业利润的计算 2. 掌握保本点和保利点的计算、安全边际各种形式的计算、保本作业率的计算 3. 了解影响利润因素的敏感性分析	6	8	实践案例
第四章　变动成本法与完全成本法	1. 掌握变动成本法的含义、前提，尤其是变动成本法下损益的计算方法 2. 了解完全成本法下损益的计算方法 3. 了解计算两种方法下损益的变动规律和变动成本法的应用	6	8	实践案例
第五章　作业成本计算法	1. 了解作业成本法的概念、作业成本法与完全成本法的区别及联系 2. 理解资源、作业、增值作业、不增值作业的含义 3. 掌握作业成本法下产品成本的计算	6	6	实践案例

续表

教学内容	学 习 要 点	课时安排		案例使用建议
		本科	专科	
第六章　经营预测	1. 了解经营预测的概念 2. 掌握销售量、成本、利润的预测方法 3. 掌握资金需要量的预测方法	4	6	实践案例
第七章　短期经营决策	1. 理解相关成本和无关成本，特别是机会成本的概念 2. 掌握短期决策的差量分析法、边际贡献分析法、成本无差别点法等决策方法 3. 掌握决策方法的具体运用	10	10	实践案例
第八章　标准成本法	1. 了解标准成本的概念 2. 掌握标准成本具体的计算公式，各类成本差异的计算和账务处理 3. 了解标准成本法下损益表的编制	6	6	实践案例
第九章　全面预算管理	1. 掌握全面预算的概念、构成、编制顺序 2. 掌握业务预算的编制方法 3. 掌握弹性预算、零基预算、滚动预算的概念和特征	6	6	实践案例
第十章　绩效考核与评价	1. 掌握责任中心的种类、特征和考核指标，以及产品成本与责任成本的区别，不同内部转移价格的适用范围 2. 掌握业绩考核的评价系统	6	6	实践案例
课时总计		60	68	

说明：

（1）在课时安排上，对于会计学和财务管理本科建议安排60学时；财务会计类专科建议安排68学时以上，以便学习比较完整的专业知识。

（2）讨论、案例分析等时间已经包括在前面各个章节的教学时间中。

目录 管理会计学 Contents

第一章　管理会计概论

本章摘要

管理会计的概念、产生及发展；管理会计的基本理论；管理会计与财务会计的区别和联系。

学习目标

(1)了解管理会计的产生及发展。
(2)理解管理会计的基本理论。
(3)掌握管理会计的概念。
(4)掌握管理会计与财务会计的区别和联系。

案例导入

甲公司是一家纸制品生产公司，主要生产各种复印纸、包装纸等。每一类纸张又有许多规格，如复印纸又区分为A4、B5等，包装纸又可区分为普通包装纸和专用包装纸等。以前由于竞争不激烈，公司的成本会计系统只按大类计算成本，业绩报告分别反映复印纸和包装纸的业绩。自从去年开始，当地又开设了一家新的包装纸生产公司，生产甲公司所生产的包装纸中的普通纸系列产品。由于其报价低于甲公司，所以甲公司的一些普通包装纸业务开始流失。面对这种情况，甲公司的领导层要求会计人员立刻提供详细的业绩分析报告。会计人员经过一番努力，调整了包装纸的成本计算体系，终于拿出了反映各种规格包装纸利润率的业绩报告。原来的业绩报告表明，包装纸的平均利润率达到了40%，重新分析后却发现，其中普通包装纸的利润率为50%，而专用包装纸几乎不赚钱。于是甲公司决定，将包装纸生产部门划分为两个责任中心：普通包装纸责任中心和专用包装纸责任中心。对于普通包装纸，采取了降价措施，同时要求管理会计人员密切关注竞争对手的业绩信息，每周提供一次报告，以便及时根据该公司的财务业绩、定价策略和市场渗透情况做出反馈;而对于专业包装纸,则要求管理会计人员提供相应的建议,以便帮助监督和控制其成本,以提高该部分生产的利润率。会计人员明显感到,在新的竞争环境下自身的责任重了,迫切需要掌握新的管理会计技能来适应管理者的新需求。

(资料来源:根据相关网络资料整理)

思考:

(1)会计人员为什么会意识到管理会计的重要性?

(2)管理会计能给企业决策提供哪些方面的信息?

第一节　管理会计的产生及发展

18 世纪末 19 世纪初产业革命的发生,使当时的资本主义国家特别是英国的生产力得到空前的发展,生产规模随市场的开拓迅速扩大,竞争越来越激烈,企业的组织形式发生了重大变革,合伙经营、股份公司等企业组织形式相继出现,企业所有者逐渐将企业的经营权委托给专门的管理阶层。为了适应所有权与经营权的分离,向各方面(如股东、债权人、经营者等)提供公司财务状况和经营成果,需要编制会计报表,于是从填制和审核凭证、登记账簿到编制会计报表的近代会计便形成了。

资本的所有权与经营权相分离,对会计的要求也相应提高,会计不仅要发挥反映的职能,更要发挥监督的职能。从而促使了注册会计师职业的产生及发展。到了 19 世纪末 20 世纪初,随着生产规模的发展,企业对内部管理越来越重视,强调计划与控制。这时就对会计提出了新的要求,会计不仅要进行事后的记账、算账,更重要的是要做到事中控制,这一时期产生了标准成本法,强调预算的控制作用,通过差异分析寻找企业降低成本的途径,并对管理人员的业绩做出客观的评价。标准成本法、预算控制、差异分析可以说就是管理会计的雏形,但当时的管理会计还从属于财务会计的范畴,管理会计真正形成是在第二次世界大战以后,资本主义经济迅速发展,大量的军工产品生产企业向民用产品生产企业转型,市场竞争非常激烈,一些企业由于经营不善而破产倒闭。由此对会计提出了不仅要事后算账、事中控制,更要做到事前预测和决策的要求。于是管理会计从财务会计中分离出来,成为会计的一个独立分支,形成了由预测决策会计、控制会计和责任会计组成的比较完整的体系,被当时的会计界所认可,并在大中型企业中得到普遍应用。

一、管理会计的形成与发展

(一)管理会计的形成阶段(20 世纪初~20 世纪 50 年代)

管理会计的形成和发展受社会实践及经济理论的双重影响:一方面,社会经济的发展要求加强企业管理;另一方面,经济理论的形成又使这种要求得以实现。自从会计产生以后,传统的财务会计始终停留在计账、算账上,其主要的目标就是事后向与企业有经济利害关系的团体和个人提供企业财务状况、经营结果的会计信息。

20 世纪 20 年代末 30 年代初的第一次世界范围的资本主义经济危机,使人们意识到泰罗创建的科学管理理论对加强企业内部管理、减少浪费、降低成本、提高劳动生产率等起着不容忽视的作用。

泰罗的科学管理,其实质就是通过标准化的劳动工具、劳动动作、劳动定额等来进行标准

化的管理。这时传统的财务会计所提供的事后信息,已经不能满足这种管理上的变化。为了配合标准化管理的实施,将事先的计算和事后的分析(即“标准成本制度”“预算控制”和“差异分析”)等方法引进原有的会计体系,强调会计不仅要为外界的所有者服务,也要为加强内部管理服务。

20 世纪初,在美国会计实务中开始出现了以差异分析为主要内容的“标准成本计算制度”和“预算控制”,这标志着管理会计雏形的产生。但此时的管理会计是在市场供不应求、企业发展战略清晰的前提下,以协助企业在实际工作中如何提高生产效率和生产效果为基本出发点的。

在西方会计发展史上,美国会计学者奎因坦斯在其 1922 年写的《管理的会计:财务管理入门》中第一次提出了“管理会计”这个术语,当时被称为“管理的会计”。此时的管理会计,还只是一种局部性、执行性的管理会计,“以控制会计为中心”是此阶段的基本特征。

显然,管理会计的产生与现代管理科学的发展具有十分密切的关系,现代管理科学的形成和发展,对管理会计的形成在理论上起着奠基和指导的作用。

(二)管理会计的发展阶段(20 世纪 50 年代~现在)

1. 20 世纪 50~70 年代

20 世纪 50 年代末和 60 年代初,市场逐渐进入供过于求的时期,因而预测、决策分析成为了此时期管理会计新的研究焦点。

本-量-利分析、成本估算、投入产出法,线性规划、存货控制、数理统计推断、控制论、系统论、信息经济学的成本效益分析技术、不确定性分析、现代心理学和行为科学以及计算机技术被广泛的应用于管理会计,从而大大提高了管理会计预测和决策的水平,丰富了管理会计的内容。

1952 年会计学术界在伦敦举行了会计师国际代表大会,在此大会上正式提出“管理会计”术语。1972 年,全美会计师联合会(National Association of Accountants,NAA)下面单独设立了“管理会计协会”(Institute of Management Accounting,IMA),并创办了“管理会计证书”项目,安排取得管理会计师资格的考试。与此同时,英国也成立了“成本和管理会计师协会”,也安排了取得管理会计师资格的考试。

从此,西方出现了有别于“注册会计师”(Certified Public Accountant,CPA)的“注册管理会计师”(Certified Management Accountant,CMA)。

2. 20 世纪 80 年代

以标准成本制度为主要内容的管理控制继续得到了强化并有了新的发展,责任会计产生了,责任会计将行为科学理论与管理控制理论结合起来,进一步加强了对企业经营的全面控制(不仅仅是成本控制),并且将责任者的责、权、利结合起来,考核、评价责任者的工作业绩,从而极大地激发了经营者的积极性和主动性。

管理会计在强化控制职能的同时,开始行使预测、决策职能。随着各种预测、决策理论和方法广泛引入管理会计,逐步形成了以预测、决策为主要特征的管理会计信息体系,使管理会计的理论体系更加完善,内容更加丰富。

20 世纪 80 年代初期,管理会计理论发展的最大推动力是经济学的委托代理理论。这一理论为责任会计的产生和企业的内部控制奠定了基础。随着信息技术和社会经济的飞速发展,特别是对管理会计实践经验的研究,逐步摸索出一套能够与实践相结合的理论与方法体系,从而迎来了一个以“作业”为核心的“作业管理会计”时代。

“作业管理会计”与美国管理学家波特提出的“价值链”观念相呼应,并借助于“作业管理”致力于如何为企业“价值链”优化服务。

上述分析表明,此阶段的管理会计以“预测决策会计为主,以规划控制会计和责任会计为辅”为基本特征。并紧紧围绕着如何为企业“价值链”的优化和价值的增值提供相关信息而展开。

3. 20 世纪 90 年代~现代阶段

以重视环境适应性为基本特征的战略管理会计,这时期的社会经济发展主要表现为:

(1) 竞争要求企业进行“顾客化生产”。

(2) 科学技术的发展为“顾客化生产”提供了可能。

战略管理是管理者确立企业长期目标,在综合分析内外部相关因素的基础上制订达到目标的战略,并执行和控制整个战略的实施过程。

战略管理的过程一般包括 3 个阶段:战略的制订、战略的实施、战略的评价和控制(见图 1.1)。

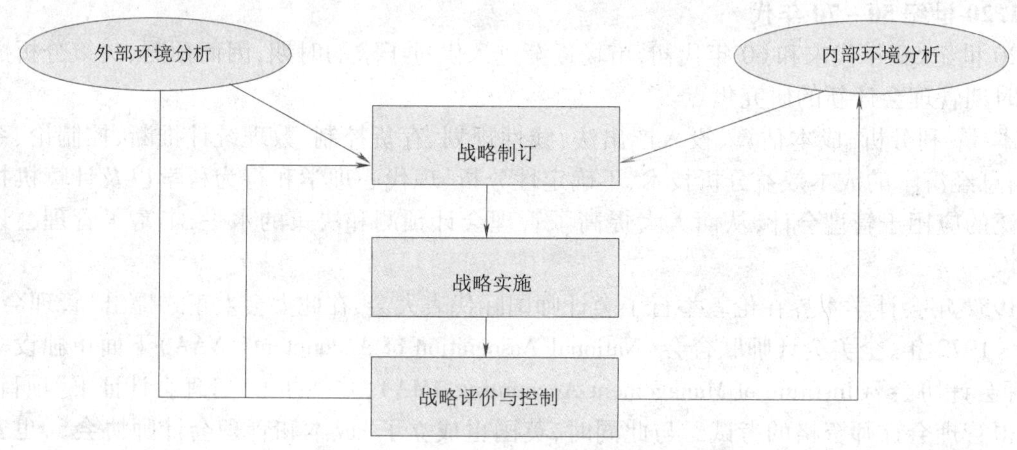

图 1.1 战略管理过程

高层管理者必须分析企业的内外环境,明确企业的优势、劣势、机会和威胁。

战略管理的关键就是在不断审视企业内外环境变化的前提下,寻求一个能够利用优势、抓住机会、弱化劣势、避免或缓和威胁的战略。

管理者根据对企业优势、劣势、机会和威胁的分析、比较,明确企业的宗旨,树立企业的目标,选择企业的战略,制订企业的政策,这就是企业战略制订阶段的主要内容。

企业战略确定以后,首先要建立一个战略实施的计划体系,其中包括各种行动方案、预算、程序,目的是将企业战略具体化,使之在时间安排和资源分配上有所保障。然后,根据新战略来调整企业的组织结构、人员安排、领导方式、财务政策、生产管理制度、研究与发展的政策、企业文化等,目的是通过这些战略措施使企业战略的实施更有效率。对企业战略管理的过程和结果要及时地进行评价。通过评价所得到的信息要及时、准确地反馈到企业战略管理的各个环节上去,以便企业的各级领导者采取必要的纠正行动。造成战略实施的结果与原计划不同的原因是多方面的。管理者在发现这些偏差之后,首先应重新检查或调整战略实施的计划体系或实施措施;其次是检查企业的政策、战略、目标是否正确;最后是重新考虑企业的宗旨。

案例分析

美国西南航空公司成立于1968年(正式运营始于1971年),当时经营达拉斯、休斯敦和圣安东尼奥的短程航运业务。西南航空公司的成功是有目共睹的:

到1991年,它的营业收入达到13亿美元,虽然比不上美国最大的四家航空公司(美洲航空公司、德尔塔航空公司、联合航空公司和西北航空公司),但利润却超过了它们。1992年,西南航空营业收入又增长了2 500万美元。而1991—1992年美国航空业总亏损80亿美元,有三家大的航空公司破产倒闭。

西南航空公司经营初期就确定了低成本、低价格、高频率、多班次的战略,绝不多花一分钱,多浪费一分钟,多雇一个员工。公司选用了最省油的波音737,挑选回报率最高的航线,每架飞机每天起落10次以上,航班停歇时间控制在15分钟之内(达到了世界最短纪录)。

西南航空开张伊始,就将任意两个城市间的单程票价降到26美元,拉开了得克萨斯州疆域内空运价格大战的序幕,并逐步向世人展示它“服务良好,票价低廉”的企业形象。

西南航空成功的秘诀:

(1)在服务创意和营销策略上,西南航空匠心独运,令竞争对手难以企及。

(2)在运营效率和价格方面,西南航空的招数也是出奇制胜。其中最著名的就是“双十”战略:10分钟的转场时间和10美元的非高峰期价格。

极低的票价是策略的核心,为此,西南航空采取了一系列措施:提高飞机的使用率;只提供在中等城市之间的点对点的航线,并且不与其他航空公司形成联运服务;保持地勤人员少而精;保持可靠的离港率,遵循“飞机要在天上才能赚钱”的原则;限量提供飞机上的供应,不提供用餐服务,但允许自带食品。

正是这一套完整的运营体系使西南航空的低价竞争得以实现。低价策略是基于公司的资源而建立的独特战略,与该企业本身不可分割,从而防止了其他企业的模仿,并使这一策略能够持久有效。

(3)为培植高收益旅客的忠诚,西南航空以免费礼品为利器,迫使对手屈膝称臣。1973年,在开张两年后,西南航空有了几十万美元的利润进账。从那时起,西南航空年年盈利,成为全世界航空业最能赚钱的高手。

(三)我国管理会计的发展

我国是从20世纪70年代末80年代初开始向发达国家学习并引进有关管理会计知识的,先后经历了宣传介绍、吸收消化和改革创新3个阶段。至今已有40余年的历史,这期间我们有成就,也有问题。

1. 成就

在20世纪70年代末80年代初,我国会计学术界对西方的管理会计进行了大量的引进工作,我国会计学家余绪缨教授率先编著了我国第一本管理会计专著,之后我国会计理论工作者开始了西方管理会计在我国的借鉴和应用意义的研究,并主要围绕着本-量-利分析、预测、决策、预算、标准成本控制、责任会计等内容开展研究工作。

与此同时，财政部、教育部先后在厦门大学、上海财经学院和大连工学院等院校举办全国性的管理会计师资格培训班和有关讲座，聘请外国学者来华主讲管理会计课程，从此管理会计学成为许多高等院校会计专业的必修课程。目前，许多学者紧随国际潮流、大量介绍了国外最新研究成果，进一步提高了我国理论界对管理会计理论的研究水平。

2. 问题

尽管我国引进了大量国外先进的管理会计理论，但是我国会计实务界却缺乏对管理会计理论的重视和系统应用。这主要表现在：

(1)企业领导或财务负责人观念陈旧，只重视事后的算账、报账工作，不重视管理会计；企业会计人员掌握管理会计知识有限，相当一部分会计人员根本不了解管理会计，管理会计在我国没有引起多数企业的重视。

(2)管理会计的一些方法，虽然在企业中得到了一定程度的运用，但从总体来讲，管理会计在我国企业中应用有限。

究其原因，许多企业的总会计师认为：现行管理会计教科书中的知识点不少，但企业可以实际应用的却有限。因此他们极力主张：我国的管理会计教科书中应包括我国一些企业应用管理会计的典型案例，以便于会计人员借鉴和操作。

未来的管理会计应是以企业(或组织)所服务的顾客终身价值(Customer Lifetime Value)最大化(战略考虑)为目标的，以电子计算机和计算机网络为主要手段，以财务数据为主要内容，同时结合非财务信息，为企业形成和提升其核心竞争能力提供相关信息支持的管理信息系统

二、管理会计的定义

对于管理会计的定义，国内外学者众说纷纭。有的认为管理会计是为企业内部管理提供决策信息的内部会计，有的则认为管理会计就是预测、决策会计。

(一) 国外学者对管理会计的定义先后经历两个阶段

1. 狭义管理会计阶段

从20世纪20年代到70年代，认为管理会计只是为企业内部管理者提供计划与控制所需信息的内部会计。

1966年美国会计学会的《基本会计理论》认为：“所谓管理会计，就是运用适当的技术和概念，对经济主体的实际经济数据和预计的经济数据进行处理，以帮助管理人员制订合理的经济目标，并为实现该目标而进行合理决策”。

1982年，美国学者罗伯特在《现代管理会计》一书中对管理会计作了如下定义：

“管理会计是一种收集、分类、总结、分析和报告信息的系统，它有助于管理者进行决策和控制”。

这一阶段的研究成果是：

(1)管理会计以企业为主体展开其管理活动。

(2)管理会计是为企业管理当局的管理目标服务的。

(3)管理会计是一个信息系统。

2. 广义管理会计阶段

20世纪70年代以后，管理会计的定义出现了一些新的变化，在内容和范围上都有所扩展，1986年，美国全美会计师协会管理会计实务委员会对管理会计的定义如下：

管理会计是向管理当局提供用于企业内部计划、评价、控制以及确保企业资源的合理使用和经管责任的履行所需财务信息。管理会计还包括编制供诸如股东、债权人、规章制定机构及税务当局等非管理集团使用的财务报表。

1982 年,英国成本与管理会计师协会修订后的管理会计定义,进一步把管理会计的范围扩大到除审计以外的会计的各个组成部分(见图 1.2)。

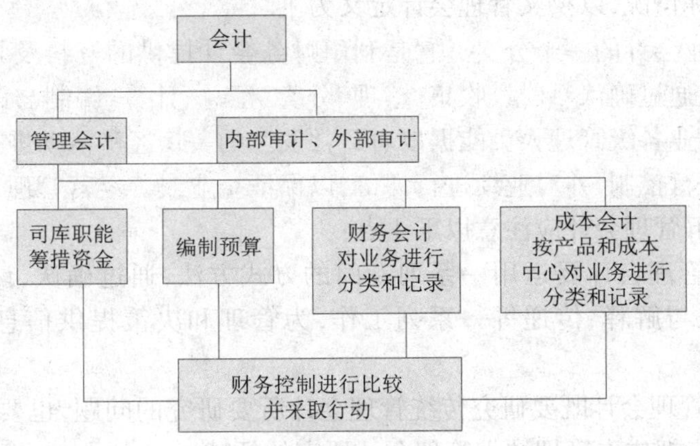

图 1.2 广义管理会计的范围

按照英国成本与管理会计师协会的解释,管理会计是对管理当局提供所需信息的那一部分会计的工作,使管理当局得以:

(1)制定方针政策。

(2)对企业的各项活动进行计划和控制。

(3)保护财产的安全。

(4)向企业外部人员(股东等)反映财务状况。

(5)向职工反映财务状况。

(6)对各个行动的备选方案作出决策。

这一阶段的研究成果:

(1)以企业为主体展开其管理活动。

(2)既为企业管理当局的管理目标服务,同时也为股东、债权人、规章制度制定机构及税务当局等非管理集团服务。

(3)作为一个信息系统,提供用来解释实际和计划所必需的货币性和非货币性信息。

(4)从内容看,既包括财务会计,又包括成本会计和财务管理。

(二)我国学者对管理会计的定义

在国内,对管理会计的定义也存在不同的观点。

李天民教授认为:“管理会计主要是通过一系列专门方法,利用财务会计提供的资料及其他有关资料,进行整理、计算、对比和分析,使企业各级管理人员能据以对日常发生的一切经济活动进行规划与控制,并帮助企业领导作出各种决策的一整套信息处理系统”。

温坤教授认为:“管理会计是企业会计的一个分支。它运用一系列专门的方式方法,收集、分类、汇总、分析和报告各种经济信息,借以进行预测和决策,制订计划,对经营业务进行控制,并对业绩进行评价,以保证企业改善经营管理,提高经济效益”。

汪家佑教授认为:“管理会计是西方企业为了加强内部管理,实现最大利润,灵活运用多种多样的方式方法,收集、加工和阐明管理当局合理地计划,有效地控制经济过程所需要的信息,围绕成本、利润、资本3个中心,分析过去、控制现在、规划未来的一个会计分支”。

可见,我国学者通常是从狭义上来定义管理会计的。

(三)管理会计的定义

结合我国的实际情况,以狭义管理会计定义为主。

管理会计是企业会计的一个分支。它是利用财务会计提供的资料及其他有关资料,运用一系列专门的方法,通过确认、计量、收集、整理、分类、汇总、计算、编制与解释、传递等一系列工作提供信息,使企业各级管理人员能据以对日常发生的一切经济活动进行预测和决策,制订计划,对经营业务进行控制,并对业绩进行评价,以保证企业改善经营管理,提高经济效益。

正确研究和理解管理会计应注意以下4点:

(1)从目的看,管理会计要运用一系列专门的方式方法,通过确认、计量、收集、整理、分类、汇总、计算、编制与解释、传递等一系列工作,为管理和决策提供信息,并参与企业经营管理。

(2)从内容看,管理会计既要研究传统管理会计所要研究的问题,也要研究管理会计的新领域、新方法,并且应把成本管理纳入管理会计研究的领域。

(3)从属性看,管理会计属于管理学中会计学科的边缘学科,是以提高经济效益为最终目的的会计信息处理系统。

(4)从范围看,管理会计既为企业管理当局的管理目标服务,同时也为股东、债权人、规章制度制定机构及税务当局、甚至国家行政机构等非管理集团服务。也就是说,其研究范围并不局限于企业,从目前看有扩大研究范围的倾向。

第二节　管理会计的基本理论

一、管理会计的对象

围绕什么是管理会计的对象这一问题,国内理论界形成了“现金流动论”“价值差量论”“资金总运动论”“以使用价值管理为基础的价值管理”4种观点,本书认为,管理会计的对象是“以使用价值管理为基础的价值管理”。因为:

(1)从实质上讲,管理会计的对象是企业的生产经营活动。企业的生产经营活动也是管理学各门课程共同研究的对象,各门课程之所以能够相互区分开来,是因为从不同的目的、不同的角度、采用不同的方法展开研究的。例如,财务会计主要从外部报表使用者的角度出发,通过凭证、账簿、报表等程序记账、算账,对已经发生或已经完成的生产经营活动进行核算,提供其所需要的会计信息。财务管理主要是从内部经营者的角度出发,以企业筹资、投资、流动资金管理、利润分配4方面为主线,对未来生产经营活动产生的现金流动进行规划和控制,以提高资金的使用效果。

(2)从经济效益的角度上看,管理会计的对象是企业生产经营活动中的价值运动,在商品经济条件下,企业的生产经营表现为两个方面:一方面表现为使用价值的生产和交换过程;另一方面表现为价值形成和价值增值过程。管理会计是以生产经营活动中价值形成和价值增值过程为对象,通过对使用价值的生产和交换过程的优化,提供信息并参与决策,以实现价值最大增值的目的。

(3)从实践角度上看,管理会计的对象具有复合性的特点。一方面,管理会计致力于使用价值生产和交换过程的优化,强调加强作业管理,其目的在于提高生产和工作效率;另一方面,在价值形成和价值增值过程中,管理会计强调加强价值管理,其目的在于提高经济效益,实现企业价值的最大增值。

正是因为管理会计对象具有的复合性,才使得作业管理和价值管理得以统一,并构成完整的管理会计对象,并得以与其他课程区别开来。一方面,价值环节和价值链与作业环节和作业链密切联系,基本形成一一对应的关系;另一方面,价值的增值取决于作业环节的减少和无用作业的消除,因为作业环节的减少和无用作业的消除将减少资源的耗费,在整个纵向价值链的价值增值额不变的情况下,必然会增加企业的价值增值额。

二、管理会计的目标

管理会计是适应企业加强内部经营管理,提高企业竞争力的需要而产生和发展起来的,因此,管理会计的最终目标应设定在满足社会需求的基础上,实现价值的最大增值,提高企业的经济效益。

为了实现最终目标,管理会计应实现以下 2 个分目标:

(一)为管理和决策提供信息

(1)与预测、决策、计划、控制和评价等企业经营活动有关的各类信息,包括过去的信息和未来的信息,这些信息有利于各级管理者做出正确的决策,有利于对经营过程的控制,实现最佳经营。

(2)管理会计的对象是以使用价值管理为基础的价值管理,但它提供的信息有利于股东、债权人及其他与企业有利害关系的企业或个人做出正确的决策。

(3)管理会计可以提供企业资产是否完整、资源是否有效利用的各类信息。

(二)参与企业的经营管理

管理会计通过制订各种战略、战术及经营决策、帮助协调组织工作等方式参与企业管理,不仅有利于各项决策方案的制订和落实,而且也有利于企业在总体上兼顾长期、短期和中期利益的最佳运行。

三、管理会计的特点

现代管理会计与财务会计同属于现代会计,与财务会计具有相同的最终目标,并相互分享部分信息。

管理会计在进行规划、控制、评价和考核的过程中需要大量应用财务会计提供的信息。但管理会计与财务会计相比,仍具有区别于财务会计的一些主要特点。

1. 服务对象特殊

管理会计主要侧重于为企业内部的经营管理服务,是现代管理会计的一个主要特点,也是管理会计区别于财务会计的一个重要标志。

2. 会计主体特殊

管理会计以企业内部各层次的责任单位为会计主体,突出以人为中心的行为管理,同时也从企业全局出发,兼顾企业主体;而财务会计则主要以整个企业为会计主体,提供集中、概括的成本信息,反映整个企业的财务状况和经营成果。

3. 没有限制和约束条件

管理会计不同于财务会计,它主要是为企业内部改善经营管理提供有用信息,它不受"公认会计原则"的制约,从管理的需要及企业内部控制制度和成本效益原则的要求出发,灵活应用其他现代科学理论;而财务会计则必须严格按照"公认的会计原则"的要求编制会计凭证、账簿和报表。

4. 会计方法和程序灵活多样

管理会计经常运用现代数学方法,吸收了大量先进的管理理念和科学管理技术,在处理问题时可以选择灵活多样的工作方法,且一般业务处理的程序不固定。而财务会计的方法比较稳定,一些核算方法一经采用,不得随意更改,且会计处理的程序比较固定,并具有强制性。

5. 信息特征特殊

管理会计信息跨越过去、现在和未来3个时态;而财务会计大多是过去时态。

6. 数据精确程度不够

由于管理会计的工作主要是面向未来进行预测、决策,而影响未来的不确定因素较多,所以对其提供的数据不要求绝对精确;而财务会计主要反映的是过去已发生的业务,因而要求其提供的数据要力求准确。

四、管理会计的职能及内容

(一)管理会计的职能

1. 预测经济前景

预测经济前景就是会计人员选择科学、合理的量化模型,有目的地预计和推测企业未来销售、成本、利润及资金的变动趋势和水平,为企业经营决策制订正确的目标和方针提供信息的过程。

2. 参与经济决策

参与经济决策就是会计人员在预测的基础上,在充分考虑各种可能的前提下,对实现一定经营目标可供选择的有关方案,按照客观规律的要求,运用一定的科学方法,分析比较,权衡利弊,从中选取最优方案的过程。

3. 规划经营目标

规划经营目标就是要求在最终决策方案的基础上,通过编制各种计划和预算将事先确定的有关经济目标分解落实到各有关预算中去,从而合理有效地组织协调企业供应、生产、销售及人力、物力和财力之间的关系,并为控制和责任考核创造条件。

4. 控制经济过程

控制经济过程就是对经济过程的事中控制,通过事前确定科学可行的各种标准,根据执行过程中的实际与计划发生的偏差进行原因分析,及时采取措施进行调整,改进工作,确保经济活动按照事前确定的目标正常进行。

5. 考核评价经营业绩

考核评价经营业绩是通过建立责任会计制度,使企业各部门、各单位及每个人均明确各自责任的前提下,逐级考核责任指标的执行情况,找出成绩和不足,从而为奖惩制度的实施和改进未来工作措施的形成提供必要依据的过程。

(二)管理会计的内容

由以上对管理会计的特点和职能的分析,可以得出:管理会计是为了加强企业内部经营管理，提高经济效益，运用现代的科学理论与方法，通过对财务等信息的深加工和再利用，实现对经营过程的预测、决策、规划、控制、责任考核评价等职能的一个会计分支。具有预测决策会计、规划控制会计和业绩评价会计3项基本内容。

1. 预测决策会计

利用财务会计信息和其他相关信息，在调查研究和综合判断的基础上，对企业未来一定期间内的生产经营活动进行科学的预测分析，为投资决策和经营决策提供依据，一般包括销售预测、成本预测、利润预测和资金需要量预测。决策就是运用数学方法对完成一定目标可供选择的有关方案进行分析、比较，以帮助管理人员做出正确的判断和选择。

2. 规划控制会计

把通过预测和决策所确定的目标和任务，用数量和表格的形式进行表达和分解，一般包括业务预算、专门预算和财务预算等。控制就是根据成本预测、成本预算以及标准成本所确定的目标和任务，对生产经营过程中所发生的各项耗费和相应的降低成本措施的执行情况进行指导、监督、调节和干预，以完成成本目标和成本预算。

3. 业绩评价会计

在分权管理的条件下，为适应责权利统一的要求，要在企业内部建立若干层次的责任中心，并把由其分工负责的经济活动进行规划、控制和评价。

应该指出，管理会计的三方面内容并不是相互孤立的，而是紧密联系的。决策与规划控制阶段所形成的全面预算和责任预算，既是最终工作成果，又是以后阶段控制经济活动的依据，同时也是对责任单位进行业绩考评的标准。业绩评价会计是决策会计和规划控制会计的“结合部”，将两者联系在一起，划分责任单位、编制责任预算等属于规划与决策会计的内容，日常核算、定期业绩报告、差异分析、实施反馈控制和业绩评价等属于控制与业绩评价会计的内容。

五、管理会计信息的质量特征

1. 相关性

相关性是指管理会计所提供的信息应该具有对决策有影响或对于其产生结果有用的特征。即相关性是就特定目的而言的，对某一决策目标是相关的信息，对另一个决策目标就不一定相关了。此外，相关性还强调各信息用户的目标与整个组织的最高管理当局的目标之间的一致性与和谐性。内部报告提供的信息，对整个组织及其不同的部门都具有同样的意义，那么也有助于内部目标的和谐统一。

2. 准确性

准确性是指管理会计所提供的信息在相关范围内必须正确地反映客观事实。不正确甚至错误的信息是无法做出正确的决策的。

3. 一贯性

一贯性是指同一企业不同时期应使用相同的规则、程序和方法，其目的在于使企业本身各个年度的管理会计信息能够相互可比，否则，就无法判断本单位财务状况和经营成果的变化趋势。

4. 客观性

客观性是指由两个以上有资格的人利用相同的规则、程序和方法，对同样一组数据进行检验，可以得出基本相同的计量结果，得出基本相同的验证结论。客观性要求管理会计提供的信息是中立的，不带任何偏向的。特别是当数据是用来对业绩进行评价或解决争端时，更应如此。

5. 灵活性

灵活性是指数据能够根据不同的标准，划分成不同类型的信息，为不同的管理目的服务。例如：成本按性态可划分为变动成本和固定成本，以满足预测、决策的需要，又可以按可控性划分为可控成本和不可控成本，以便进行成本控制和责任考核。

6. 及时性

及时性是指管理会计必须为管理当局提供最为及时、迅速的信息。及时的信息有利于做出正确的决策；相反，过时的信息则会导致决策的失误。在准确性和及时性之间，管理会计更重视及时性，甚至愿意牺牲部分准确性以换取信息的及时性。

7. 简明性

简明性是指管理会计所提供的信息，不论内容上还是形式上都应当简单明确，易于理解，使信息使用者能理解它的含义和用途，并懂得如何加以使用。简明性强调：

(1) 凡是对管理者做出某种判断或者评价有重要影响的信息，必须详细提供。

(2) 凡是对作出某种判断和评价没有重要影响的信息，可以合并、简化提供。

8. 成本效益平衡性

管理会计信息的获取都要花一定的代价，因此，必须将形成、使用一种信息所花费的代价与其在决策或控制上所取得的效果进行对比分析，研究在信息的形成、使用上如何以最小的代价取得较好的效果。不论信息有多重要，只要其取得成本超过所得，就不应形成和使用该信息。

三株的溃于"蚁穴"

企业名称：济南三株实业有限公司。

产品推广的"重武器"："农村包围城市"、人海战术、地毯式广告轰炸。

产品宣传的"火力网"：民族工业理念、电视形象广告片、专家义诊模式、农村市场四级营销体系。

旗帜产品：三株口服液。

全盛标志：从1994年至1996年的短短三年间，三株销售额从1个多亿跃至80亿元；从1993年底30万元的注册资金到1997年底48亿元的公司净资产；在全国所有大城市、省会城市和绝大部分地级市注册了600多个子公司，在县、乡有2 000多个办事处，营销人员总数超过15万人。

衰落原因：

(1) 多元化发展三株进入了医疗、生物工程、材料工程、精细化工、物理电子、化妆品等诸多行业。1996年，三株先后推出"赋新康""心脑康""保腾康""生态美""吴氏治疗仪"等产品；1997年上半年，三株吞并制药厂20多家，耗资5个多亿。

(2) 管理层膨胀。四年间，三株集团及其下属机构的管理层扩大了100倍，到1997年，三株共有300多家子公司，2 000多家县级办事处和13 000多家乡镇工作站，但工作效率低下，浪费了1/3的广告投放，基层宣传品投放到位率不足20%。

(3) 不实宣传。在三株的宣传中存在大量冒用专家名义、夸大功效、诋毁同行的言语，曾被部分地方卫生部门吊销药品批准文号，并受到媒体的批评。

三株帝国衰落的导火索：常德事件。

1996 年,湖南常德汉寿县退休老人陈某在喝完三株口服液后去世,1998 年 3 月,法院宣判三株败诉后,20 多家媒体炮轰三株,引发了三株口服液的销售地震,从数亿元的月销售额跌至数百万元,三株开始全面亏损。1999 年,三株的 200 多个子公司停止运营,绝大多数工作站和办事处被迫关闭,全国销售基本停止。三株集团曾培养了大批保健和营销的骨干,当初在三株集团的经理人和经销商,如今已经成为中国保健品或销售行业的中坚力量。三株时代是个令中国营销人热血沸腾的时代,但今天的三株集团明显的稳重、沉默了许多,开设药店,主要进行区域性的生产销售。1999 年,"三株"实现销售收入 5 亿多元,上缴税金近亿元。虽然三株已经沉寂多年,但 2002 年中国富豪 400 强排名榜上,吴炳新仍然以 24 亿元的资产名列第 18 位。

通过上面案例分析,讨论以下问题:

(1)企业管理的职能是什么?

(2)管理会计如何服务于企业的管理职能?

(3)能否用管理会计的职能理论对上述案例进行分析?

(4)说明企业战略管理的重要性。

(5)通过对以上案例的分析,你得到哪些启发?

第三节 管理会计与财务会计的区别和联系

管理会计与财务会计同属企业会计范畴,两者密不可分。在实践中,管理会计所需的许多会计资料都来源于财务会计系统,并对财务会计信息进行深加工和再利用。所以,管理会计离不开财务会计而独立存在,两者源于同一母体,相互依存、相互制约、相互补充。同时,管理会计与财务会计是现代企业会计的两大分支,分别服务于企业内部管理和外部决策的需要,两者既有区别,又有联系。

一、管理会计与财务会计的区别

(一)职能不同

管理会计是规划未来的会计,其职能侧重于面向未来预测、决策、规划,以及对现在的控制、考核和评价,属于经营管理型会计;而财务会计是反映过去的会计事项,其职能侧重于核算和监督,属于报账型会计。

(二)服务对象不同

管理会计主要为企业内部各管理层提供经营和决策所需的信息,是对内报告会计;而财务会计主要向企业外部利益关系人(如股东、潜在投资人、债权人、税务机关、证券监管机构等)提供信息,是对外报告会计。

(三)资料时效不同

管理会计预计将要发生或者评价应当发生的经济活动;而财务会计则反映已经发生的会计事项。

(四)信息特征不同

管理会计提供的经济信息是特定的、部分的和有选择性的,信息特征是一仆一主;而财务会计提供的信息是全面的、连续的、系统的整个企业的信息,信息特征是一仆多主。

(五)约束条件不同

管理会计不受会计准则、会计制度的约束,其处理方法可以根据企业管理的实际情况和需要确定，具有很大的灵活性；而财务会计必须按照会计准则、会计制度及其他法规的规范进行会计核算，其处理方法只能在允许的范围内选用，灵活性较小。

（六）报告期间不同

管理会计面向未来进行预测、决策，因此其报告的编制不受固定会计期间的限制，而是根据管理需要编制反映不同影响期间经济活动的各种报告，只要需要，可以按小时、天、月、年甚至若干年编制报告；财务会计面向过去进行核算和监督，反映一定期间的财务状况、经营成果和资金变动情况，应按规定的会计期间（如月、季、年）编制报告。

（七）会计主体不同

为适应管理的需要，管理会计既要提供反映企业整体情况的资料，又要提供反映企业内部各责任单位经营活动情况的资料，其会计主体是多层次的；而财务会计以企业为会计主体，提供反映整个企业财务状况、经营成果和资金变动的会计资料。

（八）计算方法不同

由于未来经济活动的复杂性和不确定性，管理会计在进行预测、决策时，需要应用大量现代数学方法和计算机技术；而财务会计则多采用一般的数学方法进行会计核算。

（九）信息精确程度不同

由于管理会计的工作重点是面向未来，未来期间影响经济活动的不确定因素比较多，加之管理会计对信息及时性的要求，决定了管理会计所提供的信息不能绝对精确，一般只能相对精确；财务会计反映已经发生或已经完成的经济活动，因此其提供的信息应力求精确，数字必须确切。

（十）计量尺度不同

为适应不同管理活动的需要，管理会计虽然主要使用货币量度，但也大量采用非货币量度，如实物量度、劳动量度、关系量度（如市场占有率、销售增长率）等；为了综合反映企业的经济活动，财务会计几乎全部使用货币量度。

二、管理会计与财务会计的联系

（一）起源相同

管理会计与财务会计都是在传统会计中孕育、发展和分离出来的，作为会计的重要组成部分，标志着会计学的发展和完善。

（二）目标一致

管理会计与财务会计共同服务于企业管理，其最终目标都是为了提高企业的经济效益，实现企业价值最大化。财务会计具有核算和监督的职能，其基本方法同时也具有内部控制的作用，管理会计直接就是为企业内部管理服务的。

（三）基本信息同源

管理会计所使用的信息尽管广泛多样，但基本信息来源于财务会计。有时是直接运用财务会计的资料，有时则是对财务会计资料的加工和延伸。

（四）服务对象交叉

虽然管理会计与财务会计的服务对象有内、外之分，但在许多情况下，服务对象并不严格。管理会计的信息可为外部利害关系人所使用（如盈利预测），财务会计的信息虽然主要满足对外的需要，但对企业内部的决策也至关重要。

（五）某些概念相同

管理会计中使用的某些概念与财务会计完全相同，如成本、利润等，有些概念是从财务会计概念中引申出来的，如边际成本、机会成本等。

第四节 管理会计人员的职业道德和职业教育

一、管理会计人员的职业道德

管理会计人员在对其企业或服务机构履行职责时，必须遵守职业道德标准，这一道德标准由技能、保密、廉正、客观性4部分组成。管理会计师必须遵守这一标准行为。

1. 技能

该标准要求管理人员必须做到：

(1) 通过不断提高自身的知识和技能，达到相应的专业技术水平。

(2) 按照相关的法律、法规、规章和技术标准，履行其职业任务。

(3) 在对信息进行适当分析的基础上，编制完整而清晰的报告，并提出相应的建议。

2. 保密

该标准要求管理会计人员必须做到：

(1) 除法律规定外，没经过批准，不得泄露工作中获得的机密信息。

(2) 禁止将工作中所获得的机密信息，经由个人或第三者用于获取不道德或非法利益。

3. 廉正

该准则要求管理会计人员必须做到：

(1) 不得从事道德上有害于其履行其职责的活动。

(2) 拒绝收受影响其行动的任何馈赠、赠品或宴请。

(3) 禁止从事或支持任何有害于职业团体的活动。

4. 客观性

该准则要求管理会计人员必须做到：

(1) 充分反映信息，帮助使用者对其各项报告、评论、建议获得正确的理解。

(2) 公允而客观地沟通各项信息。

二、管理会计的职业教育

在西方国家，会计人员有许多专业称号。一种称号是注册会计师，另一类称号是注册管理会计师，前者侧重于民间审计方面的工作，后者侧重于管理会计方面的工作。

尽管注册管理会计师的产生和发展晚于注册会计师，但由于其在企业内部管理方面所起的作用越来越大，逐渐引起人们的重视，为了规范和提高注册管理会计师的专业水平和执业能力，加强管理会计师的职业教育就越来越重要。

美国全国会计师协会于1986年发布了《管理会计师基本知识体系》，明确了所有合格的管理会计师应掌握的基本知识体系中各学科的内容，为建立适合管理会计专业学生的学科体系提供了总的指导方针。

在我国，注册管理会计师（Chinese Certified Management Accountant，CCMA）是我国政府目前推出的唯一财务管理领域证书，也是继注册会计师、注册税务师之后推出的第三个带有注册的证书，是财务人员通往财务管理领域快捷的途径。在参加全国统考之前，会整体系统地学习

“财务管理与风险评估”“公司治理与管理操作实务”“企业内部控制与风险管理”“管理会计实务”4 门实战课程。

目前我国持证会计人员将近 2 000 万,已经供大于求。但高级管理会计人才不足 40 万,且以传统的财务会计知识体系为主要专业技能。中国注册会计师协会原秘书长很早就谈到:我国财务领域的现状是一般财会人才过多,高级财务管理人才奇缺,而财务管理关乎企业的生存与发展。目前国内的管理会计人才缺口已经达到了 300 万。在这种国情下,只有懂得高级财务管理知识,具备相应职能证书,才能得到社会和企业的认可。

在国际上,管理会计的理念和应用已非常广泛,高级管理会计人才受到世界 500 强企业的大力推崇。中高端财务管理人员在市场上非常稀缺。

思考题

1. 什么是管理会计？它有哪些特点？简述管理会计形成与发展的原因。
2. 试从管理会计的定义、目标、内容等方面阐述管理会计的含义？
3. 管理会计与财务会计有哪些区别与联系？
4. 管理会计的基本内容有哪些？
5. 如何设置管理会计机构才能发挥管理会计应有的作用？
6. 为什么称管理会计为企业内部经营管理会计？

同步测试题

一、单项选择题

1. 在西方会计发展史上,第一次提出“管理会计”术语的是(　　)年。

   A. 1902　　B. 1912　　C. 1922　　D. 1952

2. 现代管理会计中占核心地位的是(　　)。

   A. 责任会计　　B. 规划与控制会计

   C. 预测决策会计　　D. 成本核算会计

3. 管理会计的服务侧重于(　　)。

   A. 股东　　B. 外部集团

   C. 债权人　　D. 企业内部经营管理

4. 下列对管理会计与财务会计两者联系的归纳讲法不正确的是(　　)。

   A. 两者服务对象相互交织　　B. 两者目标一致

   C. 两者方法体系基本相同　　D. 两者会计信息同源

5. 从工作侧重点的角度而言,管理会计被称之为(　　)。

   A. 经营型会计　　B. 报账型会计　　C. 内部会计　　D. 外部会计

6. 管理会计在企业的经营过程中无法做到的是(　　)。

   A. 提供绝对精确的数字

B. 从各种备选方案中最终选择一个方案

C. 将企业未来一不定时期的战略规划以数字的形式落实到部门、责任人，并据以进行事前、事中、事后控制

D. 为企业进行评价与激励提供依据

7. 服务行业运用管理会计(　　)。

A. 无意义，因为服务行业不生产有形产品

B. 提供给经理们及时、相关和准确的信息

C. 要比制造企业运用得更加频繁

D. 由监管机构要求

8. 一名经理在决策中使用的会计信息(　　)。

A. 只是财务会计信息

B. 只是自己所在部门的信息，不考虑其他部门的成本和作业信息

C. 必须符合一般公认会计准则的信息

D. 与决策相关的信息，即使该信息不符合一般公认会计准则

9. 现代会计可以分为两个重要领域，它们是(　　)。

A. 管理会计与财务会计　　B. 管理会计与责任会计

C. 预测会计与决策会计　　D. 规划与控制会计

10. 下列各项中，不属于管理会计职能的是(　　)。

A. 参与经济决策　　B. 对外报告经营成果

C. 规划经营目标　　D. 考核评价经营业绩

二、多项选择题

1. 管理会计就其内容而言更集中地体现了(　　)等会计的内在功能。

A. 预测经营前景　　B. 参与经营决策

C. 规划经营目标　　D. 控制经济过程

E. 考核评价责任业绩

2. 以下对管理会计定义的理解正确的有(　　)。

A. 管理会计是一门新兴的综合性边缘学科

B. 管理会计与财务会计同属对外报告会计

C. 管理会计是企业会计的一个分支

D. 管理会计是服务于企业内部经营管理的信息系统

E. 管理会计是为管理部门提供信息服务的工具

3. 管理会计与财务会计的联系可归纳为(　　)。

A. 两者会计信息同源

B. 两者提供的会计信息既对内又对外

C. 两者服务对象相互交织

D. 两者目标一致

E. 两者面临问题一样

4. 管理会计与财务会计的区别体现在(　　)。

A. 工作主体的层次不同　　B. 工作具体目标不同

C. 职能不同　　　　　　　　　　　　　D. 方法体系不同

E. 工作程序不同

5. 下列关于管理会计的描述中正确的有(　　)。

A. 管理会计在执行内部管理职能时,需要利用财务会计提供的资料和其他资料

B. 财务会计的信息质量特征管理会计必须满足

C. 管理会计在满足公认会计准则及相关法律的基础上可根据管理需求提供其他的报告

D. 管理会计的信息计量可以把货币性计量和非货币性计量相结合

6. 下列项目中,可以作为管理会计主体的有(　　)。

A. 分厂　　B. 企业整体　　C. 车间　　D. 班组

E. 个人

7. 某人以不正当手段取得了管理会计师执业资格,并占据了公司重要会计岗位,在公司一项重大投资决策中由于其提供信息偏差较大且运用的决策方法早已过时,致使公司决策失误,该人违背了管理会计师(　　)职业道德行业准则。

A. 胜任能力　　B. 保密　　C. 正直　　D. 客观性

三、判断题

1. 管理会计的前身是成本会计,管理会计最初萌生于 20 世纪上半叶。　(　　)

2. 财务会计需要按着一定程序和原则对经济事项进行确认、计量,而管理会计不需要进行确认计量。　(　　)

3. 管理会计与财务会计同属现代会计的两大分支,因此,两者在信息特征及信息载体、方法体系及观念取向等方面是一致的。　(　　)

4. 无论财务会计还是管理会计,提供会计信息都应遵循成本效益原则。　(　　)

5. 按管理会计信息及时性特征,管理会计应每日定期提供企业经营管理所需信息。　(　　)

6. 美国会计师协会于 1972 年设立了“管理会计资格证书”项目,注册管理会计师(CMA)与注册会计师(CPA)所从事的会计职业不同,会计职业道德要求也不同。　(　　)

第二章　成本性态分析

本章摘要

成本按性态分类；固定成本与变动成本的概念及特点；混合成本分解的方法；Excel 在成本分解中的应用。

学习目标

(1)了解成本按用途的分类。

(2)理解成本性态的概念及分类。

(3)掌握固定成本和变动成本的概念及特点。

(4)灵活掌握混合成本数学分解的几种方法。

案例导入

某诊所是一家社区心理服务机构，该诊所正面临明年预算缩减而服务需求增加的两难境地，为了计划减少预算，社区主任决定确认哪些是能够削减但不会影响机构正常运作的成本项目。去年各费用项目见表 2.1。

表 2.1　社区费用预算表

单位：元

项目	金额	项目	金额
管理人员工资	60 000	专业会议与著作	14 000
助手工资	35 000	保管与维护	13 000
秘书工资	42 000	安全	12 000
物料成本	35 000	咨询	10 000
广告与促销	9 000	合计	230 000

（资料来源：根据相关资料整理）

思考：

(1)确认哪些可能是约束性固定成本或酌量性固定成本。

(2)有一种可能性是通过取消所有的酌量性固定成本来减少预算。这样可以节约多少成本？你对此建议的看法是什么？

(3)你将给该社区怎样的削减预算建议？

第一节　成本概念及基本分类

一、成本的概念

成本是衡量企业经营管理水平高低和经济效益好坏的一个重要指标，马克思主义的劳动价值论认为，成本是商品价值中用于补偿生产资料转移的价值和保持劳动力再生产所需要生活资料的价值。马克思说：每一个商品 W 的价值，可以用公式 $W=C+V+M$ 来表示，其中 C 代表生产资料转移价值，V 代表劳动者为自己创造的价值，M 代表劳动者创造的利润。从公式可以看出，商品的成本就是 $C+V$ 的部分。所以成本是指人们在经济活动过程中，为了达到一定的目的而耗费的各种资源，包括人、财、物、时间等。从价值的角度来理解，成本就是为了达到一定目的而付出的用货币计量的价值牺牲。

管理会计被称为“用于企业决策的会计”或直接称为“决策会计”，不同的决策决定了不同的信息需求，而任何与会计相关的决策都离不开相应的成本信息，也就是说企业管理当局决策的多样化直接导致了成本信息的多样化，即所谓的“不同目标，不同成本”。

这样，一些新的成本概念出现了，人们按照决策的不同需要也有了对成本的一些非传统性的分类。

二、成本的基本分类（按经济用途的分类）

成本按经济用途的分类如图 2.1 所示。

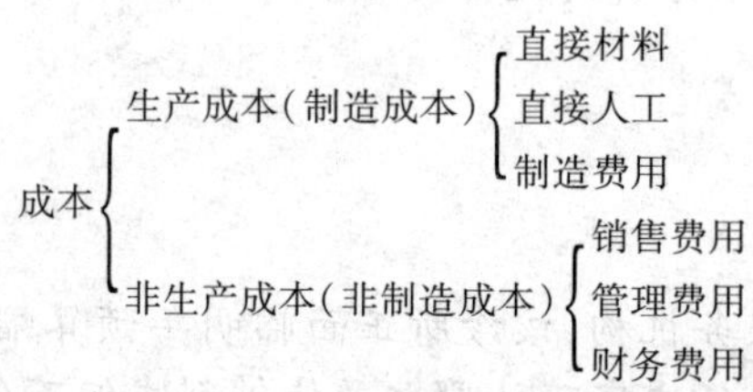

图 2.1　成本按经济用途分类

（一）生产成本（制造成本）

生产成本也称制造成本，是指为制造（生产）产品或提供劳务而发生的支出，即“生产经营成本”。制造成本可根据其具体的经济用途分为直接材料、直接人工和制造费用 3 类。

1. 直接材料

指在制造过程中直接用以构成产品主要实体的各种材料成本。这里所说的材料是指构成其产品的各种物资，不仅指各种天然的、初级的原材料，也包括外购半成品、产成品。例如，汽车制造厂所用的汽车轮胎购自橡胶厂，对橡胶厂而言，轮胎当然是产成品；而对汽车厂来说，轮胎只不过是汽车这一产品的原材料之一。

2. 直接人工

指在制造过程中直接对制造对象施以影响以改变其性质或形态所耗费的人工成本。核算上即为生产工人的工资。

3. 制造费用

指为制造产品或提供劳务而发生的各项间接费用。从核算的角度讲,制造费用包括直接人工、直接材料以外的为制造产品或提供劳务而发生的全部支出,这部分支出一般情况下须分配计入不同产品。

值得注意的是:生产方式的改变和改进对上述直接材料、直接人工和制造费用的划分及三者的构成有直接的影响。

如生产的自动化水平提高会导致上述意义上的制造费用在生产成本总量中所占的比重增大;再如生产的专业化分工的加深会导致制造费用的形象更加"直接化"。

(二)非生产成本(或非制造成本)

也称期间成本或期间费用,通常可分为销售费用、管理费用和财务费用。

其共同特点是其成本支出可以使企业整体受益,但难以描述这项支出与特定产品之间的关系。

1. 销售费用

指为销售产品而发生的各项成本,如专职销售人员的工资、津贴和差旅费,专门销售机构固定资产的折旧费、保险费、广告费、运输费等。

2. 管理费用

指制造成本和销售成本以外的所有办公和管理费用,如聘请律师费用、行政管理人员的工资、差旅费、办公费、行政管理部门固定资产的折旧费及相应的保险费和财产税等。

3. 财务费用

是指企业理财过程中发生的各种成本,如借款的利息支出、手续费等。

三、成本按经济用途分类的优缺点

(一)优点

(1)能清楚地反映产品成本的构成,便于同本企业历史资料进行纵向比较,以评价和考核目标成本的执行情况,分析成本升降的原因,明确责任,提出改进建议和措施。

(2)将总成本分为生产成本和非生产成本两大类,有利于划分产品成本和期间成本,符合配比原则。

(3)将生产成本划分为直接材料、直接人工、制造费用三大成本项目,有利于划分直接成本和间接成本,以便于根据"谁收益,谁承担"的原则分配成本,为正确计算产品成本和期间费用创造了条件。

(二)缺点

(1)成本没有同企业的生产能力挂钩,因而不利于企业事先控制产品成本和进一步挖掘内部生产潜力。

(2)搞不清成本与业务量(既产量或销量)之间的变动关系,各种间接成本需要经过多次按用途的集合和分配才能分配于各种产品,导致产品的产量与成本之间模糊不清,不利于准确分析业务量变动对成本的影响。

第二节 成本按性态的分类及其特点

一、成本性态的概念

成本性态也称成本习性，是指在一定条件下，成本总额对业务总量（产量或销售量）的依存关系。成本按性态可以将企业的全部成本分为固定成本、变动成本和混合成本3类。

二、固定成本

（一）固定成本的概念

固定成本是指总额在一定期间和一定业务量范围内，不受业务量变动的影响而保持固定不变的成本。

固定成本总额虽不受业务量变动的影响，但若站在单位业务量所负担固定成本多寡的角度来考查，单位产品所负担的固定成本与产量成反比关系，即产量的增加会导致单位产品负担的固定成本的下降，反之亦然。

（二）特征

1. 固定成本总额(a)的不变性

固定成本总额模型如图2.2所示。

2. 单位固定成本(a/x)的反比例变动性

单位固定成本模型如图2.3所示。

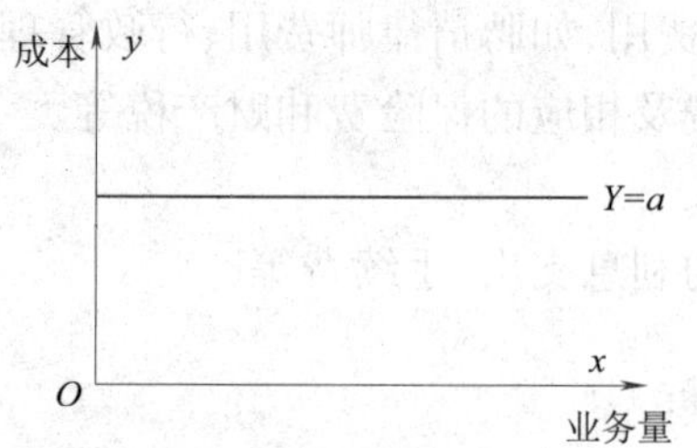

图2.2 固定成本总额性态模型

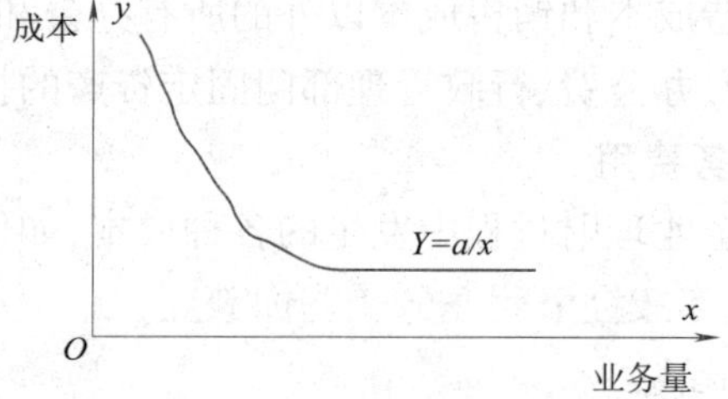

图2.3 单位固定成本性态模型

【例2.1】 某企业生产一种产品，其专用生产设备的月折旧额为10 000元，该设备最大加工能力为5 000件/月。当该设备分别生产1 000件、2 000件、3 000件、4 000件和5 000件时，单位产品所负担的固定成本如表2.2所示。

表2.2 某企业单位成本及总成本表

产量(件)	总成本(元)	单位产品负担的固定成本	产量(件)	总成本(元)	单位产品负担的固定成本
1 000	10 000	10	4 000	10 000	2.5
2 000	10 000	5	5 000	10 000	2
3 000	10 000	3.33			

从例2.1中可以看出，单位产品所负担的固定成本与产量呈反比关系，即产量的增加会导

致单位产品负担的固定成本下降，反之亦然。我们若以 a 表示固定成本，x 表示业务量，f 表示单位业务量所负担的固定成本，则上述关系（即单位固定成本的性态）可以通过 $f=a/x$ 这样一个简单的数学模型来表达。

固定成本性态模型如图 2.4 所示。

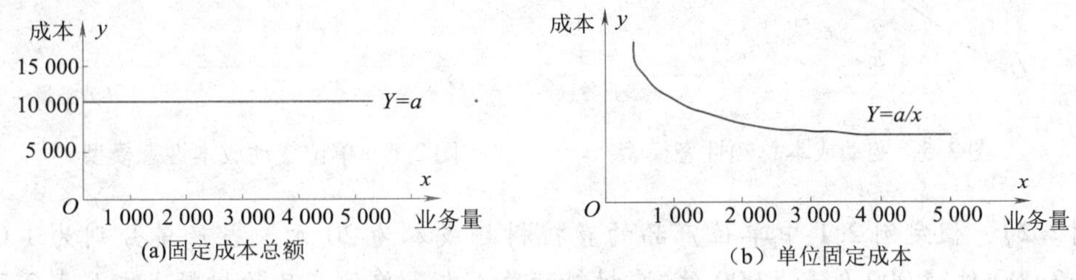

图 2.4　固定成本性态模型

（三）固定成本的分类

固定成本通常又细分为约束性固定成本和酌量性固定成本。酌量性固定成本也称为选择性固定成本或者任意性固定成本，是指管理当局的决策可以改变其支出数额的固定成本。例如广告费、职工教育培训费、技术开发费等。这些成本的基本特征是其绝对额的大小直接取决于企业管理当局根据企业的经营状况而作出的判断。

约束性固定成本是指管理当局的决策无法改变其支出数额的固定成本。例如厂房及机器设备按直线法计提的折旧费、照明费、行政管理人员的工资等。约束性固定成本是企业维持正常生产经营能力所必须负担的最低固定成本，其支出的大小只取决于企业生产经营的规模与质量，因而具有很大的约束性，企业管理当局的当前决策不能改变其数额。上述分析表明：

第一，固定成本的水平通常是以其总额来表示的。

第二，降低固定成本，应分别按约束性固定成本和酌量性固定成本来进行。

三、变动成本

（一）变动成本的概念

变动成本是指在一定的期间和一定业务量范围内其总额随着业务量的变动而成正比例变动的成本。具体包括：一般直接材料、直接人工（计件工资）、制造费用中随产量成正比例变动的燃料费、动力费以及按销售量支付的销售佣金、装运费、包装费，管理费用中随产量成正比例变动的部分。

（二）特征

1. 变动成本总额（bx）的正比例变动性

变动成本总额性态模型如图 2.5 所示。

2. 单位变动成本（b）的不变性

单位变动成本性态模型如图 2.6 所示。

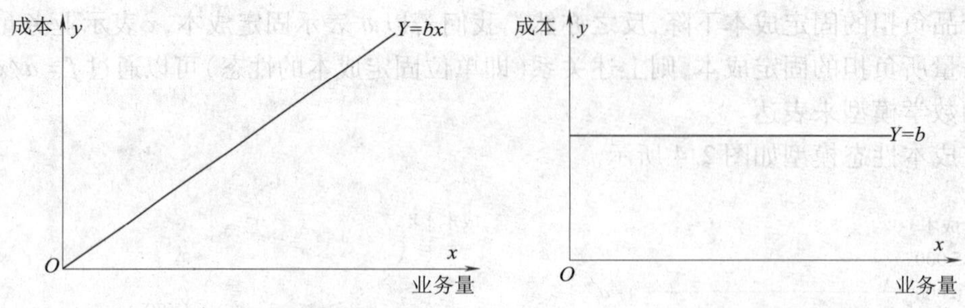

图 2.5　变动成本总额性态模型　　　　图 2.6　单位变动成本性态模型

【例 2.2】　假定例 2.1 中单位产品的直接材料成本为 20 元。当产量分别为 1 000 件、2 000件、3 000 件、4 000 件和 5 000 件时，材料的总成本和单位产品的材料成本如表 2.3 所示。

表 2.3　材料的总成本和单位产品的材料成本表

产量(件)	材料总成本(元)	单位产品材料成本	产量(件)	材料总成本(元)	单位产品材料成本
1 000	20 000	20	4 000	80 000	20
2 000	40 000	20	5 000	100 000	20
3 000	60 000	20			

若以 y 表示变动成本总额、x 表示业务量、b 表示单位变动成本，则变动成本的性态可以通过 $y=bx$ 这样一个数学模型来表达。

与固定成本形成鲜明对照的是，变动成本的总量随业务量的变化呈正比例变动关系，而单位业务量中的变动成本则是一个定量。

变动成本的性态模型如图 2.7 所示。

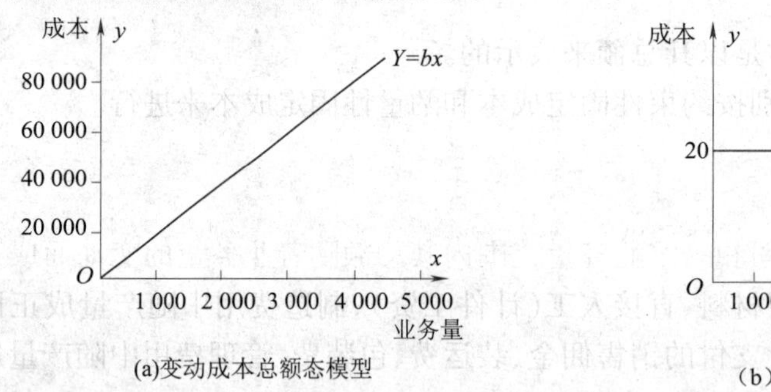

图 2.7　变动成本的形态模型

四、混 合 成 本

(一)混合成本的概念

混合成本是指那些“混合”了固定成本和变动成本两种不同性质的成本。

(二)混合成本的分类

1. 半变动成本

其特征是通常有个基数部分，不随业务量的变化而变化，体现固定成本性态；但在基数部分以上，则随业务量的变化而成比例的变化，又呈现出变动成本性态，如图 2.8 所示。企业的公用事业费，如电费、水费、电话费等均属半变动成本。

2. 半固定成本

其特征是在一定业务量范围内其发生额的数量是不变的,体现固定成本性态;但当业务量的增长达到一定限额时,其发生额会突然跃升到一个新的水平;然后在业务量增长的一定限度内(即一个新的相关范围内),其发生额的数量又保持不变,直到另一个新的跃升为止,如图2.9所示。如车站搬运工、药品化验员等工资均属于半固定成本。

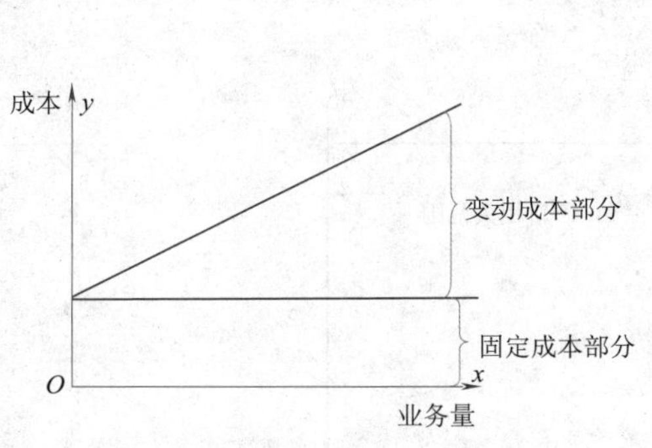

图2.8　半变动成本性态模型

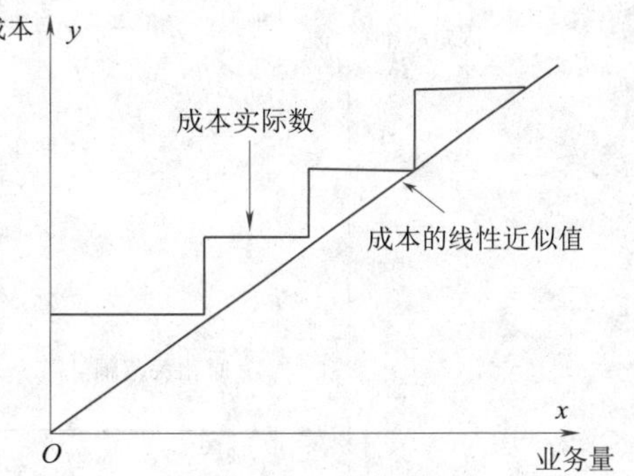

图2.9　半固定成本性态模型

3. 延伸变动成本

其特征是在业务量的某一临界点以下表现为固定成本,超过这一临界点则表现为变动成本。如:当企业实行计时工资制时,其支付给职工的正常工作时间内的工资总额是固定不变的;但当职工的工作时间超过了正常水平,企业需按规定支付加班工资,且加班工资的大小与加班时间的长短存在着某种比例关系,如图2.10所示。

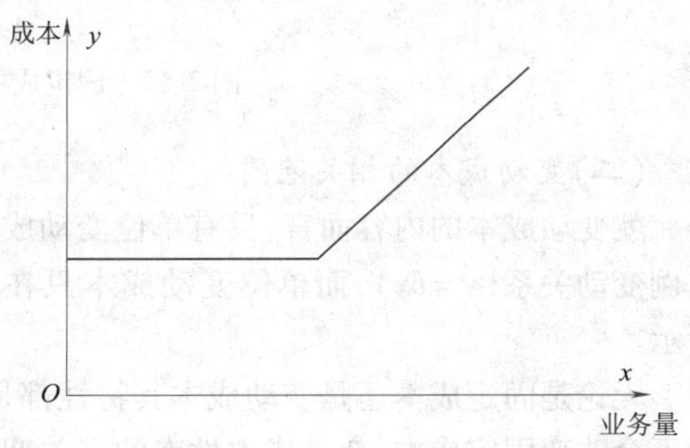

图2.10　延伸变动成本性态模型

4. 曲线成本

曲线成本是成本总额和业务量之间呈现非线性关系的混合成本。这种成本通常有一个初始量,一般不变,相当于固定成本。以后成本随业务量的增加而增加,但不呈正比例变化,增加幅度呈现递增或递减的趋势,如图2.11所示。

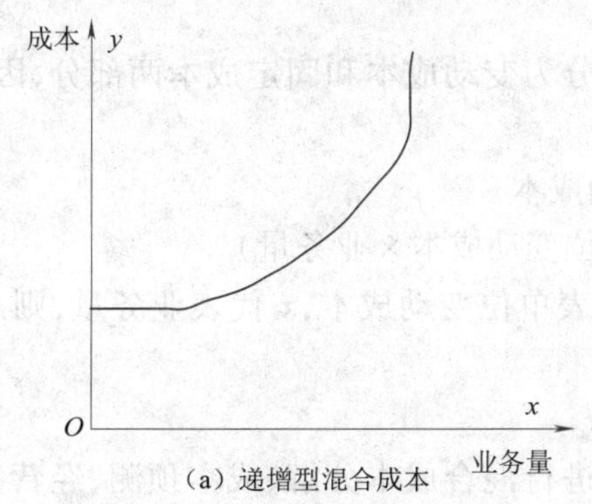

(a)递增型混合成本

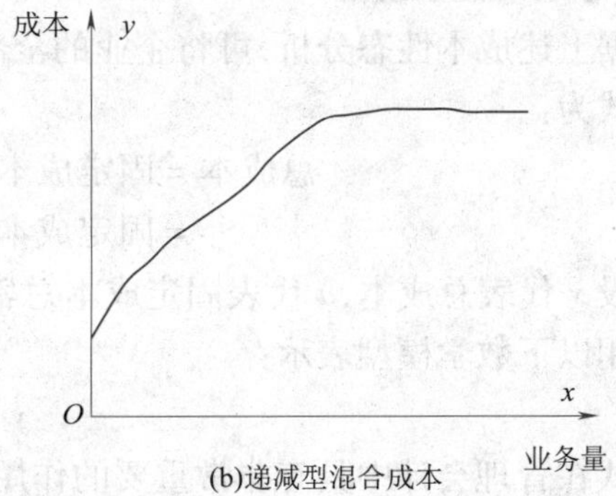

(b)递减型混合成本

图2.11　曲线成本模型

五、成本的相关范围

(一)固定成本的相关范围

在给固定成本定义时冠以“在一定期间和一定业务量范围内”的定语,也就是说固定成本的“固定性”不是绝对的,而是有限定条件的,或者是有范围的。这种限定条件或者范围在管理会计中称作“相关范围”,表现为一定的期间范围和一定的空间范围,如图 2.12 所示。

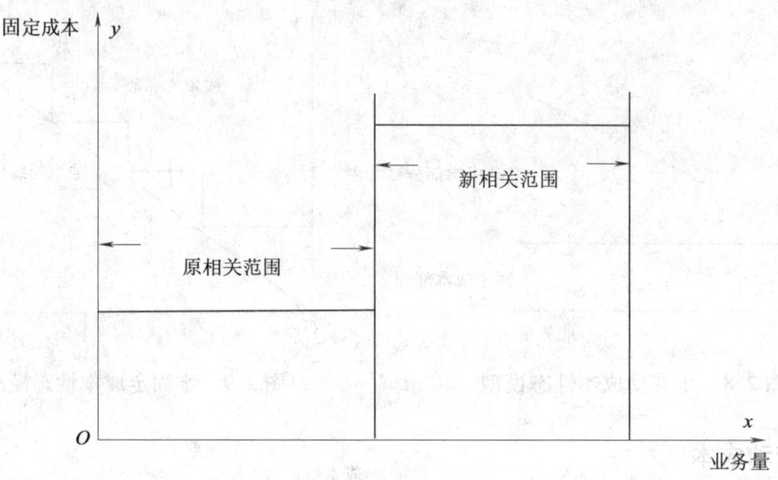

图 2.12　固定成本的相关范围性态图

(二)变动成本的相关范围

就变动成本的内容而言,只有单位变动成本 b 不变,其总额才能够与产销量等业务量呈正比例变动关系($y = bx$),而单位变动成本只在一定的业务量范围内保持相对稳定,如图 2.13 所示。

无论是固定成本还是变动成本其特性都是在一定条件下才会呈现出来的。管理会计将这种不会改变固定成本、变动成本性态的有关期间和业务量的特定变动范围称为相关范围。

在相关范围内,不管时间多久,业务量增减变动幅度多大,固定成本总额的不变性和变动成本总额的正比例变动性都将存在。而一旦超出相关范围的约束,就没有所谓的固定成本和变动成本了。

值得注意的是,相关范围具有相对性、暂时性、可转化性的特点。

六、总成本性态模型

根据上述成本性态分析,可将企业的全部成本分为变动成本和固定成本两部分,因此,总成本公式为:

$$\begin{aligned}总成本 &= 固定成本 + 变动成本 \\ &= 固定成本 + (单位变动成本 \times 业务量)\end{aligned}$$

假设 y 代表总成本,a 代表固定成本总额,b 代表单位变动成本,x 代表业务量,则总成本公式可用以下数学模型表示:

$$y = a + bx$$

上述公式在管理会计中具有非常重要的作用,它是进行混合成本分解、成本预测、经营决策和编制预算的重要依据。

它的性态模型如图 2.14 所示。

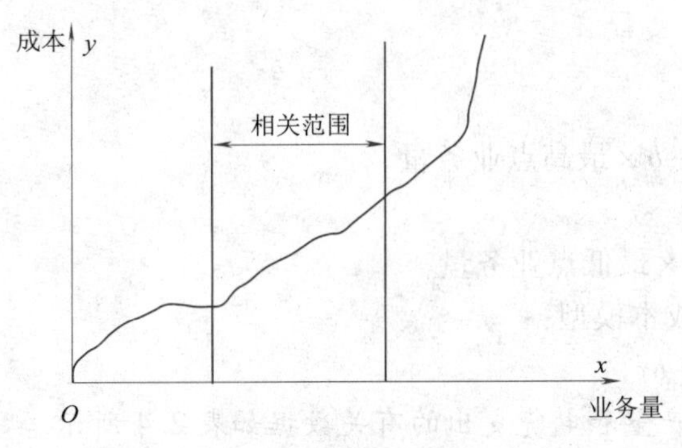

图 2.13　变动成本的相关范围性态图

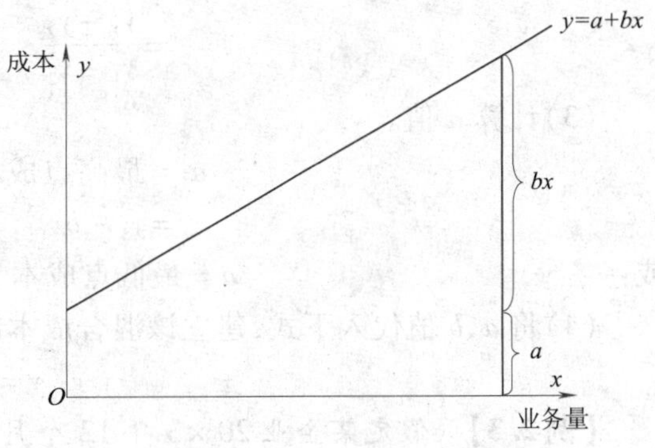

图 2.14　总成本性态模型

第三节　混合成本的分解

一、成本性态分析的概念

全部成本按性态分类后得到固定成本、变动成本和混合成本 3 类，实际工作中，大部分成本都是以混合成本的形式出现的，变动成本和固定成本只是成本的两个极端，混合成本又不利于预测和决策，所以必须对混合成本进行性态分析。

成本性态分析就是在明确各种成本性态的基础上，按照一定的程序和方法，进一步将全部成本分为固定成本和变动成本两大类，并建立相应的成本函数模型 $y = a + bx$ 的过程，经过成本性态分析之后，总成本就被归集为变动成本和固定成本两类，并通过成本模型表现出成本与业务量之间的关系，从而便于管理会计方法的应用，成为管理会计各项短期决策和控制分析方法的基础。

二、混合成本的分解方法

（一）数学分解法

1. 高低点法

高低点法是根据一定时期内的最高点和最低点业务量的相应成本关系，来推算混合成本中的固定部分 a 和单位变动成本 b 的一种成本性态分析方法。

具体分析步骤是：

(1)选择高低两点坐标。即在已知的一定时期内的有关历史资料中，找出业务量的最高点（假设为 x_1）及对应的成本（假设为 y_1），从而确定高点坐标(x_1，y_1)，同理，确定低点坐标(x_2，y_2)。

(2)计算 b 值。即根据高低点坐标值确定一条直线，并认为该直线可以代表该混合成本在一定时期内的变动规律，则该直线的斜率就是该混合成本中变动部分的单位额 b。该直线斜率的计算公式为：

$$b=\frac{\text{高点混合成本}-\text{低点混合成本}}{\text{高点业务量}-\text{低点业务量}}$$

$$=\frac{y_1-y_2}{x_1-x_2}$$

(3)计算 a 值。

$$a=\text{最高点成本}-b\times\text{最高点业务量}$$

$$=y_1-bx_1$$

或：

$$a=\text{最低点成本}-b\times\text{最低点业务量}$$

(4)将 a、b 值代入下式，建立该混合成本的成本模型：

$$y=a+bx$$

【例 2.3】 假定某企业 20×3 年 12 个月的产量和电费支出的有关数据如表 2.4 所示。

表 2.4 产量和电费支出表

月份	产量(件)	电费(元)	月份	产量(件)	电费(元)
1	700	2 100	7	1 000	2 400
2	600	1 700	8	1 100	2 600
3	800	2 100	9	800	2 000
4	1 000	2 500	10	900	2 200
5	900	2 200	11	1 000	2 390
6	1 100	2 600	12	1 200	2 900

要求：对电费进行混合成本分解，创建混合成本分解模型，并预测 20×4 年 1 月份当产量为 850 件时的电费是多少？

20×3 年产量最高值在 12 月份，为 1 200 件，相应的电费为 2 900 元；产量最低在 2 月份，为 600 件，相应电费为 1 700 元，按前面的运算过程进行计算如下：

$$b=\frac{2\ 900-1\ 700}{1\ 200-600}=2(\text{元/件})$$

$$a=2\ 900-2\times1\ 200=500(\text{元})$$

或：

$$a=1\ 700-2\times600=500(\text{元})$$

以上计算表明，该企业电费这项混合成本中属于固定成本的为 500 元，单位变动成本为每件 2 元。以数学模型来描述为：

$$y=500+2x$$

当 20×4 年 1 月份产量为 850 件时的电费是：

$$y=500+2x$$

$$=500+2\times850$$

$$=2\ 200(\text{元})$$

高低点法的优点在于简便易行，易于理解。缺点是由于它只选择了该混合成本历史资料诸多数据中的最高点和最低点两组坐标来确定直线，并以此表示混合成本的变动规律，从而建立该混合成本的成本性态模型，因而所建立的数学模型很可能不具有代表性，容易导致较大的计算误差。因此,这种方法只适用于成本变动趋势比较稳定的企业。

高低点法使用应注意的问题:

(1) 高低点的选择应以业务量的高低为标准,不能以混合成本的高低作为选择标准。

(2)根据高低点法确定的公式预测混合成本时,预测的业务量一定要在高低点业务量的范围内。

案例讨论

资料1

某公司的两种成本性态分析程序

某公司只生产一种产品,每个月的最大生产能力为200件,市场容量为250件。长期以来该公司在进行成本性态分析时都按以下程序进行,即:对各期总成本先按性态进行分类,将其分为固定成本、变动成本和混合成本三大类,然后再对混合成本按高低点法进行分解。

已知20×4年二月份的产销量最低为100件,当月总成本为82 500万元,按其性态分类的结果为:固定成本为50 000万元,变动成本为10 000万元,其余为混合成本;十月份的产销量最高,为200件,当月总成本为95 000万元。当年企业的产销量始终在相关范围内变动。

该公司的会计人员张华采用的步骤与方法如下:

①计算二月份的混合成本。二月份的混合成本等于当月的总成本扣除当月的固定成本(a_1)和变动成本(b_1x)的差,即:

二月份的混合成本=82 500-50 000-10 000=22 500(万元)

②确定十月份的固定成本。根据固定成本所具备的总额不变性的特点,可以在推断出十月份的固定成本等于二月份的水平,即:

十月份的固定成本 a_1=50 000(万元)

③确定二月份的单位变动成本,因为二月份的单位变动成本 b_2 等于该月的变动成本除以当月的产销量100件,即:

二月份的单位变动成本 b_2=100(万元/件)

④根据变动成本单位额的不变性和总额的正比例变动性的特点,推算出十月份的变动成本数额为 b_2 与当月的产销量 x 的乘积,即:

十月份的变动成本 bx=100×200=20 000(万元)

⑤推算出十月份的混合成本,即:

十月份的混合成本=95 000-50 000-20 000=25 000(万元)

⑥确定高低点坐标。张华所确定的高低点坐标分别为(200,25 000)和(100,22 500)。这里的成本指标为混合成本。

⑦计算混合成本中变动部分的单位额 b_2,公式为:

b_2=(25 000-22 500)/(200-100)
=25(万元/件)

⑧计算混合成本中的固定部分 a_2,公式为:

a_2 = 低点混合成本 - b × 低点业务量 = 22 500 - 25 × 100 = 20 000（万元）

⑨据此建立的该公司每个月的混合成本性态模型为：

$y = 20\ 000 + 25x$

⑩张华最终建立的总成本性态模型为：

$$y = (a_1 + a_2) + (b_1 + b_2)x$$
$$= (50\ 000 + 20\ 000) + (100 + 25)x$$
$$= 70\ 000 + 125x$$

资料2

李冰是20×4年10月底才进入该公司的会计人员。他在评价张华采用的方法时，发现不必每次都先进行成本分类然后再进行混合成本分解；他建议以总成本为分析对象，直接应用高低点法，同样可以达到成本性态分析的目的。

他采用的程序和方法如下：

①确定高低点坐标，此时的成本坐标为总成本。仍以十月份和二月份的历史资料来确定高点低的坐标，结果为（200，95 000）和（100，82 500）。

②直接套公式计算单位变动成本 b，即：

b = 125（万元/件）

③计算固定成本总额 a，即：

固定成本 a = 低点总成本 - b × 低点业务量 = 82 500 - 125 × 100 = 70 000（万元）

④李冰所建立的总成本性态模型为：

$y = 70\ 000 + 125x$

请根据上述资料分别讨论以下问题：

（1）张华和李冰在成本性态分析的过程中分别采用了什么程序？

（2）假定某公司20×4年十二月份的产销量为198件，总成本达到全年最高值，为95 500万元，如果由你来应用高低点法进行成本性态分析，所建立的总成本性态模型应当是什么？为什么？

（3）$y = 70\ 000 + 125x$ 这个模型的经济含义是什么？它能否真实模拟反映该公司20×4年每个月的成本水平？为什么？

（4）假定某公司在20×5年的成本水平不变，$y = 70\ 000 + 125x$ 这个模型是否能继续适用？为什么？

（5）假设某公司决定在20×5年将每个月的最大生产能力扩大为250件，预计其总成本性态模型将发生哪些变化？你的根据是什么？

（6）根据本案例，你能总结出哪些结论？

2. 散布图法

散布图法是以横轴代表业务量（x），纵轴代表混合成本金额（y），把过去某一定期间混合成本的历史数据逐一标明在（x，y）代表的坐标图上，这样各个历史成本数据就形成若干个成本点散布在坐标图上。然后通过目测，在各个成本点之间画一条能反映成本变动的平均趋势直线，并据以确定混合成本中的固定成本和变动成本各为多少的一种分解混合成本的图示方法。

具体做法是：

首先在坐标图中标出成本点，然后在成本点之间画出一条能够反映混合成本的平均变动趋势的直线，使成本点均匀的分布在这条直线的左右，那么这条直线与纵轴相截之处，就是的固定成本总额(a)。在图上读出该直线的截距 a 的值，该直线的斜率 b。按以下方法算出，在直线上选定一点(x,y)，因为：

$$y = a + bx$$

则：

$$y - a = bx$$

$$b = \frac{y - a}{x}$$

【例 2.4】 以例 2.3 为例，采用散布图法进行分解，如图 2.15 所示。

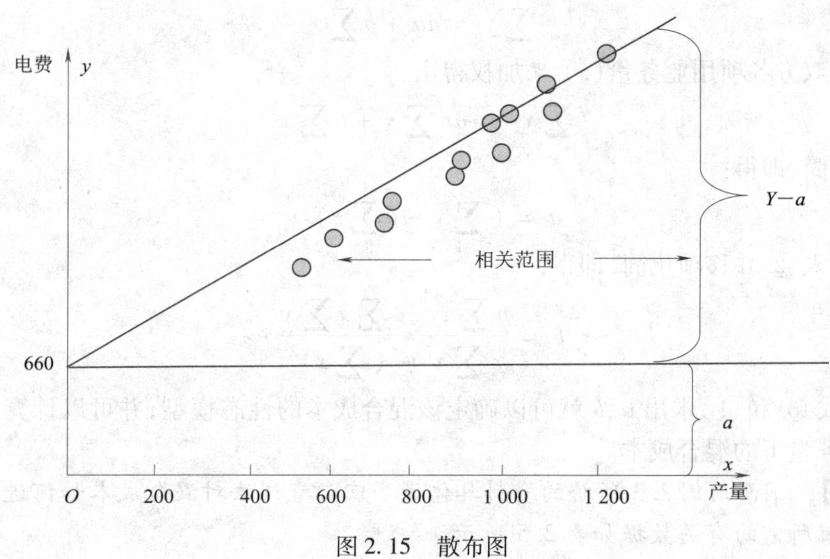

图 2.15 散布图

即固定成本额 $a = 660$(元)

选择坐标轴上的一点 5 月份的产量和电费(900,2 200)，计算 b 的值。

根据 $y = a + bx$

$$b = \frac{y - a}{x} = \frac{2\,200 - 660}{900} = 1.71(\text{元/件})$$

混合成本的分解公式为：

$y = 660 + 1.71x$

当 20×4 年 1 月份产量为 850 件时，电费为：

$$y = 660 + 1.71x = 660 + 1.71 \times 850$$
$$= 2\,113.5(\text{元})$$

注意：采用散布图法，通过目测画成本变动的平均趋势直线，会因人而异得出不同的混合成本模型，使结果很难准确。但该方法使用方便，容易理解。

3. 回归直线法

散布图法是通过目测的结果来勾画混合成本性态的，不同的人可以勾画出多条反映成本性态的直线，而且很难判断哪一条直线描述得更为准确。

回归直线法运用最小平方法的原理，对所观测到的全部数据加以计算，从而勾画出最能代表平均成本水平的直线,这条通过回归分析而得到的直线就称为回归直线,它的截距就是固定成本 a,斜率就是单位变动成本 b,这种分解方法也就称作回归直线法。又因为回归直线可以使各观测点的数据与直线相应各点误差的平方和最小,所以这种分解方法又称为最小平方法。

利用回归直线法确定出的混合成本的直线方程为:

$$y = a + bx$$

其中:y 代表混合成本总额,x 代表业务量,a 代表混合成本中的固定成本总额,b 代表混合成本的单位变动成本。

根据上述混合成本的基本方程式及实际所采用的一组 n 个观测值,即可建立回归直线的联立方程式:然后把上述基本方程式,用 n 个观测值的和的形式来反映,即:

$$\sum y = na + b\sum x \qquad ①$$

将 ① 的左右双方各项用业务量(x)来加权得出:

$$\sum xy = an\sum x + b\sum x^2 \qquad ②$$

把 ② 移项化简,即得:

$$a = (\sum y - b\sum x)/n \qquad ③$$

将 ③ 带入 ② 并移项化简,即得:

$$b = \frac{n\sum xy - \sum x\sum y}{n\sum x^2 - (\sum x)^2} \qquad ④$$

根据公式 ③ 和 ④,求出 a、b 就可以确定该混合成本的性态模型,并可以计算得出相关范围内不同业务量下的混合成本。

【例 2.5】 下面用例 2.3 所给的资料具体说明回归直线法对混合成本如何进行分解。计算 a 和 b 的值所需的有关数据如表 2.5 所示。

表 2.5 计算 a 和 b 的值所需的有关数据计算

月份 n	产量 x_i(件)	电费 y_i(元)	$x_i \cdot y_i$	x_i^2
1	700	2 100	1 470 000	490 000
2	600	1 700	1 020 000	360 000
3	800	2 100	1 680 000	640 000
4	1 000	2 500	2 500 000	1 000 000
5	900	2 200	1 980 000	810 000
6	1 100	2 600	2 860 000	1 210 000
7	1 000	2 400	2 400 000	1 000 000
8	1 100	2 600	2 860 000	1 210 000
9	800	2 000	1 600 000	640 000
10	900	2 200	1 980 000	810 000
11	1 000	2 390	2 390 000	1 000 000
12	1 200	2 900	3 480 000	1 440 000
合计	11 100	27 690	26 220 000	10 610 000

$$b=\frac{n\sum xy-\sum x\sum y}{n\sum x^2-(\sum x)^2}=\frac{12\times 26\ 220\ 000-11\ 100\times 27\ 690}{12\times 10\ 610\ 000-11\ 100\times 11\ 100}=\frac{7\ 281\ 000}{4\ 110\ 000}=1.77(\text{元/件})$$

把 b 的值代入③式,得:

$$a=\frac{(\sum y-b\sum x)}{n}$$

$$a=\frac{(27\ 690-1.77\times 11\ 100)}{12}$$

$$=670.25(\text{元})$$

以上计算表明,该企业电费这项混合成本属固定成本的为670.25元,单位变动成本为每件1.77元。以数学模型来描述为:

$y=670.25+1.77x$

当20×4年1月份的产量为850件时的电费为:

$$\begin{aligned}y&=670.25+1.77x\\&=670.25+1.77\times 850\\&=2\ 174.75(\text{元})\end{aligned}$$

以上3种数学方法:高低点法最为简便,但不够准确;回归直线法最精确,但相对来说,它的工作量也最大,不太适用于手工计算;散布图法,由于是通过目测画线,所以会出现因人而异的现象,因而结果也不够准确。事实上3种方法都带有估计的成分,因而对混合成本的分解都不可能绝对准确。所以实际工作中,在一些小型企业,可以近似的将混合成本归为固定成本来看待。

(二)直接分析法

1. 账户分析法

账户分析法是根据财务会计成本核算中各有关成本总分类账户和明细分类账户中反映的成本项目的发生方式,首先确定变动成本、固定成本和混合成本3种形态,然后将混合成本中的不同部分近似地归类为变动成本或固定成本的方法。

"管理费用"账内大部分项目发生额的大小在正常产量范围内一般与产量变动没有关系,至少没有明显关系,那么就将管理费用全部视为固定成本;"制造费用"账中的车间管理部门办公费、按折旧年限计算的设备折旧费等虽与产量的关系较"管理费用"密切一些,但基本特征仍属"固定",所以也应被视为固定成本;"制造费用"账内的燃料动力费、维修费等,虽然不似直接材料费那样与产量成正比例变动,但其发生额的大小与产量变动的关系很明显,因而可以将其视为变动成本。

【例2.6】 将某企业的某一生产车间作为分析对象。某月份的成本数据如表2.6所示。

表2.6　生产车间某月份的成本数据表

单位:元

账户	总成本
生产成本——材料	242 000
——人工	60 000

续表

账户	总成本
制造费用——燃料、动力	12 000
——工资	2 000
——折旧	14 000
——办公费	8 000
——修理费	10 000
合计	348 000

如果该车间只生产单一产品，那么本月发生的348 000元费用将全部构成该产品的成本。如生产多种产品，假定上述属于共同费用性质的数据，是在合理地进行了分配的基础上得到的，有关成本的分解过程如表2.7所示。

表2.7 成本分类表

单位：元

账户	总成本	固定成本	变动成本
生产成本——材料	242 000		242 000
——人工	60 000		60 000
制造费用——燃料、动力	12 000		12 000
——工资	2 000	2 000	
——折旧	14 000	14 000	
——办公费	8 000	8 000	
——维修费	10 000		10 000
合计	3 480 00	24 000	324 000

根据表2.7，该车间的总成本被分解为固定成本和变动成本两部分，其中：

$a=24\ 000$（元）

如果该车间当月产量为10 000件，那么：

$b=\frac{324\ 000}{10\ 000}=32.4$（元）

以数学模型描述该车间的总成本，即：

$y=24\ 000+32.4x$

账户分析法简单、方便，工作量较小，能获得关于成本和业务量依存关系的直观认识和理解，但这种方法得出的结论往往不够准确，特别是对混合成本中固定成本和变动成本的划分，显得比较粗糙，在实践中，账户分析法需要与其他分析方法结合使用，但同时账户分析法也成为其他分析方法的基础。

2. 合同确认法

合同确认法是指根据企业与销售单位所签订的各种合同、契约及企业内部各种管理和核算制度所明确规定的费用计算方法，来确定并估算哪些费用属于固定成本、哪些费用属于变动成本的一种方法，这种方法主要适用于各种半变动成本的分解，如电费、电话费、水费、煤气费等公用事业费。

【例 2.7】 甲公司与电力公司在订立合同时规定，该公司每月须向电力公司支付变压器维持费 1 000 元，每月用电额度为 50 000 度，在额度内每度电费为 0.5 元，如果超额用电，则按正常电价的 3 倍计算。假设甲公司平均每月照明用电 2 500 度，另外生产甲产品时平均每件耗电 5 度。

要求：根据上述资料，采用合同确认法确定甲公司在用电额度内及超额度用电时的混合成本分解公式。

(1)计算甲公司在额度内的最高产量：

$$最高产量=\frac{用电额度-照明用电}{甲产品每件耗电量}$$

$$=\frac{50\,000-2\,500}{5}$$

$$=9\,500(件)$$

(2)建立电费在用电额度内的混合成本公式：

$$y=a+bx=(1\,000+0.5\times2\,500)+(0.5\times5)x$$

$$=2\,250+2.5x$$

计算表明，若甲产品的产量为 9 500 件以内，则电费的混合成本中固定成本总额为 2 250 元，每件甲产品的电费为 2.5 元，变动成本总额为 $2.5x$ 元。

(3)建立电费在用电额度外(即产量为 9 500 件以上)的混合成本公式：

$$y=a+bx=(2250+2.5\times9500)+[0.5\times3\times5\times(x-9\,500)]$$

$$=26\,000+7.5x-71\,250$$

$$=-45\,250+7.5x$$

3. 技术测定法

技术测定法也叫工业工程法，它是以某一成本项目的工程技术特点来区分其中的变动成本和固定成本的，一般可以用于那些消耗量和工程技术方法有密切联系的成本项目。具体做法是：首先由工程技术人员测定有关成本项目的消耗量和业务量之间的关系，然后在此基础上计算混合成本中的变动部分和固定部分。

技术测定法根据生产过程中工程技术特点来确定消耗量与业务量之间的依存关系，使成本性态分析有比较科学的依据，是在没有历史成本数据条件下可以采用的最佳分析方法。它的局限性在于：一方面技术测定要求一定的人力、物力的投入，信息的成本较高；另一方面，它只能用于成本发生和业务量有直接联系，并且消耗过程能单独观察的一些成本项目的分析。

WPS 在本章中的应用

一、内容介绍

(一)WPS 简介

WPS 是英文 Word Processing System(文字处理系统)的缩写。中文意为文字编辑系统，是金山软件公司的一种办公软件。它集编辑与打印为一体,具有丰富的全屏幕编辑功能,而且还提供了各种控制输出格式及打印功能,使打印出的文稿即美观又规范,基本上能满足各界文字工作者编辑、打印各种文件的需要和要求。

WPS 2012 年版后深度兼容 Microsoft Office,你可以直接保存和打开 Microsoft Word、WPS 和 PowerPoint 文件;也可以用 Microsoft Office 轻松编辑 WPS 系列文档。

(二)学习目的和要求

此处重点介绍 WPS 在管理会计决策分析中的应用,因为管理会计很多决策分析问题,公式复杂,计算工作量大,耗时长,手工计算需要半天的时间,学生不易掌握。相同的计算问题,交给计算机处理,只需要几分钟甚至几秒钟的时间就可以完成,省时省力。通过下面的学习,学生应能熟练的掌握 WPS 在管理会计中的应用,并能够对计算结果进行分析解释。

(三) WPS 函数简介

WPS 为用户提供了 300 多种函数,主要包括财务、日期与时间、数学与三角函数、查找与引用、统计、数据库、文本、逻辑、工程、信息、多维数据集共 11 类,强大的函数功能可以满足各方面对计算的要求。

管理会计中常用财务函数介绍如表 2.8 所示。

表 2.8 管理会计常用函数及功能

函数名称	功能简介
MAX	计算一系列数据中的最大值(统计函数)
MIN	计算一系列数据中的最小值(统计函数)
VLOOKUP	查找该区域内满足对应条件的值(查找与引用函数)
CORREL	计算两组数据相关程度的函数(相关系数)(统计函数)
SLOPE	根据已知的两组数据在直角系中拟合的回归直线的斜率(统计函数)
INTERCEPT	计算拟合的回归直线方程到 Y 轴的截距(统计函数)
SUMPRODUCT	在给定的几组数据中,将相应的元素相乘,并返回乘积之和,(数学与三角函数)

二、WPS 的应用

(一) 高低点法

【例 2.8】 假定某企业 20×3 年 12 个月的产量和电费支出的有关数据如表 2.4 所示。

要求:用高低点法对电费进行混合成本分解,创建混合成本分解模型,并预测 20×3 年 1 月份当产量为 850 件时的电费是多少。

第一步:启动 WPS 工作表,将表 2.9 中的资料录入 WPS 工作表,如图 2.16 所示。

第二步:在 WPS 工作表中创建高低点法混合成本分解模型主要使用的公式和函数,计算高低点法混合成本分解模型的相关指标(见图 2.17)。

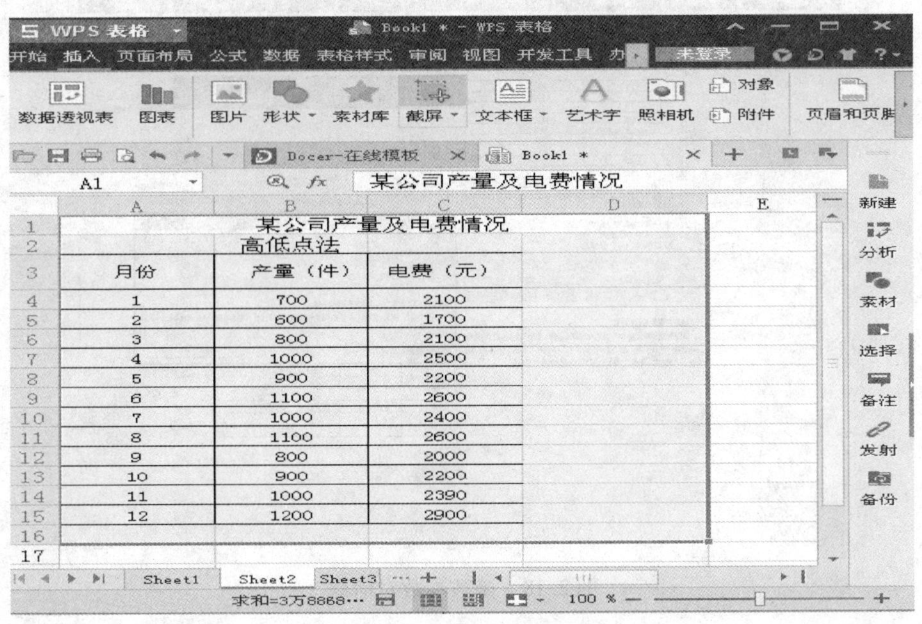

某公司产量及电费情况		
高低点法		
月份	产量（件）	电费（元）
1	700	2100
2	600	1700
3	800	2100
4	1000	2500
5	900	2200
6	1100	2600
7	1000	2400
8	1100	2600
9	800	2000
10	900	2200
11	1000	2390
12	1200	2900

图 2.16　产量及电费情况

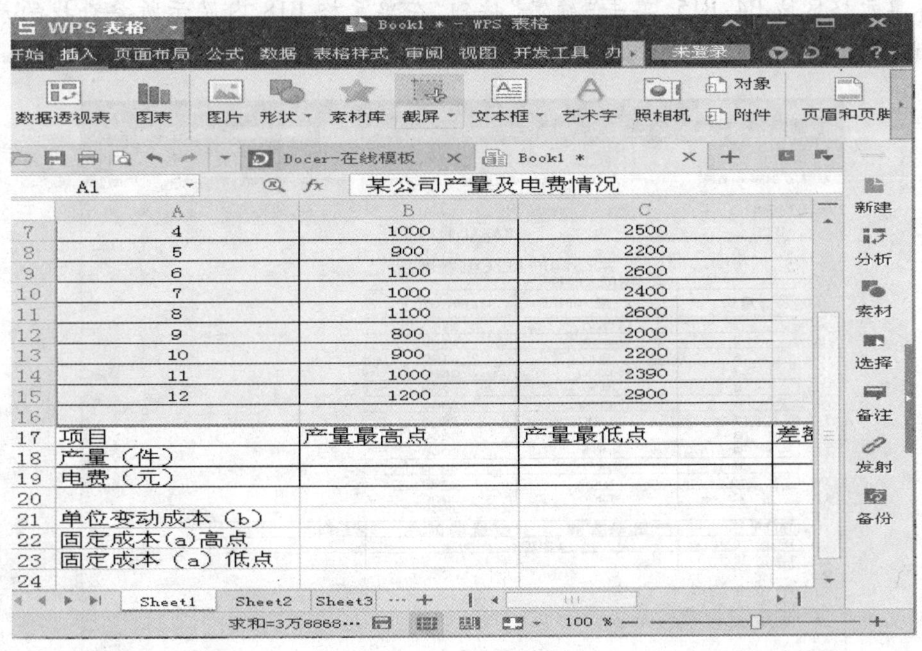

4	1000	2500
5	900	2200
6	1100	2600
7	1000	2400
8	1100	2600
9	800	2000
10	900	2200
11	1000	2390
12	1200	2900

项目	产量最高点	产量最低点	差额
产量（件）			
电费（元）			
单位变动成本（b）			
固定成本(a)高点			
固定成本（a）低点			

图 2.17　相关指标

第三步：计算各项指标。

1. 选取产量最高点的数据

选取单元格 B18，插入 f_x 函数，在"插入函数"对话框中，"选择类别"项选择"统计"函数，"选择函数"项选择"MAX"，单击"确定"按钮，弹出"MAX"函数的"函数参数"编辑框，如图 2.18 所示。

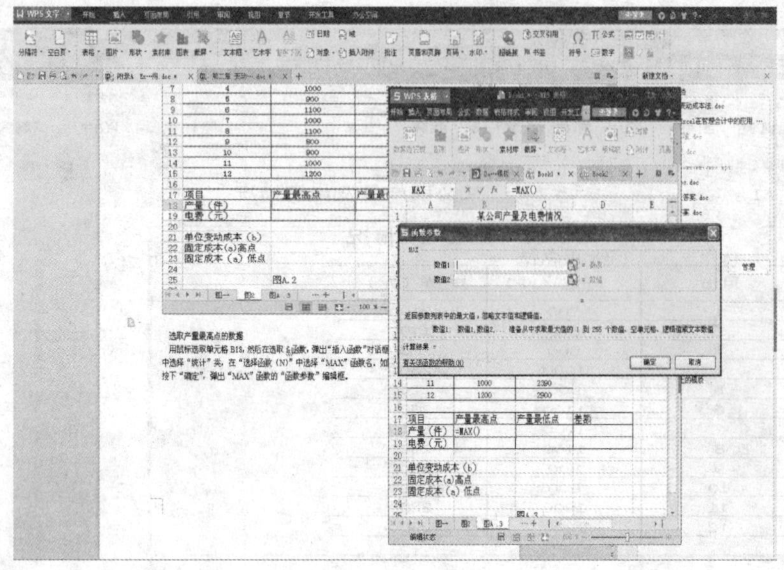

图 2.18　函数参数对话框

单击“数值 1”编辑框右边的红色箭头“折叠编辑框按钮”，折叠粘贴函数编辑框，然后用鼠标选择单元格区域 B4:B15，单击“确定”按钮，在单元格 B18 内显示所要查找的产量最高点，本例最高点产量为 1 200 件，如图 2.19 所示。

B18　=MAX(B4:B15)

某公司产量及电费情况

高低点法

月份	产量（件）	电费（元）
1	700	2100
2	600	1700
3	800	2100
4	1000	2500
5	900	2200
6	1100	2600
7	1000	2400
8	1100	2600
9	800	2000
10	900	2200
11	1000	2390
12	1200	2900

项目	产量最高点	产量最低点	差额
产量（件）	1200		
电费（元）			

单位变动成本（b）

固定成本(a)高点

固定成本（a）低点

图 2.19　高点产量选择

2. 选取最低点的数据

选取单元格 C18，插入 f_x 函数，在“统计函数”对话框中，“选择函数”选项选择“MIN”，单击“确定”按钮，弹出“MIN”函数的“函数参数”编辑框，“数值 1”中选取 C4:C15，单击“确定”

按钮，出现最低点值为 600 件，如图 2.20 所示。

	A	B	C	D
1		某公司产量及电费情况		
2		高低点法		
3	月份	产量（件）	电费（元）	
4	1	700	2100	
5	2	600	1700	
6	3	800	2100	
7	4	1000	2500	
8	5	900	2200	
9	6	1100	2600	
10	7	1000	2400	
11	8	1100	2600	
12	9	800	2000	
13	10	900	2200	
14	11	1000	2390	
15	12	1200	2900	
16				
17	项目	产量最高点	产量最低点	差额
18	产量（件）	1200	600	
19	电费（元）			
20				
21	单位变动成本（b）			
22	固定成本(a)高点			
23	固定成本（a）低点			
24				
25		图A.2		

C18 =MIN(B4:B15)

图 2.20 低点产量选择

3. 选取产量最高点对应的电费

选择单元格 B19，插入 f_x 函数，选择“查找与引用函数”下的 VLOOKUP 函数，单击“确定”按钮，在“函数参数”对话框的“查找值”中输入 B18，在“数据表”中输入 B4:C15，“列序数”填 2，因为我们要查找的数据位于单元格区域 B4:C15 的第二列。匹配条件输入“0”，如图 2.21 所示。

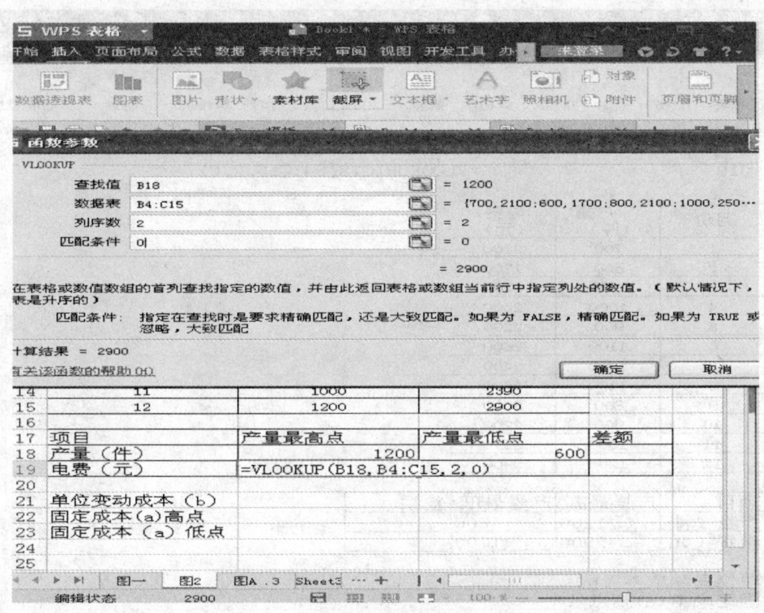

图 2.21 高点成本的选择公式

单击“确定”按钮，即可出现与最高点产量对应的电费为 2 900 元。

用同样的方法可以选取最低点产量对应的电费，如图 2. 22 和图 2. 23 所示。

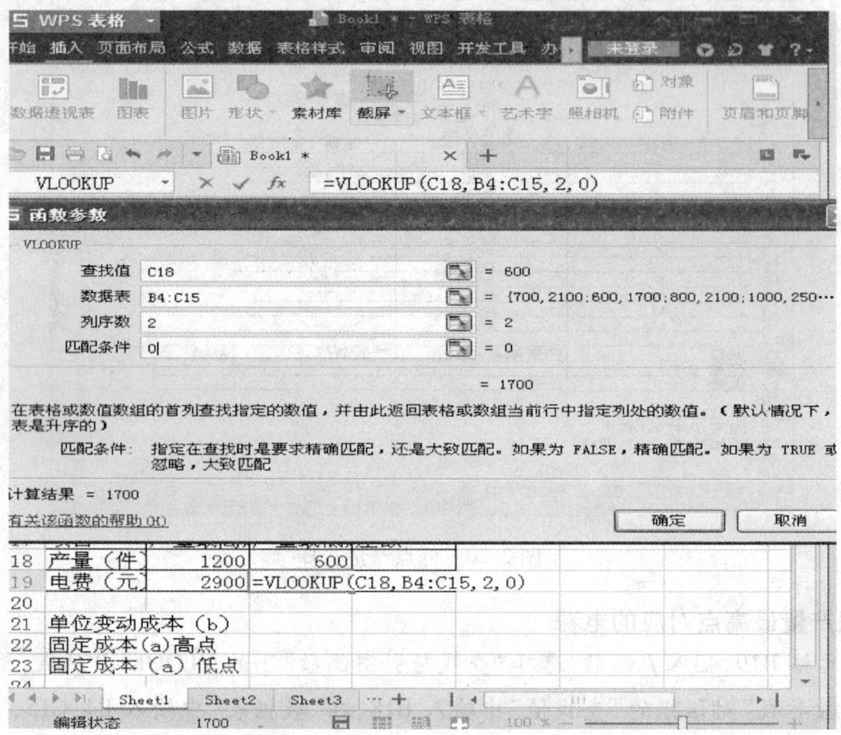

图 2. 22　低点成本选择公式

图 2. 23　低点成本选择结果

4. 计算最高产量与最低之间的差额

在单元格 D18 中输入公式“ = B18 - C18”,得差额为 600 元。

在单元格 D19 中输入公式“ = B19 - C19”,得差额为 1 200 元。

5. 计算单位变动成 *b*

在 B21 单元格中输入“ = D19/D18”,得 $b=2$。

6. 计算固定成本 *a*

在 B22 中输入公式“ = B19 - B18 * B21”,得高点的固定成本 $a=500$ 元。

在 B23 中输入公式“ = C19 - C18 * B21”,得低点的固定成本 $a=500$ 元。

如图 2.24 所示。

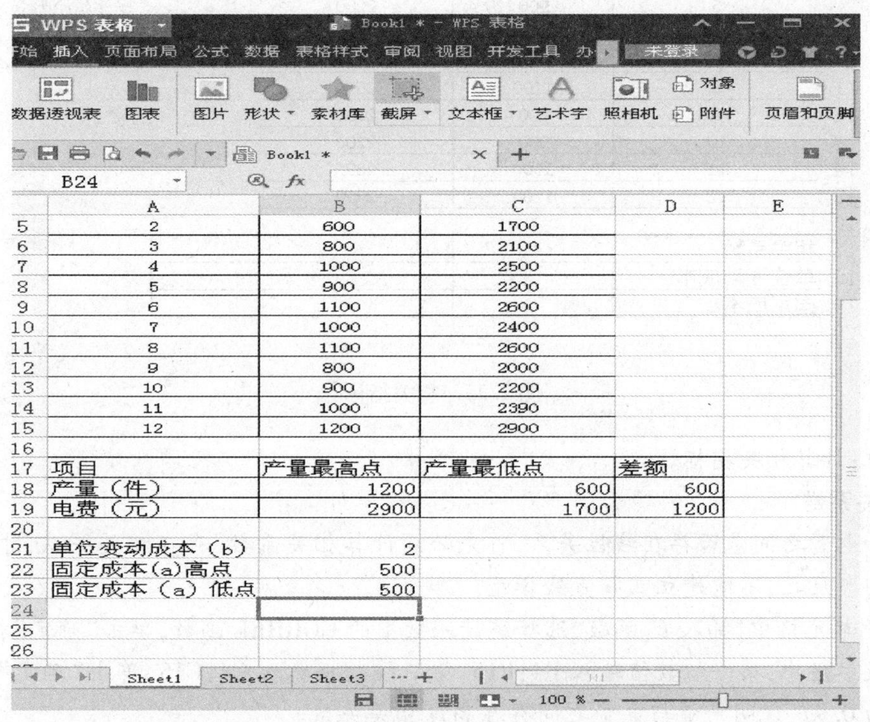

	A	B	C	D	E
5	2	600	1700		
6	3	800	2100		
7	4	1000	2500		
8	5	900	2200		
9	6	1100	2600		
10	7	1000	2400		
11	8	1100	2600		
12	9	800	2000		
13	10	900	2200		
14	11	1000	2390		
15	12	1200	2900		
16					
17	项目	产量最高点	产量最低点	差额	
18	产量（件）	1200	600	600	
19	电费（元）	2900	1700	1200	
20					
21	单位变动成本（b）	2			
22	固定成本(a)高点	500			
23	固定成本（a）低点	500			

图 2.24　单位变动成本及固定成本的计算

第三步:写出混合成本分解公式。

$y=500+2x$

第四步:通过混合成本分解公式计算相应的结果。

当产量为 850 件时电费 $y=500+2\times850=2\ 200$(元)

(二)创建回归直线法分析模型

【例 2.9】　假定某企业 20×3 年 12 个月的产量和电费支出的有关数据如表 2.4 所示。

要求:用回归直线法对电费进行混合成本分解,创建混合成本分解模型,并预测 20×4 年 1 月份当产量为 850 件时的电费是多少。

第一步:相关资料录入 WPS 工作表。

第二步:输入回归直线法混合成本分解模型的相关指标,如图 2.25 所示。

	A	B	C	D	E
5	2	600	1700		
6	3	800	2100		
7	4	1000	2500		
8	5	900	2200		
9	6	1100	2600		
10	7	1000	2400		
11	8	1100	2600		
12	9	800	2000		
13	10	900	2200		
14	11	1000	2390		
15	12	1200	2900		
16					
17	相关系数				
18	单位变动成本b				
19	固定成本a				
20					

图 2.25　相关指标

第三步:计算相关指标。

1. 相关系数

产量和电费之间是否存在线性关系,首先必须计算相关系数,存在相关关系,才能建立回归直线模型。反之,不能建立回归直线模型。

在 B17 单元格中,插入 F_X 函数,选择统计函数中的 CORREL 函数,单击"确定"按钮。

在函数参数中,第一组数值输入 B4:B15,第二组数据输入 C4:C15,单击"确定"按钮。得相关系数为 0.97,说明产量与电费之间存在高度相关关系。

2. 计算单位变动成本 *b*

在单元格 B18 中,插入函数,选择统计函数中的 SLOPE 函数,单击"确定"按钮。

在函数参数中,已知 y 集合中输入 C4:C15,已知 x 集合中输入 B4:B15,单击"确定"按钮。得 b 的值为 1.77(元/件)。

3. 计算固定成本 *a* 的值

在单元格 B19 中,插入函数,选择统计函数中的 intercept 函数,单击"确定"按钮。

在函数参数中,已知 y 集合中输入 C4:C15,已知 x 集合中输入 B4:B15,单击"确定"按钮。得到值为 669 元。

4. 写出混合成本的分解公式

$y = 669 + 1.77x$

5. 根据混合成本分解公式计算 850 件产量时的电费

$y = 669 + 1.77x$

=669 + 1.77 × 850 = 2 173.5 元

(三)散布图法

【例2.10】 假定某企业20×3年12个月的产量和电费支出的有关数据如表2.4所示。

要求:用散布图法对电费进行混合成本分解,创建混合成本分解模型,并预测20×4年1月份当产量为850件时的电费是多少。

第一步:将例题资料录入WPS工作表。

第二步:使用图表向导。

选定区域B4:C15,插入图表,图表类型选择对话框中的第一个散点图,在“图表选项”中,“图表标题”为“散点图”,再选择“数值(X)轴”“数值(Y)轴”,完成后,右击散点图,添加趋势线,选择线性(L),如图2.26所示。

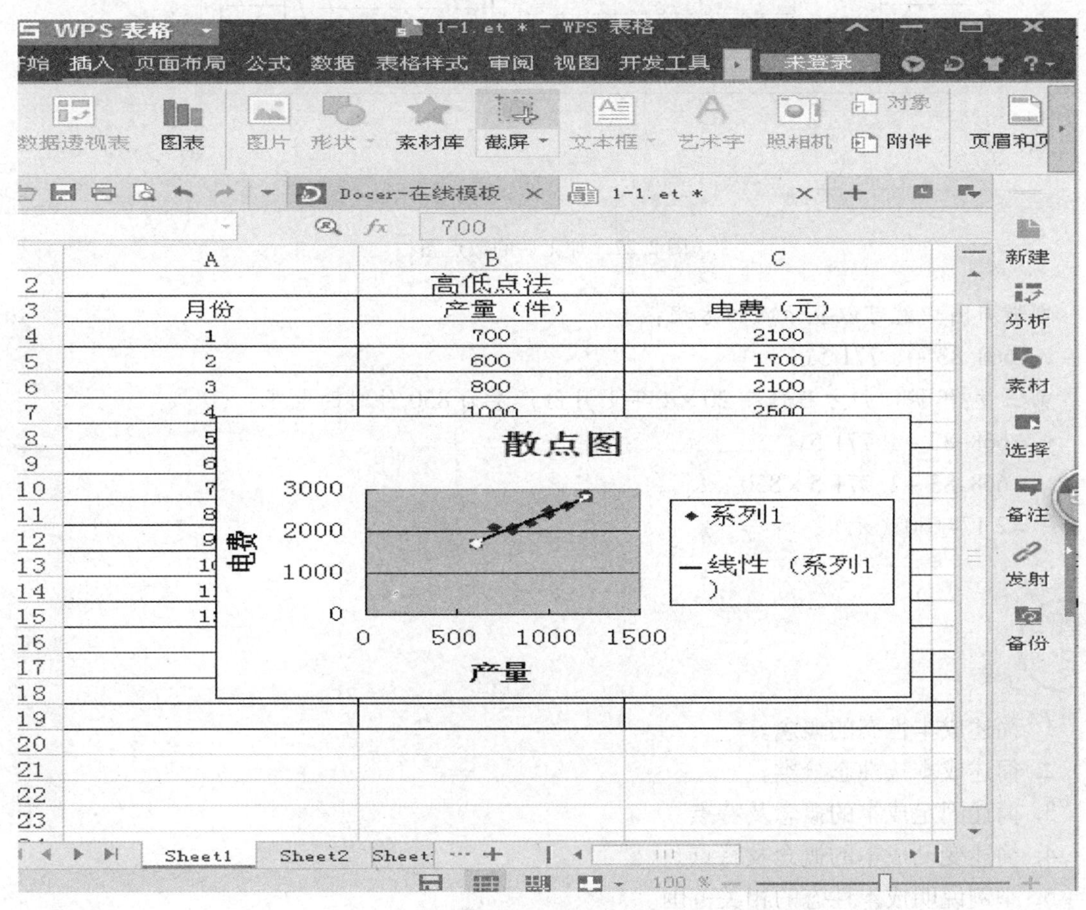

图2.26 散点图

从图2.26看不出趋势线与Y轴的交点,因此需要向原点延长趋势线才能确定固定成本是多少。右击趋势线,选择“趋势线格式”→“倒推(B)”,在对话框中输入660,单击显示公式。完成后如图2.27所示。

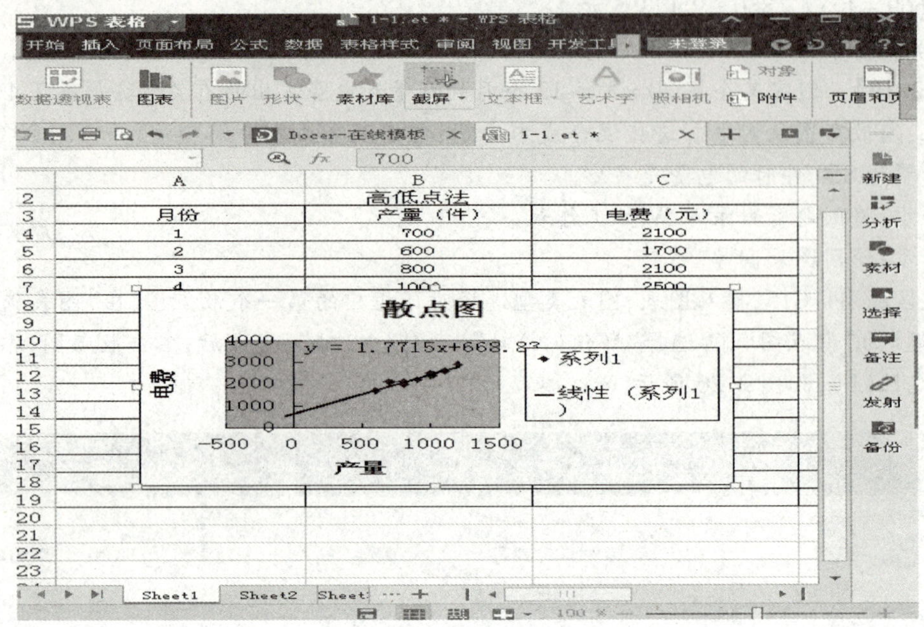

图 2.27　加工后的散点图

在散布图中就可以显示回归方程：

$y = 668.83 + 1.7715x$

第三步：根据回归方程预测 20×4 年 1 月份产量为 850 件时的电费：

$$\begin{aligned} y &= 668.83 + 1.7715x \\ &= 668.83 + 1.7715 \times 850 \\ &= 2\ 174.605（元） \end{aligned}$$

思考题

1. 简述成本性态的概念。
2. 简述成本按性态分类。
3. 简述固定成本的概念及特点。
4. 简述变动成本的概念及特点。
5. 举例说明成本性态的相关范围。
6. 混合成本分解方法有哪几种？相互之间的区别和各自的优缺点是什么？

同步测试题

一、单项选择题

1. 已知某企业 2013 年上半年 A 产品产量与某项混合成本的资料如表 2.9 所示，如果要

求用高低点法进行成本性态分析，则所选样的高低点是（　　）。

表2.9 混合成本及产量资料

月份	混合成本（元）	A产量（件）
1	3 500	125
2	3 000	100
3	4 250	150
4	4 750	175
5	5 750	225
6	5 875	200

A. 5月份和2月份　　B. 6月份和2月份
C. 5月份和6月份　　D. 5月份和3月份

2. 企业根据经营方针，由高层领导确定一定期间的预算额而形成的成本，称之为（　　）。
A. 约束性固定成本　　B. 酌量性固定成本
C. 混合成本　　D. 变动成本

3. 某企业生产量在10 000件以内时，只需质检员3名；在此基础上，每增加产量2 000件，需增加一名质检员。则质检员的工资成本属于（　　）。
A. 阶梯式混合成本　　B. 标准式混合成本
C. 低坡式混合成本　　D. 曲线式混合成本

4. 下列费用中属于约束性固定成本的是（　　）。
A. 广告费　　B. 照明费
C. 业务招待费　　D. 职工教育培训费

5. 受管理当局短期决策行为影响，可以在不同时期改变其数额的固定成本称为（　　）。
A. 酌量性固定成本　　B. 半固定成本
C. 约束性固定成本　　D. 技术性固定成本

6. 下列各项中，属于在产品生产过程中发生的，随产量变动而变动的项目是（　　）。
A. 销售成本　　B. 期间成本
C. 产品成本　　D. 固定成本

7. 下列项目中，只能在发生当期予以补偿，不可能递延到下期的成本是（　　）。
A. 直接成本　　B. 间接成本　　C. 产品成本　　D. 期间成本

8. 成本性态分析方法中的高低点法，在选择高低点坐标时的依据是（　　）。
A. 业务量的最高和最低点　　B. 成本的最高和最低点
C. 成本和业务量均可　　D. 不一定

9. 在相关范围内单位产品中的变动成本与业务量增减的关系是（　　）。
A. 正比关系　　B. 反比关系
C. 同向变动，但不成比例　　D. 不受业务量增减影响而保持不变

10. 管理会计将成本区分为固定成本、变动成本和混合成本三大类，这种分类的标志是（　　）。
A. 成本的可辨认性　　B. 成本的性态

C. 成本的时态　　D. 成本的可盘存性

11. 下列费用中属于酌量性固定成本的是(　　)。

A. 技术开发费　　B. 不动产税

C. 房屋及设备租金　　D. 行政管理人员的薪金

二、多项选择题

1. 以下属于半变动成本的有(　　)。

A. 电话费　　B. 煤气费　　C. 水电费　　D. 折旧费

E. 工资费

2. 下列各项目,属于固定成本的特征是(　　)。

A. 在相关范围内,随着产量的增减成比例增减

B. 在相关范围内,其成本总额不受产量增减变动的影响

C. 成本的变动与产量的变动不保持严格的比例

D. 从单位产品分摊的固定成本来看,随着产量的增加而相应减少

3. 在我国,下列成本项目中属于固定成本的是(　　)。

A. 按平均年限法计提的折旧费　　B. 保险费

C. 广告费　　D. 生产工人工资

E. 直接材料

4. 成本性态分析与成本性态的分类之间的联系表现在(　　)。

A. 成本性态分析与成本性态分类的对象均是企业的总成本

B. 成本性态分析以成本性态分类为基础

C. 成本性态分类是成本性态分析的结果

D. 成本性态分析与成本性态分类的最终结果相同

E. 成本性态分类是成本性态分析的前提

5. 变动成本具有的特征是(　　)。

A. 单位变动成本的不变性　　B. 单位变动成本的反比例变动性

C. 变动成本总额的不变性　　D. 变动成本总额的正比例变动性

6. 下列成本项目中,(　　)是酌量性固定成本。

A. 新产品开发费　　B. 房屋租金　　C. 管理人员工资　　D. 广告费

E. 职工培训费

7. 成本性态分析最终将全部成本区分为(　　)。

A. 固定成本　　B. 变动成本　　C. 混合成本　　D. 半变动成本

E. 半固定成本

8. 成本性态分析的方法有(　　)。

A. 直接分析法　　B. 历史资料分析法　　C. 高低点法　　D. 散步图法

E. 技术测定法

9. 在相关范围内,成本与业务量增减变动的关系是(　　)。

A. 固定成本总额不受业务量变动的影响而保持不变

B. 变动成本总额与业务量同比例变动

C. 单位变动成本不受业务量变动的影响保持不变

D. 单位固定成本不受业务量变动的影响保持不变

三、判断题

1. 按照管理会计的解释，成本的相关性是指与归集对象有关的成本特性。（　　）

2. 阶梯式混合成本又可称为半变动成本。（　　）

3. 在历史资料分析法的具体应用方法中，计算结果最为精确的方法是回归直线法。（　　）

4. 在不改变企业生产经营能力的前提下，采取降低固定成本总额的措施通常是指降低约束性固定成本。（　　）

5. 在应用历史资料分析法进行成本形态分析时，必须首先确定 a，然后才能计算出 b 的方法是回归直线法。（　　）

6. 在应用高低点法进行成本性态分析时，选择高点坐标的依据是最高的业务量和最高的成本。（　　）

7. 产品成本和期间成本的分类依据是成本的可变性。（　　）

8. 固定成本的特征之一是在相关范围内，其成本总额不受产量增减变动的影响。（　　）

9. 变动成本的特征之一是相关范围内，其成本总额随产量正比例变动。（　　）

10. 约束性固定成本通常是指将对年度内固定成本的支出起着约束性作用的成本。（　　）

11. 固定成本是指其总额在一定期间内不受业务量的影响而保持固定不变的成本。（　　）

四、业务题

1. 某企业生产的甲产品 7 ~12 月份的产量及某项混合成本资料如表 2. 10 所示。

表 2. 10　产量及某项混合成本资料

	7	8	9	10	11	12
产量（件）	40	42	45	43	46	50
混合成本（元）	8 800	9 100	9 600	9 300	9 800	10 500

要求：

（1）采用高低点法进行成本性态分析。

（2）采用回归直线法进行成本性态分析。

2. 某企业 1 ~8 月份耗用的直接工时及制造费用总额如表 2. 11 所示。

表 2. 11　工时及制造费用资料

月份	业务量（千工时）	制造费用（千元）	月份	业务量（千工时）	制造费用（千元）
1	35	8	6	45	8
2	30	7	7	40	8
3	40	7	8	50	9
4	40	8	合计	320	64
5	40	9			

要求：

(1)用 WPS 处理系统中的散布图法分解制造费用，并写出混合成本公式。

(2)该企业预计 9 月份耗用直接工时 48 千工时，测算所需制造费用总额。

3. 上题中，企业同年 1～10 月份的销售收入和销售费用如表 2.12 所示。

表 2.12　销售收入和销售费用资料

月份	销售收入(万元)	销售费用(万元)	月份	销售收入(万元)	销售费用(万元)
1	31	3.2	7	43	4.1
2	33	3.4	8	50	4.3
3	36	3.7	9	51	4.4
4	41	4.0	10	54	4.8
5	42	4.2	合计	422	40.1
6	41	4.0			

要求：

(1) 用 WPS 处理系统中的回归分析法测算销售费用中的固定费用和变动费用，并写出混合成本公式。

(2)设预计 11 月份的销售额为 55 万元，测算该月的销售费用。

第三章　本-量-利分析

本章摘要

盈亏临界点的分析；单一产品本-量-利分析；多种产品本-量-利分析；本-量-利敏感性分析

学习目标

(1)了解本-量-利分析的基本模型及相应的概念。

(2)了解盈亏临界图的画法。

(3)理解影响利润的各种因素敏感性分析。

(4)掌握单一产品、多种产品盈亏临界点的计算。

(5)掌握保利量、保利额的计算。

案例导入

某公司目前产量是60 000个，单位变动生产成本6元，年固定制造费用为60 000元，产品售价为7.5元，公司经理想知道在短期内提高利润的最佳办法。假设可变因素不会有其他变化，决策部门为他提供出3种方案：

(1)通过加班的方法，挖掘公司内部潜力以增加20%的产量，但由于发放加班津贴，直接人工成本每单位会增加0.4元。

(2)在现行销售单价7.5元的基础上加价10%。

(3)降价10%以利促销。

(资料来源：根据网络相关资料整理)

思考：

(1)根据上述资料分析此3种方案，你认为哪种方案对该公司最为有利？为什么？

(2)如果执行第3种方案，那么为保持目前的利润水平，该公司还要增加多少产量？

第一节　本-量-利分析的基本假设

本-量-利分析(简称为CVP分析)是成本-业务量-利润关系分析的简称，是指在变动成本计算模式的基础上，以数学化的会计模型与图示来揭示固定成本、变动成本、销售量、单价、销售额、利润等变量之间的内在规律性联系，为会计预测、决策和规划提供必要的财务信息的一种定量分析方法，也有理论将本-量-利分析称为量-本-利分析。

本-量-利分析的基本假设是本-量-利分析的基础，但它实际是在一定程度上为简化研究而提出来的，实践中往往很难完全满足这些基本假设。

(一)产销平衡假设

本-量-利分析的核心是分析收入与成本之间的对比关系。产量这一业务量的变动无论是对固定成本，还是对变动成本都可能产生影响，这种影响当然也会影响到收入与成本之间的对比关系。所以当站在销售量的角度进行本-量-利分析时，就必须假设产销关系平衡。即生产多少就能销售多少。

(二)相关范围假设

该假设包括“期间假设”和“业务量假设”两层意思。

1. 期间假设

无论是固定成本还是变动成本，其固定性与变动性均是体现在特定的期间内，其金额的大小也是在特定的期间内加以计量而得到的。随着时间的推移，固定成本及其内容会发生变化，单位变动成本及其内容也会发生变化。

2. 业务量假设

同样，对成本按性态进行划分而得到的固定成本和变动成本，是在一定业务量范围内分析和计量的结果，业务量发生变化特别是变化较大时，即使成本的性态不发生变化(成本性态是有可能变化的)，也需要重新加以计量。

(三)模型线性假设

主要包括：

(1)固定成本不变假设。

(2)变动成本与业务量呈完全线性关系假设。

(3)销售收入与销售量呈完全线性关系假设。

(四)品种结构不变假设

本假设是指在一个多品种生产和销售的企业中，各种产品的销售收入在总收入中所占的比重不会发生变化。由于多品种条件下各种产品的获利能力一般不尽相同，如企业产销的品种结构发生较大变动，必然导致预计利润与实际利润之间出现较大的“非预计”性出入。

第二节　本-量-利分析

一、本-量-利分析的基本公式

利润 = 销售收入 − 变动成本 − 固定成本

【例 3.1】　已知：某企业只生产 A 产品，单价 p 为 10 万元/件，单位变动成本 b 为 6 万元/件，固定成本 a 为 40 000 万元。20×4 年产销量为 13 000 件。计算营业利润。

营业利润 = 销售收入 − 变动成本 − 固定成本

$= px - bx - a$

$= 10 \times 13\,000 - 6 \times 13\,000 - 40\,000$

= 12 000（万元）

二、本-量-利分析相关指标的计算

1. 单位贡献边际（或称单位边际贡献）（cm）

单位贡献边际是指产品的销售单价减去单位变动成本后的差额。

单位贡献边际 = 单价 − 单位变动成本

= 贡献边际总额/销售量

= 销售单价 × 贡献边际率

2. 贡献边际（或称边际贡献）（Tcm）

贡献边际是指产品的销售收入与相应变动成本之间的差额。

贡献边际 = 销售收入 − 变动成本

= 单位贡献边际 × 销售量

= 销售收入 × 边际贡献率

= 固定成本 + 营业利润

3. 贡献边际率（或称边际贡献率）（cmR）

贡献边际率是指贡献边际总额占销售收入总额的百分比。

贡献边际率 = 贡献边际总额/销售收入 ×100%

= 单位贡献边际/单价 ×100%

4. 变动成本率（bR）

变动成本率是指变动成本占销售收入的百分比。

变动成本率 = 变动成本/销售收入 ×100%

= 单位变动成本/单价 ×100%

5. 贡献边际率与变动成本率的关系

贡献边际率 + 变动成本率 = 1

通过上面的公式，利润的计算又多了几个公式：

利润 = 销售收入 − 变动成本 − 固定成本

=（单价 − 单位变动成本）× 销售量 − 固定成本

= 单位贡献边际 × 销售量 − 固定成本

= 贡献边际 − 固定成本

公式显示贡献边际并不是企业的利润，只是企业生产销售该种产品为企业做出了多大贡

献，要计算利润还必须从贡献边际中扣除固定成本。贡献边际由此得名。

【例 3.2】 根据例 3.1：

(1)计算全部贡献边际指标。

(2)计算变动成本率。

(3)验证贡献边际率与变动成本率的关系。

(1)全部贡献边际指标如下：

单位贡献边际(cm) $= p - b = 12 - 8 = 4$(万元/件)

贡献边际(Tcm) $= \text{cm} \cdot x = 4 \times 13\ 000 = 52\ 000$(万元)

贡献边际率(cmR) $= \frac{\text{cm}}{p} \times 100\% = \frac{\text{tcm}}{px} \times 100\% = \frac{4}{10} \times 100\% = 40\%$

(2)变动成本率(bR) $= \frac{b}{p} \times 100\% = \frac{bx}{px} \times 100\% = \frac{6}{10} \times 100\% = 60\%$

(3)贡献边际率与变动成本率的关系验证：

贡献边际率 + 变动成本率 = cmR + bR = 40% + 60% = 1

第三节 产品保本分析

一、单一产品保本分析

保本点(也叫盈亏临界点或者损益平衡点)的确定：

1. 保本点的概念

保本点是指企业的销售量刚好使企业达到不盈不亏的状态。保本点分析就是根据成本、销售收入、利润等因素之间的函数关系，预测企业销售量达到多少时，企业不盈不亏。

单一品种的保本点有两种表现形式：一是保本点销售量，简称保本量；二是保本点销售额，简称保本额。

2. 保本点的计算

1)基本等式法

基本等式法就是在本-量-利关系基本公式的基础上，根据保本点的定义，先求出保本量，再推算保本额的一种方法。

按实物量计算盈亏临界点的基本模型：

因为：利润 = 销售量 × 单价 - 销售量 × 单位变动成本 - 固定成本

当利润为零时，企业处于不盈利不亏损的状况。这时的销售量为保本销售量，即：

0 = 保本销售量 × 单价 - 保本销售量 × 单位变动成本 - 固定成本

公式移项得：

$$保本销售量(x_0) = \frac{固定成本}{单价 - 单位变动成本}$$

按金额计算保本点的基本模型：

$$保本点销售额\ (px_0) = \frac{固定成本 \times 单价}{单价 - 单位变动成本}$$

【例 3.3】 某企业只生产 A 产品，单价 p 为 10 万元/件，单位变动成本 b 为 6 万元/件，固定成本 a 为 40 000 万元。20×4 年产销量为 13 000 件。

要求：按基本等式法计算该企业的保本点指标。

$$\text{保本销售量}(x_0)=\frac{\text{固定成本}}{\text{单价}-\text{单位变动成本}}=\frac{40\ 000}{10-6}=10\ 000(\text{件})$$

$$\text{保本额}(px_0)=p\times\text{保本销售量}(x_0)$$
$$=10\times10\ 000=100\ 000(\text{万元})$$

2)贡献边际法

因为：利润＝销售量×单价－销售量×单位变动成本－固定成本

＝单位贡献边际×销售量－固定成本

当利润为零时，上述公式为：

$$0=\text{单位贡献边际}\times\text{销售量}-\text{固定成本}$$

公式移项得：

$$\text{保本量}(x_0)=\frac{\text{固定成本}}{\text{单位贡献边际}}$$

$$\text{保本额}=\frac{\text{固定成本}\times\text{单价}}{\text{单位贡献边际}}=\frac{\text{固定成本}}{\dfrac{\text{单位贡献边际}}{\text{单价}}}=\frac{\text{固定成本}}{\text{贡献边际率}}$$

【例 3.4】　仍以例 3.3 为例，要求：按贡献边际法计算该企业的保本点指标。

$$\text{保本量}(x_0)=\frac{a}{cm}=\frac{40\ 000}{4}=10\ 000(\text{件})$$

$$\text{贡献边际率}=\frac{\text{单位贡献边际}}{\text{单价}}=\frac{10-6}{10}=40\%$$

$$\text{保本额}(px_0)=\frac{40\ 000}{40\%}=100\ 000(\text{万元})$$

或：

$$\text{保本额}=\text{保本量}\times\text{单价}$$
$$=10\ 000\times10$$
$$=100\ 000(\text{元})$$

案例讨论

某公司是生产家具的小型企业。目前企业存货很多，引起了管理层的担忧，因为资金被大量占用；同时，公司在考虑设计一种新型电脑椅，售价暂时定为 250 元。市场调查表明，第一年的预期销售量为 20 000 把椅子，最低销量为 15 000 把，如果设计成功的话，销售量会上升到

30 000 把。分销商加成为50%(售价中50%给销售商),固定管理费用为每年70 000元,直接成本为每把85元。

请为管理层提供下列数据:

(1)保本产量为多少?

(2)该公司考虑先生产18 000把椅子,如果头六个月的销量大,就会增加生产。请问,公司最初的试产所得利润是多少?

(3)如果该公司希望得到3 000 000元的利润,那么应该生产多少把椅子?

(4)如果公司把价格降至每把220元,销售量可能为35 000把。从利润角度讲,这一举措是否合理?请给出你的看法。

二、多种产品保本分析

上述保本点的计算方法,是以产销一种产品为基础的,但是大多数企业往往不只产销一种产品,而是同时产销多种产品。在这种情况下,要进行本-量-利分析,确保企业保本点,就不能用实物量来表示。因为不同质的各种产品在数量上是不能相加的,而必须选用能反映各种产品销量的货币指标,即只能计算它们的保本销售额。多品种条件下保本点的计算通常有综合(加权平均)边际贡献率法、联合单位法、分别计算法和综合保本图法等。这里只介绍综合(加权平均)边际贡献率法。

综合(加权平均)边际贡献率法是以各种产品的边际贡献率为基础,用各种产品的预计销售额比重(产品销售结构)作为权数进行加权计算的,反映企业多种产品综合创利能力的平均边际贡献率。该方法不要求分配固定成本总额,而是将各种产品所创造的边际贡献作为补偿固定成本的利润来源。其计算公式如下:

$$\text{综合保本销售额}=\frac{\text{固定成本}}{\text{综合贡献边际率}}$$

其中:

$$\text{综合贡献边际率}=\sum\text{某产品的贡献边际率}\times\text{该产品的销售额比比重}$$

$$\text{各种产品保本销售额}=\text{综合保本销售额}\times\text{各种产品的销售额比重}$$

$$\text{各种产品保本销售量}=\frac{\text{各种产品保本销售额}}{\text{各种产品单价}}$$

【例3.5】 甲企业组织3种产品的生产经营,20×4年全厂预计发生固定成本300 000万元,各种产品的预计销量、单价、单位变动成本等的计划资料如表3.1所示,假定目标利润为150 000万元。

表3.1 销量、单价、单位变动成本

单位:万元

品种 \ 项目	销售量	单价	单位变动成本
A	100 000件	10	8.5
B	25 000台	20	16
C	10 000套	50	25

要求：

(1)计算综合贡献边际率。

(2)计算20×4年该企业的综合保本额。

(3)计算该企业的各种产品的保本销售额和保本销售量。

根据表3.1资料，可以计算出：

解法一：

第一步计算各种产品的边际贡献率：

$$A\text{ 产品边际贡献率} = \frac{10-8.5}{10} \times 100\% = 15\%$$

$$B\text{ 产品边际贡献率} = \frac{20-16}{20} \times 100\% = 20\%$$

$$C\text{ 产品边际贡献率} = \frac{50-25}{50} \times 100\% = 50\%$$

第二步计算各种产品的销售比重：

$$A\text{ 产品销售额比重} = \frac{100\ 000 \times 10}{2\ 000\ 000} = 50\%$$

$$B\text{ 产品销售额比重} = \frac{25\ 000 \times 20}{2\ 000\ 000} = 25\%$$

$$C\text{ 产品销售额比重} = \frac{100\ 000 \times 50}{2\ 000\ 000} = 25\%$$

第三步计算加权平均边际贡献率：

$$\begin{aligned}\text{加权边际贡献率} &= \sum \text{各产品的边际贡献率} \times \text{各产品的销售比重} \\ &= 15\% \times 50\% + 20\% \times 25\% + 50\% \times 25\% \\ &= 25\%\end{aligned}$$

$$20 \times 4\text{ 该企业保本销售额} = \frac{300\ 000}{25\%} = 1\ 200\ 000(\text{元})$$

各种产品保本销售额计算如下：

A 产品保本销售额 = 1 200 000 × 50% = 600 000(元)

B 产品保本销售额 = 1 200 000 × 25% = 300 000(元)

C 产品保本销售额 = 1 200 000 × 25% = 300 000(元)

各种产品保本销售量计算如下：

$$A\text{ 产品保本销售量} = \frac{600\ 000}{10} = 60\ 000(\text{件})$$

$$B\text{ 产品保本销售量} = \frac{300\ 000}{20} = 15\ 000(\text{件})$$

$$C\text{ 产品保本销售量} = \frac{300\ 000}{50} = 6\ 000(\text{件})$$

解法二：

$$\begin{aligned}\text{全厂计划销售收入总额} &= 100\ 000 \times 10 + 25\ 000 \times 20 + 10\ 000 \times 50 \\ &= 2\ 000\ 000(\text{万元})\end{aligned}$$

$$\begin{aligned}\text{贡献边际总额} &= 100\ 000 \times (10-8.5) + 25\ 000 \times (20-16) + 10\ 000 \times (50-25) \\ &= 500\ 000(\text{万元})\end{aligned}$$

综合贡献边际率 $=\frac{500\ 000}{2\ 000\ 000}\times 100\% = 25\%$

20×4 该企业保本销售额 $=\frac{300\ 000}{25\%}=1\ 200\ 000$（元）

A 产品保本销售额 $=1\ 200\ 000\times\frac{1\ 000\ 000}{2\ 000\ 000}=600\ 000$（万元）

A 产品保本销售量 $=\frac{600\ 000}{10}=60\ 000$ 件

B 产品保本销售额 $=1\ 200\ 000\times\frac{500\ 000}{2\ 000\ 000}=300\ 000$（万元）

B 产品保本销售量 $=\frac{300\ 000}{20}=15\ 000$（件）

C 产品保本销售额 $=1\ 200\ 000\times\frac{500\ 000}{2\ 000\ 000}=300\ 000$（万元）

C 产品保本销售量 $=\frac{300\ 000}{50}=6\ 000$（件）

解法三：

通过表格形式计算各项指标，如表 3.2 所示。

表 3.2　延伸计算

项目 品种	销量(件)	单价 (元/件)	单位变动 成本(元)	销售收 入(元)	贡献边际(元)	贡献边际率	销售额比重
	①	②	③	④=①×②	⑤=①×(②-③)	⑥=⑤/④	④/收入合计
A	100 000	10	8.5	1 000 000	150 000	15%	50%
B	25 000	20	16	500 000	100 000	20%	25%
C	10 000	50	25	500 000	250 000	50%	25%

加权边际贡献率 $=\sum$ 各产品的边际贡献率 × 各产品的销售比重

$=15\%\times 50\% + 20\%\times 25\% + 50\%\times 25\%$

$=25\%$

20×4 该企业保本销售额 $=\frac{300\ 000}{25\%}=1\ 200\ 000$（元）

各种产品保本销售额计算如下：

A 产品保本销售额 $=1\ 200\ 000\times 50\% = 600\ 000$（元）

B 产品保本销售额 $=1\ 200\ 000\times 25\% = 300\ 000$（元）

C 产品保本销售额 $=1\ 200\ 000\times 25\% = 300\ 000$（元）

各种产品保本销售量计算如下：

A 产品保本销售量 $=\frac{600\ 000}{10}=60\ 000$（件）

B 产品保本销售量 $=\frac{300\ 000}{20}=15\ 000$（件）

C 产品保本销售量 $=\frac{300\ 000}{50}=6\ 000$（件）

三、本-量-利关系图示法

在平面直角坐标系上反映本-量-利关系的图形，称为本-量-利分析图，也称为保本图、盈亏临界图、损益平衡图等。本-量-利分析图形有多种形式，它们都能直观地从动态角度反映本、量、利之间的相互依存关系。主要有传统式、贡献毛益式、利量式。

（一）传统式本-量-利图（也称标准本-量-利图）

如前所述，企业利润的高低决定于销售收入与总成本之间的对比，而销售收入的大小取决于销售数量和销售单价两个因素；总成本的大小则取决于变动成本和固定成本两个因素。在进行盈亏临界点分析时，贡献边际的启示是：只要销售单价高于单位变动成本，固定成本就可以获得补偿，所以，至少理论上盈亏临界点是存在的。至于盈亏临界点的位置则取决于固定成本、单位变动成本、销售单价这 3 个因素。

传统式盈亏临界图的绘制方法如下：

（1）在直角坐标系中，以横轴表示销售数量，以纵轴表示成本和销售收入。

（2）以原点 O 为出发点，以销售单价为斜率，绘制销售收入线。

（3）绘制固定成本线，在纵轴上以固定成本总额为截距，做一条与横轴平行的固定成本线。

（4）绘制总成本线。由于成本总额 = 固定成本 + 单位变动成本 × 销售量，因此总成本线是始于固定成本线与纵轴交点之处的一条直线，此线可根据实际资料绘出。

在本-量-利图上，总收入线与总成本的交点即为保本点，对应该点的销售量或销售额为保本销售量或保本销售额，如图 3.1 所示。

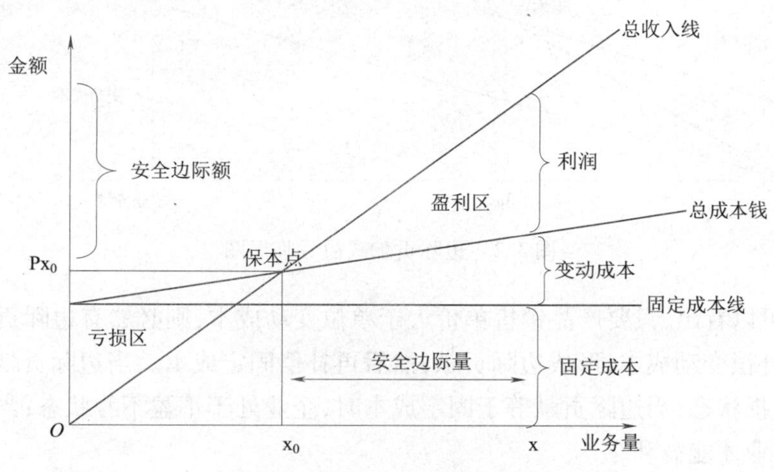

图 3.1　传统式盈亏临界图

图 3.1 直观而形象地描述了这种关系，具体来说表现在以下几个方面：

（1）在固定成本、单位变动成本、销售单价不变的情况下，也就是说盈亏临界点是既定的，销售量越大，实现的利润也就越多（当销售量超过盈亏临界点时），或者是亏损越少（当销售量不足盈亏临界点时）；反之则利润越少或亏损越大。这是盈亏临界图中的基本关系。

（2）在总成本既定的情况下，盈亏临界点的位置随销售单价的变动而逆向变动：销售单价越高(表现在坐标图中就是销售收入线的斜率越大),盈亏临界点就越低;反之,盈亏临界点就越高。

(3)在销售单价、单位变动成本既定的情况下,盈亏临界点的位置随固定成本总额的变动而同向变动:固定成本越大(表现在坐标图中就是总成本线与纵轴的交点越高),盈亏临界点就越高;反之,盈亏临界点就越低。

(4)在销售单价和固定成本总额既定的情况下,盈亏临界点的位置随单位变动成本的变动而同向变动:单位变动成本越高(表现在坐标图中就是总成本线的斜率越大),盈亏临界点就越高;反之,盈亏临界点就越低。

(二)边际贡献盈亏临界图

边际贡献式本-量-利图,侧重于反映边际贡献的形成和作用,它的绘制方法是首先在平面直角坐标系中,以原点 O 为出发点,绘制销售收入线和变动成本线,然后以固定成本总额相应的数值为截距,画一条与变动成本平行的直线,即总成本线。总成本线与销售收入线的交点即为保本点,如图 3.2 所示。

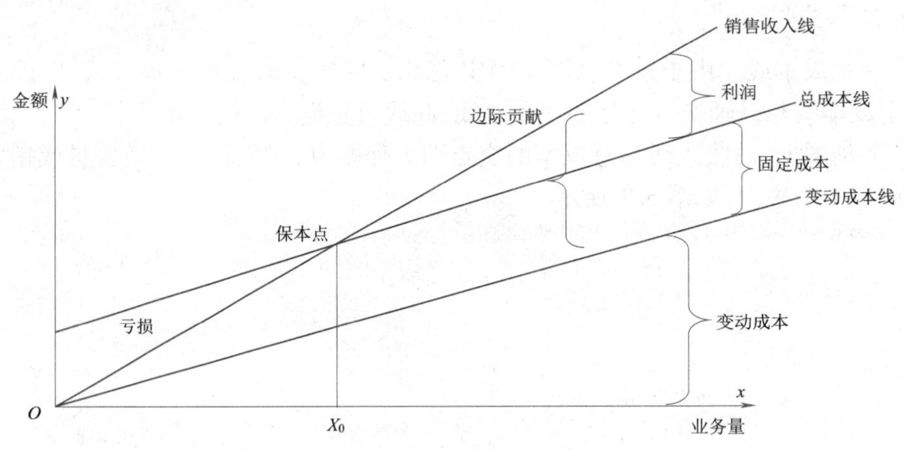

图 3.2 边际贡献式盈亏临界图

从图 3.2 可以看出,只要产品销售单价大于单位变动成本,则必然有边际贡献产生。因此销售收入首先补偿变动成本,形成边际贡献,然后再补偿固定成本。当边际贡献小于固定成本时,企业处于亏损状态;当边际贡献等于固定成本时,企业处于不盈不亏状态;当边际贡献大于固定成本时,企业才能盈利。

(三)利量式盈亏临界图

利量式盈亏临界图的特点是侧重于揭示利润与业务量之间的依存关系,它是上述两种本-量-利图的一种变化形式,是简化了的本-量-利图,突出利润与业务量之间的直接关系,提供的利润信息更加直截了当,如图 3.3 所示。

在利量式盈亏临界图上,利润线的起点为(0, -a),即当销售量为零时,企业的亏损额刚好等于固定成本总额,当销售额增加时,企业的亏损额就越来越小,当亏损额等于零时,企业处于不盈利不亏损的状态,这时的销售额与利润线相交的点,即为保本点。过了保本点的销售额补偿变动成本后的贡献边际就是企业的利润。

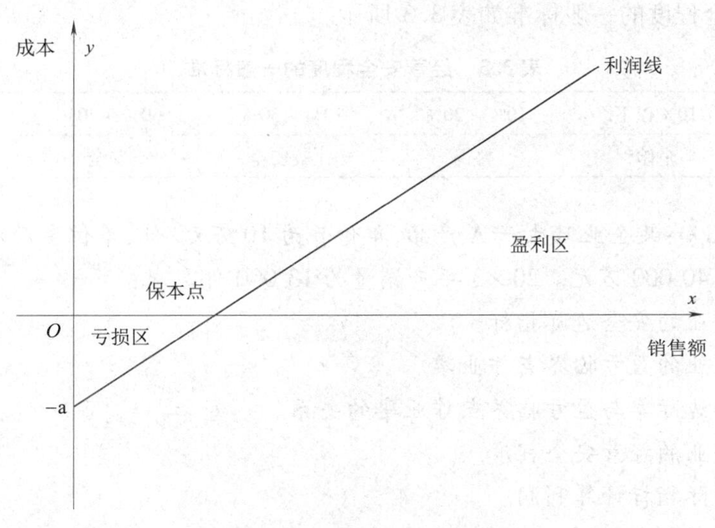

图 3.3 利量式盈亏临界图

四、企业经营安全程度的分析

在竞争激烈的市场环境中，企业都非常重视自己生存的安全性问题，保本是企业安全生存的最低限度，评价企业经营安全程度的指标主要有保本作业率、安全边际和安全边际率。

(一)盈亏临界点作业率(或保本作业率)

盈亏临界点作业率又叫"危险率"，是指保本点业务量占现有或预计销售业务量的百分比，该指标是一个反指标，值越小说明越安全。计算公式为：

$$盈亏临界点作业率=\frac{保本点销售量}{正常销售量}\times 100\%$$

$$=\frac{保本销售额}{预计或正常销售额}\times 100\%$$

(二)安全边际量(额)

安全边际量(额)指现有或预计的销售量(额)与保本点量(额)之间的差额。它们是正指标。

安全边际销售量，简称安全边际量：

安全边际销售量=现有或预计的销售量-保本点销售量

安全边际销售额，简称安全边际额：

安全边际销售额=现有或预计的销售额-保本点销售额

(三)安全边际率

安全边际率是指安全边际量(额)与预计销售量(额)或正常销售量(额)之比，它是相对数指标。

$$安全边际率=\frac{安全边际}{预计销售量(额)或者正常销售量(额)}\times 100\%$$

该指标值越大企业经营越安全。反之，企业经营越不安全。

五、安全边际率与保本作业率的关系

安全边际率+保本作业率=1

企业经营安全程度的一般标准如表3.3所示。

表3.3 经营安全程度的一般标准

安全边际率	10%以下	10%～20%	20%～30%	30%～40%	40%以上
安全程度	危险	警惕	比较安全	安全	很安全

【例3.6】 已知：某企业只生产A产品，单价p为10万元/件，单位变动成本b为6万元/件，固定成本a为40 000万元。20×3年产销量为13 000件。求：

(1)计算该企业的安全边际指标。

(2)计算该企业的盈亏临界点作业率。

(3)验证安全边际率与盈亏临界点作业率的关系。

(4)评价该企业的经营安全程度。

(5)用安全边际指标计算利润。

(6)计算销售利润率指标。

(1)安全边际指标的计算如下：

$$保本销售量=\frac{40\ 000}{10-6}=10\ 000(件)$$

$$安全边际量=x_1-x_0=13\ 000-10\ 000=3\ 000(件)$$

$$安全边际额=y_1-y_0=130\ 000-100\ 000=30\ 000(万元)$$

$$安全边际率=\frac{3\ 000}{13\ 000}\times100\%=23.07\%$$

$$(2)保本作业率=\frac{10\ 000}{13\ 000}\times100\%=76.93\%$$

(3)安全边际率+保本作业率=23.07%+76.93%=1

(4)因为安全边际率为23.07%，说明企业的生产是比较安全的。

(5)利润=安全边际量×单位贡献边际=(13 000-10000)×4=12 000(元)

=安全边际额×贡献边际率=30 000×40%=12 000(元)

或 利润=产销量×单价-产销量×单位变动成本-固定成本

=13 000×10-13 000×6-40 000=12 000(元)

(6)计算销售利润率指标：

因为：利润=安全边际额×贡献边际率

公式两面同除以销售收入得：

销售利润率=安全边际率×贡献边际率

=23.07%×40%=9.228%

六、经营杠杆和经营杠杆系数

(一)经营杠杆的含义

根据成本性态原理，在一定时期一定业务量范围内，业务量增加一般不会改变其固定成本总额，但却可以降低单位固定成本，从而提高单位产品的利润，并使息税前利润的增长率大于业务量增长率；相反，业务量减少会使单位固定成本上升，从而降低单位产品的利润，并使息税前利润的降低率大于业务量的降低率。很明显,产品只有在没有固定成本(企业所有成本都是变动成本)的条件下,贡献边际才等于营业利润,此时息税前利润的变动率才有可能与业务量同步增减。实际上,这种情况是不存在的,因此,在经济生活中,由于固定成本的存在,息税前利润的变动率必然大于销售量的变动率,这种现象称之为"经营杠杆"现象,它能反映企业经营的风险,并帮助管理当局进行科学的预测分析和决策分析。

(二)经营杠杆系数的计量

经营杠杆现象通常用经营杠杆系数来表示。经营杠杆系数是指息税前利润变动率相对于销售量变动率的倍数,一般用 DOL 表示。即:

$$\text{经营杠杆系数}=\frac{\text{息税前利润变动率}}{\text{销售量变动率}}$$

对上述基本公式进行变换,可以得到简化的计算公式:

$$\text{经营杠杆系数}=\frac{\text{基期贡献边际}}{\text{基期息税前利润}}$$

【例 3.7】 甲公司生产某品牌的冰箱,产品销售单价为 1 800 元,上年度该冰箱产销量为 10 000 台,预计计划年度产销量增长 20%。单位变动成本为 1 000 元,全年固定成本为 300 万元,试计算经营杠杆系数 DOL。

$$\begin{aligned}\text{基期息税前利润}&=(1\ 800-1\ 000)\times 10\ 000-3\ 000\ 000\\&=5\ 000\ 000(\text{元})\end{aligned}$$

$$\begin{aligned}\text{预计计划年度息税前利润}&=(1\ 800-1\ 000)\times 10\ 000\times(1+20\%)-3\ 000\ 000\\&=6\ 600\ 000(\text{元})\end{aligned}$$

$$\begin{aligned}\text{息税前利润变动率}&=\frac{6\ 600\ 000-5\ 000\ 000}{5\ 000\ 000}\\&=32\%\end{aligned}$$

$$\begin{aligned}\text{经营杠杆系数}&=\frac{\text{息税前利润变动率}}{\text{销售量变动率}}\\&=\frac{32\%}{20\%}\\&=1.6\end{aligned}$$

运用简化公式计算:

$$\begin{aligned}\text{经营杠杆系数}&=\frac{\text{基期贡献边际}}{\text{基期息税前利润}}\\&=\frac{(1\ 800-1\ 000)\times 10\ 000}{(1\ 800-1\ 000)\times 10\ 000-3\ 000\ 000}\\&=1.6\end{aligned}$$

(三)经营杠杆的变化规律

企业只要存在固定成本,经营杠杆系数就会大于 1,并且经营杠杆系数与固定成本总额同方向变动。在例 3.7 中,息税前利润以销售量 1.6 倍的速度增长,在实际经营过程中,若对市场前景看好,就应加大固定成本的投入,从而提高经营杠杆系数,使销售量的增长能带来利润更大的增长,当销量减少时,息税前利润又将以经营杠杆系数倍数的幅度下降。由此可见,经营杠杆系数扩大了市场和生产等不确定因素对利润变动的影响;且经营杠杆系数越大,随着产品销售量的变动,利润的变动越剧烈,企业经营的风险就越大。

七、相关因素变动对盈亏临界点的影响

在固定成本、单位变动成本、销售单价以及品种结构等因素发生单一变化时重新计算新的盈亏临界点,并理解上述各因素变动方向与盈亏临界点变动方向的关系。

(一)单位变动成本变动对保本点的影响

【例3.8】 设某企业生产和销售单一产品,销售单价为60元,正常销售量为3 000件,固定成本总额为60 000元,单位变动成本为40元,假设其他条件不变,只是单位变动成本由原来的40元下降到35元,则盈亏临界点就有原来的3 000件变为:

$$盈亏临界点=\frac{60\ 000}{60-35}=2\ 400(件)$$

单位变动成本变化对盈亏临界点的影响如图3.4所示。

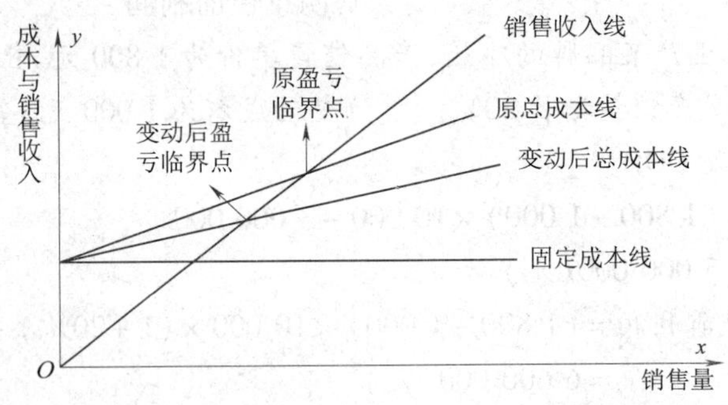

图3.4 单位变动成本变化对盈亏临界点的影响

结论:单位变动成本的减少会使保本点降低。反之,单位变动成本的增加会导致保本点升高。

(二)销售价格变动对保本点的影响

【例3.9】 仍以例3.8为例,假设其他条件不变,单价由原来的60元提高到65元,则盈亏临界点就有原来的3 000件变为:

$$盈亏临界点=\frac{60\ 000}{65-35}=2\ 000(件)$$

销售价格变动对盈亏临界点的影响如图3.5所示。

结论:销售价格的上升会使盈亏临界点降低,反之,销售价格的下降会导致盈亏临界点升高。

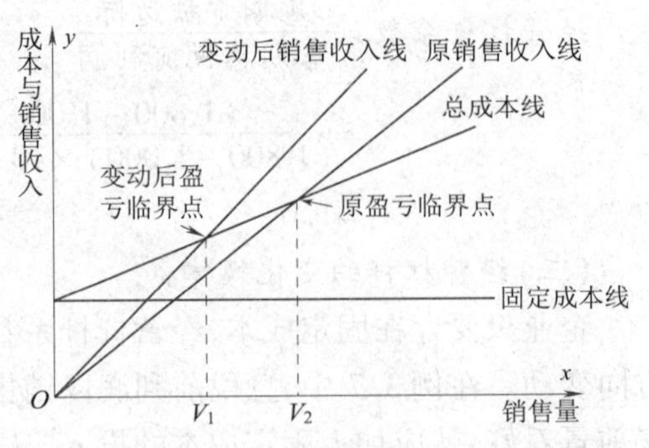

图3.5 销售价格变动对盈亏临界点的影响

(三)固定成本变动对保本点的影响

一方面,固定成本的增加会导致盈亏临界点的升高,固定成本的减少会导致盈亏临界点的降低;另一方面,固定成本虽然不随业务量的变动而变动,但企业经营能力的变化和管理决策都会导

致固定成本的升降，特别是酌量性固定成本更容易发生变化。

【例 3.10】　仍以例 3.8 为例，假设其他条件不变，固定成本由原来的 60 000 元下降到 50 000元，则盈亏临界点就由原来的 3 000 件变为：

$$盈亏临界点 = \frac{50\ 000}{60-40} = 2\ 500(件)$$

固定成本变动对盈亏临界点的影响如图 3.6 所示。

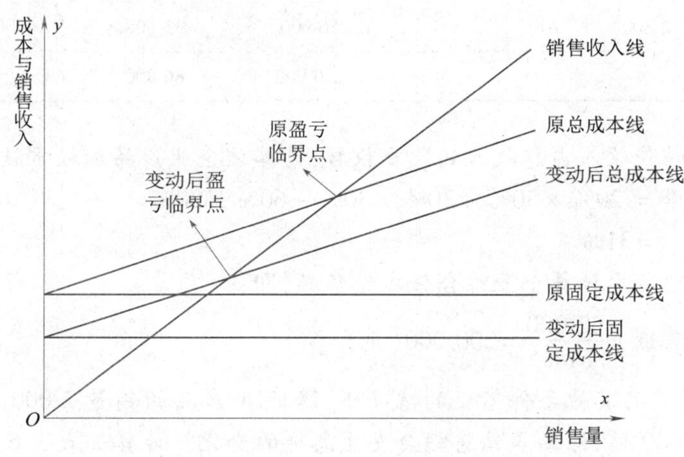

图 3.6　固定成本变动对盈亏临界点的影响

结论：固定成本的下降会使盈亏临界点降低，反之，固定成本的增加会导致盈亏临界点升高。

(四)品种结构变化对保本点的影响

当企业生产的产品有多种时，各种因素变化对盈亏临界点的影响就比较复杂，在这只分析当各种产品的售价、单位变动成本、固定成本均不发生变化，只有产品品种结构发生变化时，对盈亏临界点的影响。这种变动方向取决于以各种产品的销售收入比例为权数的加权平均贡献边际率的变化情况。

【例 3.11】　设某公司固定生产成本 62 000 元，该企业生产和销售 A,B,C 三种产品(假设各种产品的产销平衡)，其有关资料如表 3.4 所示。

表 3.4　企业产量、单价及成本资料

单位：元

项目＼产品	A	B	C
产销量	5 600	4 200	2 800
售价	25	20	20
单位变动成本	20	14	8

根据表 3.4 中数据资料所计算的 A,B,C 三种产品的品种构成及各自的贡献边际率如表 3.5 所示。

表 3.5　品种构成及各自的贡献边际率计算表

单位:元

品种＼项目	销量	单价	单位变动成本	销售收入	贡献边际	贡献边际率	销售比重
	①	②	③	④=①×②	⑤=①×(②-③)	⑥=⑤/④	④/收入合计
A	5 600	25	20	140 000	28 000	20%	50%
B	4 200	20	14	84 000	25 200	30%	30%
C	2 800	20	8	56 000	33 600	60%	20%
合计				280 000	86 800		100%

以各种产品的销售收入占总收入的比重权数,计算该企业产品加权贡献边际率如下:

加权贡献边际率 $= 20\% \times 50\% + 30\% \times 30\% + 60\% \times 20\%$

$= 31\%$

根据加权贡献边际率计算企业综合保本销售额,即:

盈亏临界点销售额 $= \dfrac{62\ 000}{31\%} = 200\ 000$(元)

在 A,B,C 三种产品其他条件不变的情况下,降低 A 产品的销量 2 000 件,增加贡献边际高的 C 产品销量 2 000 件,保本点销售额会发生怎样的变化?计算如表 3.6 所示。

表 3.6　品种构成及各自的贡献边际率计算表

单位:元

品种＼项目	销量	单价	单位变动成本	销售收入	贡献边际	贡献边际率	销售比重
	①	②	③	④=①×②	⑤=①×(②-③)	⑥=⑤/④	④/收入合计
A	3 600	25	20	90 000	18 000	20%	33.33%
B	4 200	20	14	84 000	25 200	30%	31.11%
C	4 800	20	8	96 000	57 600	60%	35.56%
合计				270 000	100 800		100%

以变化后各种产品的销售收入占总收入的比重权数,计算企业产品的加权贡献边际率如下:

加权贡献边际率 $= 20\% \times 33.33\% + 30\% \times 31.11\% + 60\% \times 35.56\%$

$= 37.335\%$

盈亏临界点销售额 $= \dfrac{62\ 000}{37.335\%} = 166\ 064.015$(元)

结论:当改变产品的销售额比重,加权平均贡献毛益率就会发生变化,会引起盈亏临界点发生相反的变化。加权贡献边际率提高,盈亏临界点就会相应降低;反之,当加权平均贡献毛益率降低时,盈亏临界点会相应升高。用相同的方法可以分析单价、单位变动成本、固定成本对多种产品盈亏临界点的影响。

第四节 保利分析

对一个企业来说,保本并不是企业经营的目标,盈利才是企业的根本目标。为了目标利润的实现,企业的销售量或销售额达到多少才能实现目标。

保利分析就是指在单价和成本水平确定的情况下,为确保预先确定的目标利润能够实现,而应达到的销售量和销售额的统称。具体包括保利量和保利额两项指标。

$$保利量=\frac{固定成本+目标利润}{单位贡献边际}$$

$$保利额=\frac{固定成本+目标利润}{贡献边际率}=保利量\times单价$$

一、实现目标利润的销售模型

【例 3.12】 设企业生产和销售单一产品,产品单价 60 元,单位变动成本为 35 元,固定成本为 60 000 元,如假设企业目标利润为 30 000 元,求:

(1)保本销售量。

(2)计算为实现目标利润的销售量。

(3)为实现目标利润的销售额。

$$保本量=\frac{60\ 000}{60-35}=2\ 400(件)$$

根据保利量和保利额的计算公式:

$$保利量=\frac{60\ 000+30\ 000}{60-35}=3\ 600(件)$$

$$保利额=保利量\times单价=3\ 600\times60=216\ 000(元)$$

通过计算可以看出,企业生产销售该种产品,要想保本,销售量必须达到 2 400 件,要想盈利 30 000 元,销售量必须达到 3 600 件。

二、实现税后目标利润的销售模型

由于:

$$税后利润=目标利润\times(1-所得税税率)$$

因此:

$$目标利润=\frac{税后利润}{(1-所得税税率)}$$

代入实现目标利润的计算公式,得:

$$保净利量=\frac{固定成本+\dfrac{目标利润}{(1-所得税税率)}}{单位贡献边际}$$

$$保净利额=\frac{固定成本+\dfrac{目标利润}{(1-所得税税率)}}{单位贡献边际率}$$

$$=保净利量\times单价$$

【例 3.13】 以例 3.12 为例,假设企业所得税税率为 25%,税后净利润为 30 000 元,要求计算:

(1)税后利润的销售量。

(2)税后利润的销售额。

$$保净利量=\frac{60\ 000+\frac{30\ 000}{(1-25\%)}}{60-35}=4\ 000(件)$$

保净利额 = 保净利量 × 单价 = 4 000 × 60 = 240 000(元)

第五节　本-量-利关系中的敏感性分析

敏感性分析研究的是当一个系统的周围条件发生变化时,导致这个系统的状况发生怎样的变化,是变化大(敏感)还是变化小(不敏感)。

从前面的盈亏临界点分析和实现目标利润分析中可以看出,销售量、单价、单位变动成本、固定成本等因素中某一个因素或某几个因素发生变动,都会引起盈亏临界点和目标利润发生变化。但由于各个因素在计算盈亏临界点和目标利润过程中所起的作用不同,影响程度也会不一样。或者说盈亏临界点和目标利润对不同因素变动所作出的反应在敏感性上有差异。本节的敏感性分析主要研究两个方面的问题:一是有关因素临界值的确定;二是有关因素变化对利润的影响程度(即敏感系数分析)。

一、有关因素临界值的确定

销售量、单价、单位变动成本和固定成本的变化,都会对利润产生影响。当这种影响是消极的且达到一定程度时,就会使企业的利润为零而进入盈亏临界状态;如这种变化超出上述程度,企业就转入了亏损状态,发生了质的变化。敏感性分析的目的就是确定能引起这种质变的各因素变化的临界值。简单来说,就是求取达到盈亏临界点的销售量和单价的最小允许值以及单位变动成本和固定成本的最大允许值。由实现目标利润的模型

$$目标利润=(单价-单位变动成本)\times 销售量-固定成本$$

可以推导出当目标利润为零时求取各个因素最大最小值的有关公式

$$销售量临界值=\frac{固定成本}{(单价-单位变动成本)}$$

$$销售单价临界值=单位变动成本+\frac{固定成本}{销售量}$$

$$单位变动成本临界值=单价-\frac{固定成本}{销售量}$$

$$固定成本临界值=销售量\times(销售单价-单位变动成本)$$

【例3.14】 设某企业生产和销售单一产品。计划年度内预计有关数据如下:销售量为5 000件,单价为50元,单位变动成本为20元,固定成本为60 000元。要求:计算各因素的临界值。

目标利润 = 5 000 × (50 − 20) − 60 000 = 90 000(元)

(1)销售量的临界值(最小值)

$$\begin{aligned}销售量&=\frac{固定成本}{单价-单位变动成本}\\&=\frac{60\ 000}{50-20}=2\ 000(件)\end{aligned}$$

通过计算可知，在其他条件不变的情况下，2 000 件销量是保本销量，低于 2 000 件的销量企业就要亏损。所以，销售量的变化范围是 2 000 ~ 5 000 件。

(2) 单价的临界值（最小值）

$$单价 = \frac{固定成本}{销售量} + 单位变动成本$$

$$= \frac{60\ 000}{5\ 000} + 20 = 32（元）$$

通过计算可知，32 元是保本单价，按 32 元价格销售 5 000 件产品，企业正好保本，低于 32 元的价格销售产品 5 000 件企业就亏损，所以在其他条件不变的情况下，单价的变化范围是 32 ~ 50 元。

(3) 单位变动成本的临界值（最大值）

$$单位变动成本 = 单价 - \frac{固定成本}{销售量}$$

$$= 50 - \frac{60\ 000}{5\ 000} = 38（元）$$

通过计算可知，该指标是逆指标，越大对企业越不利，38 元是保本变动成本，是最大值，高于 38 元销售 5 000 件产品企业就亏损。所以，在其他条件不变的情况下，单位变动成本的变化范围是 20 ~ 38 元。

(4) 固定成本的临界值（最大值）

$$固定成本 = （单价 - 单位变动成本）\times 销售量$$

$$= (50 - 20) \times 5\ 000$$

$$= 150\ 000（元）$$

通过计算可知，在其他条件不变的情况下，固定成本的变化范围是 60 000 ~ 150 000 元，150 000 元是保本固定成本，高于 150 000 元的固定成本销售 5 000 件产品企业就要亏损。

二、有关因素变化对利润的影响程度（即敏感系数分析）

如果有的因素较小变动，却导致利润发生了很大变化，就称这些因素为敏感因素；如果有的因素虽然发生较大变化，但利润的变化却不大，就称这些因素为非敏感因素。企业的决策人员需要知道利润对哪些因素的变化比较敏感，而对哪些因素的变化不太敏感，以便分清主次，抓住重点，确保目标利润的实现。敏感系数计算如下：

$$敏感系数 = \frac{目标值变动百分比}{因素值变动百分比}$$

公式计算的结果，如系数为正数，表明它与利润为同向增减关系，若为负数，表明它与利润为反向增减关系。

由于采用上述公式需要计算出目标值和因素值变动的百分比，比较麻烦，实际计算时可以采用如下比较简单的计算方法：

$$销售价格的敏感系数 = \frac{销售单价 \times 销量}{利润}$$

$$单位变动成本的敏感系数 = -\frac{单位变动成本 \times 销量}{利润}$$

$$销售量的敏感系数 = \frac{（销售单价 - 单位变动成本）\times 销量}{利润}$$

$$固定成本敏感系数 = -\frac{固定成本}{利润}$$

【例 3.15】 设某企业生产和销售单一产品。预测的有关数据如下：销售量为 5 000 件，单价为 50 元，单位变动成本为 20 元，固定成本为 60 000 元。目标利润为 90 000 元，假设销售量、单价、单位变动成本和固定成本均分别增长 20%，计算各因素的敏感系数。分析哪个因素对利润的影响最敏感。

(1)按敏感系数公式计算

①单价提高 20%：

$$\begin{aligned}利润 &= 50 \times (1+20\%) \times 5\ 000 - 20 \times 5\ 000 - 60\ 000 \\ &= 140\ 000(元)\end{aligned}$$

$$利润的变动率 = \frac{140\ 000 - 90\ 000}{90\ 000} = 55.56\%$$

$$\begin{aligned}单价的敏感系数 &= \frac{目标值变动百分比}{因素值变动百分比} = \frac{55.56\%}{20\%} \\ &= 2.778\end{aligned}$$

计算表明，单价在原来基础上增加一倍，利润就要增加 2.778 倍；反之，单价在原来基础上下降一倍，利润将下降 2.778 倍。

②单位变动成本提高 20%：

$$\begin{aligned}利润 &= 50 \times 5\ 000 - 20 \times (1+20\%) \times 5\ 000 - 60\ 000 \\ &= 70\ 000(元)\end{aligned}$$

$$利润的变动率 = \frac{70\ 000 - 90\ 000}{90\ 000} = -22.2\%$$

$$单位变动成本的敏感系数 = \frac{目标值变动百分比}{因素值变动百分比} = \frac{-22.22\%}{20\%} = -1.11$$

计算表明，单位变动成本在原来基础上增加一倍，利润就要降低 1.11 倍；反之，单位变动成本在原来基础上下降一倍，利润将上升 1.11 倍。

③销售量提高 20%：

$$\begin{aligned}利润 &= (50-20) \times 5\ 000 \times (1+20\%) - 60\ 000 \\ &= 120\ 000(元)\end{aligned}$$

$$利润的变动率 = \frac{120\ 000 - 90\ 000}{90\ 000} = 33.33\%$$

$$销售量的敏感系数 = \frac{目标值变动百分比}{因素值变动百分比} = \frac{33.33\%}{20\%} = 1.67$$

计算表明，销售量在原来基础上增加一倍，利润就要增加 1.67 倍；反之，销售量在原来基础上下降一倍，利润将下降 1.67 倍。

④固定成本提高 20%：

$$\begin{aligned}利润 &= (50-20) \times 5\ 000 - 60\ 000 \times (1+20\%) \\ &= 78\ 000(元)\end{aligned}$$

$$利润的变动率 = \frac{78\ 000 - 90\ 000}{90\ 000} = -13.33\%$$

$$固定成本敏感系数 = \frac{目标值变动百分比}{因素值变动百分比} = \frac{-13.33\%}{20\%} = -0.67$$

计算表明，固定成本在原来基础上增加一倍，利润就要降低0.67倍；反之，固定成本在原来基础上下降一倍，利润将上升0.67倍。

(2) 按简便的公式计算各因素的敏感系数

假设在公式计算中P表示利润，a表示固定成本，b表示单位变动成本，p表示单价，x表示销售量，则：

$$销售价格的敏感系数 = \frac{销售单价 \times 销量}{利润} = \frac{px}{P} = \frac{50 \times 5\,000}{90\,000} = 2.78$$

$$单位变动成本的敏感系数 = -\frac{单位变动成本 \times 销量}{利润} = -\frac{bx}{P} = -\frac{20 \times 5\,000}{90\,000} = -1.11$$

$$销售量的敏感系数 = \frac{(销售单价 - 单价变动成本) \times 销量}{利润} = \frac{(P-b)x}{P} = \frac{(50-20) \times 5\,000}{90\,000} = 1.67$$

$$固定成本敏感系数 = -\frac{固定成本}{利润} = -\frac{a}{P} = \frac{60\,000}{90\,000} = -0.67$$

通过计算可以看出，影响利润的4个因素中，单价最敏感，固定成本最不敏感，企业想使利润增加时，最先考虑的因素是提高单价，其次是提高销售量，接下来考虑降低变动成本，最后考虑降低固定成本。

思考题

1. 什么是本-量-利分析？其实质是什么？简述本量利分析的前提条件。贡献边际率指标的含义是什么？它和变动成本率的关系如何？
2. 本-量-利分析的主要内容有哪些？
3. 单一品种生产情况下和多品种产品生产情况下的边际贡献的公式？
4. 什么是保本点？如何进行保本点的敏感性分析？
5. 在单个因素变动下，如果要增加利润可从哪几个方面考虑？

同步测试题

一、单项选择题

1. 计算边际贡献率，可以使用单位边际贡献除以（　　）的方法。

   A. 单位售价　　B. 总成本　　C. 销售收入　　D. 变动成本

2. 在下列指标中，可据以判定企业经营安全程度的指标是（　　）。

   A. 保本量　　B. 边际贡献　　C. 保本作业率　　D. 保本额

3. 安全边际量 = 实际销售量 -（　　）。

   A. 边际销售量　　B. 保本销售量　　C. 实际销售量　　D. 预计销售量

4. 已知某企业本年目标利润为4 000 000元，产品单价为500元，变动成本率为40%，固定成本总额为 8 000 000 元,则企业的保利量为(　　)件。

A. 60 000　　B. 50 000　　C. 40 000　　D. 24 000

5. 降低保本点作业率的办法有(　　)。

A. 降低销售量　　B. 降低售价　　C. 提高预计利润　　D. 减少固定成本

6. 某企业单位变动成本为 6 元,产品单价 10 元,计划销售 600 件,欲实现利润 740 元,固定成本应控制在(　　)元。

A. 1 660　　B. 1 700　　C. 1 800　　D. 1 860

7. 某企业每月固定成本 1 000 元,单价 10 元,计划销售 600 件,欲实现目标利润 800 元,其单位变动成本应为(　　)元。

A. 6　　B. 7　　C. 8　　D. 9

8. 某企业只生产一种产品,单价 6 元,单位制造成本 4 元,单位销售和管理变动成本5 元,销售量为 500 件,则其产品边际贡献为(　　)元。

A. 650　　B. 750　　C. 850　　D. 950

9. 下列公式正确的是(　　)。

A. 边际贡献率 = 变动成本率 - 1　　B. 边际贡献 = 销售收入 × 边际贡献率

C. 边际贡献率 = 边际贡献/本年利润　　D. 变动成本率 = 变动成本/总成本

10. 某企业只生产一种产品,单价 6 元,单位变动成本为 4 元,固定成本 800 元,企业的正常销售额为 3 000 元,则保本点作业率为(　　)。

A. 80%　　B. 60%　　C. 30%　　D. 90%

11. 如果产品的单价与单位变动成本上升的百分率相同,且其他因素不变,则保本销售量(　　)。

A. 上升　　B. 不变　　C. 下降　　D. 不确定

12. 当单价为 100 元,贡献边际率为 40% ,安全边际量为 1 000 件时,企业可实现的利润为(　　)元。

A. 40 000　　B. 30 000　　C. 60 000　　D. 100 000

13. 下列措施中既能提高安全边际又不会降低保本点的是(　　)。

A. 提高单价　　B. 增加销售量

C. 压缩固定成本开支　　D. 降低单位变动成本

14. 保本点作业率(　　)。

A. 越小经营越安全　　B. 越大经营越安全

C. 越大盈利越大　　D. 越小经营越危险

15. 在采用图解法确定产品保本点时,保本点是保本图中(　　)所对应的销售量。

A. 总成本线与销售收入线的交点　　B. 变动成本线与销售收入线的交点

C. 变动成本线与总成本线的交点　　D. 固定成本线与销售收入线的交点

16. 在其他因素不变的情况下,固定成本减少,保本点(　　)。

A. 不变　　B. 降低　　C. 升高　　D. 不确定

17. 在销量不变的情况下,保本点越高,能实现的利润(　　)。

A. 越多　　B. 越少　　C. 不变　　D. 不确定

18. 已知某企业只生产一种产品,单位变动成本为 45 元,固定成本总额为 60 000 元,产品销售单价为 125 元，为使安全边际率达到 70%，该企业当期至少应销售的产品数量为（ ）件。

A. 2 000　B. 2 500　C. 1 280　D. 1 000

二、多项选择题

1. 按照本量利分析的原理，如果 a 表示固定成本，b 表示单位变动成本，x 表示销售量，p 表示单价，π 表示营业利润，则必有（ ）成立。

A. $\pi = px - (a + bx)$　B. $\pi = (p - a)x - b$

C. $\pi = px - bx - a$　D. $\pi = px - a - bx$

E. $\pi = (p - b)x - a$

2. 安全边际指标的表现形式包括（ ）。

A. 安全边际量　B. 安全边际额　C. 安全边际率　D. 保本作业率

E. 边际贡献率

3. 下列因素中，其水平提高会导致保利点升高的有（ ）。

A. 单位变动成本　B. 固定成本总额

C. 目标利润　D. 销售量

E. 单价

4. 下列指标中，会随着单价变动而向反方向变动的有（ ）。

A. 保本点　B. 保利点

C. 变动成本率　D. 单位边际贡献

E. 安全边际率

5. 企业为实现目标利润可采取的措施包括（ ）。

A. 在其他因素不变的情况下，提高单价

B. 在其他因素不变的情况下，增加销售量

C. 在其他因素不变的情况下，降低固定成本

D. 在其他因素不变的情况下，降低单位变动成本

E. 采取综合措施

6. 边际贡献除了以总额的形式表现外，还包括（ ）等形式。

A. 单位边际贡献　B. 税前利润　C. 销售收入　D. 边际贡献率

E. 净利润

7. 下列各项中，可据以判定企业恰好处于保本状态的标志有（ ）。

A. 安全边际率为零　B. 边际贡献等于固定成本

C. 收支相等　D. 保本作业率为零

E. 边际贡献率等于变动成本率

8. 下列与安全边际率有关的说法中，正确的有（ ）。

A. 安全边际量与当年实际销售量的比值等于安全边际率

B. 安全边际率与保本作业率之和为 1

C. 安全边际额与销售量的比率等于安全边际率

D. 安全边际率越小，企业发生亏损的可能性越小

E. 安全边际率越大，企业发生亏损的可能性越小

9. 下列各式中,其计算结果等于边际贡献率的有(　　)。

A. 单位边际贡献/单价　　B. 1－变动成本率

C. 边际贡献/销售收入　　D. 固定成本/保本销售量

E. 固定成本/保本销售额

10. 某产品单价为 8 元,固定成本总额为 2 000 元,单位变动成本为 5 元,计划产销量 600 件,要实现 400 元的利润,可分别采取的措施有(　　)。

A. 减少固定成本 600 元　　B. 提高单价 1 元

C. 提高产销量 200 件　　D. 降低单位变动成本 1 元

E. 提高单价 0.5 元

11. 提高企业经营安全性的途径包括(　　)。

A. 提高销售单价　　B. 降低销售单价

C. 扩大销售量　　D. 降低固定成本

E. 降低单位变动成本

12. 根据企业经营安全性检验标准,在以下不相关的情况下,能够断定企业经营安全程度为"很安全"的有(　　)。

A. 保本作业率小于 60%　　B. 安全边际率大于 40%

C. 保本作业率小于 70%　　D. 保本作业率等于安全边际率

E. 保本作业率小于安全边际率

13. 在生产单一产品的情况下,对保本点、保利点和实现目标税后利润都有影响的因素包括(　　)。

A. 单位变动成本　　B. 销售单价　　C. 销售量　　D. 固定成本总额

E. 所得税率

14. 下列各因素单独变化对保本点的影响说法正确的是(　　)。

A. 销量上升,保本点不变

B. 单位变动成本降低,保本点上升

C. 单位变动成本上升,保本点上升

D. 销售单价降低,保本点上升

E. 固定成本总额下降,保本点下降

15. 下列各项的变动能使综合保本点下降的有(　　)。

A. 贡献边际率较高的产品所占销售比重上升

B. 贡献边际率较高的产品所占销售比重下降

C. 贡献边际率较低的产品所占销售比重上升

D. 贡献边际率较低的产品所占销售比重下降

E. 以上说法都正确

16. 下列各项中同保本点无关的因素有(　　)。

A. 销售量　　B. 单价　　C. 销售量　　D. 目标利润

E. 所得税率

17. 当企业经营处于保本点时下列说法正确的是(　　)。

A. 贡献边际等于利润　　B. 利润等于零

C. 贡献边际总额等于固定成本总额　　D. 安全边际量等于零

E. 贡献边际率等于变动成本率

三、判断题

1. 在其他条件不变的条件下,销售单价降低,保本量下降。（　　）

2. 保本点作业率反映了企业经营的安全程度。（　　）

3. 在多品种的条件下,若其他因素不变,提高边际贡献率较大的产品的销售比重,就可以降低综合的保本额。（　　）

4. 压缩固定成本开支,可以降低安全边际和保本点。（　　）

5. 边际贡献大于零,企业就处于盈利状态。（　　）

6. 变动成本率和边际贡献率为互补关系。（　　）

7. 边际贡献率和保本点作业率为互补关系。（　　）

8. 安全边际等于零,说明企业处于保本状态。（　　）

9. 扩大销售量,可以降低保本点。（　　）

10. 企业的销售利润率等于边际贡献率与安全边际率之积。（　　）

11. 若销售单价与单位变动成本同方向、同比例变动,则单一品种的产品保本业务量不变。（　　）

12. 在其他条件不变的情况下,单位变动成本越小,保本点就越高。（　　）

13. 某产品变动成本率为70%,安全边际率为30%,则销售利润率为21%。（　　）

14. 在盈利条件下的本量利分析中,研究任何一个因素变化时,其他因素必须是已知或不变的。（　　）

15. 企业生产多种产品时,无法使用本-量-利分析。（　　）

16. 安全边际量是保本点以上的销售量。（　　）

17. 安全边际指标的大小与固定成本总额无关,与单位贡献边际无关。（　　）

18. 销售单价、单位变动成本及固定成本总额分别变动均会引起保本点、保利点呈同方向变动。（　　）

四、业务题

1. 某公司生产甲产品,单价为300元,单位变动成本为180元,月固定成本总额为60 000元,本年度的销售量为10 000件。

要求:

(1)计算本年度的保本量和保本额。

(2)公司若实现利润900 000元,销售量和销售额应为多少?

2. 某公司只生产一种产品,有关资料如下:全年固定成本总额为10 500元,变动成本率为70%,产品销售单价为50元。

要求:计算该公司的保本量并预计销售量为1 000件时的利润。

3. 某企业生产经营甲产品,其单位售价为48元,本年度销售收入为33 600元,变动成本28 000元,净亏损2 400元。

要求:

(1)为了扭亏,甲产品的销售量至少增加多少件?

(2)若固定成本增加4 000元,有望实现利润4 000元,其他因素不变,销售量是多少?

4. 某公司只产销一种产品，本年单位变动成本为6元，变动成本总额为84 000元，营业利润为18 000元，若该公司计划下一年度变动成本率仍维持本年度的40%，其他条件不变。

要求：预测下年度的保本销售量及保本销售额。

5. 某公司在计划年度销售甲产品20 000件，若该产品的变动成本率为60%，安全边际率为20%，单位边际贡献为8元。

要求：

(1)预测该公司甲产品的保本销售额。

(2)若该公司计划年度销售甲产品20 000件，预计可以获得多少利润？

6. 某企业计划产销甲、乙、丙3种产品，其固定成本总额为200 000元，其他资料如表3.7所示。

表3.7 某企业计划资料

产品	甲	乙	丙
销售量(件)	10 000	6 000	5 000
单价(元)	30	20	16
单位变动成本(元)	21	12	10

要求：

(1)用加权平均法计算综合保本额是多少。

(2)计算各种产品的保本销售额及销售量。

(3)计算企业利润。

7. 已知某厂只产销一种产品，20×2年销量为8 000件，销售单价为240元，单位变动成本为180元，其中单位变动生产成本为150元，该企业计划20×3年利润比20×2年增加20%，试运用本-量-利分析法说明，该厂应从哪些方面采取措施，才能实现目标利润(假设采取某项措施时，其他条件不变)。

第四章　变动成本法与完全成本法

本章摘要

变动成本法的概念及成本构成；完全成本法的概念及成本构成；变动成本法和完全成本法损益表的编制；变动成本法的优缺点。

学习目标

(1)了解完全成本法的概念及成本构成。
(2)了解两种成本法的优缺点。
(3)理解变动成本法的概念及成本构成。
(4)掌握变动成本法下产品成本与完全成本法下产品成本的区别。
(5)掌握两种方法下产品成本的计算、损益表的编制。
(6)掌握两种成本法下利润产生差额的原因。

案例导入

某冰箱厂连续两年亏损，厂长召集有关部门负责人开会研究扭亏为盈的办法。会议纪要如下：

总经理：我厂去年亏损500万元，比前年还糟。如果这种状况继续下去，银行将停止贷款，如果今年不扭亏为盈，企业将被迫停产。

销售处长：问题的关键是我们每台冰箱以1 600元出售，而每台冰箱的成本是1 700元，如果提高售价，面临竞争，冰箱就卖不出去，其出路就是想办法降低成本，否则销售越多，亏损越大。

生产厂长：我不同意，每台冰箱的制造成本只有1 450元，我厂的设备和产品工艺是国内最先进的，技术力量强，熟练工人多，控制物耗成本的经验得到行业学会的认可。问题在于生产线的设计能力是年产10万台,目前因为销路打不开,去年只生产4万台,所销售的5万台中,还有1万台是前年生产的。

总经理:成本到底是怎么回事?

财务处长:每台冰箱的变动成本是1 050元,全厂固定制造费用总额是1 600万元,销售和管理费用总额是1 250万元。我建议,生产部门满负荷生产,通过提高产量来降低单位产品负担的固定制造费用。这样,即使不提价、不扩大销售也能使企业扭亏为盈,渡过危机,为了减少风险,今年应追加50万元来改变产品质量,这笔费用计入固定制造费用;追加50万元做广告宣传;追加100万元作为职工销售奖励。

(资料来源:根据相关网络资料整理)

思考:

(1)去年亏损的500万元是怎么算出来的?

(2)如果采纳财务处长的意见,今年能盈利多少?请你对该意见谈谈自己的看法。

(3)用全部成本法和变动成本法计算能得出怎样的结论?谈谈自己的看法。

第一节　变动成本法与完全成本法概念及特点

一、变动成本法

(一)变动成本法的概念

变动成本法是指在组织常规的成本计算过程中,以成本性态分析为前提条件,只将变动生产成本作为产品成本的构成内容,而将固定生产成本及非生产成本作为期间成本,并按贡献式损益确定程序计量利润的一种成本计算模式。

(二)特点

(1)以成本性态分析为基础计算产品成本。变动成本法下将产品的制造费用按成本性态划分为变动性制造费用和固定性制造费用两部分,认为只有变动性制造费用才构成产品成本,而固定性制造费用应作为期间成本处理。

(2)强调不同的制造成本在补偿方式上存在着差异性。变动成本法认为产品的成本应该在其销售的收入中获得补偿,而固定性制造费用由于只与企业的经营有关,与经营的"状况"无关,所以应该在其发生的同期收入中获得补偿,与特定产品的销售行为无关。

(3)强调销售环节对企业利润的贡献。由于变动成本法将固定性制造费用列作期间成本,所以在一定产量条件下,损益对销量的变化更为敏感,这在客观上有刺激销售的作用。产品销售收入与变动成本的差量为边际贡献,而以边际贡献减去期间成本就是利润。不难看出,变动成本法强调的是变动成本对企业利润的影响。

二、完全成本法

(一) 完全成本法(或制造成本法)的概念

完全成本法是专门为了区别管理会计中的变动成本法而提出的用于概括传统成本计算模式的一个词汇。

完全成本法是指在组织常规的成本计算过程中,以成本按其经济用途分类为前提条件,将全部生产成本作为产品成本的构成内容,只将非生产成本作为期间成本,并按传统式损益确定程序计量利润的一种成本计算模式。

(二)特点

(1)符合公认会计准则的要求。完全成本法强调持续经营假设下经营的"均衡性",认为会计分期既然是对持续经营的人为分割,这种分割决定于企业内部和外部多种因素的共同影响。因此,固定性制造费用转销的时间选择并不十分重要。

(2)强调成本补偿上的一致性。完全成本法认为,只要是与产品生产有关的耗费,均应从产品销售收入中得到补偿,固定性制造费用也不例外。因为从成本补偿的角度讲,用于直接材料的成本与用于固定性制造费用的支出并无区别。

(3)强调生产环节对企业利润的贡献。由于完全成本法下固定性制造费用也被归集于产品成本而随产品流动,因此本期已销产品和期末未销产品在成本负担上是完全一致的。在一定销售量的条件下,产量大则利润高,所以,客观上完全成本法有刺激生产的作用,强调固定性制造费用对企业利润的影响。

第二节　变动成本法和完全成本法的区别

一、应用的前提条件不同

变动成本法以成本性态分析为基础,将全部成本划分为变动成本和固定成本两大部分,其中直接材料和直接人工为变动成本;属于混合成本性质的制造费用按与业务量变动的关系分解为变动性制造费用和固定性制造费用两部分。销售费用、管理费用、财务费用同样也要分解为变动和固定两部分。

完全成本法则要求把全部成本按经济用途分为生产成本和非生产成本两类。

二、产品成本的构成内容不同

完全成本法将所有成本分为制造成本(包括直接材料、直接人工和制造费用)和非制造成本(包括管理费用和销售费用)两大类,将制造成本"完全"计入产品成本,而将非制造成本作为期间成本,全额计入当期损益。

完全成本法下,产品成本即按下式计算:

产品成本 = 直接材料 + 直接人工 + 变动性制造费用 + 固定性制造费用

在变动成本法下,产品成本全部由变动生产成本所构成。包括:直接材料、直接人工和变动性制造费用。即按下式计算:

产品成本 = 直接材料 + 直接人工 + 变动性制造费用

由于变动成本法将固定性制造费用处理为期间成本,所以单位产品成本较之完全成本法低。当然,变动成本法下的期间成本较之完全成本法下就高了,产品成本构成内容上的区别,是变动成本法与完全成本法的主要区别,其他方面的区别均由此而生。两种成本法的区别如图 4.1 所示。

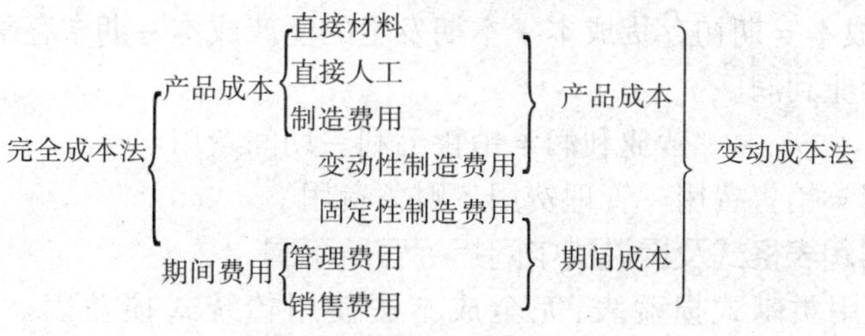

图 4.1　两种成本法的区别

三、存货成本的构成内容不同

由于变动成本法与完全成本法下产品成本构成内容的不同，产成品和在产品存货的成本构成内容也不同。

采用变动成本法，不论是库存产成品、在产品还是已销产品，其成本均只包括制造成本中的变动部分，期末存货计价也只是这一部分。

而采用完全成本法时，不论是库存产成品、在产品还是已销产品，其成本中均包括了一定份额的固定性制造费用，期末存货计价当然也包括了这一份额。

显然，变动成本法下的期末存货计价必然小于完全成本法下的期末存货计价。

四、营业利润的计算程序不同

如前所述，变动成本法下的产品成本只包括变动制造成本，而将固定制造成本当作期间成本，也就是说对固定制造成本的补偿由当期销售的产品承担。

(1)变动成本法下税前利润的计算。

第一步：计算生产销售该种产品为企业做出的贡献，称为边际贡献。

边际贡献 = 销售收入 − 变动成本总额

其中：变动成本总额 = 变动生产成本 + 变动非生产成本

其中：

变动生产成本 = 直接材料 + 直接人工 + 变动制造费用

变动非生产成本 = 变动销售费用 + 变动管理费用 + 变动财务费用

第二步：计算营业利润。

营业利润 = 边际贡献 − 固定成本

其中：

固定成本 = 固定制造费用 + 固定销售费用 + 固定管理费用 + 固定财务费用

完全成本法下的产品成本既包括变动制造成本，又包括固定制造成本，完全成本法下对固定制造成本的补偿是由当期生产的产品全部承担，包括已销售的产品和未销售的产品。固定制造成本上述处理上的分歧对两种成本计算方法下的损益计算有影响，影响的程度取决于产量和销量的均衡程度，且表现为相向关系：即产销越均衡，两种成本计算法下所计算的利润相差就越小，反之则越大。

只有当实现所谓的“零存货”即产销绝对均衡时，利润计算上的差异才会消失。

(2)完全成本法下营业利润的计算。

第一步：计算销售毛利。

销售毛利 = 销售收入 − 销售成本

其中：

销售成本 = 期初存货成本 + 本期发生的生产成本 − 期末存货成本

第二步：计算营业利润。

营业利润 = 销售毛利 − 期间费用

其中：期间费用 = 销售费用 + 管理费用 + 财务费用

五、所编制的利润表格式及提供的中间指标有所不同

变动成本法使用贡献式损益表，完全成本法使用传统式损益表。两者区别如表 4.1 所示。

表 4.1　两种成本法损益表的格式

贡献式利润表	传统式利润表
营业收入	营业收入
减:变动成本	减:销售成本
变动生产成本	期初存货成本
变动销售费用	本期生产成本
变动管理费用	可供销售的商品生产成本
变动成本合计	期末存货成本
贡献边际	营业成本合计
减:固定成本	销售毛利
固定性制造费用	减:非生产成本(期间费用)
固定销售费用	销售费用
固定管理费用	管理费用
固定财务费用	财务费用
固定成本合计	费用合计
营业利润	营业利润

【例 4.1】　设某企业月初没有在产品和产成品存货。当月某种产品共生产 50 件,销售 40 件,月末结存 10 件。该种产品的制造成本资料和企业的非制造成本资料如表 4.2 所示。

表 4.2　制造成本和企业的非制造成本

单位:元

成本项目	单位产品项目成本	项目总成本	成本项目	单位产品项目成本	项目总成本
直接材料	200	10 000	管理费用		4 000
直接人工	60	3 000	销售费用		3 000
变动制造费用	30	1 500	合计		23 500
固定制造费用		2 000			

要求:

(1) 计算两种成本法下的产品成本。

(2) 计算两种成本法下的固定成本。

(3) 计算两种成本法下的期末存货成本。

解析如下:

(1) 两种成本法下的产品成本:

变动成本法下,单位产品成本为 290 元(200 + 60 + 30)。

完全成本法下,单位产品成本为 330 元(200 + 60 + 30 + 2 000/50)。

由于变动成本法将固定性制造费用处理为期间成本,所以单位产品成本较之完全成本法下要低。当然,变动成本法下的期间成本较之完全成本法下就高了。

(2) 两种成本法下的固定成本:

变动成本法下的固定成本为 9 000 元(2 000 + 4 000 + 3 000)。

完全成本法下的固定成本为 7 000 元(4 000 + 3 000)。

产品成本构成内容上的区别，是变动成本法与完全成本法的主要区别，两种方法其他方面的区别均由此而生。

(3) 两种成本法下的期末存货成本：

变动成本法下的存货成本为 2 900 元(290×10)。

完全成本法下的存货成本为 3 300 元(330×10)。

【例 4.2】 仍以例 4.1 的数据和所设条件为资料，再假设每件产品售价为 500 元，销售费用中有变动性费用为每销售一件 20 元。当分别采用变动成本法和完全成本法时，所计算出的当期税前利润见表 4.3 和表 4.4 所示：

表 4.3 当期税前利润(变动成本法)

单位：元

损益计算过程 \ 成本计算法	变动成本法（贡献式损益表）
(1) 销售收入 40×500	20 000
(2) 变动成本	12 400
其中：变动生产成本	40×290 = 11 600
变动非生产成本	40×20 = 800
(3) 边际贡献 (1) − (2)	7 600
(4) 固定成本	8 200
其中：固定制造费用	2 000
固定管理费用	4 000
固定销售费用	2 200
(5) 营业利润 (3) − (4)	−600

表 4.4 当期税前利润(完全成本法)

单位：元

损益计算过程 \ 成本计算法	完全成本法（传统式损益表）
(1) 销售收入 40×500	20 000
(2) 销售成本 $(a+b-c)$	13 200
其中：期初存货成本 a	0
本期生产成本 b	50×330 = 16 500
期末存货成本 c	10×330 = 3 300
(3) 销售毛利 (1) − (2)	6 800
(4) 期间费用 $(a+b)$	7 000
管理费用 a	4 000
销售费用 b	3 000
(5) 营业利润 (3) − (4)	−200

从表 4.3 和表 4.4 可以看出，不同成本计算法下所计算出的营业利润不同。采用变动成本法时为 −600 元(亏损)，采用完全成本法时则为 −200 元(亏损)，相差 400 元。

这 400 元正是完全成本法所确认的应由期末存货成本负担的固定性制造费用部分(2 000/50×10)，而在变动成本法下，这 400 元全部作为期间成本进入了当期损益。

从表 4.3 和表 4.4 中可以看出贡献式损益表与传统式损益表在格式上的异同：

(1) 两种成本法利润表中的营业收入相同。

(2) 本期发生的销售费用、管理费用都被全额计入当期的利润表，但在计入两种利润表的位置和补偿的途径方面存在形式上的区别。

(3) 两种成本法的利润表所提供的中间指标不同。如贡献式损益表的中间指标是"贡献边际"；传统式损益表的中间指标是"销售毛利"，这两个指标的意义和作用是完全不同的。

(4) 变动成本法的利润只和销量有关，同产量无关。

六、适用的范围不同

完全成本法是传统的成本计算方法，遵循企业财务会计准则，汇总和分配企业一定期间所发生的生产费用，计算和确定产品成本和存货成本。因而，完全成本法主要适用于财务会计系统，用来编织对外的财务报表；变动成本法是为适用企业内部，加强经营管理的需要，对成本进行规划和日常的控制,以改善经营决策而产生的,它适用于管理会计系统,用于编制内部的管理报表,为内部管理提供有用的信息。

为了较全面地说明变动成本法与完全成本法对损益计算的影响,再举两种连续生产情况下例子进行分析。

1. 连续各期产量相同而销量不同

在分析不同产销量关系下两种方法对各期营业净利的影响时,假定各期成本消耗水平不变。

【例4.3】 表4.5是某企业过去3年的产销量,表4.6是该企业售价、成本等资料。根据资料分别按两种成本方法计算确定各期的税前净利。

表4.5　产销业务量

单位:件

业务量	第一年	第二年	第三年	合计
期初存货量	0	0	100	0
本期生产量	400	400	400	1 200
当年销量	400	300	500	1 200
期末存货量	0	100	0	0

表4.6　企业售价、成本资料

单价、成本资料	单位产品成本	
每件售价　15元	完全成本法	变动成本法
生产成本		
其中:单位变动生产成本　5元/件	单位变动生产成本　5元	单位变动生产成本　5元
固定生产成本　1 200元	固定生产成本　3元	
销售及管理费用	单位产品成本　8元	单位产品成本　5元
其中:单位变动成本　3元/件		
固定销售及管理成本 800元		

几项假设:

(1)每年产品销售中不存在折扣、折让和退回问题。

(2)当年投产的产品全部完工。

(3)各期成本水平、售价不变。

(4)存货计价采用先进先出法。

按两种方法计算确定税前利润如表4.7和表4.8所示。

表4.7　完全成本法(传统式损益表)

单位:元

项　目	第一年	第二年	第三年	合计
(1)销售收入	6 000	4 500	7 500	18 000
(2)销售成本$(a+b-c)$	3 200	2 400	4 000	9 600

续表

项　目	第一年	第二年	第三年	合计
其中:期初存货成本 a	0	0	800	0
本期生产成本 b	3 200	3 200	3 200	9 600
期末存货成本 c	0	800	0	0
(3)销售毛利(1)-(2)	2 800	2 100	3 500	8 400
(4)管理费用及销售费用	2 000	1 700	2 300	6 000
(5)营业利润(3)-(4)	800	400	1 200	2 400

表 4.8　变动成本法(贡献式损益表)

单位:元

项　目	第一年	第二年	第三年	合计
(1)销售收入	6 000	4 500	7 500	18 000
(2)变动成本($a+b$)	3 200	2 400	4 000	9 600
其中:变动生产成本 a	2 000	1 500	2 500	6 000
变动非生产成本 b	1 200	900	1 500	3 600
(3)边际贡献(1)-(2)	2 800	2 100	3 500	8 400
(4)固定成本	2 000	2 000	2 000	6 000
其中:固定制造费用	1 200	1 200	1 200	3 600
固定管理及销售费用	800	800	800	2 400
(5)营业利润(3)-(4)	800	100	1 500	2 400

通过上面例子得出如下结论:

(1)第一年产销量相同,两种方法利润一致。

(2)第二年,期初无存货,期末有存货时,完全成本法算的利润一定大于变动成本法下的利润。

(3)第三年,期初有存货,期末无存货时,变动成本法计算的利润一定大于完全成本法下的利润。

(4)如果期初有存货,期末也有存货时,完全成本法下的利润和变动成本法的利润就要根据具体情况计算利润大小。两者之间的关系是:

完全成本法下的利润=变动成本法下的利润+(期末存货吸收的固定制造费用-期初存货释放的固定制造费用)

(5)从长时间来看,只要生产量等于销量,两种方法计算利润相等。

2. 连续各期销量相同而产量不同

【例 4.4】　表 4.9 和表 4.10 是某企业连续 3 年的产销量、售价、成本等资料,其他数据仍沿用例 4.3 的各项假设。试根据表 4.9 和表 4.10 的资料,分别按两种方法计算各年的税前净利。

表 4.9 产销业务量

单位:件

业务量	第一年	第二年	第三年	合计
期初存货量	0	100	100	0
本期生产量	600	500	400	1500
当年销量	500	500	500	1500
期末存货量	100	100	0	0

表 4.10 售价、成本资料

售价、成本资料	单位产品成本						
每件售价 15 元		变动成本法(元/件)			完全成本法(元/件)		
生产成本	年度	第一年	第二年	第三年	第一年	第二年	第三年
其中:单位变动成本 5 元	变动生产成本	5	5	5	5	5	5
固定制造费用 1 200 元	固定生产成本				2	2.4	3
销售及管理费用							
其中:单位变动成本 2 元/件	单位产品成本	5	5	5	7	7.4	8
固定成本 1 000 元							

按两种方法计算确定税前利润如表 4.11 和表 4.12 所示。

表 4.11 完全成本法(传统式损益表)

单位:元

项 目	第一年	第二年	第三年	合计
(1)销售收入	7 500	7 500	7 500	22 500
(2)销售成本($a+b-c$)	3 500	3 660	3 940	11 100
其中:期初存货成本 a	0	700	740	0
本期生产成本 b	4 200	3 700	3 200	11 100
期末存货成本 c	700	740	0	0
(3)销售毛利(1)-(2)	4 000	3 840	3 560	11 400
(4)管理费用及销售费用	2 000	2 000	2 000	6 000
(5)营业利润(3)-(4)	2 000	1 840	1 560	5 400

表 4.12 变动成本法(贡献式损益表)

单位:元

项 目	第一年	第二年	第三年	合计
(1)销售收入	7 500	7 500	7 500	22 500
(2)变动成本($a+b$)	3 500	3 500	3 500	10 500
其中:变动生产成本 a	2 500	2 500	2 500	7 500
变动非生产成本 b	1 000	1 000	1 000	3 000
(3)边际贡献(1)-(2)	4 000	4 000	4 000	12 000
(4)固定成本	2 200	2 200	2 200	6 600
其中:固定制造费用	1 200	1 200	1 200	3 600
固定管理及销售费用	1 000	1 000	1 000	3 000
(5)营业利润(3)-(4)	1 800	1 800	1 800	5 400

比较两种方法编制的利润表,得出如下结论:

(1)由于3年的销量一样,所以变动成本法下3年利润也是一样的,可见变动成本法下利润的计算只和销售量有关,和产量无关。

(2)由于各年产量不一样,各年单位产品所分摊的固定制造费用也不相同。这样在完全成本计算法下各年的单位产品成本各有差异。即在各年销量相同的情况下,销货成本也不相同,从而导致按完全成本法计算的各年税前利润也不相等。

两者利润之差可以用以下公式验证:

完全成本法下的利润 = 变动成本法下的利润 + (期末存货吸收的固定制造费用 - 期初存货释放的固定制造费用)

如,第一年完全成本法下的利润 = 1 800 + (100 × 2 - 0) = 2 000(元)

第二年完全成本法下的利润 = 1 800 + (100 × 2.4 - 100 × 2) = 1 840(元)

第三年完全成本法下的利润 = 1 800 + (0 - 100 × 2.4) = 1 560(元)

从3年的情况来看,产量等于销量,3年的利润是相等的。

表4.13是A公司2013年4~6月份的部分利润表。

表4.13　A公司利润表(2013年)

单位:元

项目	4月	5月	6月	合计
主营业务收入(单价25元)	1 750 000	1 875 000	2 000 000	5 625 000
减:主营业务成本	1 085 000	1 200 000	1 420 000	3 705 000
期初存货成本	80 000	320 000	400 000	80 000
变动生产成本(单位成本9元)	765 000	720 000	540 000	2 025 000
固定性制造费用	560 000	560 000	560 000	1 680 000
本期生产成本合计	1 325 000	1 280 000	1 100 000	3 705 000
本期可供销售的产品成本	1 405 000	1 600 000	1 500 000	
减:期末存货成本	320 000	400 000	80 000	80 000
销售毛利	665 000	675 000	580 000	1 920 000
减:销售费用和管理费用	620 000	650 000	680 000	1 950 000
税前净利	45 000	25 000	-100 000	-30 000

A公司的副总经理王华对这3个月的税前净利感到非常困惑,他说:"最近3个月来,我们公司的销售量一直稳步增长,为什么利润反而越来越少?6月份我们完成了200万元的销售额,反而亏损了10万元,难道我们的利润不是和销售额成正比例增长的吗?"王华找来公司新招聘的财务主管张立,希望他能解释其中的缘由。张立告诉经理,财务报表是按照完全成本法编制的,并介绍了完全成本法和变动成本法的含义,同时说当生产与销售不平衡时,变动成本法可以更好地向管理者报告利润。

A公司第二季度的生产和销售数据如表4.14所示。

表 4.14　A 公司产销量数据

单位:件

项目	4 月	5 月	6 月
产量	85 000	80 000	60 000
销量	70 000	75 000	80 000

其他资料如下:

(1)4 月 1 日公司的存货数量为 5 000 件。

(2)每季度的固定制造费用为 1 680 000 元,并且在季度内平均发生。

(3)销售一件产品的变动性销售、管理费用为 6 元。在表 4.13 中,销售费用和管理费用中扣除变动部分就是固定成本。

(4)公司使用先进先出法,在产品存货可以忽略不计。

听完张立的介绍,王华说:“我知道我们的生产和销售有时不平衡。这是由于在本季度开始的时候为了预防 7 月份可能出现的自然灾害停产而增加了产量,但台风并未出现,7 月份的时候我们不得不削减产量以消耗过多的存货。”

根据此案例完成下列要求的内容:

(1)A 公司利润表的编制是否正确?

(2)按两种成本计算方法计算产品成本。

(3)编制完全成本法利润表。

(4)使用变动成本法重新编制 4 ~6 三个月的利润表。

(5)向经理解释为什么使用完全成本计算法编制的利润表反映的利润呈现不稳定变动,为什么利润与销售量不成正相关关系。

(6)计算两种成本法下的利润差额。

解析如下:

(1)A 公司编制的利润表不正确,因为每个月固定制造费用 560 000 元没有分摊,而是全额扣除,这不符合完全成本法对产品成本的计算。

(2)按两种成本计算方法计算产品成本,如表 4.15 所示。

表 4.15　单位产品成本

单位:元/件

	变动成本法			完全成本法		
项目	4 月	5 月	6 月	4 月	5 月	6 月
变动生产成本	9	9	9	9	9	9
固定制造费用				6. 59	7	9. 33
单位产品成本	9	9	9	15. 59	16	18. 33

(3)编制完全成本法利润表如表4.16所示。

表4.16 完全成本法(传统式损益表)

单位:元

项目	4月	5月	6月	合计
①销售收入	1 750 000	1 875 000	2 000 000	5 625 000
②销售成本($a+b-c$)	1 093 350	1 191 800	1 408 150	3 693 300
其中:期初存货成本a	80 000	311 800	400 000	80 000
本期生产成本b	1 325 150	1 280 000	1 099 800	3 704 950
期末存货成本c	311 800	400 000	91 650	91 650
③销售毛利①-②	656 650	683 200	591 850	1 931 700
④管理费用 及销售费用	62 0000	650 000	680 000	1 950 000
⑤营业利润③-④	36 650	33200	-88150	-18 300

(4)按变动成本法编制4~6三个月利润见表4.17所示。

表4.17 变动成本法(贡献式损益表)

单位:元

项目	4月	5月	6月	合计
①销售收入(单价)	1 750 000	1 875 000	2 000 000	5 625 000
②变动成本($a+b$)	1 050 000	1 125 000	1 200 000	3 375 000
其中:变动生产成本a	630 000	675 000	720 000	2 025 000
变动非生产成本b	420 000	450 000	480 000	1 350 000
③边际贡献(①-②)	700 000	750 000	800 000	2 250 000
④固定成本	760 000	760 000	760 000	2 280 000
其中:固定制造费用	560 000	560 000	560 000	1 680 000
固定管理及销售费用	200 000	200 000	200 000	600 000
⑤营业利润(③-④)	-60 000	-1 0 000	40 000	-30 000

(5)完全成本法编制的利润呈现不稳定的原因是利润与产量相关,同销售量无关,4月份产量最大,利润最高,6月份产量最小,利润最低。

(6)两种成本法下利润的差额计算:

4月份两种成本计算方法计算的利润差额为96 650元,原因是由于两种方法对固定制造费用的处理方法不同造成的。

从完全成本法编制的利润表中可以看出4月初存货成本为80 000元,存货量为5 000件,可以计算出:

单位产品成本=80 000/5 000=16(元/件)

因为变动生产成本在相关范围内不变都是9元,所以可以计算出期初存货每件负担的固定制造费用为7元。

4月份两种方法利润差额=期末存货吸收的固定成本-期初存货释放的固定成本

=20 000×6.59-5 000×7

=96 800(元)

96 650 元与 96 800 元相差 150 元是由于固定制造费用分摊造成的误差。

5 月份两种方法计算的利润相差 43 200 元。

两种方法利润差额 = 期末存货吸收的固定成本 - 期初存货释放的固定成本

= 25 000 × 7 - 20 000 × 6.59

= 43 200(元)

6 月份两种方法计算的利润相差 128 150 元。

两种方法利润差额 = 期末存货吸收的固定成本 - 期初存货释放的固定成本

= 5 000 × 9.33 - 25 000 × 7

= -128 350(元)

128 150 元与 128 350 元相差 200 元也是由于对固定制造费用分摊造成的。

变动成本法编制的利润表体现了销售量大、利润高的特点。

第三节　两种成本计算法的优缺点

一、完全成本法的优缺点

(一) 完全成本法的优点

1. 有利于调动企业生产积极性

在完全成本法下，由于固定生产成本计入产品成本，因而单位产品成本就由单位变动生产成本和单位固定生产成本构成，而单位固定生产成本则等于固定生产成本总额除以当期产量。由此可见，在单位变动成本和固定生产成本总额不变的情况，单位产品成本的高低完全由当期产量来决定。故提高产量可以降低单位产品成本，从而提高营业利润。因此，采用完全成本法有利于调动企业生产积极性。

【例 4.5】 某企业生产某产品，其中：单位变动生产成本 3 元/件；固定生产成本 20 000 元；若在不同的产量下，单位成本会产生不同的差异，如表 4.18 所示。

表 4.18　单位产品成本的计算

产量(件) / 成本(元)	2 000	4 000	5 000	10 000
单位变动生产成本	3	3	3	3
单位固定生产成本	10	5	4	2
单位产品成本	13	8	7	5

可见，在完全成本法下单位产品成本受产量的直接影响，产量越大，单位产品成本越低，从而有利于调动企业生产的积极性。

2. 完全成本法所计算的成本符合传统成本概念

按照传统成本概念，产品成本就应该既包括变动生产成本，又包括固定生产成本。显然，完全成本法符合这一要求。正因为如此，西方发达国家主张采用完全成本法计算产品成本，并据以确定存货价值和利润，并编制对外的财务报表。

(二) 完全成本法的缺点

(1) 采用完全成本法计算的各期营业利润，其结果往往令人费解。如例 4.4，第三年的销售量比第二年多100件，而利润却比第二年少280元。

(2)采用完全成本法计算的单位产品成本不仅不能反映生产部门的真实成果，反而掩盖或扩大了它们的生产业绩。如例4.5，要想降低产品成本，扩大产量就可以了。

(3)完全成本法下产品成本的计算比较烦琐，因为在计算产品成本时必须对固定制造费用进行分配，而固定制造费用的分配往往需要经过许多计算，增加了成本计算的工作量。而且分配的方法无论如何科学，都避免不了主观因素的影响，造成成本计算的不准确。

(4)完全成本法不便于进行预测、短期经营决策和编制弹性预算。因为对企业预测、短期经营决策和编制弹性预算都是建立在企业成本按性态分为变动成本和固定成本基础上的。只有变动成本法才能做到。

二、变动成本法的优缺点

(一)变动成本法的优点

变动成本法是对传统的完全成本法计算方法的一种改革，在适用企业内部管理方面，有完全成本法不可比拟的优点。

(1)变动成本法增强了成本信息的有用性，有利于企业的短期决策。采用变动成本法能提供单位变动生产成本、固定生产成本、边际贡献等信息，这些信息能使企业深入地进行本-量-利分析和产品盈利能力分析，帮助管理当局预测前景、规划未来(如预测保本点、预测目标利润、目标成本、编制弹性预算等)和正确地进行短期决策(如开发新产品的决策、接受追加订货的决策、零件是外购或自制的决策等)，从而改善经营管理，提高企业经济效益。

(2)变动成本法更符合“配比原则”的精神。所谓“配比原则”就是要求会计所记录的一定时期发生的收益与费用必须属于这一会计期间，这项原则符合权责发生制，采用变动成本法，把固定制造费用不作为产品成本的组成部分，而看成是处于准备状态与生产并无直接关系的随着时间推移而丧失效用的期间成本，将它与本期的收益相结合，由当期的损益负担。这种方法计算的各期税前利润避免了在完全成本法下由于各期产量增减而产生的影响，使损益水平更加客观真实，因而较之完全成本法，更符合“配比原则”，有利于正确地反映和评定企业的经营业绩。

(3)变动成本法便于进行各部门的业绩评价。一般来说，变动生产成本的高低，最能反映生产部门和供应部门的工作成绩，同时产品生产成本的超降也归属于这些部门，如构成产品的直接材料、直接人工和变动制造费用三方面有增减就会立即从变动生产成本指标上反映出来，可以通过制定标准成本和建立弹性预算对其进行日常控制；而固定制造费用的高低，其责任主要归属于各级管理部门，也可以通过制定费用预算办法进行控制。

(4)变动成本法能够促使企业管理当局重视销售，防止盲目生产。在变动成本法下，产量高低与存货增减对企业的税前利润都没有影响，在售价、单位变动成本、销售结构不变的情况下，税前利润将随销量增长同步增长。这样就会促使管理当局注意研究市场动态，搞好销售工作，防止盲目扩大生产。同时也避免完全成本法下出现的一方面销量下降，另一方面由于生产量增长，反而造成税前利润虚增的怪现象。

(5)变动成本法可以简化成本计算工作，也可以避免固定性制造费用分摊中的主观臆断性。由于在变动成本法下，把固定制造费用列作期间成本而从边际贡献中一笔扣除，可以节省许多间接费用的分配手续,这不仅大大降低了产品成本计算的工作量,避免了间接费用分配的主观随意性,而且可以把会计人员从繁重的核算工作中解放出来,集中精力抓好日常管理。

(二)变动成本法的缺点

(1)按变动成本法计算的产品成本不符合传统成本观念的要求。按照传统的成本观念,产品成本不仅包括变动生产成本,也应包括固定生产成本,因为它们都是生产所必须发生的,而变动成本法计算的产品成本仅含变动生产成本,显然不符合传统成本概念的要求。故变动成本法还不能适用于对外编制报表的需要。

(2)按成本性态将成本划分为固定成本与变动成本本身具有局限性,即这种划分在很大程度上是假设的结果,成本计算不够精确。

(3)不能适应长期决策的需要。变动成本法计算的单位变动生产成本和固定生产成本仅在短期和相关业务量范围内保持稳定,而从长期来看,企业外部环境和内部因素都会发生变化,因此不适应长期决策的需要。

从分析两种成本法优缺点中可以看出,变动成本法的优缺点是相对于完全成本法而言的,亦如完全成本法的优缺点是相对于变动成本法而言。比如完全成本法下的产品成本符合传统的成本概念,自然变动成本法下的产品成本不符合传统的成本概念。

在评价变动成本法与完全成本法的优劣时,有一个问题应该引起足够的认识,那就是社会经济的发展、科技进步必然是固定资产投资越来越大,导致资本成本的提高,固定性制造费用也会提高,相对而言直接成本特别是直接人工成本在制造成本中所占的比重会越来越小,变动成本法下的成本信息用于决策的作用恐怕要另当别论了。

此外,变动成本法与完全成本法还有共同的局限性:决策是面向未来的,而不论是完全成本法还是变动成本法,都是面向过去的,都是有关过去经济活动的反映,所以除非它们能协助决策,否则它们所提供的成本信息的价值就都仅限于“提供”本身了。

三、变动成本法和完全成本法的结合运用

综上所述:完全成本法符合传统成本概念,所计算的指标适合对外报送财务报表;而变动成本法所计算的指标有利于企业内部管理需要,又不适合对外报告的需要。那么企业成本怎样计算才能既满足内部管理需要,又能兼顾对外报告的需要呢?

对此,有两种方案可供选择:一种方案是设两套账,分别按变动成本法和完全成本法进行成本计算,即实行“双轨制”这种方法,耗时长、工作量大、成本高,一般不采用。另一种方案是将两种方法结合起来,平时按变动成本法进行成本核算,满足对内管理的需要。

月末编制会计报表时,对变动成本法计算的成本进行调整,计算符合完全成本法的税前利润。

完全成本法与变动成本法两者之间的关系如下:

期末调整公式:

$$\text{某期完全成本法的利润}=\text{该期变动成本法下的利润}+\text{该期两种方法利润差额}$$

$$\text{该期两种方法利润差额}=\text{期末存货吸收的固定制造费用}-\text{起初存货释放的固定制造费用}$$

其中：

$$期末存货吸收的固定制造费用 = 期末存货量 \times \frac{当期固定生产成本}{当期产量}$$

$$期初存货释放的固定制造费用 = 期初存货量 \times \frac{上期固定生产成本}{上期产量}$$

$$\begin{matrix}该期完全成本法下的\\期末存货成本\end{matrix} = \begin{matrix}该期变动成本法下的\\期末存货成本\end{matrix} + \begin{matrix}该期完全成本法下期末存货应\\吸收的固定制造费用\end{matrix}$$

【例 4.6】 某企业只产销一种产品，20×3 年的业务量 5 000 件，本年销售 4 000 件，每件售价为 10 元，单位变动生产成本为 4 元，固定制造费用为 10 000 元，变动销售及变动管理费用是 4 000 元，固定销售及固定管理费用是 2 000 元，企业日常核算采用变动成本法。试采用简便办法计算对外报表的主要指标。

变动成本法下利润的计算：

边际贡献 = 10 × 4 000 − 4 000 × 4 − 4 000 = 20 000（元）

税前利润 = 20 000 − 10 000 − 2 000 = 8 000（元）

$$\begin{matrix}某期完全成本\\法的利润\end{matrix} = \begin{matrix}该期变动成本\\法下的利润\end{matrix} + \begin{matrix}该期两种方法\\利润差额\end{matrix}$$

$$= 8\ 000 + (1\ 000 \times 2 - 0) = 10\ 000（元）$$

$$\begin{matrix}该期完全成本法下的\\期末存货成本\end{matrix} = \begin{matrix}该期变动成本法下的\\期末存货成本\end{matrix} + \begin{matrix}该期完全成本法下期末存货应\\吸收的固定制造费用\end{matrix}$$

完全成本法下的期末存货成本 = 1 000 × 4 + 1 000 × 2 = 6 000（元）

WPS 在本章中的应用

一、变动成本法与完全成本法利润表的编制

【例 4.7】 设某企业月初没有在产品和产成品存货。当月某种产品共生产 50 件，销售 40 件，月末结存 10 件。每件产品售价为 500 元，销售费用中的变动性费用为每销售一件 20 元。该种产品的制造成本资料和企业的非制造成本资料见表 4.19 所示。

表 4.19 企业制造成本和非制造成本资料表

单位：元

成本项目	单位产品成本	项目总成本	成本项目	单位产品成本	项目总成本
直接材料	200	10 000	管理费用		4 000
直接人工	60	3 000	销售费用		3 000
变动制造费用	30	1 500	合计		23 500
固定制造费用		2 000			

要求：编制两种成本法下的损益表。

第一步：将相关的资料录入 WPS 工作表，如图 4.2 所示。

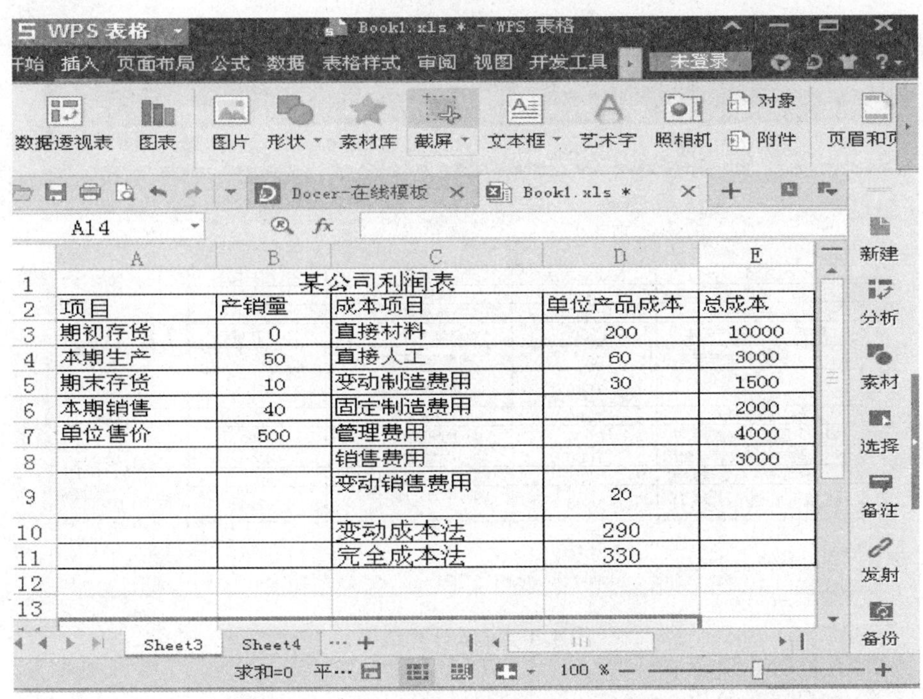

	A	B	C	D	E
1			某公司利润表		
2	项目	产销量	成本项目	单位产品成本	总成本
3	期初存货	0	直接材料	200	10000
4	本期生产	50	直接人工	60	3000
5	期末存货	10	变动制造费用	30	1500
6	本期销售	40	固定制造费用		2000
7	单位售价	500	管理费用		4000
8			销售费用		3000
9			变动销售费用	20	
10			变动成本法	290	
11			完全成本法	330	

图 4.2　资料录入

第二步：输入相关的公式和函数创建变动成本法和完全成本法利润表模型，如图 4.3 所示。

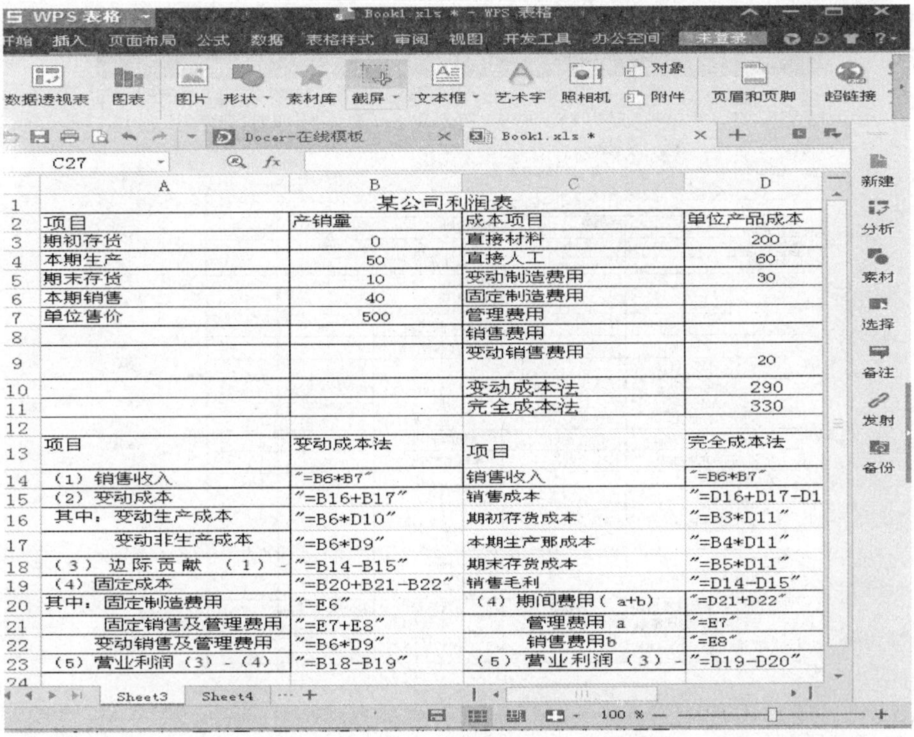

	A	B	C	D
1		某公司利润表		
2	项目	产销量	成本项目	单位产品成本
3	期初存货	0	直接材料	200
4	本期生产	50	直接人工	60
5	期末存货	10	变动制造费用	30
6	本期销售	40	固定制造费用	
7	单位售价	500	管理费用	
8			销售费用	
9			变动销售费用	20
10			变动成本法	290
11			完全成本法	330
12				
13	项目	变动成本法	项目	完全成本法
14	（1）销售收入	"=B6*B7"	销售收入	"=B6*B7"
15	（2）变动成本	"=B16+B17"	销售成本	"=D16+D17-D1
16	其中：变动生产成本	"=B6*D10"	期初存货成本	"=B3*D11"
17	变动非生产成本	"=B6*D9"	本期生产那成本	"=B4*D11"
18	（3）边际贡献　（1）-	"=B14-B15"	期末存货成本	"=B5*D11"
19	（4）固定成本	"=B20+B21-B22"	销售毛利	"=D14-D15"
20	其中：固定制造费用	"=E6"	（4）期间费用（a+b）	"=D21+D22"
21	固定销售及管理费用	"=E7+E8"	管理费用 a	"=E7"
22	变动销售及管理费用	"=B6*D9"	销售费用b	"=E8"
23	（5）营业利润（3）-（4）	"=B18-B19"	（5）营业利润（3）-	"=D19-D20"

图 4.3　输入公式

在 WPS 工作表中输入相关的公式之后,相应指标随之计算出来,如图 4.4 所示。

项目	变动成本法	项目	完全成本法
(1) 销售收入	20000	销售收入	20000
(2) 变动成本	12400	销售成本	13200
其中:变动生产成本	11600	期初存货成本	0
变动非生产成本	800	本期生产那成本	16500
(3) 边际贡献 (1) - (2)	7600	期末存货成本	3300
(4) 固定成本	8200	销售毛利	6800
其中:固定制造费用	2000	(4) 期间费用(a+b)	7000
固定销售及管理费用	7000	管理费用 a	4000
变动销售及管理费用	800	销售费用b	3000
(5) 营业利润 (3) - (4)	-600	(5) 营业利润 (3) - (4)	-200

图 4.4　显示计算结果

二、因素变化的假设分析

根据表 4.3 所创建的模型利润分别为 -600 元和 -200 元。我们知道,利润受很多因素的影响,当一个因素或多个因素发生变化时利润就会发生相应的变化。

(1)单价因素的变化,将单价由 500 元改为 520 元,利润分别就变为 200 元和 600 元,如图 4.5所示。

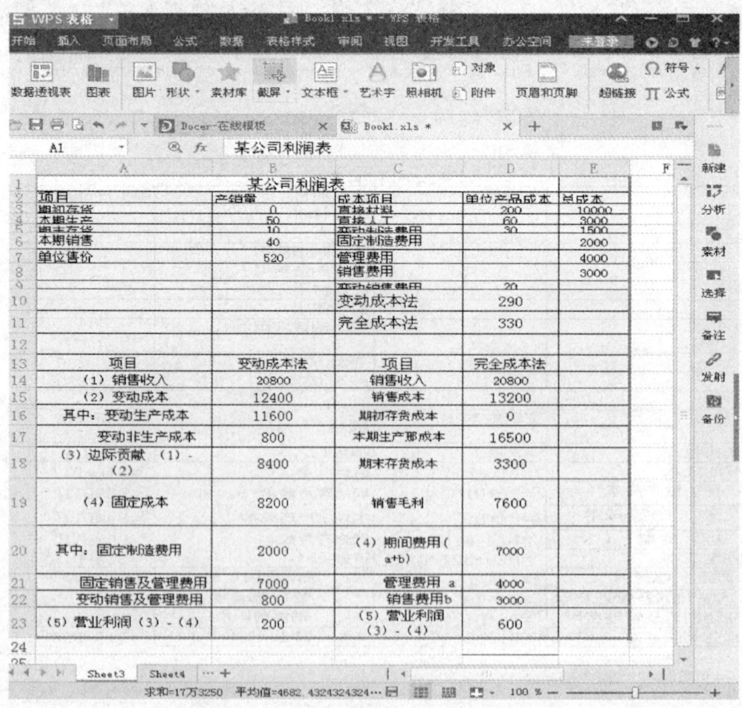

某公司利润表				
项目	产销量	成本项目	单位产品成本	总成本
期初存货	0	直接材料	200	10000
本期生产	50	直接人工	60	3000
期末存货	10	变动制造费用	30	1500
本期销售	40	固定制造费用		2000
单位售价	520	管理费用		4000
		销售费用		3000
		变动销售费用	20	
		变动成本法	290	
		完全成本法	330	
项目	变动成本法	项目	完全成本法	
(1) 销售收入	20800	销售收入	20800	
(2) 变动成本	12400	销售成本	13200	
其中:变动生产成本	11600	期初存货成本	0	
变动非生产成本	800	本期生产那成本	16500	
(3) 边际贡献 (1) - (2)	8400	期末存货成本	3300	
(4) 固定成本	8200	销售毛利	7600	
其中:固定制造费用	2000	(4) 期间费用(a+b)	7000	
固定销售及管理费用	7000	管理费用 a	4000	
变动销售及管理费用	800	销售费用b	3000	
(5) 营业利润 (3) - (4)	200	(5) 营业利润 (3) - (4)	600	

图 4.5　因素假设分析

(2)单位变动成本变化。将构成产品的直接材料由原来的200元调整为170元,产品成本由原来的290元和330元,分别变成260元和300元,利润则由原来的-600元和-200元分别变成600元和1 000元,如图4.6所示。

	A	B	C	D	E
1	某公司利润表				
2	项目	产销量	成本项目	单位产品成本	总成本
3	期初存货	0	直接材料	170	10000
4	本期生产	50	直接人工	60	3000
5	期末存货	10	变动制造费用	30	1500
6	本期销售	40	固定制造费用		2000
7	单位售价	500	管理费用		4000
8			销售费用		3000
9			变动销售费用	20	
10			变动成本法	260	
11			完全成本法	300	
12					
13	项目	变动成本法	项目	完全成本法	
14	(1)销售收入	20000	销售收入	20000	
15	(2)变动成本	11200	销售成本	12000	
16	其中：变动生产成本	10400	期初存货成本	0	
17	变动非生产成本	800	本期生产那成本	15000	
18	(3)边际贡献 (1)-(2)	8800	期末存货成本	3000	
19	(4)固定成本	8200	销售毛利	8000	
20	其中：固定制造费用	2000	(4)期间费用(a+b)	7000	
21	固定销售及管理费用	7000	管理费用 a	4000	
22	变动销售及管理费用	800	销售费用b	3000	
23	(5)营业利润 (3)-(4)	600	(5)营业利润 (3)-(4)	1000	
24					

图4.6　因素假设分析

(3)同样的方法,可以计算销售量和固定成本,以及影响利润的多个因素同时发生变化时利润发生的变化。

三、结果变动的假设分析

前面分析的是当因素发生变化时对利润的影响,现在反过来要求保证实现某一利润时各因素如何变化的假设分析。这种分析方法是前面分析方法的逆运算。

(1)假设变动成本法下,利润由原来-600元变成200元,单价如何变化。

步骤:在WPS中,选择“工具”→“单变量求解”,在“目标单元格”中输入B23,“目标值”输入200元,“可变单元格”输入B7,单击“确定”按钮,可求得单价为520元,如图4.7所示。

(2)假设变动成本法下,利润由原来-600元变成200元,固定制造费用如何变化。

步骤:在WPS中,选择“工具”→“单变量求解”,在,目标单元格,中输入B23,“目标值”输入200元,“可变单元格”输入B7,单击“确定”按钮,可求得固定制造费用由原来的2 000元变为1 200元,如图4.8所示。

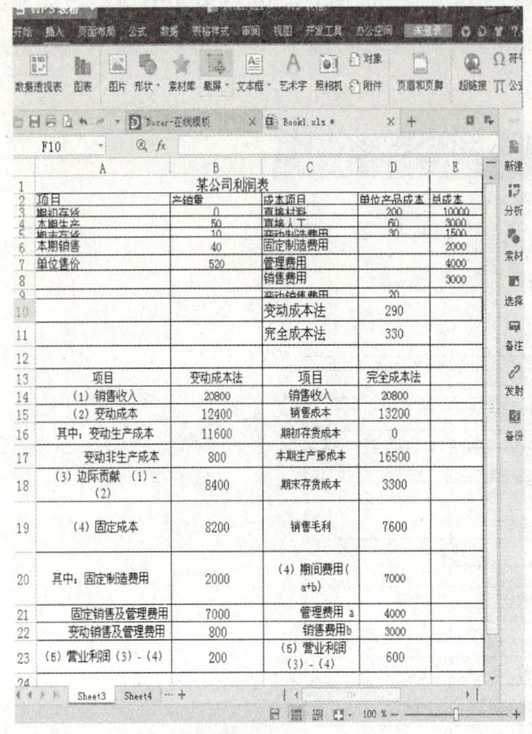

某公司利润表				
项目	产销量	成本项目	单位产品成本	总成本
期初存货	0	直接材料	200	10000
本期生产	50	直接人工	60	3000
期末存货	10	变动制造费用	30	1500
本期销售	40	固定制造费用		2000
单位售价	520	管理费用		4000
		销售费用		3000
		变动销售费用	20	
		变动成本法	290	
		完全成本法	330	
项目	变动成本法	项目	完全成本法	
（1）销售收入	20800	销售收入	20800	
（2）变动成本	12400	销售成本	13200	
其中：变动生产成本	11600	期初存货成本	0	
变动非生产成本	800	本期生产那成本	16500	
（3）边际贡献 （1）-（2）	8400	期末存货成本	3300	
（4）固定成本	8200	销售毛利	7600	
其中：固定制造费用	2000	（4）期间费用（a+b）	7000	
固定销售及管理费用	7000	管理费用 a	4000	
变动销售及管理费用	800	销售费用b	3000	
（5）营业利润（3）-（4）	200	（5）营业利润（3）-（4）	600	

图 4.7　因素假设分析——单价变化

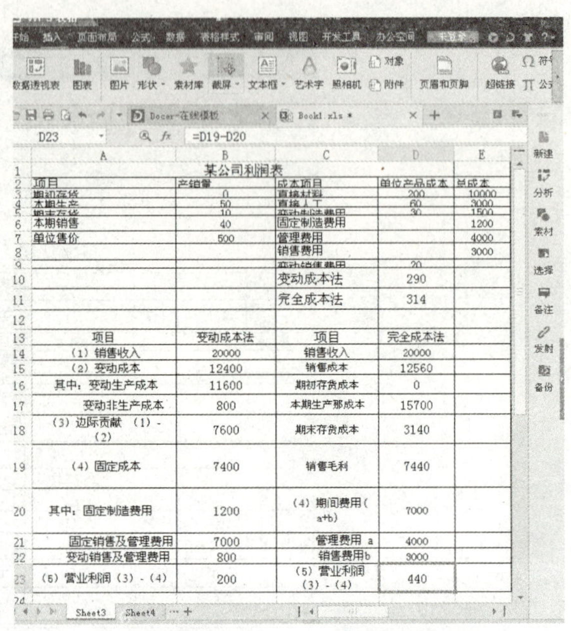

某公司利润表				
项目	产销量	成本项目	单位产品成本	总成本
期初存货	0	直接材料	200	10000
本期生产	50	直接人工	60	3000
期末存货	10	变动制造费用	30	1500
本期销售	40	固定制造费用		1200
单位售价	500	管理费用		4000
		销售费用		3000
		变动销售费用	20	
		变动成本法	290	
		完全成本法	314	
项目	变动成本法	项目	完全成本法	
（1）销售收入	20000	销售收入	20000	
（2）变动成本	12400	销售成本	12560	
其中：变动生产成本	11600	期初存货成本	0	
变动非生产成本	800	本期生产那成本	15700	
（3）边际贡献 （1）-（2）	7600	期末存货成本	3140	
（4）固定成本	7400	销售毛利	7440	
其中：固定制造费用	1200	（4）期间费用（a+b）	7000	
固定销售及管理费用	7000	管理费用 a	4000	
变动销售及管理费用	800	销售费用b	3000	
（5）营业利润（3）-（4）	200	（5）营业利润（3）-（4）	440	

图 4.8　因素假设分析——固定制造费用变化

思考题

1. 变动成本法的成本构成有哪些？
2. 变动成本与变动生产成本有什么区别？
3. 变动成本法下利润的计算步骤是什么？
4. 两种成本法下利润产生差异的原因是什么？
5. 变动成本法与完全成本法如何结合运用？
6. 在新的技术经济条件下变动成本法有何局限性。

同步测试题

一、单项选择题

1. 假设企业的期初存货为零，当本期产量大于本期销售量时，完全成本法计算的税前净利和变动成本法计算的税前利润比较，(　　)。

A. 前者大于后者　　B. 前者等于后者　　C. 前者小于后者　　D. 不一定

2. 在固定成本总额、单价和单位变动成本各年相同的条件下，要使变动成本法计算的各年税前利润相等，则要(　　)。

A. 各年的产量相等　　B. 各年的销售量相等

C. 各年的产量等于其销售量　　D. 各年的产量大于其销售量

3. 某厂只生产一种产品，其年固定成本总额为 90 000 元，全年产量上年为 2 000 件，本年为 1 800 件，全年销售量上年为 1 500 件，本年为 1 900 件，在此条件下本年按完全成本计算税前净利和按变动成本计算的税前利润比较，(　　)。

A. 前者比后者多 2 500 元　　B. 前者比后者少 2 500 元

C. 前者比后者多 2 000 元　　D. 前者比后者少 2 000 元

4. 造成某期按变动成本法与按完全成本法确定的营业利润不相等的根本原因是(　　)。

A. 两种方法对固定性制造费用的处理方式不同

B. 两种方式计算销售收入的方法不同

C. 两种方法将营业费用计入当期收益表的方式不同

D. 两种方法计入当期收益表的固定生产成本不同

5. 某公司只生产一种产品，20×2 年和 20×3 年的总产量分别为 3 000 件和 2 400 件，销售量分别为 2 000 件和 3 000 件。20×2 年初无存货，存货计价采用先进先出法。该产品单位售价为 15 元，单位变动生产成本为 5 元/件，固定性制造费用每年为 18 000 元，单位变动销售和管理费用为 0.5 元/件，固定销售和管理费用每年为 2 500 元。在完全成本法下 20×3 年的营业利润是(　　)元。

A. 4 500　　B. 5 000　　C. 5 500　　D. 6 000

6. 如上题，在变动成本法下，20×3 的营业利润是(　　)元。

A. 8 000　　B. －1 500　　C. 5 000　　D. 1 500

二、多项选择题

1. 变动成本法下的产品成本包括(　　)。

A. 直接材料　　B. 直接人工

C. 变动性制造费用　　D. 固定性制造费用

2. 下列对完全成本法与变动成本法下各期损益的比较，正确的是(　　)。

A. 当产量等于销量时，若有期初存货，产品发出按先进先出法，则完全成本法下的利润高于变动成本法下的利润

B. 当产量等于销量时，若有期初存货，产品发出按后进先出法，则完全成本法下的利润等于变动成本法下的利润

C. 当产量小于销量时，按变动成本法计算的利润小于按完全成本法计算的利润

D. 当产量小于销量时，按变动成本法计算的利润大于按完全成本法计算的利润

E. 当产量大于销量时，若无期初存货，按变动成本法计算的利润小于按完全成本法计算的利润

3. 完全成本法与变动成本法进行比较，正确的是(　　)。

A. 完全成本法计算的税前利润与变动成本法计算的税前利润的差额等于完全成本法下的期末单位固定性制造费用乘以期末库存量与期初单位固定性制造费用乘以期初存货量之差

B. 只要期末存货量等于期初存货量，任何条件下两种方法计算的税前利润都相等

C. 两种方法共同的产品成本是变动生产成本，即直接材料、直接人工和变动性制造费用

D. 两种方法共同的期间成本是非制造成本,即销售费用和管理费用

E. 两种方法的主要差别是完全成本法下的产品成本,主要包括固定性制造费用,而变动成本法则将其作为期间成本,全部列入损益表,从当期销售收入中扣减

4. 假定固定成本总额、单价和单位变动成本均保持不变,下列情况中,变动成本法和固定成本法计算的税前利润相等的是(　　)。

A. 期末存货量等于期初存货量　　B. 期末存货量小于期初存货量

C. 期末存货量大于期初存货量　　D. 前后两期的产量和销量都相等

5. 下列各项目中属于变动成本法的优点的是(　　)。

A. 有利于正确地进行短期决策和加强经营控制

B. 能够使管理当局更加注重销售,防止盲目生产

C. 便于在不同部门之间进行业绩评价

D. 便于和标准成本、弹性预算以及责任会计等直接结合

三、判断题

1. 在确定企业的成本与利润时,全部成本法要考虑所有的成本,而变动成本法只考虑变动成本。(　　)

2. 变动成本法有刺激销售的作用,因为它强调了固定性制造费用对企业利润的影响。(　　)

3. 完全成本法下对固定成本的补偿是由当期销售的产品、未销售的产品共同承担。(　　)

4. 以贡献毛益减去固定性制造费用就是利润。(　　)

5. 当期初存货小于期末存货时,变动成本法下的期末存货计价小于完全成本法下的期末存货计价;反之,则大于。(　　)

6. 企业生产的产品其单位贡献毛益提高,则其贡献毛益总额也提高。(　　)

7. 完全成本法强调生产环节对企业利润的贡献,而变动成本强调销售环节对企业利润的贡献。(　　)

8. 完全成本法与变动成本法的根本区别在于如何看待固定性制造费用,完全成本法将固定性制造费用视为一种可以在将来换取收益的资产,而变动成本法则将其视作为取得收益已经耗费的成本。(　　)

四、业务题

1. 某公司只生产一种产品,产品单位变动成本(包括直接材料、直接人工、变动性制造费用)为10元,单位产品的售价为20元/件,每月固定性制造费用为48 000元,每单位产品的变动销售成本为2元,固定管理费用为20 000元。

已知月初无产成品存货,当月产量为12 000件,售出10 500件。

要求:

以变动成本法计算当月税前利润,并在此基础上调整计算完全成本法下的税前净利。

2. 假设某公司只生产一种产品A,20×2年到20×4年3年的销量均为2 000件,各年的产量分别为2 000件、2 200件和1 800件。A产品的单位售价为400元;管理费用和销售费用均为固定成本,两项费用各年总额均为80 000元;产品的单位变动成本(包括直接材料、直接人工和变动性制造费用)为200元;固定性制造费用为30 000元。

要求：

(1)不考虑销售税金的影响，请根据上述资料，分别采用变动成本法和完全成本法计算各年的税前利润。

(2)根据计算结果，请简要地分析一下变动成本法和完全成本法对损益计算的影响。

3. 甲工厂最近3年的产销情况如表4.20所示。

表4.20　甲工厂最近3年的产销情况

单位：件

	第一年	第二年	第三年
产量	500	500	500
销量	500	200	625

该产品单位售价为10元，单位变动成本为5元，年固定性制造费用总额为1 000元，假定第一年年初无存货，每年固定销售费用及管理费用均为50元，其余为变动销售及管理费用。3年按完全成本计算法所编制的损益表如表4.21所示。

表4.21　完全成本计算法下的损益表

单位：元

项　目	第一年	第二年	第三年
销售收入	5 000	2 000	6 250
已销售产品的生产成本	3 500	1 400	4 375
期初存货生产成本	0	0	2 100
本期产品生产成本	3 500	3 500	3 500
期末存货生产成本	0	2 100	1 225
销售毛利	1 500	600	1 875
销售及管理费用	550	250	675
税前净利	950	350	1 200

要求：

(1)计算单位变动性销售及管理费用。

(2)按变动成本计算法编制损益表。

(3)利用期末、期初存货量计算第一年到第三年的两种成本计算法的税前净利差额并进行验算。

4. 案例分析：

假定某企业专门生产甲产品，原设计生产能力为每年1 000台，但由于市场竞争剧烈，过去两年，每年只能生产和销售500台。市场销售价为每台2 500元，而该公司的单位产品成本为2 600元，其详细资料如下：

单位变动生产成本1 000元。

固定制造费用800 000元。

固定推销及管理费用250 000元。

该公司已连续两年亏损,去年亏损300 000元;若今年不能扭亏为盈,公司势必要停产,形势严峻。

销售部门经理认为,问题的关键在于每台产品的制造成本太高,为2 600元,但由于竞争的关系,公司不能提高售价,只能按2 500元价格每年销售500台。因此公司的出路只能是请生产部门的工程技术人员想方设法,改进工艺,减少消耗,降低制造成本。

生产部门经理提出,问题的关键在于设计生产能力只用了一半,如能充分利用生产能力,就可把单位固定成本降低,单位产品成本自然会下降。对策是要推销人员千方百计地去搞促销活动,如能每年售出1 000台,就一定能扭亏为盈。

总会计师则认为公司目前编制利润表的方法——完全成本计算法,为公司提供了一条扭亏为盈的“捷径”:即充分利用公司自身的生产能力,一年生产1 000台甲产品。虽然市场上只能销售一半,但公司却可将固定成本的半数转入存货成本;这样即使不增加销售数量,也能使收益表上扭亏为盈。

要求:

(1)根据上述资料,按变动成本计算法编制该公司去年的收益表。

(2)根据总会计师的建议,按完全成本法计算该公司的税前净利是多少?并对该建议做出评价。

(3)生产部门经理和销售部门经理的意见是否正确?请做出评价。

第五章 作业成本计算法

本章摘要

作业成本法的概念;作业成本法的基本理论;作业成本法的计算方法。

学习目标

(1)了解作业成本法的基本概念、基本理论和基本方法。

(2)理解不同成本分类的作用、不同成本概念之间的关系,成本分类的管理属性。

(3)熟练掌握各种成本核算方法与成本管理方法在不同环境中的结合。

案例导入

ART 公司生产 3 种电子产品,分别是产品 X、产品 Y、产品 Z。产品 X 是 3 种产品中工艺最简单的一种,公司每年销售 10 000 件;产品 Y 工艺相对复杂一些,公司每年销售 20 000 件,在 3 种产品中销量最大;产品 Z 工艺最复杂,公司每年销售 4 000 件。公司设有一个生产车间,主要工序包括零部件排序准备、自动插件、手工插件、压焊、技术冲洗及烘干、质量检测和包装。原材料和零部件均外购。ART 公司一直采用传统成本计算法计算产品成本。

(一)传统成本计算法

(1)公司有关的成本资料如表 5.1 所示。

表 5.1 有关的成本资料

项目	产品 X	产品 Y	产品 Z	合计
产量(件)	10 000	20 000	4 000	
直接材料(元)	500 000	1 800 000	80 000	2 380 000

续表

项　　目	产品 X	产品 Y	产品 Z	合计
直接人工(元)	580 000	1 600 000	160 000	2 340 000
制造费用(元)				3 894 000
直接人工工时(小时)	30 000	80 000	8 000	118 000

(2)在传统成本计算法下,ART 公司以直接人工工时为基础分配制造费用如表 5.2 所示。

表 5.2　以直接人工工时为基础的分配制造费用

项　　目	产品 X	产品 Y	产品 Z	合计
年直接人工工时(小时)	30 000	80 000	8 000	118 000
分配率	3 894 000/118 000 = 33			
制造费用(元)	990 000	2 640 000	264 000	3 894 000

(3)采用传统成本法计算的产品成本资料如表 5.3 所示。

表 5.3　产品成本资料

项　　目	产品 X	产品 Y	产品 Z
直接材料(元)	500 000	1 800 000	8 0000
直接人工(元)	580 000	1 600 000	160 000
制造费用(元)	990 000	2 640 000	264 000
合计(元)	2 070 000	6 040 000	504 000
产量(件)	10 000	20 000	4 000
单位产品成本(元)	207	302	126

(二)公司的定价策略及产品销售方面的困境

1. 公司的定价策略

公司采用成本加成定价法作为定价策略,按照产品成本的 125% 设定目标售价,如表 5.4 所示。

表 5.4　产品成本及售价

项　　目	产品 X	产品 Y	产品 Z
产品成本(元)	207.00	302.00	126.00
目标售价(产品成本 ×125%)(元)	258.75	377.50	157.50
实际售价(元)	258.75	328.00	250.00

2. 产品销售方面的困境

近几年,公司在产品销售方面出现了一些问题。产品 X 按照目标售价正常出售。但来自外国公司的竞争迫使公司将产品 Y 的实际售价降低到 328 元,远远低于目标售价 377.5 元。产品 Z 的售价定于 157.5 元时,公司收到的订单的数量非常多,超过其生产能力,因此公司将产品 Z 的售价提高到 250 元。即使在 250 元这一价格下,公司收到订单依然很多,其他公司在产品Z的市场上无力与公司竞争。上述情况表明，产品X的销售及盈利状况正常，产品Z是一种高盈利低产量的优势产品，而产品Y是公司的主要产品，年销售量最高，但现在却面临困境，因此产品Y成为公司管理人员关注的焦点。

（资料来源：根据相关网络资料整理）

思考：

(1)为什么企业的售价远高于产品成本，依然订单很多？

(2)改变成本的计算方法是否可以正确的核定销售价格？

第一节 作业成本计算法概述

一、作业成本法的由来

作业成本管理制度是一套用来衡量产品成本、作业绩效、耗用资源及成本标的的方法。最早起源于20世纪70年代初期，美国通用电气公司即采用作业成本法，对公司的营运作业做详细的分析。但在当时并未被推广至学术界与实务界。20世纪80年代中期，美国数学教授从事有关作业成本制度的研究，Cooper教授和Kaplan教授发表了一系列的相关文章，明确指出传统管理会计的缺失，并提示作业成本制度是补救这些缺失的最好方法之一。

(一)作业成本管理的基本概念

在作业成本法计算中，作业是指具有一定目的、以人为主体、消耗了一定资源的特定范围内的工作，是企业为提供产品或劳务所进行的各种工序和工作环节。例如：产品设计、材料搬运、包装、机器调试、采购、销售、设备运行及质量检验等均为不同的作业。

(二)价值链

价值链是开发、生产、营销和向顾客交付产品与劳务所必须的一系列作业的价值。价值链的形成过程与作业链的形成过程是一致的。其具体关系是：每完成一项作业就消耗一定量的资源，同时又有一定量的产出转移到下一个作业，直至最后一个步骤将产品提供给顾客。伴随作业的转移，价值也在转移。作为全部作业的集合体的产品，同时也表现为全部作业的价值集合。通过价值链分析，能使企业清楚地认识到每一价值活动所产生的成本，将其与竞争对手的相应价值链成本进行对比分析，从而合理地将经营成本和资产进行分摊，找出降低成本的策略，进而获得成本优势，使企业在竞争中长期处于有利地位。

(三)作业成本计算法

成本管理工作的重点在于分析、区分作业类型并衡量各种作业所耗资源的价值。第一，要求成本会计追踪资源到每一项作业，选择合适的标准并将资源耗费价值计入每种作业，以此作为比较作业贡献、进而寻求降低成本方法的直接依据。第二，区分作业的结果也促使企业优化作业组合，采用合理的生产程序以降低总的资源耗费和成本。例如采用价值工程来消除每项作业的多余功能，消除所有不能为产品带来必要功能的作业；再如采用流程再造(BPR)重新组合增值作业，以提高生产和管理的效率。

为满足上述管理的需要，企业的制造系统在产品订单(即外部顾客需求)的拉动下弹性地组合为若干个紧凑有效的制造中心；每个制造中心又由于生产过程中各作业特性不同，被区分为一个一个作业中心，每个作业中心负责完成某一项特定的产品制造功能。

这时,企业行为转化为作业中心(或作业)行为,考核作业中心(或作业)的耗费乃至制造中心的耗费也成为成本会计的职能。于是,成本会计的目标呈现多元化:既要满足企业作为主体对外报告的需要,又要满足企业不同管理者作为主体对内管理的需要;成本会计的对象也从最初耗费形态的各种资源,到作业、作业中心、制造中心乃至最后的产品。

(四)成本动因

成本动因是决定执行作业所需的工作量和工作耗费的因素。这些因素既包括本作业与前一作业相关的因素,也包括本作业内部的因素。成本动因解释了作业发生的原因。例如:搬运工作的发生,是因为在生产布局时车间与仓库没有安排在一起所致。即由于车间与仓库之间存在距离,引起搬运工作的发生。作业的发生也可由前一事件所引起,如顾客的订单引起生产一定产品的计划。成本动因可以分为以下两种形式:

(1)资源动因。资源动因反映作业中心对资源的消耗情况,是资源成本分配到作业中心的标准。例如:电力资源的资源动因是有关作业消耗电力的度数。

(2)作业动因。作业动因是将作业中心的成本分配到产品或劳务中的标准,是资源消耗与最终产出的中介。例如:材料搬运作业的作业衡量标准是搬运货物的数量,生产调度作业的作业衡量标准是生产订单数量,自动化设备作业的作业衡量标准是机器小时数等。

二、传统成本核算法与作业成本核算法

20 世纪 90 年代,几乎所有的企业都用传统成本核算法,传统成本核算法不归集、不显示作业成本。使用单一成本库核算所有间接成本,以人工成本或人工工时作为成本分配的基础。传统成本核算法适用于相对简单的生产和经营系统。例如:一个只生产几种产品且原材料成本和直接人工成本占总成本比重很大的企业,由于间接生产成本占总成本的比重不大,将它们集中到一个成本库中,并且以单一的方式(如直接人工工时)将它们分配到产品上。这些企业可以用传统成本核算法得到比较精确地产品成本。

当竞争加剧,企业不断成长,作业越来越复杂时,就需要改进传统成本核算以保持产品和服务成本的准确度。这种方法通常把间接成本归集到几个成本库,每个部门一个。我们来看一个只有组装部和服务部两个营运部门的公司。组装部门的资源就集中在大型昂贵的机器上;而成品部门只有很少的机器,但却拥有大量的员工。因为每个部门的作业相对简单,公司就有可能选择传统成本核算方法,在组装部门以机时为分配基础,而在成品部门以人工工时为分配基础,来分配各部门的间接生产成本。但是,如果企业规模扩大,一个企业生产成百上千件产品,同时间接成本占了总成本很大的比重,那么传统的成本归集方法就会带来不太精确地结果。

我们可以看一个案例:

甲公司有 A、B、C 三种主打产品,其中 B 产品是公司产量最高的产品。让 CEO 纳闷的是,竞争对手 B 类产品的价格似乎总比本公司的低。“不知为何,我们的竞争对手似乎总是可以压低 B 产品的价格,让我们处于被动的局面。按理说,我们的生产效率未必比竞争对手低,何况我们刚上了一套计算机控制的制造系统。”

此外,C 产品是公司获利的重要来源。“但从市场情况看,我们已经多次提高了 C 产品的价格,客户依然络绎不绝!难道竞争对手对这个市场不感兴趣?”整个市场形势让人感到迷惑不解:B 产品产量大,价格却上不去;C 产品的价格已经很高了,但好像还有提价的空间。

公司新上任的 CFO 通过数周的工作,解开了这个谜:公司高估了产量高但工艺相对简单的B产品的成本,却大大低估了产量低但工艺相对复杂的C产品的成本。也就是说,间接成本在B,C两种产品之间没有得到合理的分配。工艺复杂、产量低的C产品事实上没有承担其应分配的成本份额,而工艺简单、产量高的B产品则承担了过多的成本份额。

CFO解释道:"我们在制订价格的过程中,依据了错误的成本信息!公司将B产品的价格定得偏高,而C产品的价格则偏低。这样一来,竞争对手总是可以把与B类产品竞争的产品价格压得很低;与此相反,由于公司C类产品的成本估计偏低,所以竞争对手没有太多的生存空间,而以低成本制订的偏低价格则让C类产品在市场上异常火爆。"结论让CEO大感意外,这么说,本公司一直采用的成本计算方法竟然导致如此巨大的成本偏差!

该公司的间接费用分摊不是按照3种产品进行区分,单独计算每种产品的间接费用比例,而是把生产部门整体当作成本中心来对待的,每种产品负担的间接费用基于公司整体的生产能力(即产量)平均分配。

CFO强调:"这就是问题所在!我们被扭曲的成本信息误导,实际上是在用C产品的盈利来弥补B产品的亏损。"CFO的计算表明,A、B、C三种产品的复杂程度、制造工艺都不相同,采用均摊的办法分配间接费用是非常不合理的。通过分析,CFO建议:"我们现在已经建立了ERP系统,完全有条件在更细致的层面上对产品成本进行归集,以得到更加准确的成本信息。"

(一)传统成本核算法与作业成本核算法的比较

作业成本法与传统成本法的最重要的区别是成本分配到整个价值链上的程度。传统成本核算方法一般只将生产成本分配到产品中去,不包括其他价值链的功能成本。仅仅关注简单计量财务报告功能的存货价值,公认会计准则不允许存货价值包括非生产成本。

相反,作业成本法关注对决策者来说重要的成本,它往往将分配成本的范围扩大到生产之外的流程中,如设计、市场推广、订单处理和客户服务。因此,作业成本核算法更为复杂,但能够带来更为准确的成本,这将更有利于决策的制定。

传统成本法与作业成本法的主要区别可以通过图5.1来表示。

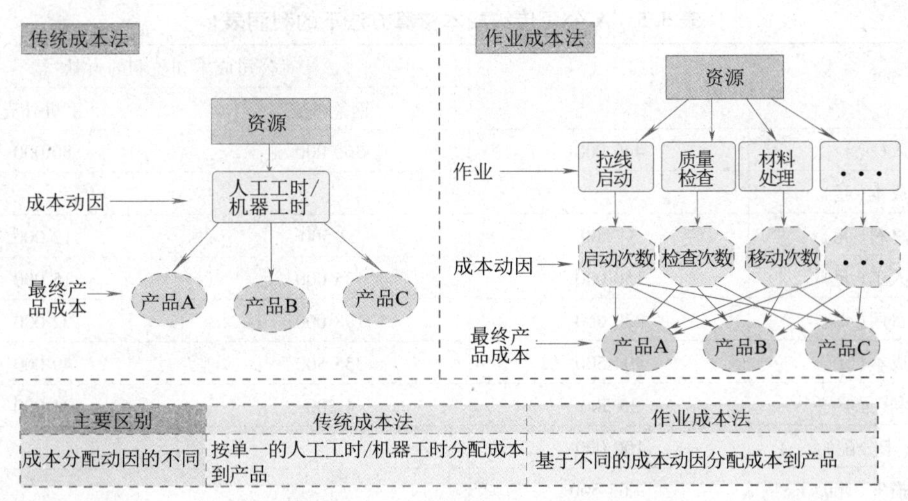

主要区别	传统成本法	作业成本法
成本分配动因的不同	按单一的人工工时/机器工时分配成本到产品	基于不同的成本动因分配成本到产品

图5.1 传统成本法与作业成本法的主要区别

(二)对传统成本核算方法和作业成本核算方法的举例说明

我们现在举一个例子来说明两种成本核算方法的主要区别。假设A公司只建立了两条生产线,分别用于生产笔用塑料外壳和手机用塑料外壳。公司上季度经营亏损了64 500元,管理层需要采取果断措施以提高收益。

作为主管经营的副总经理,你必须决定要侧重于哪条生产线以改善受益。你希望削减成本,特别是在价值链的生产职能方面,A公司目前使用传统的成本核算方法(见图5.2),A公司传统成本核算方法下的利润表如表5.5所示。现在开始考虑使用作业成本核算法来支持公司的战略决策和经营控制。

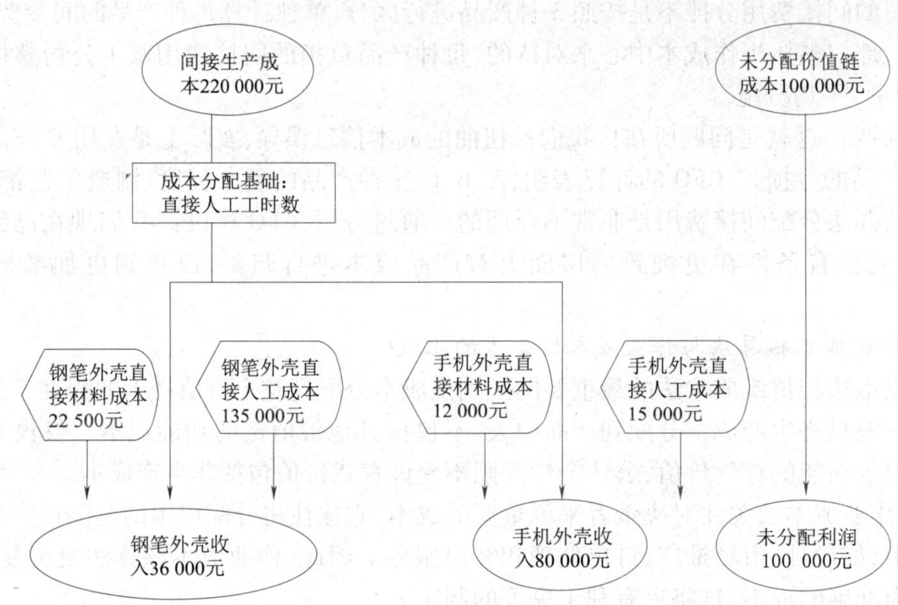

图5.2 传统成本核算方法

表5.5 A公司传统成本核算方法下的利润表

利润表		对公司成本和盈利的贡献	
		钢笔外壳	手机外壳
收入(元)	440 000	360 000	80 000
销售成本(元)			
直接材料(元)	34 500	22 500	12 000
直接人工(元)	150 000	135 000	15 000
间接费用(元)	220 000	198 000	22 000
销售成本(元)	404 500	355 500	49 000
毛利(元)	35 500	4 500	31 000
公司费用(未分配)(元)	100 000		
经营损失(元)	-64 500		
毛利率	8.07%	1.25%	38.75%

由此可以看出传统成本核算方法仅仅使用一个成本动因作为分配间接生产成本的基础。那么在 A 公司生产的两种产品中钢笔外壳设计简单，生产流程也简单，几乎不需要设计费用，间接成本也很少。而手机外壳设计复杂，生产流程也复杂，需要分配的间接费用就比较高。我们看该案例中总计 220 000 元的间接成本中，设计相关成本占了 40 000 元。公司采用传统成本核算法，这 40 000 元的设计费只有 10% 分配给了手机外壳，因为公司制作钢笔外壳的和手机外壳所使用的直接人工工时数分别是 4 500 和 500，总工时数是 5 000。钢笔外壳按 90%（4 500 ÷ 5 000）分配分配了 36 000 元，而手机外壳分配 10%（500 ÷ 5 000）分配 4 000 元。手机外壳的设计比钢笔设计复杂的多，显然这种成本核算方法分配成本是不合理的。

如果采用作业成本核算方法，为每项关键的生产作业建立一个成本库，将每一间接资源成本分配到适当的成本库中，采用合理可靠地成本动因作为分配基础，将每一作业成本库的成本分配到各个产品中去，具体如图 5.3 所示。

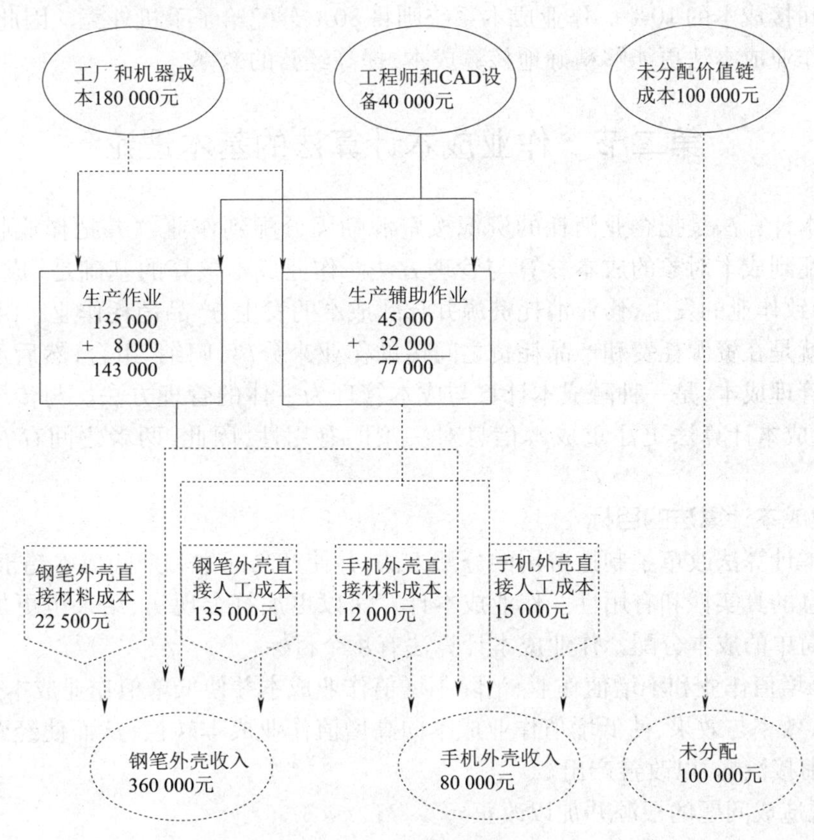

图 5.3　作业成本核算方法

图 5.3 中，135 000 = 180 000 × 75%　　　　45 000 = 180 000 × 25%

8 000 = 40 000 × 20%　　　　32 000 = 40 000 × 80%

生产作业按直接人工工时分配，生产辅助作业按部件数分配。

这是一种两阶段的作业分配方法，第一阶段的分配主要取决于工程师花在产品上的时间，工程师通常平均每小时花费 48 分钟执行类似于手机外壳这样的生产支持作业，余下的 12 分钟用来监督指导加工流程。据此，将工程师薪金成本的（48/60）= 80% 和（12/60）= 20% 分别分配给生产支持和加工流程作业。

车间及机器成本则主要取决于使用空间尺寸的大小，加工作业使用75%的空间，而生产支持使用了25%的空间。因此前者要承担车间和机器设备成本的75%，而后者为25%。根据以上分析得出，加工流程作业的成本为143 000元，生产支持作业的成本为77 000元。

第二阶段的分配，将加工和生产支持这两项作业的成本分配给了作为产品的钢笔外壳和手机外壳。生产支持作业成本有几个可能的成本动因，包括“客户需求造成的设计改变的次数”以及“不同组件的数目”等，成本分配的基础能够很好地衡量生产支持作业的消耗。如果我们选择的是“不同组件数”，假定钢笔外壳只需要5个组件而手机外壳需要20个，那么，生产支持作业中的20/(20+5)×77 000=61 600元应分配给手机外壳，余下的15 400元应分配给钢笔外壳。这种成本分配比传统成本分配更合理地度量了制造服务的使用。这是因为手机外壳业务造成了80%生产支持作业成本，传统成本分配仅对其分配了包括生产支持作业成本在内的所有间接成本的10%。作业成本系统则将80%分配给了手机外壳。因此，在现代化的企业中采用作业成本法更能够精确地核算成本，提高经营的效率。

第二节　作业成本计算法的基本理论

作业成本计算法是把企业消耗的资源按资源动因分配到作业，“并把作业收集的成本按作业动因分配到成本对象的成本核算与管理方法。作业成本核算的基础是“成本驱动因素”理论：生产导致作业的发生，作业消耗资源并导致成本的发生，产品消耗作业。由此可见，作业成本的实质就是在资源耗费和产品耗费之间借助作业来分离、归纳、组合，然后形成各种产品成本及不同管理成本，是一种融成本计算与成本管理为一体的管理方法。与传统成本计算方法相比，作业成本计算法更注重成本信息对决策的有用性，因此，两者之间存在较大的理论差异。

一、作业成本计算法的目标

作业成本计算法改革了制造费用的分配方法，并使产品成本和期间成本趋于一致，大大提高了成本信息的真实性和有用性。作业成本计算法以更加符合现实、结果也更加精确的成本分解替代了简单的成本分配。作业成本计算法有4个目标：

(1)区分增值作业和不增值作业，消除不增值作业成本并使低增值作业成本达到最小。

(2)引入效率与效果，使低增值作业成本向高增值作业成本转换，从而使经营过程中展开的增值活动衔接流畅，以改善产出。

(3)发现造成问题的根源并加以改正。

(4)根除由不合理的假设与错误的成本分配造成的扭曲。

作业成本计算法将企业作为一个职能价值链来看待，这个职能价值链由研发、产品、服务或生产过程的设计、生产、营销、配送、客户服务等一系列企业职能组成，企业通过这些职能逐步使其产品或劳务具有有用性。作业成本计算法认为“不同目的下有不同的成本”，产品成本只是特定目的下分配给一项产品的成本总和。

二、产品成本的经济实质

传统成本计算法认为，成本是生产经营过程中所耗费的生产资料转移价值和劳动者为自己所创造价值的货币表现，即$C+V$。

作业成本计算法认为,企业管理深入到作业层次以后,企业成为满足顾客需要而设计的一系列作业的集合体,从而形成了一个由此及彼、由内向外的作业链。每完成一项作业要消耗一定的资源,而作业的产出又形成一定的价值并转移给下一个作业,由此逐步推移,直到最终把产品提供给企业外部的顾客,以满足他们的需要。最终产品作为企业内部一系列作业的总产出,凝聚了在各个作业上形成并最终转移给顾客的价值。因此,作业链同时也表现为价值链,作业的推移同时也表现为价值在企业内部的逐步积累和转移,最后形成转移给外部顾客的总价值,这个总价值即产品的成本。因此,作业成本计算法认为,成本是生产经营过程中为生产产品所耗费资源的货币表现,从投资角度理解,对所有部门、工作、人员都应进行成本效益分析。

三、产品成本的经济内容

在传统成本计算法下,产品成本是指其制造成本,只包括制造产品过程中与生产产品直接有关的费用,而用于管理和组织生产的费用支出则作为期间费用处理。产品成本按经济用途设置成本项目。

而在作业成本计算法下,产品成本则是真正意义上的完全成本,取决于一个产品所耗费的作业种类、每种作业的数量及每种作业的单位成本。作业成本计算法认为,就某一个制造中心而言(相当于一个集供、产、销于一体的小型工厂),该制造中心所有的费用支出只要是合理、有效的,都是对最终产出有益的支出,因而都应计入产品成本。也就是说,作业成本计算法强调费用支出的合理性和有效性,而不论其是否与产出直接相关。虽然作业成本计算法也使用期间费用的概念,但此时期间费用汇集的是所有无效、不合理的支出,而不是与生产无直接关系的支出。之所以采用这种处理方法,是因为作业成本计算法认为,并非所有的资源耗费都是有效的资源耗费,也并非所有的作业都可以增加转移给顾客的价值。一般而言,对最终产出有意义的资源耗费称为有效资源耗费,能增加转移给顾客价值的作业称为增值作业;否则,称为无效资源耗费和非增值作业。企业将无效资源耗费和非增值作业耗费计入期间费用,是希望通过作业管理消除这些耗费。另外,作业成本计算法下的成本项目是按照作业类别设置的。

四、成本计算对象

传统成本计算一般以产品(品种法)或以某一步骤(分步法)或某一批订单(分批法)为成本计算对象归集和分配费用,并受传统会计信息目标的制约。传统成本计算的目标主要是满足计算存货成本的需要,进而提供有关企业财务状况和经营成果的会计信息。在目前情况下,生产组织中作业的可分辨性极大地增强,企业成本控制观念和控制手段也都提到了新的高度,客观上要求成本信息不仅要反映企业财务状况和经营成果,还要满足成本控制和生产分析的要求。当作业成本计算法将资源、作业、作业中心、制造中心等概念引入成本控制时,就形成了一个完整的作业成本计算体系,如果要节约成本,控制和考核各作业层次的资源耗费是很重要的。因此,在作业成本计算法下,成本计算的对象是多层次的,大体上可以分为资源、作业、作业中心和制造中心这几个层次。

(一)资源

如果把整个制造中心(即作业系统)看成一个与外界进行物质交换的投入一产出系统,则所有进入该系统的人力、物力、财力等都属于资源范畴。资源进入该系统,并非都被消耗,即使被消耗,也不一定都是对形成最终产出有意义的消耗。因此,作业成本计算法把资源作为成本计算对象,是要在价值形成的最初形态上反映被最终产品吸纳的有意义的资源耗费价值。也就是说,在这个环节,成本计算要处理两个方面的问题:一是区分有用消耗和无用消耗;二是区别消耗资源的作业状况,看资源是如何被消耗的,找到资源动因,按资源动因把资源耗费价值分解计入吸纳这些资源的不同作业中。资源一般分为货币资源、材料资源(对象资源)、人力资源、动力资源(手段资源)等。

(二)作业

作业是成本分配的第一对象。资源耗费是成本被汇集到各作业的原因,而作业是汇集资源耗费的对象。从管理角度看,作业就是指企业生产过程中的各工序和环节,但从作业成本计算角度看,作业是基于一定的目的、以人为主体、消耗一定资源的特定范围内的工作。作业应具备如下特征:

(1)作业是以人为主体的。尽管现代制造业机械化、自动化程度很高,但仍然不乏人的参与,人掌握并且操纵各种机器设备仍然是现代制造业中各项具体生产工作的主体,也就是作业的主体。

(2)作业消耗一定的资源。作业以人为主体,至少要消耗一定的人力资源;作业是人力作用于物的工作,因而也要消耗一定的物质资源。

(3)区分不同作业的标志是作业目的。在一个完备的制造业中,其现代化程度越高,生产程序的设计和人员分工越合理,企业经营过程的可区分性也就越强。这样,可以把企业制造过程按照每一部分工作的特定目的区分为若干个作业,每个作业负责该作业职权范围内的每一项工作,这些作业互补并且互斥,构成了完整的经营过程。作业目的不同于某一具体工作的目的,如采购作业负责适时为生产提供材料,但从该作业内部看,仍然包括若干项具体工作有人负责与供应商建立固定联系,有人处理款项结算与材料交接,有人负责材料运输,等等。之所以把这些工作确定为一项作业,是有其深层次原因的,这个原因就是作业动因,因为这些具体工作都因该作业动因而发生。

(4)对于一个生产程序不尽合理的制造业,作业可以区分为增值作业和非增值作业。这里,非增值作业虽然也消耗资源,但其消耗并不是合理消耗,对于制造产品的目的本身并不直接做出贡献。如企业内部产品的搬运作业,以搬运距离作为其动因消耗资源,但作业成本计算法认为,这种搬运作业可以采用缩短搬运距离即紧凑经营过程的方式予以逐步消除。

(5)作业的范围可以被限定。从管理角度看,设定作业往往基于某一特定企业的生产状况,既可以作粗略的划分,又可以把作业区分得很细,这要视管理的要求而定。而就作业成本计算而言,虽然试图提供精细的成本管理信息,精细到何种程度并无特定的标准,但由于作业区分的依据是作业动因,而作业动因对于特定企业是客观的,因而作业范围是能够得到本质上的限定的。从上述分析中我们看到,作业作为成本计算对象,不仅有利于相对准确地计算产品成本,还有利于进行成本考核和分析工作。既然作业吸纳了资源,那么,搞清作业状况,就搞清了资源耗费状况;减少作业,就堵塞了资源消耗的渠道,这都为降低产品成本提供了基本依据。

(三)作业中心

作业中心是负责完成某一项特定产品制造功能的一系列作业的集合。作业中心既是成本汇集中心,也是责任考核中心。一般来说,作业中心是基于管理的目的而不是专门以成本计算为目的而设置或划定的。传统制造企业的经营过程被习惯地分为材料采购、产品生产和产品销售这 3 个环节,而按照作业成本计算理论,这 3 个环节都可以称为作业中心。但是,作业成本计算法面临变化了的制造环境,在这种环境下,这种划分显得过于简单,已经不能满足成本计算和成本管理的需要。这是因为:

(1)适时制生产方式下,一个大型企业通常分设为若干制造中心。这些制造中心既可能生产直接对外销售的产品,也可能为下一个制造中心生产半成品,成为适时相接的制造过程的独立环节。因而,作业中心是相对于制造中心划定设立的。

(2)在适时制生产方式下,材料采购并不构成独立的生产环节。此时,材料采购的目的非常明确,就是保证每一个作业中心生产的适时需要,材料采购工作由制造环节外的工作演化为制造环节内的工作,每一个作业中心都有专司材料供应工作的人员和手段。

(3)依据工作组合的可独立性和工作组合内容的可分解性,我们可以并且只能据此把一个制造中心划定为若干作业中心。正因为可独立,作业中心可以成为作业责任考核的对象,而可分解性则反映了制造中心包含若干作业中心的状况。强调作业中心是作业成本计算的对象,是基于作业考核的目的,因为作业成本计算法既是一种成本计算方法,也是一种责任考核方法。另外,将作业中心作为成本计算对象,还有利于汇集资源耗费。由于管理手段的限制,也由于成本核算本身的成本-效益原则,及时地把资源汇集到每项作业既无必要也不可能,这样,作业中心就成为计算资源耗费价值必不可少的环节。我们在计算成本时,应先在作业中心汇集该中心范围内所耗费的各种资源价值,然后把汇集的资源价值按照资源动因分解到各种作业。之所以要把资源价值分解到各种作业,是因为各种作业对最终产品贡献的方式与原因不同。

(四)制造中心

制造中心作为成本计算对象,实质上是指计算制造中心产出的产品的成本。一般,一个大型制造企业总可以划分为若干制造中心,划分制造中心的依据是各制造中心只生产一种产品或某个系族多种产品。如某制笔厂按照产品类别,可以划分为铅笔、钢笔、圆珠笔等多个制造中心;某机床厂也可按照机床种类,划分制造中心,等等。制造中心所产产品只是相对于该制造中心而言,未必是企业的最终产品。如多生产步骤的大型制造企业可以按生产步骤划分制造中心。此时,这些制造中心前后相接,共同构成完整的制造过程,前一个制造中心只是为后一个制造中心生产可提供进一步加工的半成品而已。

如果制造中心只生产某一特定型号的标准产品,成本计算过程是简单的,只需把该制造中心所含各作业中心汇集的资源耗费价值全部计入该产品的生产成本,期末在完工产品与在产品之间进行分配即可。作业成本计算法在间接费用的分配上优于传统成本计算方法,因而该方法更适合生产多种产品的制造中心。由于在适时制生产方式下,企业一般要成立专门的机构进行生产组织程序设计工作,因而无论是从设计安排上,还是从经济效益上看,由某制造中心生产同一系族的产品是合理的。所谓同一系族产品,是指生产工艺相似、制造手段一致而产品结构和用途又有明显差别的各种产品。如制笔厂的圆珠笔制造中心,其所生产的圆珠笔可以认为是同一系族产品。由于制造中心又包含若干作业中心,又可以将生产圆珠笔这个制造中心划分为笔壳和笔芯两个作业中心。按照作业成本计算理论,要按制造中心计算各种圆珠笔的成本,按作业中心考核生产责任,也就是说,要在该制造中心追踪由这两个作业中心生产组合形成的每一型号圆珠笔的生产状况,进而计算产品成本。由于现代消费者的挑剔和选择性,该制造中心可能需要生产很多类型的圆珠笔,每种数量可能并不大,而且在生产中所消耗的作业并不相同,结构简单的产品包含较少的作业,结构复杂的产品则包含较多的作业。显然,按传统的成本计算方法把间接费用按同一标准分配给这些复杂程度不同的产品是不合适的。在这个问题上,作业成本计算法显示了其优势。

作业既可能是多种产品的共同作业,也可能是某特定产品的专属作业。在把作业中心成本分配给作业后，要借助作业动因把作业成本分配给不同产品。当然，对于某项产品的专属作业，只需把该作业成本汇集到该特定产品中即可。

在作业成本计算理论中，还有一个引人注目的概念，即顾客。顾客虽然不是一种成本计算对象，但却能使我们深化对作业成本计算对象的理解。就整个企业而言，企业的顾客就是向企业发出需求信息（即订单）的用户；而从企业内部看，顾客是接受价值的"吸纳器"。这样看来，作业是资源的顾客，作业中心是作业的顾客，制造中心又是作业中心的顾客。强调这个概念与适时制生产方式有关，在适时制生产方式下，前一个顾客要适时地为后一个顾客服务。

第三节　作业成本计算

一、作业成本计算法下的成本计算程序

在"决策相关性"这个理论基点上，作业成本计算法可以归纳为"作业消耗资源，产品消耗作业"。因此，作业成本计算的基本程序就是要把资源耗费价值予以分解并分配给作业，再将各作业汇集的价值分配给最终产品或服务。这一过程可以分为 3 个步骤。

(1)确认作业中心，将资源耗费价值归集到各作业中心。

这一步骤只是价值归集的过程。在作业成本计算法下，价值归集的方向受两方面的限制：一是资源种类；二是作业中心种类。在实务操作中，对某制造中心的每一作业中心都按资源类别设立资源库，把该制造中心所耗资源价值归集到各资源库。如对前述圆珠笔生产这个制造中心，分别对制芯和制壳这两个作业中心设立材料费、动力费、折旧费、办公费等资源库，这样，就可以从资源耗费的最初形态上把握各种资源归集到各作业中心的状况。

(2)确认作业，将作业中心汇集的各资源耗费价值予以分解并分配到各作业成本库中，在此应注意以下几点。

①成本动因的选择不必求全，但应该找到最重要的、与主要成本花费相关的关键因子。试图找出与所有成本耗用都相关的成本动因往往是不可能的，因为在一个独立的作业中不可能所有的耗费都与同一个成本动因成正比。正确的做法是先选出相对独立的、对产品的形成影响较大的主要作业，然后再确定作业中与主要的成本消耗相关性较大的成本动因。

②成本动因的选择采取多元化的方式，并注意与传统成本核算系统相结合。事实上，作业成本法与传统成本法并不是相互排斥的，它是在解决传统成本法存在问题的基础上对传统成本法的发展，往往有助于提高成本核算的准确性和合理性。

③作业分类的确认。在作业成本计算法逐渐形成的过程中，各国学者试图提供一些标准的作业确认方法供实务界采纳。如杰弗·米勒和汤姆·沃尔曼把作业分为逻辑性作业、平衡性作业、质量作业和变化作业 4 类；罗宾·库珉则把作业分为单位作业、批别作业、产品作业、过程作业 4 类。这些分类理论性太强;缺乏实务操作性。确认作业的理论依据是作业特性，实务依据则是作业贡献于产品时的方式和原因，即作业动因。据此，可以把作业分为 3 大类：

- 不增值作业。把那些企业希望消除且能够消除的作业认定为不增值作业。
- 专属作业。把为某种特定产品提供专门服务的作业认定为专属作业。专属作业成本库成本直接结转计入该特定产品的生产成本。
- 共同消耗作业。共同消耗作业是为多种产品生产提供服务的作业。共同消耗作业又可按其为产品服务的方式和原因分为如下几小类：

➢ 批别动因作业:它是指服务于每批产品并使每一批产品都受益的作业,如分批获取订单的订单作业、分批送运原材料或产品的搬运作业等。

➢ 产品数量动因作业:它是指使每种产品的每个单位都受益的作业,如包装作业等,每件产品都均衡地受益。

➢ 工时动因作业:它是指资源耗费与工时成比例变动的作业,每种产品按其所耗工时吸纳作业成本,如机加工作业等。

➢ 价值管理作业:它是指那些负责综合管理工作的部门作业,如作业中心总部作为一项作业就是价值管理作业。

④设置资源库,归集资源消耗价值。作业确认后,一般不得轻易变动。这样,在对资源库资源耗费价值进行分配时,面临的是已确定的作业种类。我们为每一项作业设立一个成本库,该成本计算步骤就演化为如何将资源库价值结转到作业库这一具体分配问题。解决这一分配问题,要贯彻作业成本计算的基本规则:作业量的多少决定着资源的耗用量,资源耗用量的高低与最终的产出量没有直接关系。专家把这种资源量与作业量的关系描述为资源动因(resource driver)。所谓资源动因,通俗地讲,就是资源被各作业消耗的方式和原因。资源动因反映了作业对资源的消耗状况,因而是把资源户价值分解到各作业户的依据。

确立资源动因的原则是:第一,某一项资源耗费能直观地确定为某一特定产品所消耗,则直接计入该特定产品成本,此时资源动因也是作业动因,该动因可以认为是“终结耗费”,材料费往往适用于该原则;第二,如果某项资源耗费可以从发生领域划定为各作业所耗,则可以直接计入各作业成本库,此时资源动因可以认为是“作业专属耗费”,各作业发生的办公费适用这种原则,各作业按实付工资额核定应负担工资费时也适用这一原则;第三,如果某项资源耗费从最初消耗上呈混合耗费形态,则需要选择合适的量化依据将资源分解并分配到各作业,这个量化依据就是资源动因,如动力费一般按各作业使用电力度数分配等。

在成本分配过程中,各资源库价值要根据资源动因逐项分配到各作业。这样,我们可以为每个作业库按资源类别设立作业资源要素,将每个作业库各作业资源要素价值相加就形成了作业成本库价值。

(3)将各作业成本库价值分配计入最终产品成本计算单,计算完工产品成本与传统成本计算法一样,我们为制造中心投产的每一种(或批)产品设立成本计算单。在每一张成本计算单中,还应按该产品生产所涉及的作业种类开立作业成本项目。这样,该成本计算步骤就是要把各作业成本库的价值结转到各产品成本计算单上,这一步骤反映的作业成本计算规则是:产出量的多少决定作业的耗用量。专家将这种作业消耗量与产出量之间的关系描述为作业动因。所谓作业动因,是指各作业被最终产品或服务消耗的方式和原因。

可见,作业动因是将作业库成本分配到产品或服务的标准,也是将作业耗费与最终产出相沟通的中介。既然作业是依据作业动因确认的,就每一项作业而言,其动因也就已经确立,成本计算在这一步骤并无障碍。如订单作业是一种批别动因作业,我们只需将该作业成本除以当期订单份数即可得到分配率;将此分配率乘以某批产品所用订单份数即可得到应计入该批产品成本计算单“订单”这个成本项目的价值。

在把作业库成本计入各产品成本计算单以后,如何得出完工产品成本就是一个简单的问题了。如果把作业成本计算法应用于财务会计,则在期末有必要在完工产品与在产品之间分配成本(此问题在后面结合实例说明),如果认为作业成本计算法只是一种管理会计手段,则用成本计算单追踪到产品全面完工即可。

二、作业成本计算举例

（一）例题资料

某家具厂现有定编员工100人，按木工、组装两个中心组织生产。木工中心每月可提供8 000机时，组装中心每月可提供4 000机时。

假设该厂规划作业资料如表5.6至表5.9所示。

表5.6　本月生产作业规划

产品批别	名称	件数（套）	单位材料（主料）定额（元）	需用工时定额（工时）		完工状况
				木工	组装	
001	椅子	4 000	80	2	1	本月完工3 000套
002	沙发	10	1 000	12	6	本月完工

表5.7　本月资源耗费计算表

资源项目	材料		工资费	动力费	折旧费	办公费	合计
	主料	辅料					
金额（元）	340 000	20 000	80 000	14 000	100 000	36 000	590 000

表5.8　主要参数及专属费用表

参数或费用＼作业	订单	生产规划	采购	施工图	木工	组装	生产协调	厂部	编外	合计
人员定编（人）	8	12	6	4	20	16	14	16	4	100
耗电度数（度）	800	2 000	200	2 000	5 000	6 000	1 000	3 000		20 000
001号未完工状态					200	800				1 000
未完工产品本作业完工率（%）					0	0				
折旧费（元）	4 000	10 000	2 000	10 000	28 000	20 000	12 000	14 000		10 000
办公费（元）	6 000	6 000	4 000	2 000	1 000	1 000	5 000	11 000		36 000
材料费	本月实耗主料340 000元，实耗辅料20 000元，其中专属001批19 000元，专属002批1 000元									

表5.9　作业衡量参数表（作业动因量化表）

作业名称	量化单位（作业动因）	衡量参数	产品消耗		
			001批	002批	其他批
订单	订单份数	80	2	2	76
生产规划	规划次数	60	2	2	56
采购	采购次数	164	160	4	0
施工图	施工图次数	164	160	4	0
木工	木工工时（定额）	7 720	7 600	120	0
组装	组装工时（定额）	3 060	3 000	60	0
生产协调	协调次数	100	60	40	0
厂部	价值				

(二)用作业成本法计算产品成本

(1)将本月资源耗费分别计入各个资源户。即本月所耗各类资源(材料费 360 000 元,动力费 14 000 元,工资费 80 000 元,折旧费 100 000 元,办公费 36 000 元)分别计入各资源户。

(2)将各资源户归集的价值按资源动因分配计入各作业户。

①材料费用的分配。由于材料直接耗用于特定产品,因而按各自产品定额消耗费价值计入各产品成本户,材料费用超定额差异计入期间费用。分配计算表如表 5.10 所示。

表 5.10　材料费用分配计算表

资源项目作业户	材料费用	
	主料(元)	辅料(元)
生产成本——001	80×4 000=320 000	19 000
——002	1 000×10=10 000	1 000
期间费用	340 000−330 000=10 000	
合计	340 000	20 000

②其他费用的分配。其他费用按资源动因分配计入各作业户,其中动力费按各单位耗电度数分配计算,工资费按各作业人员数分配计算,折旧费、办公费按前述表中所列专属费用计算。分配计算表如 5.11 所示。

表 5.11　其他资源耗费计算表

单位:元

资源项目	总耗费额	分配率	订单	生产规划	采购	施工图	木工	组装	生产协调	厂部	期间费用
工资费	80 000	800 元/人	6 400	9 600	4 800	3 200	16 000	12 800	11 200	12 800	3 200
动力费	14 000	0.7 元/度	560	1 400	140	1 400	3 500	4 200	750	2 100	0
折旧费	100 000	专属	4 000	10 000	2 000	10 000	28 000	20 000	12 000	14 000	
办公费	36 000	专属	6 000	6 000	4 000	2 000	1 000	1 000	5 000	11 000	
合计	230 000		16 960	27 000	10 940	16 600	48 500	38 000	28 900	39 900	3 200

在表 5.11 中,工资费按定编人员数分配是假定每人工资一样,由于该厂有 4 名编外人员,作业成本计算法认为该 4 人工资费用系非增值资源耗费,故应计入期间费用,而不计入产品成本。其他资源耗费如有类似情况也应类似处理。

(3)将各作业汇集费用分配计入各批别产品的成本户

①订单作业。订单作业的作业动因是订单份数,本月该作业争取到 80 份订单,则每份订单取得成本为:

每份订单成本 = 16 960 ÷ 80 = 212(元/份)

于是:

记入生产成本 − 001 户的费用 = 212 × 2 = 424(元)

生产成本 − 002 户的费用 = 212 × 2 = 424(元)

生产成本—其他批别的费用 = 212 × 76 = 16 112(元)

至于生产规划、采购作业,施工图作业作业、生产协调作业均可比照订单作业的原理计算和分配有关费用。

②木工作业。由于在做生产规划时,为每批产品确定了单件产品木工工时定额,在自动化作业条件下,这种规划能够做得很准确。因而,应按此定额确定各批产品实耗工时数。

001 批产品在木工作业有 200 件未完工,且完全未经木工作业处理,共耗工时数为:

(4 000 - 200) ×2 = 7 600 (工时)

002 批产品全部经由该作业处理,共耗用工时数为:

10 ×12 = 120(工时)

由于该作业实际生产能力为 8 000 工时,有理由认为 8 000 - 7 600 - 120 = 280(工时)是未使用资源耗费工时。据此则:

分配率 = 48 500 ÷ 8 000 = 6. 062 5

应计入 001 批产品成本 = 7 600 ×6. 0625 = 46 075(元)

应计入 002 批产品成本 = 120 ×6. 0625 = 727. 5(元)

应计入期间费用的耗费 = 280 ×6. 0625 = 1 697. 5(元)

③组装作业。同样,组装作业也是该家具厂主要作业,生产规划部门为每批产品设定了单件工时定额。

001 批产品定额消耗工时为:

(4 000 - 200 - 800) ×1 = 3 000(工时)

002 批产品定额消耗工时为:

10 ×6 = 60(工时)

组装中心可提供工时为 4 000 工时,未使用工时 4 000 - 3 000 - 60 = 940(工时),据此则

分配率 = 38 000 ÷ 4 000 = 9. 5

应计入 001 批产品成本 = 9. 5 ×3 000 = 28 500(元)

应计入 002 批产品成本 = 9. 5 ×60 = 570(元)

应计入期间费用成本 = 9. 5 ×940 = 8 930(元)

④厂部作业。厂部作为一项作业,进行的是价值管理,其职能是对可控范围内的费用开支负责。对于本厂所产产品而言,已纳入生产规划的定额材料费用投入可认为是厂部不可控费用,其他费用均认为是可控费用,其价值投入均与厂部管理有关。据前面计算,每批产品成本和期间费用厂部可控部分分别为:

001 批产品成本 = 424 + 900 + 10 672 + 46 075 + 28 500 + 17 340 + 16 160
= 120 076(元)

002 批产品成本 = 424 + 900 + 268 + 440 + 727. 5 + 570 + 11 560
= 14 889. 5(元)

其他批别产品成本 = 16 112 + 25 200 = 41 312(元)

期间费用 = 10 000 + 1 697. 5 + 8 930 + 3 200 = 23 827. 5(元)

厂部费用分配率 = 39 900 ÷ (120 076 + 14 889. 5 + 4 312 + 23 827. 5)
= 0. 199 4

应计入001批产品成本的厂部费用 $=0.1994\times120076=23943.15$(元)

应计入002批产品的厂部费用 $=0.1994\times14889.5=2968.97$(元)

应计入其他批产品成本的厂部费用 $=0.1994\times41312=8237.61$(元)

应计入期间费用的厂部费用 $=39900-23943.15-2968.97-8237.61$

$=4750.27$(元)

(4)列示各批产品及期间费用成本计算单。根据上述计算,各批产品的成本项目按作业列示,列示成本计算单如表5.12所示。

表5.12 成本计算单

单位:元

项目	材料		订单	生产规划	采购	施工图	木工	组装	生产协调	厂部	其他	合计
	主料	辅料										
001批	320 000	19 000	424	900	10 672	16 160	46 075	28 500	17 340	23 943.15		483 013.15
002批	10 000	1 000	424	900	268	440	727.5	570	11 560	2 968.97		28 858.47
其他批			16 112	25 200						8 237.61		49 549.61
期间费用	10 000						1 697.5	8 930		4 750.27	3 200	28 577.77
合计	340 000	20 000	16 960	27 000	10 940	16 600	48 500	38 000	28 900	39 900	3 200	590 000

(5)期末将成本在在产品和产成品之间进行分配,计算产成品成本。

①001批产品。001批产品本月没有全部完工,按照表5.8和表5.9的资料,有200件产品滞留在木工作业,且完全未经由木工作业;有800件产品滞留在组装作业,也完全未经由组装作业。据此不考虑材料投入,有4 000产品经由订单、生产规划、采购、施工图作业;有3 800件产品经由木工作业;有3 000件产品经由组装、生产协调作业。

完工的3 000件作业成本总计为:

$(424+900+10672+16160)\times3000\div4000+46075\times3000\div3800+(28500+17340)\times3000\div3000=103332$(元)

未完工产品作业成本为:

$(424+900+10672+16160)\times1000\div4000+46075\times800\div3800=16739$(元)

由于厂部成本属于价值管理费用,因而要在完工产品和在产品之间进行分配:

分配率 $=23943.15\div(103332+16739)=0.1994$

完工产品应负担费用 $=103332\times0.1994=20604.4$(元)

在产品应负担费用 $=16739\times0.1994=3337.76$(元)

材料费用(主料及辅料)为:

完工产品总成本 $=103332+20604.4+19000+3000\times80=382936.4$(元)

在产品总成本 $=16739+3337.76+1000\times80=100076.76$(元)

②002批产品。由于002批产品本月全部完工,因此生产成本明细账中归集的费用28 858.46元均为完工产品成本。

③其他批别产品。由于只对已投产产品开设成本计算单,在以后成本计算期,对已投产产品应于投产时将相关成本按作业成本项目从“其他批别”明细账中转入各自成本计算单;如果某产品经研究不投产,则相关成本应转入“期间费用”账户。

④期间费用。期间费用于月末直接转入“本年利润”账户的借方,用当期利润予以补偿。

案例讨论

Valport 公司是一家专业化很强的电子公司,现在公司的Ⅰ号产品面临着来自其他公司的强烈竞争。公司的竞争对手一直在压低Ⅰ号产品的价格。而该公司的Ⅰ号产品比其他所有竞争对手的产量都高,并且是公司生产效率最高的产品。公司的总经理一直在思考:为什么其他公司的这种产品的价格远远比他们的价格低。不过,让公司总经理高兴的是:公司新开发的Ⅲ号产品虽然工艺复杂,产量远不及公司生产的Ⅰ号和Ⅱ号产品的产量。但由于专业化程度非常高,其他竞争对手不想涉足这种产品生产,所以公司几次提高Ⅲ号产品的售价,客户仍是源源不断。

公司的定价策略将目标价格设定为产品制造成本的110%,产品制造成本所包含的间接费用即制造费用依据直接人工工时分配。由于公司的Ⅰ号产品的竞争对手一直在压低Ⅰ号产品的价格。结果公司Ⅰ号产品的销售价格已降到了75元以下。

在20×3年公司年终总结会上,公司总经理问主计长:“George,为什么我们的产品竞争不过其他公司的产品?他们的Ⅰ号产品仅售69元,那比我们的Ⅰ号产品的成本还要少1元。这是怎么回事?”

“我认为是我们过去的产品成本计算方法造成的。”George说,“也许你还记得,我刚来公司时,采用一种作业成本计算法做了一项先期研究。结果发现,公司采用的传统制造成本计算法高估了产量高工艺简单的Ⅰ号产品成本,并且大大地低估了Ⅲ号产品的成本。对此我曾提出过警告,但公司仍保持原有的方法。”

“好的,”总经理说,“你下午给我提供作业成本计算法的有关数据。”

George回到办公室后,整理了公司20×3年末会计系统提供的有关数据,并列出了公司20×3年末产品成本和年度销售数据,如表5.13所示。

表5.13 Valport公司产品成本和年度销售数据

	Ⅰ号产品	Ⅱ号产品	Ⅲ号产品
年销售量(件)	100 000	50 000	10 000
单位产品成本(元)	70	61	160
其中:直接材料	10	25	40
直接人工	10	6	20
制造费用	50	30	100
直接人工工时(小时)	50 000	15 000	10 000
制造费用明细(元)			
机器维修	1 500 000		
机器折旧	3 000 000		
产品检测	1 500 000		

续表

	Ⅰ号产品	Ⅱ号产品	Ⅲ号产品
机器准备	500 000		
材料处理	500 000		
产品包装	500 000		
总计(元)	7 500 000		

George 也列出了作业成本计算法下,间接费用分配的有关数据,如表 5.14 所示。

表 5.14 Valport 公司间接费用分配相关数据

作业成本库	成本动因	3 种产品作业成本分摊比例		
		Ⅰ号产品(%)	Ⅱ号产品(%)	Ⅲ号产品(%)
机器维修	机器小时	50	30	20
机器折旧	机器小时	40	20	40
产品检测	检测次数	50	20	30
机器准备	准备次数	45	30	25
材料处理	材料订单数量	45	35	20
产品包装	包装小时	50	30	20

要求:

(1)计算主计长 George 采用作业成本计算确定法确定的 3 种产品成本。

(2)计算作业成本计算法下 3 种产品的目标销售价格。

(3)给总经理写一份备忘录,解释传统的制造成本计算法与作业成本计算法的不同,并说明传统制造成本计算可能造成的后果。

(4)公司应做何种战略选择?为什么?

思考题

1. 什么是作业?作业有哪些类型?
2. 什么是作业成本法?其与传统成本法的区别是什么?
3. 简述作业成本法下间接费用的分配程序。
4. 什么是作业分析?作业分析有哪些步骤?
5. 什么是作业成本动因?在选定作业成本动因时应该注意哪些问题?

同步测试题

一、单项选择题

1. 作业成本法适用与具有以下特征的企业(　　)。

A. 间接生产费用比重较小　　B. 作业环节较少

C. 生产准备成本较高　　D. 产品品种较少

2. 作业成本法的缺陷有(　　)。

A. 实施成本较高　　B. 实施效果较差

C. 成本决策相关性较弱　　D. 间接费用的分配与产出量相关性较弱

3. 作业成本法与传统成本法的区别之一是作业成本法(　　)。

A. 存在较多的同质成本库　　B. 存在较少的同质成本库

C. 间接费用分配基础不一定是成本动因　　D. 成本决策相关性较弱

4. 按照作业的执行方式,可将作业分为(　　)。

A. 主要作业和次要作业　　B. 必需性作业和酌量性作业

C. 重复作业和不重复作业　　D. 后勤作业和质量作业

5. 下列项目中,不属于按受益对象分类的作业是(　　)。

A. 单位水平作业　　B. 协调平衡作业

C. 批次水平作业　　D. 工厂维持作业

6. 销售成本和调运成本不包括(　　)。

A. 执行订单成本　　B. 装运成本

C. 编制商品销售价目表　　D. 材料采购

7. 作业成本法所采用的成本动因(　　)。

A. 不考虑辅助作业　　B. 只考虑某些生产作业

C. 将作业与产品直接联系在一起　　D. 将作业与产品间接联系在一起

8. 华宇公司本期制造费用共计480 000元,采用传统成本法核算,它拥有5个为辅助生产部门和5个生产部门,生产25种产品。其制造费用中应有(　　)元分配至产品层次。

A. 48 000　　B. 480 000　　C. 1 920　　D. 0

9. 与数量相关的动因不包括(　　)。

A. 产量　　B. 直接人工工时　　C. 机器工时　　D. 生产工人人数

10. 在作业成本法下通常难以找到合适的成本动因来将(　　)作业所消耗的资源分配至产品。

A. 车间管理　　B. 直接人工　　C. 质量检验　　D. 机器调试

二、多项选择题

1. 作业按所完成的职能可以分为(　　)。

A. 后勤作业　　B. 协调、平衡作业

C. 质量作业　　D. 变化作业

E. 产品维持作业

2. 作业成本法适用于具有以下特征的企业(　　)。

A. 间接生产费用比重较大　　B. 企业规模大、产品品种多

C. 作业环节多且易辨认　　D. 生产准备成本较高

E. 计算机技术较高

3. 作业的分类方法主要有(　　)。

A. 按作业所完成的职能分　　B. 按作业的执行方式分

C. 按作业的性质分　　D. 按作业的收益对象分

E. 按作业的时间长短分

4. 作业成本法的兴起和运用与以下新的制造环境密切相关。(　　)

A. 专业化生产　　B. 计算机辅助设计

C. 弹性制造系统　　D. 适时制生产方式

E. 自动化生产

5. 成本动因的选择应遵循以下(　　)原则。

A. 因果关系　　B. 受益性　　C. 合理性　　D. 全面性

E. 灵活性

6. 作业成本计算制度相对于产量基础成本计算制度而言具有(　　)特点。

A. 建立众多的间接成本集合

B. 同一个间接成本集合中的间接成本是基于同一个成本动因所驱动

C. 间接成本的分配应以成本动因为基础

D. 不同集合之间的间接成本缺乏同质性

E. 实施成本低

7. 下列有关产量基础成本计算制度表述正确的是(　　)。

A. 以人工成本、人工工时等作为间接费用分配的基础

B. 往往会夸大高产量产品的成本,而缩小低产量产品的成本

C. 整个工厂仅有一个或几个间接成本集合(如制造费用、辅助生产等),它们通常缺乏同质性

D. 主要适用于产量是成本主要驱动因素的传统加工业

E. 间接成本的分配以成本动因为基础

8. 下列各项中,属于直接成本的是(　　)。

A. 构成产品实体的原材料　　B. 车间照明用电费

C. 车间生产工人工资　　D. 车间管理人员工资

E. 销售部门员工工资

9. 决定企业采用成本计算方法的影响因素有(　　)。

A. 企业生产组织特点　　B. 企业生产工艺过程特点

C. 成本会计人员的素质　　D. 企业对成本管理的要求

E. 企业所处行业的特点

10. 作业基础成本法与传统成本法相比(　　)。

A. 有较多的间接成本库

B. 按成本动因分配生产费用

C. 间接生产费用的分配基础常为非财务变量

D. 提供较精确的成本信息

E. 成本决策相关性较强

三、判断题

1. 企业的生产过程既是作业消耗资源、产品消耗作业的过程,又是产品价值的形成过程。( )

2. 成本动因是驱动或产生成本、费用的各种因素,它通常可分为两种:资源动因和作业动因。( )

3. 作业动因是将作业中心的成本分配到产品或劳务的标准,它反映了作业中心对资源的耗用情况。( )

4. 作业成本法是传统成本计算方法的一种,其主要特点是先按资源动因分配费用,计算各作业中心成本,再按作业动因分配作业成本,计算产品成本。( )

5. 在作业成本法下,制造费用的分配主要以与产出量相关的因素为分配基础。( )

6. 在作业成本法下,辅助生产部门的成本在分派到具体的产品或劳务之前也是先分配至生产部门的。( )

7. 预期的机器工时可以作为分配机器维护成本的合理动因。( )

8. 作业成本法以成本动因作为分配成本的基础,因此它能提供比传统成本法更为精确的成本信息。( )

9. 作业成本管理涉及的仅仅是生产成本而不包括期间费用。( )

10. 要实现作业成本管理的基本思想,就必须借助于作业分析。( )

四、业务题

1. 资料:某服装制造企业采用作业基础成本法核算产品成本。该企业某月发生直接材料成本 32 000 元,其中甲产品耗用 18 000 元,乙产品耗用 14 000 元;直接人工成本 19 000 元,其中甲产品应负担 11 000 元,乙产品应负担 8 000 元;制造费用 56 000 元,经分析该企业的作业情况如表 5.15 所示。

表 5.15 作业情况表

作业中心	资源分配	成本动因	动因量	
			甲产品	乙产品
材料整理(元)	14 000	处理材料批数	10	30
质量检验(元)	10 000	检验次数	10	15
机器调试(元)	20 000	调试次数	80	120
使用机器(元)	12 000	机器小时数	20	80

要求:

(1)计算各作业中心的动因率。

(2)假定该企业的当月产量为甲产品 500 件,乙产品 400 件,期初期末在产品为零,计算这个月的完工产品总成本和完工产品单位成本。

(3)编制有关费用归集、分配和完工产品入库的分录。

2. 某钟表制造公司采用作业基础成本法计算分配间接费用,20×4 年 5 月份,该企业有关资料如表 5.16 所示。

表 5.16　企业有关资料

作业	成本动因	成本(元)	作业水平	
			时钟	手表
生产准备	准备次数	70 000	30(次)	20(次)
材料管理	零件数	20 000	15(次)	25(件)
包装与运输	运输数量	45 000	5 000(只)	7 000(只)
间接费用合计		135 000		

要求:

(1)用作业基础成本法计算分配每种产品的间接费用总额。

(2)以人工工时作为分配基础计算分配各产品的间接费用总额。假定装配每只时钟的小时数是0.5 小时,装配每只手表的小时数是 1 小时。时钟的生产量为 5 000 只,手表为7 000只。

第六章　经营预测

本章摘要

经营预测概述;销售预测;成本预测;利润预测;资金需要量预测。

学习目标

(1)了解经营预测的基本原则和预测的程序。
(2)了解预测的基本方法、适用条件、预测的内容。
(3)掌握具体预测方法的运用。

案例导入

康辉照明公司是一家节能照明灯具生产公司,目前最大产能为200万件,该企业20×3年照明灯具A的销量为150万件,售价为20元,实现利润为1 000万元。20×3年底该公司对灯具A提出几项改革措施:同供货方谈判,可以使每件灯具A节约材料成本0.5元,对员工进行技能培训,预期淘汰低效工人30人,可以减少人工开支150万元,机构精简,可以减少管理费用100万元。

该公司近5年销售数据如表6.1所示。

表6.1　近5年的销售数据

年份	20×9	20×0	20×1	20×2	20×3
销量(万件)	100	110	125	135	150

该公司20×3年有关财务数据6.2所示。

表 6.2　20×3 年有关财务数据

单位:万元

项　目	金　额	占销售百分比	项　目	金　额	占销售百分比
流动资产	450	45%	留存收益	100	
长期资产	550		权益合计	1 000	
资产合计	1 000		销售额	3 000	100%
流动负债	250	25%	利润总额	1 000	33.3%
长期负债	350		净利润	810	27%
实收资本	300		现金股利	300	10%

(资料来源:根据相关网络资料整理)

试分析:

(1)根据历史销售数据预测 20×4 年 A 产品销量。

(2)如果 20×3 年的几项措施可以进行,则 20×3 年的利润额是多少?

(3)假设该公司 20×4 年现金股利和 20×3 年相同,则 20×4 年需要对外筹集资金是多少?

第一节　经营预测概述

经营预测是根据历史资料和已掌握的现在的信息,运用一定的科学的预测方法,对未来经济活动的发展趋势做出科学的推测的过程。

在市场经济日益发展的今天,市场竞争越来越激烈,企业要想在市场竞争中取得优势,就必须做好预测工作,科学合理的经营预测是做出合理决策的基础,是企业计划的重要组成部分。

一、经营预测的意义

(一)经营预测是企业进行经营决策的基础和依据

在市场经济条件下,企业的一切活动都离不开市场,市场的变化决定着企业的生存与发展。因此,正确的决策离不开科学合理的经营预测,经营预测就是在销售预测的基础上展开,通过成本、利润和资金需要量的预测等,为企业经营决策提供依据,如果离开经营预测,决策只能是空谈。

(二)经营预测有利于提高企业的竞争优势

通过科学合理的经营预测,企业才可以充分了解市场形势,把握各种竞争对手的特点,从而采取合理的决策,在市场竞争中取得主动权和竞争优势。

(三)经营预测是企业进行科学管理的基础

现代企业管理中大量采用全面预算、标准成本管理、绩效考评、经营决策等科学管理手段,这些手段都是建立在科学合理的经营预测基础之上的,科学合理的经营预测为科学管理提供依据。

二、经营预测的基本原则

经营预测的影响因素很多,为了保证预测的准确性,必须要把握合理的标准。

（一）延续性原则

指过去或者现在的某种发展规律将会延续下去，并假设决定过去和现在发展的条件同样适用于未来。经营预测根据这一原则，就可以通过过去和现在来推测未来，如果没有延续性，预测将无法进行。

（二）相关性原则

指企业经济活动中的一些经济变量之间存在相互依存、相互制约的关系。经营预测根据这一原则，就可以利用这些经济变量之间相互依存、相互制约的关系来推测经济活动的发展规律，从而提高经营预测的准确性。

（三）统计规律性原则

指企业经济活动过程中对某个经济变量多次观测的结果会出现某种统计规律性的特征。经营预测根据这一原则，就可以利用概率分析及数理统计模型的方法进行推测。

（四）实事求是原则

该原则要求必须依据可靠的数据信息进行预测，收集和加工信息时，从实际出发，实事求是，既要收集有利条件下的信息，也要收集不利条件下的信息，这样才能保证预测是客观真实的。

（五）成本效率原则

指预测活动本身花费的成本不能超过其带来的收益。在市场经济条件下，所有经营活动最后都要讲求效益，离开效益的经济活动不能创造价值，将是没有价值的预测。

三、经营预测的程序

（一）确定预测目标

只有弄清楚预测什么，然后才能根据预测的具体内容和方向，确定预测的范围，相应搜集相关资料，这样可以使预测经济有效，科学合理的进行。

（二）搜集数据和信息

准确的经营预测，有赖于系统、全面、准确、有效的数据和信息，如何全面、有效地获得数据和信息是开展经营预测的前提条件。

（三）选择预测方法

预测方法多种多样，既有定性预测方法，又有定量预测方法。不同的预测方法，适用对象不同，应根据预测对象的特点及相关数据信息的特征选择切实可行的预测方法，这样才能及时准确的进行预测。

（四）进行实际预测

运用选定的预测方法，对预测对象进行预测，由于外界因素的变动性，预测方法可以适当调整，以保证预测的可操作性。

（五）对预测结果进行修正

社会是一个动态的系统，随着时间的推移，各种因素都会变化，因此根据新的形势，应对初步的预测结果进行修正，这样才能保证预测的结果尽可能符合实际情况。

第二节　销售预测

在市场经济条件下，企业直接面对市场，企业的生存不再完全取决于上级部门及政府的意志,更多的取决于市场,取决于企业能否生产出适销对路、质量合格、有特色的产品来满足市场,市场决定着企业的生存和发展。销售预测就是企业生存和发展方向的预测,方向的正确选择,将会降低企业经营的风险程度,提高自身的竞争优势。在"以销定产"的运作模式下,销售预测对其他预测起着决定性作用,只有做好销售预测,才能更好地开展其他一系列经营预测,如生产预测、成本预测、资金预测等。

要预测,经济有效的方法选择很关键,销售预测的基本方法可以分为定性分析和定量分析两大类。

一、定性销售预测

定性分析法是一种非数量分析法,它主要是依靠预测人员的实践经验、知识及主观的分析判断能力,在综合考虑经济形势、政治形势、经济政策、市场格局、消费趋势、竞争态势等因素对经济活动影响的前提下,对事物的性质和发展趋势进行推测的分析方法。由于经济社会的复杂性,并非所有的影响因素都可以进行定量分析,如政治形势、消费倾向、宏观环境的变化等只有定性特征;而且,定量分析本身也存在局限性,任何数学方法都不可能概括所有复杂的因素,在预测时,都要做一些假设和限制,这样必然导致预测结果脱离客观实际,但没有定量分析,方案又不能很好的执行,所以必须根据具体情况,把定性分析和定量分析结合起来,这样才能使预测的结论更贴近实际。

定性销售预测又分为判断分析法和调查分析法两大类。

(一)判断分析法

判断分析法是指销售人员根据直觉判断进行预估,然后由销售经理加以综合,从而得出企业总体的销售预测的一种方法。由于销售人员接近和了解市场,比较熟悉市场的实际情况,因此,用这种方法预测的数据比较接近实际状况。同时,采用这种方法,便于明确各个销售人员的任务,可以充分发挥其积极性,激发他们努力完成任务,但是,由于受多种因素影响,比如,销售人员的习惯、知识面,工作态度等,预测的结果会出现偏差,因此,对销售人员的预测往往需要进行修正。

【例 6.1】　华盛公司有 3 销售人员和一个销售经理,每个预测人员对销售量的预测及概率分布情况如表 6.3 所示。

要求:预测该公司产品的销售量。

第一步:用概率计算每个预测人员的期望值。

表 6.3　概率计算每个预测人员的期望值

各销售员预测	销售量(件)	概率	期望值
甲销售员预测			
最高	5 000	0.2	1 000
可能	4 000	0.5	2 000
最低	3 000	0.3	900
期望值			3 900
乙销售员预测			
最高	6 000	0.2	1 200
可能	5 000	0.6	3 000

续表

各销售员预测	销售量(件)	概率	期望值
最低	4 000	0.2	800
期望值			5 000
丙销售员预测			
最高	5 000	0.2	1 000
可能	4 500	0.5	2 250
最低	4 000	0.3	1 200
期望值			4 450
经理预测			
最高	5 000	0.2	1 000
可能	4 000	0.5	2 000
最低	3 000	0.3	900
期望值			3 900

第二步:用加权平均法计算最终结果。

假设经理预测的更准确,其预测的权重为2,其他销售人员预测权重为1,则综合预测结果为:

$$综合预测销售量=\frac{3\ 900+5\ 000+4\ 450+3\ 900\times 2}{1+1+1+2}=4\ 230(件)$$

这种方法适合于不便进行市场调查的公司,但是预测结果受销售人员本身素质影响较大。

(二)调查分析法

调查分析法是指通过对具有代表性的客户的消费意向的调查,了解市场需求的变化趋势,进行销售预测的一种方法。在市场中,公司的销售关键是取决于顾客的购买意向,顾客的消费倾向是销售预测的决定因素,对于顾客的财务状况、爱好、习惯以及购买力的变化等,公司应该准确把握,这样才可以具有针对性的采取措施。

调查分析法在采用时,被调查对象以及调查方法必须具有针对性。首先,选择的调查对象要具有普遍性和代表性,这样调查对象才能反映市场不同阶层的需求特点及需求量;其次,调查方法必须简便易行,使得调查对象乐于接受调查,这样才能了解需求特点;其三,对调查所取得的资料要进行科学合理的分析、整理和加工,去伪存真、去粗取精,提高调查资料的利用价值。只有这样,所获得的资料才具有真实性、代表性,才能提高预测的质量。

调查分析时,要注意调查费用的合理控制和调查方法的合理选择。

1. 调查分析的内容

(1)对产品本身的调查。任何产品都有市场的生命周期,通常分为投入期、成长期、成熟期和衰退期4个阶段。即使对同一种产品来说,由于科学技术水平、社会经济发展以及消费趋势等的影响,在不同社会时期,其生命周期也不相同。对产品本身的调查,就是要了解产品在当前市场的生命周期阶段,以便把握产品的市场前景,并采取相应的策略。产品的生命周期曲线如图6.1所示。

①投入期:新产品刚投入市场,消费者还不熟悉,经过一段时间推广,销量才能逐步上升。

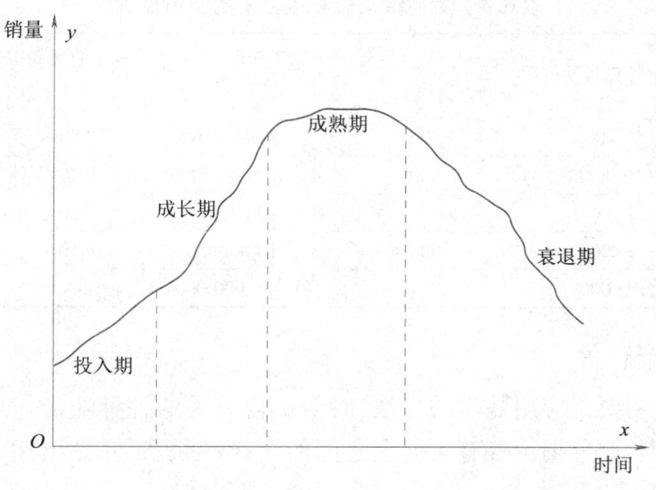

图 6.1 产品的生命周期曲线图

②成长期:产品已经被消费者接受,产销量快速增长,市场矛盾开始显现。

③成熟期:产品进入大批量生产和销售阶段,前期销量稳定上升,后期销量增长缓慢,并有下降趋势。

④衰退期:产品老化,逐渐被新产品替代,销量急剧下滑.

产品的生命周期只是揭示产品销售的一般发展趋势,并不能明确表明所有产品在每个阶段具体时间的长短。

(2)对消费者情况的调查。一种产品能否售出,关键取决于市场需求,而消费者状况、消费心理和爱好、风俗习惯、人口趋势等都会影响到产品的需求量。因此,掌握消费者的爱好及对产品的购买意图是市场调查分析的一项重要内容。

(3)市场发展趋势的调查。一个国家、一个地区的社会经济发展趋势都会直接或间接影响到市场需求。因此,了解国民收入增长情况、社会购买力情况、消费动向、行业增长速度等,将有助于对产品需求做出正确的判断。

(4)对市场竞争情况的调查。市场经济离不开竞争,要能在市场经济中求得生存和发展,既要清楚本企业产品的竞争能力,也要知道竞争对手的情况,包括产品设计、生产、销售及价格等方面,了解双方的优劣势。

2. 调查分析的方法

(1)全面调查。全面调查是对涉及同一产品的所有对象进行逐个了解,经综合分析后,查明该产品在未来一定时期内的销售量的增减变动趋势。该法虽然内容详尽可靠,但是成本高,不符合成本效益原则。

(2)重点调查。重点调查是通过有关产品在某些重点单位或区域的销售情况的调查,经过综合分析后,掌握在未来一定时期内产品的销售量的增减变动趋势的总体情况。

(3)抽样调查。抽样调查是按照随机原则,从有关调查对象抽取部分进行调查分析后,测算有关产品的需求量及其趋势的方法。

【例 6.2】 HY 公司是一家化妆品生产企业,根据调查资料可测算出市场潜在需求量和该公司的销售量,如表 6.4 所示。

表 6.4 潜在需求量和该公司的销售量表

家庭收入类别（按年收入划分）①	家庭户数②	每户年均购买额（按调查结果）（元）③	市场潜力（元）④=③×②	本企业最高市场占有率⑤	本企业销售潜力（元）⑥=④×⑤
10 万元以下	80 000	1 000	80 000 000	50%	40 000 000
10 万元～20 万元	10 000	2 000	20 000 000	40%	8 000 000
20 万元～30 万元	8 000	5 000	40 000 000	20%	8 000 000
30 万元以上	2 000	8 000	16 000 000	10%	1 600 000
合计	100 000		156 000 000		57 600 000

二、定量销售预测

定量销售预测，主要是应用数学的方法，对与销售有关的各种经济信息进行科学的加工，建立相应的数学模型，充分揭示各有关变量之间的规律性联系，并做出相应的预测结论，具体方法有以下几种。

（一）趋势预测分析法

趋势预测分析法是指根据历史的、按照发生的时间先后顺序排列的一系列销售数据，应用一定的数学方法进行加工处理，找出销售随时间而发展变化的趋势，由此推断未来发展趋势的分析处理方法。这种方法是假设事物的发展将遵循“延续性原则”，常用的趋势预测分析法有算术平均法、加权平均法、指数平滑法、回归分析法等。

1. 算术平均法

采用算术平均法进行销售预测，就是以若干历史时期的售量或销售额为依据，计算出简单的平均数，并将平均数作为下期销售预测的预测值的方法。其计算公式为：

$$S = \frac{\sum_{i=1}^{n} S_i}{n}$$

式中：S 为预测销售值；S_i 为 i 期的销售值；n 为销售期数。

【例 6.3】 东方公司生产经营 A 产品，过去 6 期（月）销售资料如表 6.5 所示，采用算术平均确定第 7 期（月）的销售预测。

表 6.5 过去 6 期（月）销售资料

期数	1	2	3	4	5	6
销售量（件）	630	650	680	660	680	678

$$S = \frac{630+650+680+660+680+678}{6} = 663\text{（件）}$$

如果产品的销售额或销售量在选定的历史时期中呈现某种上升或下降的趋势，就不能简单采用这种方法。因为算术平均法把每个历史数据看成同等重要，不能体现这种增减趋势。这种方法的优点是计算简单、方便易行，缺点是没有考虑不同时期的实际销售量（额）对预测销售数值的不同影响。此法一般只适合与销量（额）变化比较平稳的商品销售预测。

2. 加权平均法

采用加权平均法进行销售预测，同样是以若干历史时期的售量或销售额为依据，将各个数据与各自的权数相乘之积加总,求出加权平均数,并将加权平均数作为销售量的预测值。按照各历史数据的相关程度分别规定适当的权数,是运用加权平均法进行销售预测的关键。当各历史数据呈现增加或减少趋势时,为了体现这种趋势性,可以将近期的数据的权数规定大一些,远期数据的权数规定小一些,这样使得预测结果更准确。计算公式如下:

$$S = \sum_{i=1}^{n} W_i X_i$$

式中:S 为加权平均数(预测结果);W_i 是第 i 个数据的权重,X_i 是第 i 个数据,n 为数据的个数。W 应该满足下列条件:

(1) $\sum W_i = 1$

(2) $W_1 \leqslant W_2 \leqslant W_3 \cdots \leqslant W_n$

【例 6.4】 依据例 6.3 资料,若 4、5、6 期的数据权数分别为 0.2、0.3、0.5,用加权平均法预测第 7 期(月)A 产品的销售量,有关计算如下:

$$S_7 = \sum_{i=1}^{n} W_i X_i = 660 \times 0.2 + 680 \times 0.3 + 678 \times 0.5 = 675(\text{件})$$

加权平均法弥补了算术平均法的缺陷,使预测值更接近于实际。

3. 指数平滑法

指数平滑法是加权平均法的一种变化,是一种特殊的加权平均法。它是在前期实际数据和预测数据的基础上,利用事先确定的平滑指数预测未来数据的一种方法。其计算公式如下:

$$S_t = aX_{t-1} + (1-a)S_{t-1}$$

式中:S_t 为 t 期销售预测数据;S_{t-1} 为 t 期的上一期销售预测数据;X_{t-1} 为 t 期上一期的销售实际数据,a 为指数平滑系数,$0 < a < 1$,一般取值在 0.3 ~0.7 之间。

从上式可以看出,指数平滑法实际上是以 a 和 $1-a$ 为权数的一种特殊的加权平均法,只要知道上期的预测销售量 S_{t-1} 和上期的实际销售量 X_{t-1},就可以预测本期的销售量 S_t。

【例 6.5】 东方公司生产经营 A 产品,过去 1 ~6 月销售量资料如表 6.6 所示,假设 a 为 0.3,1 月份销售量的预测值为 1 250 件,2 ~7 月销售量的预测值如表 6.7 所示。

表 6.6　1 ~6 月销售量资料

期数(月份)	实际销售量 X_i	期数(月份)	实际销售量 X_i
1	1 200	4	1 200
2	1 000	5	1 250
3	1 300	6	1 300

表 6.7　2 ~7 月销售量的预测值

月　份	aX_{t-1} ①	$(1-a)S_{t-1}$ ②	S_t ③ = ① + ②
1			1 250
2	0.3 ×1 200	(1 −0.3) ×1 250	1 235
3	0.3 ×1 000	(1 −0.3) ×1 235	1 165
4	0.3 ×1 300	(1 −0.3) ×1 165	1 206
5	0.3 ×1 200	(1 −0.3) ×1 206	1 204
6	0.3 ×1 250	(1 −0.3) ×1 204	1 218
7	0.3 ×1 300	(1 −0.3) ×1 218	1 243

在这里,如果指数平滑系数 a 取值越小,则近期实际销售数据对预测结果的影响越小,近期预测销售数据对预测结果的影响越大;如果 a 的取值越大,则近期实际销售数据对预测结果的影响越大,近期预测销售数据对预测结果的影响越小。a 的取值很关键。

与加权平均法相比,指数平滑法有以下优点:第一,a 的取值比较灵活,视具体情况决定;第二,在不同程度上考虑了以往所有各期的数据,比较全面。

(二)因果预测分析法

现实经济社会中,影响产品销售的因素有很多,有客观因素,也有主观因素;有企业内部因素,也有企业外部因素;有主要因素,也有次要因素。在这些因素中,只要找到与产品销售量(因变量)相关的因素(自变量)以及它们之间的函数关系,就可以通过这种函数关系进行产品的销售预测,这种销售预测的方法就是因果预测分析法。该法比较实用,但是关键是相关函数关系模型的建立。

因果预测分析法最常用的方法是回归分析法,回归分析法具体又包括回归直线法、对数直线法和多元回归法。

1. 回归直线法

也称一元回归分析法,它是假定预测对象销售量(因变量的影响因素,即自变量)只有一个,或是一个因素起到决定性作用,根据直线方程 $y = a + bx$,按照数学上的最小二乘法来确定一条误差最小、能准确反映自变量 x 与因变量 y 之间关系的直线,常数项 a 和系数 b 的值可以按照下列公式计算求得:

$$a = \frac{\sum y - b\sum x}{n}$$

$$b = \frac{n\sum xy - \sum x\sum y}{n\sum x^2 - (\sum x)^2}$$

求出 a 与 b 的数值后,带入公式 $y = a + bx$,然后结合自变量 x 预测产品的销售量或者销售额。

【例 6.6】 东方公司生产经营空调配件 A,而决定空调配件 A 销售量的主要因素是华北市场的空调销售量,近 5 年该地区空调的销售量的统计数据和东方公司空调配件 A 的实际销售量数据见表 6.8 所示。

表 6.8 空调配件 A 的实际销售量数据

年份	20×9	20×0	20×1	20×2	20×3
空调销量(万台)	100	120	140	150	165
配件 A 销量(万只)	20	25	30	36	40

如果预测 20×4 年华北市场空调的销售量为 200 万台。采用最小二乘法预测 20×4 年东方公司空调配件 A 的销售量如下:

(1)首先,在公式 $y = a + bx$ 中,x 为空调销售量,y 为空调配件 A 销售量。

(2)根据给定资料编制计算表,见表 6.9 所示:

表 6.9　资料编制计算表

年份 \ 项目	空调销量 x(万台)	空调配件量 y(万台)	xy	x^2
20×9	100	20	2 000	10 000
20×0	120	25	3 000	14 400
20×1	140	30	4 200	19 600
20×2	150	36	5 400	22 500
20×3	165	40	6 600	27 115
$n = 5$	$\sum x = 675$	$\sum y = 151$	$\sum xy = 21\ 200$	$\sum x^2 = 93\ 725$

(3)根据计算表的数值,带入最小二乘法公式中,计算出 a 和 b 的数值。

$$b = \frac{n\sum ny - \sum x\sum y}{n\sum x^2 - (\sum x)^2} = \frac{5 \times 21\ 2000 - 675 \times 151}{5 \times 93\ 725 - 675^2} = \frac{4\ 075}{13\ 000} = 0.313$$

$$a = \frac{\sum y - b\sum x}{n} = \frac{151 - 0.313 \times 675}{5} = -12.06$$

(4)将 a 与 b 的值带入公式 $y = a + bx$,得出预测结果,20×4 东方公司空调配件 A 的预计销售量为:

$y = a + bx = -12.06 + 0.313 \times 200 = 50.54$(万台)

2. 对数直线法

对数直线法也称为指数曲线法。它是在自变量 x 和因变量 y 满足方程 $y = ab^x$ 的指数函数关系式时采用的一种预测方法。这种方法适用于销售量大致按比率变动(上升或下降)的销售预测。

使用该种方法时,先将指数方程 $y_t = ab^{x_t}$ 通过两边同时取对数的方式,转化为对直线方程 $\log y_t = \log a + x_t \log b$,然后用与回归直线法相同的方式,求出常数 $\log a$ 和 $\log b$,从而确定对数直线方程。这里的 $\log y_t$、$\log a$ 和 $\log b$ 分别相当于回归直线方程中的 y、a、b。因此,计算 a、b 值得公式也演变成计算 $\log a$ 和 $\log b$ 的公式。

$$\log a = \frac{\sum \log y_t - \log b \sum x_t}{n}$$

$$\log b = \frac{n\sum x_t \log y_t - \sum x_t \sum \log y_t}{n\sum x_t^2 - (\sum x_t)^2}$$

3. 多元回归法

一元线性回归分析法解决的是只有一个自变量的回归方程,但是在实际经济活动中,影响经济变动的因素是多种多样的,如果只考虑某个因素,或者以某个因素为主,这样的预测结果偏差较大,要准确预测未来经济的变动趋势,必须采用多个自变量,建立多元回归方程来预测。

多元回归方程的数学模型可以用以下表达式表示:

$$y = a + b_1x_1 + b_2x_2 + b_3x_3 + \cdots + b_nx_n$$

式中:y 为因变量;x_i 为各个自变量;a 为常数项;b 为系数。

【例 6.7】 东方公司专门为空调生产配件 A,而决定配件 A 销量的主要因素是空调的销量及代理经销商的数量,假设最近 5 年华北地区空调实际销量统计资料和代理经销商的数量资料以及配件 A 销量资料情况如表 6.10 所示。

表 6.10 空调实际销量、代理经销商的数量资料以及配件 A 销量资料

项目 \ 年份	20×9	20×0	20×1	20×2	20×3
空调销量(万台)	100	120	140	150	165
经销商(十家)	1	1	2	2	3
配件 A 销量(万只)	20	25	30	36	40

假设预测期 20×4 年华北市场空调的销售量为 200 万台,公司计划开发经销商达到 45 户,采用多元回归数学模型预测 20×4 年东方公司在华北市场空调配件 A 的销量如下:

(1)建立多元回归模型:

$$y = a + b_1x_1 + b_2x_2$$

式中:y 为空调配件 A 销售量,x_1 代理商数量,x_2 为华北市场空调销量。

(2)通过建立三元一次方程组,求 a、b_1 和 b_2 的值。

$$\sum y_i = na + b_1\sum x_{1i} + b_2\sum x_{2i}$$

$$\sum x_{1i}y_i = a\sum x_{1i} + b_1\sum x_{1i}^2 + b_2\sum x_{1i}x_{2i}$$

$$\sum x_{2i}y_i = a\sum x_{2i} + b_1\sum x_{1i}x_{2i} + b_x\sum x_{2i}^2$$

(3)根据给定的数据资料编制计算表,如表 6.11 所示。

表 6.11 数据资料编制计算表

y_i	x_{1i}	x_{2i}	x_{1i}^2	x_{2i}^2	$x_{1i}y_i$	$x_{2i}y_i$	$x_{1i}x_{2i}$
20	1	100	1	10 000	20	2 000	100
25	1	120	1	14 400	25	3 000	120
30	2	140	4	19 600	60	4 200	280
36	2	150	4	22 500	72	5 400	300
40	3	165	9	27 225	120	6 600	495
$\sum y_i = 151$	$\sum x_{1i} = 9$	$\sum x_{2i} = 675$	$\sum x_{1i}^2 = 19$	$\sum x_{2i}^2 = 93\ 725$	$\sum x_{1i}y_i = 297$	$\sum x_{2i}y_i = 21\ 200$	$\sum x_{1i}x_{2i} = 1\ 295$

将表 6.11 中的数据代入方程组:

$151 = 5a + 9b_1 + 675\ b_2$

$297 = 9a + 19b_1 + 1\ 295b_2$

$21\ 200 = 675a + 1\ 295\ b_1 + 93\ 725\ b_2$

解方程组,得:

$a \approx -11.261$ $\quad$ $b_1 \approx 0.364$ $\quad$ $b_2 \approx 0.302$

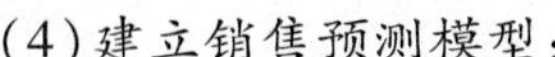

(4)建立销售预测模型:

$y = -11.261 + 0.364x_1 + 0.302\ x_2$

(5) 20×4 东方公司空调配件 A 的预计销售量为:

$y = -11.261 + 0.364 \times 4.5 + 0.302 \times 200$

$= 50.696$(万台)

(三)季节预测分析法

季节预测分析法,是根据商品的需求随着季节的变化规律,来根据季节的变动预测商品需求,从而进行产品销售的预测的方法。现实经济社会中,许多行业的产品销售都具有季节性变动的特点。一般来说,农产品的季节性变动高于工业产品,非耐用消费品高于耐用消费品。

季节性变动对产品销售的预测,可以用以下两个基本公式:

$$Y_t = T_t + X_t$$

$$Y_t = T_t \times X_t$$

式中:Y_t 为预测销售量,T_t 为趋势值,X_t 为季节加量或季节指数,T_t 与 X_t 在不同的时间,取值大小不同。

这里说的季节,可以是季度、月份、周、日等,X_t 以一定的周期循环变化取值,如果 Y_t 是每季度的销售预测量,X_t 的周期为4,如果 Y_t 是每个月的销售预测量,X_t 的周期为12。如果预测值的季节变动与趋势值存在比例关系,则采用乘法模型 $Y_t = T \times X_t$ 进行预测,如果预测值的季节变动与趋势值不存在比例关系,则应采用加法模型 $Y_t = T + X_t$ 进行预测。季节预测分析法和前面介绍的各种方法本质是相同的,只是在趋势值的基础上,再加上(或乘以)季节加量(或季节指数)得出结论而已。

(四)购买力指数法

购买力指数是指各个市场上某类产品的购买力占整个市场购买力的百分比。购买力指数法就是企业按照各个市场购买力指数大小,将本企业的预期的总销售量分配到各个地区市场的一种方法,这样不但可以合理地完成销售计划,还可以节省费用开支等。

现实中,影响商品购买力的因素有很多,包括人口、收入、年龄、中间商等,不同因素影响力大小不同。因此,在预测某地区该商品的购买力时,根据这些因素对购买力影响大小,分别为各个因素设定不同的权数,建立数学预测模型,购买力指数的数学预测模型如下:

$$B_i = a_i y_i + b_i r_i + c_i p_i$$

式中:B_i 为 i 地区的购买力占整个市场购买力的百分比;y_i 为 i 地区个人可支配收入占整个市场个人可支配收入的百分比;r_i 为 i 地区零售额占整个市场零售额的百分比;p_i 为 i 地区人口占整个市场人口百分比;a_i、b_i、c_i 为上述3因素相应的权数。

【例 6.8】 东方公司专门为空调生产配件 A,打算将空调当年预期销量40万台分配到甲、乙、丙3个地区,根据以往销售规模,a_i、b_i、c_i 三个权数分别为0.5、0.3和0.2,(权数之和应该是1)利用 $B_i = a_i y_i + b_i r_i + c_i p_i$ 的数学模型进行预测,计算东方公司在甲、乙、丙3地区的购买力指数,并以此为依据,分配东方公司在甲、乙、丙3个地区的销售量,计算表如表6.12所示。

表 6.12　甲、乙、丙三个地区的销售量

项目 / 地区	y_i	$0.5y_i$	r_i	$0.3r_i$	p_i	$0.2p_i$	B_i	市场销量(万台)
甲	40%	20%	50%	15%	40%	8%	43%	17.2
乙	30%	15%	20%	6%	35%	7%	28%	11.2
丙	30%	15%	30%	9%	25%	5%	29%	11.6
合计	100%	50%	100%	30%	100%	20%	100%	40

购买力指数法,由于考虑了影响销售的多种因素,预测结果比较贴近实际情况。应该指出的是,购买力指数反映的是生产同类产品的所有公司的市场销售机会,而不是某一特定公司的机会。由于各个公司在不同市场的营销力度和具体市场情况(如对手实力等)不同,所以在运用购买力指数时,对某些地区的指数应根据具体情况进行调整。对营销力度比较大、市场潜力较大、竞争较弱的地区,购买力指数可以调得高一些,反之,则应该低一些。但是各个地区的指数之和应该是100%。

第三节　成本预测

成本是衡量企业经济效益的重要指标,也是管理会计研究的主要对象之一。成本预测是成本管理的重要环节。它是根据企业的总目标和发展目标,通过分析预测期可能出现的各个影响因素,采用定性和定量分析的方法,确定目标成本、对企业未来成本水平和变动趋势进行预测的一种管理工作。

一、成本预测的意义

(一)成本预测有利于加强事前成本管理

通过成本预测,企业在生产经营活动开始之前,就可以确定成本变动趋势和未来一段时期内的成本水平,从而可以把握成本控制的方向和途径,正确评价各种方案、措施可能产生的经济效果,同时为编制成本计划提供科学依据,从而将管理纳入事前管理的轨道,以主动的成本控制取代被动的成本控制。

(二)成本预测有利于加强目标管理

在实施管理的过程中,必须建立相应的管理目标,从而使得管理有据可依。其中的目标成本管理,在企业整体管理过程中,具有举足轻重的地位。通过成本预测,可以确定成本与业务量之间的相互关系,为确定未来一定期间的成本目标提供客观依据,从而为企业完成整个目标管理奠定基础。

(三)成本预测有利于加强成本控制

通过成本预测,能够预计出产品成本的水平,以及成本的构成及影响因素,从而将成本的预测值与目标成本和实际成本对比分析,就可以看出当期产品成本计划的完成情况,以及目标成本的合理性。如果预测出来的成本不能达到目标成本的要求,或者实际成本达不到标准成本,企业就要及时采取各种相应的控制措施,纠正偏差,或者修正目标成本,及时、合理、有效地控制成本。

（四）成本预测有利于制订经营决策

企业经营决策的正确制订，依赖于以成本为主体内容的决策信息。通过成本预测，可以合理有效地确定有关产品的成本内容、产量界限、质量标准、材料水平、人工水平等，还可以通过成本内容准确揭示各种因素对产品成本的影响与制约，从而更加经济有效地制订相应的决策。

二、成本预测的要求

为了保证成本预测达到预期控制成本的目的，成本预测必须要满足企业管理决策的要求。

（一）成本预测必须服从企业总的经营目标

预测是为决策服务的，决策是为了完成企业的目标。成本预测是企业预测的主要内容之一，因此成本预测必须服从企业总的经营目标。企业内部各部门、各单位的成本预测应该以企业的经营目标为基准进行协调，以保证整个企业的成本预测、决策系统的协调性和一致性，这样的预测才可以更好考虑到各方面的影响因素。

（二）成本预测的方案应该切实可行

成本预测的数据是为决策服务的，因此预测的方法应该结合实际情况，包括技术上是否可行、产品质量是否有保障、是否符合国家有关法律、是否符合社会习惯等。

（三）成本预测方案应该具有应变力

经济社会是一个动态发展变化的系统，因此成本预测必须考虑可能发生的因素的变化，并拟定应变措施，使成本预测具有弹性，这样决策方案才有弹性。

三、成本预测的步骤

成本预测过程需要花费一定的费用，为使成本预测经济有效，通常按照以下步骤进行：

（1）根据企业的总体经营目标，提出初选目标成本。

（2）初步预测在当前生产经营条件下，成本可能达到的水平，并找出与初选目标成本的差距。

（3）提出各种成本降低方案，对比、分析各种成本方案的优劣。

（4）选择成本最优方案，并确定目标成本。

四、成本预测的方法

成本预测按时期的不同，分为近期预测（月、季、年）和远期预测（3年、5年、10年）；按依据不同，分为目标成本法、历史成本法；按产品不同，分为可比产品成本预测和不可比产品成本预测。

（一）可比产品成本预测

可比产品是指以往年度生产过的产品或类似产品，其以往的成本资料相对比较健全，通过参考以往成本数据的来预测产品成本。下面结合成本预测的步骤进行可比产品成本的预测。

1. 目标成本预测法

目标成本预测是为实现目标利润所应该达到的成本水平。它是在销售预测的基础上，结合本-量-利分析预测目标成本的一种方法。预测目标成本，是为了控制企业生产经营过程中的劳动消耗，降低产品成本并实现目标利润，用这种方法确定的目标成本，能够与企业的目标利润联系起来，有利于目标利润的实现。确定目标成本一般是在综合考察未来一定期间内有关产品的品种、数量、价格和目标利润等因素的基础上进行的，计算方法通常有以下几种：

（1）根据目标利润制订目标成本：

$$目标成本 = 预计销售收入 - 目标利润$$

【例 6.9】 某企业产销一种产品,预计下年度的产销量为 12 000 件,预计销售单价为 30 元/件,预计的目标利润为 50 000 元,预测下年度的目标成本。

计算如下:

目标成本 = 12 000 × 30 − 50 000 = 310 000(元)

单位成本 = 310 000/12 000 = 25.83(元)

(2)根据资金利润率制订目标成本:

$$目标成本 = 预计销售收入 - 平均资金占用额 \times 资金利润率$$

【例 6.10】 某企业上年度平均固定资产占用额为 240 万元,全部流动资金平均占用额为 60 万元。下年度计划扩大生产规模,计划在年初购置生产设备价值 52 万元,追加流动资金 8 万元,预计资金利润率为 20%,本年度预计销售额为 250 万元。预测该企业本年度的目标成本。

计算如下:

目标成本 = 250 − [(240 + 60) + (52 + 8)] × 20% = 178(万元)

(3)根据销售利润率制订目标成本:

$$目标成本 = 预计销售利润收入 \times (1 - 销售利润率)$$

【例 6.11】 某企业预计下年度销售额为 600 万元。销售利润率为 20%,预测该企业下年度的目标成本。

计算如下:

目标成本 = 600 × (1 − 20%) = 480(万元)

(4)根据过去先进的成本水平制订目标成本。这种方法以本企业历史上最好的成本水平或国内外同行同类产品的先进成本水平作为目标成本。也可以将本企业以往成本水平扣除主管单位下达的成本降低率后,作为目标成本。这种方法在制订目标成本时,必须要结合企业自身的技术水平、产品发展趋势等因素。

2. 历史成本预测法

该方法适用于与企业现有产品相似的产品成本的预测。它是根据企业成本的历史资料和相关数据,并采用一定的方法对这些数据进行相应的处理,建立相关的数学模型对企业的产品成本进行预测,具体方法通常有高低点法、加权平均法和回归分析法等。

(1)高低点法。高低点法是以成本性态分析为基础,根据成本的历史数据,将某一时期的最高业务量和最低业务量相对应的成本进行对比,从而确定预测成本的一种方法。

总成本预测模型为:

$$y = a + bx$$

式中:b = 高低点成本之差/高低点生产量之差;a = 高点总成本 − b × 高点生产量。

【例 6.12】 某企业 20×3 年上半年的历史成本资料如表 6.13 所示,预计 7 月份的产量为 110 万件,采用高低点法预测 7 月份的成本总额。

表 6.13 某企业 20×3 年上半年的历史成本资料

期间	1月	2月	3月	4月	5月	6月	合计
产量(万件)	20	40	60	80	120	118	438
总成本(万元)	240	280	320	340	460	470	2 110

根据生产量的高低确定高点和低点资料：高点产量120万件，对应的总成本为460万元；低点生产量为20万件，对应的总成本为240万元。则：

$b=(460-240)/(120-20)=2.2$(元/件)

$a=460-2.2\times120=196$(万元)

总成本预测模型为：$y=a+bx$

$=196+2.2x$

将7月份预计产量110万件带入预测模型，得到7月份总成本的预测值为：

$y_7=196+2.2\times110=438$(万元)

高低点法是一种简便易行的预测方法，但是，由于该法使用的是历史资料的个别数据，故难以对成本做出精确的反映。

(2)加权平均法。这种方法主要是根据过去若干期间的单位变动成本和固定成本的加权平均值，预测计划期的产品成本。由于距离计划期越近，对计划期数据的影响越大，其权数就应该越大，反之距离计划期越远，对计划期数据的影响越小，其权数就应该越小。其计算模型如下：

由于：

$$y=a+bx$$

故计划期的总成本为：

$$y=\frac{\sum\omega a}{\sum\omega}+\frac{\sum\omega b}{\sum\omega}x$$

式中：ω为距离计划期远近的权数；y为总成本；a为固定成本，b为变动成本。

这种方法适用于企业的历史成本资料有详细的固定成本总额与单位变动成本的数据。

【例6.13】 某企业最近3年的成本数据如表6.14所示。

表6.14 某企业最近3年的成本数据

年份	固定成本总额(元)	单位变动成本(元)
20×0	60 000	40
20×1	65 000	36
20×2	70 000	30

20×3年该企业计划生产21 000件产品，预测成本总额及单位产品成本。

根据上述资料，按距离计划期远近分别设定权数。20×2年权数为3，20×1年权数为2，20×0年权数为1. 则计算如下：

$$y=\frac{\sum\omega a}{\sum\omega}+\frac{\sum\omega b}{\sum\omega}x$$

$$=\frac{60\,000\times1+65\,000\times2+70\,000\times3}{1+2+3}+\frac{40\times1+36\times2+30\times3}{1+2+3}\times21\,000$$

$$=\frac{400\,000}{6}+\frac{202}{6}\times21\,000$$

$$=773\,666.67\text{(元)}$$

预计产品单位成本 = 773 666.67/21 000 = 36.84(元/件)

(3)回归分析法。回归分析法是依据应用数学上的最小二乘法的原理，根据若干期的业务量、成本及其相互间的回归关系，确定成本预测模型，寻求其变化规律的一种方法。反映总成本的基本模型为：

$$y = a + bx$$

其中，a 和 b 的计算公式为：

$$b = \frac{n\sum xy - \sum x\sum y}{n\sum x^2 - (\sum x)^2}$$

$$a = \frac{\sum y - b\sum x}{n}$$

在计算 a 和 b 之前，可先计算线性相关系数 ρ，以确定 x 与 y 是否存在线性关系，ρ 的计算公式如下：

$$\rho = \frac{n\sum xy - \sum x\sum y}{\sqrt{[n\sum x^2 - (\sum x)^2][n\sum y^2 - (\sum y)^2]}}$$

若 ρ 趋近于1，则说明 x 与 y 之间存在正相关的线性关系；若 ρ 趋近于 -1。则说明 x 与 y 之间存在负相关的线性关系。

依据前例的资料(见表6.13)，采用回归分析法预测7月份的成本总额。

列表计算相关数据如表6.15所示。

表 6.15　计算相关数据

月份	x	y	xy	x^2	y^2
1	20	240	4 800	400	57 600
2	40	280	11 200	1 600	78 400
3	60	320	19 200	3 600	102 400
4	80	340	27 200	6 400	115 600
5	120	460	55 200	14 400	211 600
6	118	470	55 460	13 924	220 900
$n = 6$	$\sum x = 438$	$\sum y = 2\ 110$	$\sum xy = 173\ 060$	$\sum x^2 = 40\ 324$	$\sum y^2 = 786\ 500$

计算相关系数如下：

$$\rho = \frac{6 \times 173\ 060 - 438 \times 2\ 110}{\sqrt{(6 \times 40\ 324 - 438^2) \times (6 \times 786\ 500 - 2\ 110^2)}} = 0.999\ 9$$

可见 $\rho = 0.999\ 9$，很接近1，表明 x 与 y 之间几乎正相关。

$$b = \frac{6 \times 173\ 060 - 438 \times 2\ 110}{6 \times 40\ 324 - 438^2} = 2.279\ 0$$

$$a = \frac{2\ 110 - 2.279\ 0 \times 438}{6} = 185.30$$

总成本的数学性态模型为：

$y = 185.30 + 2.2790x$

将 $x = 110$ 代入该模型,则7月份的成本预测值为:

$y = 185.30 + 2.2790 \times 110 = 435.99$(万元)

回归分析法比较简单,它是在仅考虑一个产量因素的情况下,根据若干期的历史成本资料经过分析计算,按照最小二乘法的原理,确定能反映成本变动趋势的直线,以预测计划期的成本。

(二)不可比产品成本预测

不可比产品(或者新产品)是指企业以往年度没有正式生产过的产品,由于没有全面可参考的历史资料,其成本水平无法与过去进行比较分析,因而就不能像可比产品那样预测和控制成本费用支出。尤其在技术更新比较快的当今社会,产品更新换代明显加快,不可比产品的比重不断上升,因此,为了全面控制企业费用支出,加强成本管理,除了对可比产品成本进行预测,更要对不可比产品成本进行预测,这也是企业新产品开发所必须面对的问题。不可比产品成本的预测主要采用以下方法:

1. 技术预测法

技术预测法是指在充分挖掘现有生产潜力的基础上,根据产品的设计结构、生产技术条件、工艺方法等,对人力、财力和物资消耗等各种因素进行技术测试和分析计算,从而确定产品成本的一种方法。该方法比较科学,但是需要分析预测的资料整理起来比较烦琐,且工作量较大,适合一些结构简单、技术资料比较齐全的产品成本的预测。

2. 产值成本法

产值成本法是指按照总产值的一定比例确定产品成本的一种方法。产品在生产过程中发生一系列的耗费,在这个过程中,产品的成本体现为生产过程中的资金耗费,产值就是以货币形式反映生产过程中的成果,这样产品成本和产品产值之间就会客观地形成一定的比例关系,比例越大说明消耗越大,成本越高;比例越小说明消耗越小,成本越低。这样,企业进行成本预测时,就可以参照下列计算公式进行:

$$\begin{array}{c}\text{某种不可比}\\\text{产品单位成本}\end{array} = \frac{\text{某种产品总产值} \times \text{预计产值成本率}}{\text{预计产品产量}}$$

该方法简单易行,工作量少,但是预测结果不太准确。

3. 目标成本法

目标成本法是根据产品的价格构成来制订产品目标成本的一种方法。产品价格包括产品成本、销售税金和利润3部分。在企业实行目标管理的过程中,先确定单位产品价格和单位目标利润,然后利用产品价格构成的公式推算单位产品的目标成本:

$$\text{单位产品售价} = \text{单位产品成本} + \text{单位产品销售税金} + \text{单位产品目标利润}$$

$$\text{单位产品目标成本} = \text{单位产品预测售价} - \text{单位产品销售税金} - \text{单位产品目标利润}$$

或者:

$$\text{单位产品目标成本} = \text{单位产品预测售价} \times (1 - \text{税率}) - \frac{\text{目标利润总额}}{\text{预计产量}}$$

第四节　利润预测

一、利润预测的意义

利润是企业在一定会计期间的经营活动的成果,是营业收入减去与之相匹配的费用后的余额。利润预测是按照企业经营目标的要求,通过对影响利润变化的成本、产量、价格、税费等因素的综合分析对最终利润进行预测。由于利润是销量、成本和价格等共同作用的结果,因此,利润预测是在销售预测和成本预测的基础上进行的。

进行科学的利润预测,对于改善企业的经营管理就有非常重要的意义。

(1)利润预测可以为企业生产经营提供明确的目标。在市场经济条件下,利润是企业主要追求的目标之一,利润预测的结果是盈利趋势向好,企业可以适当扩大投资规模,增加人、财、物的投入;反之,适当压缩投资规模。

(2)利润预测是编制全面预算的基础。全面预算,是企业未来时期资金运作的总规划,而资金来源之一,就是利润的积累,科学合理的利润预测,可以降低企业从企业外部筹措资金的规模,从而降低企业的运作风险和运作成本。

(3)利润预测可为企业的资金需要量预测提供信息。

二、企业利润预测的方法

企业利润的预测,在分析以前利润计划并参考影响利润的各种因素变动的情况的基础上,就可以预测下期的利润目标,具体有以下几种方法:

(一)本-量-利分析法

该法是在成本性态分析和保本分析的基础上,根据有关产品的价格、成本、业务量等因素与利润的关系确定预测期目标利润的一种方法。

1. 单一产品目标利润计算公式

$$Q=(p-b)x-a$$

式中:Q 为目标利润;p 为预计销售单价;b 为预计单位变动成本;x 为预计产销量;a 为固定成本总额。

【例 6.14】 某企业生产一种产品,预计下年度销量为 12 000 件,单位变动生产成本为 20 元,单位变动销售及管理费用为 2 元,固定成本总额为 56 000 元,销售单价为 30 元/件。预测该企业下年度的目标利润。

$Q=[30-(20+2)]\times 12\,000-56\,000=40\,000$(元)

2. 多产品目标利润计算公式

$$Q=px\cdot\overline{cmR}-a$$

式中:Q 为目标利润;p 为预计销售单价;$\overline{cmR}$为综合边际贡献率;x 为预计产销量;a 为固定成本总额。

【例 6.15】 某企业销售 A、B、C 三种产品,边际贡献率分别为 40%、30%、20%、在销售额中,各种产品的销售比重分别为 20%、50%、30%,预计下年度销售收入总额为 200 万元,固定成本总额为 20 万元,预测该企业下年度目标利润。

$Q=200\times(40\%\times 20\%+30\%\times 50\%+20\%\times 30\%)-20=38$(万元)

(二)直接预测法

直接预测法就是根据本期的有关数据,直接推算出预测期的利润额。预测时,可以根据利润总额的构成进行,先分别预测营业利润、投资收益、营业外收支净额,然后将各部分预测结果相加即可。

其预测公式如下:

$$利润总额 = 营业利润 + 投资收益 + 营业外收支净额$$

$$营业利润 = 产品销售利润 + 其他业务利润$$

$$产品销售利润 = \begin{matrix}预计产品\\销售收入\end{matrix} - \begin{matrix}预计产品\\销售成本\end{matrix} - \begin{matrix}预计产品\\销售税金\end{matrix}$$

$$= \begin{matrix}预计产品\\销售量\end{matrix} \times \left(\begin{matrix}预计产品\\销售单价\end{matrix} - \begin{matrix}预计单位\\产品成本\end{matrix} - \begin{matrix}预计单位产品\\销售税金\end{matrix}\right)$$

$$其他业务利润 = \begin{matrix}预计其他\\业务收入\end{matrix} - \begin{matrix}预计其他\\业务成本\end{matrix} - \begin{matrix}预计其他\\业务税金\end{matrix}$$

$$投资收益 = 预计对外投资的收入 - 预计投资损失$$

$$营业外收支净额 = 预计营业外收入 - 预计营业外支出$$

【例6.16】 东方公司生产甲、乙、丙3种产品,本期有关销售单价、单位成本,以及预计下期销售量如表6.16所示,预测下期其他业务收入为20 000元,其他业务成本为15 000元,其他业务税金为3 000元。

表6.16 三种产品本期有关销售单价、单位成本,以及预计下期销售量表

产品	销售单价(元/件)	单位产品成本(元)	单位产品销售税金(元)	预计下期销量(件)
甲	100	50	20	5 000
乙	200	130	40	2 000
丙	80	50	10	8 000

根据资料,预测下期营业利润。

预测各产品销售利润额为:

甲产品 = 5000 × (100 − 50 − 20) = 150 000(元)

乙产品 = 2000 × (200 − 130 − 40) = 60 000(元)

丙产品 = 8000 × (80 − 50 − 10) = 160 000(元)

合计:150 000 + 60 000 + 160 00 = 370 000(元)

预测其他业务利润为:

20 000 − 15 000 − 3 000 = 2 000(元)

预测下期营业利润为:

营业利润 = 产品销售利润 + 其他业务利润

= 37 0000 + 2 000 = 372 000(元)

(三)因素分析法

因素分析法是在本期已实现的利润水平基础上,充分估计预测期影响产品销售利润的各个因素变动的可能,来预测企业下期产品销售利润的数额。影响产品销售利润的主要因素有产品销售量、产品品种结构、产品成本,产品售价及产品销售税金等。

在预测企业下期产品销售利润时，首先应计算本期的成本利润率：

$$本期成本利润率=\frac{本期产品销售利润额}{本期产品销售成本}\times 100\%$$

计算出本期成本利润率后，就可以进一步预测下期各相关因素变动对产品销售利润的影响。

1. 预测产品销售量变动对利润的影响

在其他因素不变的情况下，预测期产品销售利润同销售量正相关，预测期产品销售数量增加，利润额也会随之增加；反之，预测期产品销售数量减少，利润额也会随之下降。

因为在对下期产品销售成本进行预测时，已将销售量变动而使产量变动的因素考虑在内了，这样，由产品销售数量变动而使利润变动的数额，可以用本期销售成本与下期销售成本比较分析计算即可，计算公式如下：

$$\begin{matrix}产品销售量变动\\而增减的利润额\end{matrix}=\left(\begin{matrix}预测期产品\\销售成本\end{matrix}-\begin{matrix}本期产品\\销售成本\end{matrix}\right)\times\begin{matrix}本期成本\\利润率\end{matrix}$$

2. 预测产品品种结构变动对利润的影响

产品品种结构变动对利润的影响是由于各个不同品种的产品利润率不同，而预测下期利润时，是以本期各种产品的平均利润率为依据的。如果预测期不同利润率产品的销售比重发生变化，就会引起全部产品平均利润率发生变动，从而影响到利润额的增加或减少。所以，在预测下期利润额时，应根据预测下期产品品种结构变动情况确定下期平均利润率，然后通过比较本期和下期利润率的差异，计算预测期由于产品品种结构变动而增加或减少的利润额。计算公式如下：

$$\begin{matrix}产品品种结构\\变动而增减的利润\end{matrix}=\begin{matrix}按本期成本计算的\\下期成本总额\end{matrix}\times\left(\begin{matrix}预测期\\平均利润率\end{matrix}-\begin{matrix}本期平均\\利润率\end{matrix}\right)$$

$$预测期平均利润率=\sum(各产品本期利润率\times 该产品下期销售比重)$$

3. 预测产品成本降低对利润的影响

在产品价格不变的情况下，降低产品成本会使利润相应增加。由于成本降低而增加的利润，可以根据预测确定的产品成本降低率求得。计算公式为：

$$\begin{matrix}产品成本降低\\而增加的利润\end{matrix}=\begin{matrix}按本期成本计算的\\预测期成本总额\end{matrix}\times\begin{matrix}产品成本\\降低率\end{matrix}$$

4. 预测产品价格变动对利润的影响

利润与价格正相关，如果预测期产品销售价格提高，则销售收入也会提高，从而使利润额增加；反之，如果预测期产品销售价格降低，也会导致利润额减少；产品销售价格变动，同样会使销售税金变动。计算公式如下：

$$\begin{matrix}产品价格变动\\而增减的利润\end{matrix}=\begin{matrix}预测期产品\\销售数量\end{matrix}\times\begin{matrix}变动前\\售价\end{matrix}\times\begin{matrix}售价\\变动率\end{matrix}\times(1-税率)$$

5. 预测产品销售税率变动对利润的影响

产品销售税率变动直接影响利润额的增减。如果税率提高，则利润减少；税率降低，则利润增加。计算公式如下：

$$\begin{matrix}产品销售税率变动\\而增减的利润\end{matrix}=\begin{matrix}预期产品\\销售收入\end{matrix}\times\left(1\pm\begin{matrix}价格\\变动率\end{matrix}\right)\times(原税率-变动后税率)$$

第五节　资金需要量预测

资金需要量的预测,就是以预测期企业生产经营规模的大小和资金利用效果为依据,在分析有关历史资料、技术条件、经济趋势和企业发展规划的基础上,运用数学方法,对预测期资金需要量进行科学的预计和测算。

资金需要量的预测对提高企业经营管理水平、降低企业运作风险、提高企业经济效益等方面具有重要意义:

(1)资金需要量的预测是企业经营决策的主要依据。企业经营决策的执行,需要资金的支持;资金的来源、资金的规模、资金的期限、筹资方式等直接影响到决策项目的执行。

(2)资金需要量的预测是提高经济效益的重要手段。提高经济效益,要么增加收入,要么降低费用支出。而资金的使用需要支付代价,即资金的成本费用,合理规划资金的使用量,就可以减少不必要的费用,从而提高经济效益。

(3)资金需要量的预测是编制资金预算的必要步骤。资金需要量的预测包括固定资金预测、流动资金预测和资金需要总量预测。

一、资金需要总量预测

资金需要总量预测,常用的方法有资金增长趋势预测法、预计资产负债表法。

(一)资金增长趋势预测法

资金增长趋势预测法,就是运用回归分析法(最小二乘法)原理,对以往若干期销售收入(或销售量)及资金需要量的历史资料进行分析计算后,确定反映销售收入与资金需要量之间的回归直线($y = a + bx$),并据以推算未来期间资金需要量的一种方法。

虽然影响资金需要总量变动的因素很多,但从短期经营决策角度看,引起资金需要量发生变动的最直接、最重要的因素是销售收入(或产销量)。在其他因素不变的情况下,销售收入的增加,往往意味着企业生产规模的扩大,从而资金的需要量也会更多;相反,企业销售收入减少,往往意味着企业生产规模的缩小,资金的需要量也会随之减少。因此,资金需要量与销售收入之间存在内在的联系,利用这种联系可以建立数学模型,用以预测未来随销售收入变化的资金需要总量。具体计算公式如下:

$$y = a + bx$$

$$a = \frac{\sum y - b\sum x}{n}$$

$$b = \frac{n\sum xy - \sum x\sum y}{n\sum x^2 - (\sum x)^2}$$

求出 a 与 b 的数值后,然后结合自变量 x(销售收入),带入公式 $y = a + bx$,即可求的预测对象 y 的资金需要总量。

【例 6.17】 东方公司近 5 年的资金总量和销售收入资料如表 6.17 所示。

表 6.17　资金总量和销售收入资料

单位:万元

年份	销售收入	资金总量	年份	销售收入	资金总量
20×9	390	250	20×2	440	275
20×0	430	270	20×3	500	290
20×1	420	260			

如果东方公司 20×4 年销售收入预测值为 550 万元,试预测 20×4 年资金需要总量。

根据回归分析原理,对表 6.17 中的数据进行加工整理,如表 6.18 所示。

表 6.18　数据进行加工整理

项目 年份	销售收入 x (万元)	资金总量 y (万元)	xy	x^2
20×9	390	250	97 500	152 100
20×0	430	270	116 100	184 900
20×1	420	260	109 200	176 400
20×2	440	275	121 000	193 600
20×3	500	290	145 000	250 000
$n=5$	$\sum x = 2\,180$	$\sum y = 1\,345$	$\sum xy = 588\,800$	$\sum x^2 = 957\,000$

将表 6.18 中的数值代入最小二乘法公式中,求出 a 和 b 的值。

$$b = \frac{n\sum xy - \sum x \sum y}{n\sum x^2 - (\sum x)^2} = \frac{5 \times 588\,800 - 2\,180 \times 1\,345}{5 \times 957\,000 - 2\,180^2} = 0.365$$

$$a = \frac{\sum y - b\sum x}{n} = \frac{1\,345 - 0.365 \times 2\,180}{5} = 109.86$$

将 a、b 的值代入公式 $y = a + bx$,预测 20×4 年资金总需要量为:

$y = a + bx = 109.86 + 0.365 \times 550 = 310.61$(万元)

(二)预计资产负债表法

预计资产负债表法是通过编制预计资产负债表来预计预测期的资产、负债和留用利润有关项目的数额,进而预测企业对外部资金需要量的一种方法。

资产负债表是反映企业某一时点的资金占用(资产)和资金来源(负债和所有者权益)平衡状况的会计报表。企业增加资产,必然通过增加负债或者所有者权益的途径予以解决。因此,通过预计资产的增减,就可以确定筹资总额和外部筹资额。

在运用预计资产负债表法预测筹资总额时,应首先确定资产负债表中与销售额间有一定比例关系的项目,即随着销售额变动而同步变动的项目,例如销售额为 100 元时,占用存货 20 元,则 20% 为存货和销售额之间的固定比率,当销售额增加到 200 元时,存货相应增加至 40 元,20% 的这一固定比率不变,在财务上将这些随销售额变动的项目统称为敏感性项目。它包括敏感性资产项目(如现金、存货、应收账款、固定资产等,固定资产到底是敏感性项目还是非敏感性项目,依据固定资产效能充分发挥与否判断)和敏感性负债项目(如应付账款、应付费用等)两部分。不随销售额变化的项目是非敏感性项目。

预计资产负债表编制过程如下:

(1)取得基年(上一年)资产负债表资料,并计算敏感性项目与销售额的百分比。

【例6.18】 东方公司20×3年12月31日资产负债表如表6.19所示,20×3年度销售额为300万元,销售净利率为5%。该企业税后利润利用比例为50%,如果20×4年预测销售额增加到400万元,根据预计资产负债表法预计20×4年资金需要量。假设固定资产效能在20×3年已经充分发挥了。

表6.19 资产负债表

20×3年12月31日

单位:万元

资产		负债与所有者权益	
现金	15	应付账款	60
应收账款	30	短期借款	60
存货	90	长期负债	30
预付账款	35	普通股	60
固定资产	60	留用利润	20
合计	230		230

根据表6.19计算敏感性项目销售百分比,如表6.20所示。

$$某敏感性项目销售百分比=\frac{基年该项目金额}{基销售收入}\times 100\%$$

以存货为例,其销售百分比计算如下:

$$存货销售百分比=\frac{90}{300}\times 100\% \quad =30\%$$

表6.20 20×3年资产负债表及销售百分比

资产(万元)		销售百分比(%)	负债与所有者权益(万元)		销售百分比(%)
现金	15	5	应付账款	60	20
应收账款	30	10	短期借款	60	不变动
存货	90	30	长期负债	30	不变动
预付账款	35	不变动	普通股	60	不变动
固定资产	60	20	留用利润	20	变动
合计	230	65	合计	230	20

通过该表可知,销售额每增加100元,相应的敏感性资产增加65元,敏感性负债增加20元,因此,实际需要追加资金45元。

(2)用预测年度的销售额乘以敏感性项目百分比的比率,计算出预测年的敏感性项目净额,非敏感性项目保留以前数据。计算如表6.21所示。

表 6.21　20×4 年度预计资产负债表

单位:万元

项目	20×3 年实际数		20×4 年预计数
	金额	占销售额百分比(%)	
资产:			
现金	15	5	20
应收账款	30	10	40
存货	90	30	120
应付账款	35		35
固定资产	60	20	80
资产总额	230	65	295
负债与所有者权益:			
应付账款	60	20	80
短期借款	60		60
长期负债	30		30
负债总额	150		170
普通股	60		60
留用利润	20		30
负债与所有者权益总额	230		260
需筹措资金			35
合计			295

表 6.21 留用利润为基年留用利润 20 万元与 20×4 年预测留用利润 10 万元(400×5%×50%＝10 万元)之和,为 30 万元。

通过以上计算可以看出,东方公司 20×4 年预计资金总需要量为 295 万元,同 20×3 年相比增加资金 65 万元,如果考虑到资金来源随销售额增长,只需从外部筹措 35 万元。

二、固定资金需要量的预测

固定资金需要量预测是对未来一定时期内企业进行生产经营活动所需固定资金进行的预计和测算。要预测固定资金的需要量,首先要预测固定资产的需要量。固定资产需要量的预测,就是根据企业生产经营方向、生产任务、现有生产能力和技术等,预计和测算企业为完成生产经营任务所需固定资产的数量。由于固定资产投资规模较大,回收期长,风险高,因此,固定资产需要量的预测在保证完成生产任务的前提下,要尽可能节约资金、减少占用,既要考虑企业现有技术条件,充分挖掘和留用现有生产经营能力,又要尽可能采用先进的科学技术,不断提高企业生产经营的效果。

由于企业固定资产种类比较多,生产经营活动对各类固定资产需要量的具体情况就很复杂,行业不同,预测方法也不尽相同,但必须要有重点。在工业企业的全部固定资产中,生产设备是企业进行生产经营活动的主要物质基础,是决定生产经营的主要因素。它种类多、数量大、资金占用多,因此固定资产需要量的预测,应以生产设备为重点。在正确预测生产设备需要量的基础上,其他各类固定资产可以根据生产设备的配套需求进行合理得测算,下面以工业企业为例,介绍固定资产需要量的预测。

(一)生产设备需要量的预测

预测生产设备需要量最基本的方法,是生产能力和生产任务相平衡的方法,在对现有设备的数量、质量和生产能力进行彻底清查的基础上,将现有生产设备全年有效台时总数与完成预测期生产经营任务所需的定额台时总数进行比较分析,计算出各类生产设备完成预计生产经营任务的保障程度,以及多余和不足的设备数量,最后决定对多余和不足的设备的处理方法。计算公式如下:

$$\text{某类生产设备需要量}=\frac{\text{预计生产经营能力(实物量或台时数)}}{\text{单台设备生产能力(实物量或台时数)}}$$

如果生产单一产品,可以直接按实物量计算设备需要量;如果生产多种产品,而且有些产品需要经过若干加工工序才能完成,则应该按照定额台时数计算。生产设备需要量一般可以按照以下步骤进行预测:

1. 单台设备生产能力的测算

单台设备生产能力按实物量测算,是单台设备的年产量。年产量取决于台班产量、开工班次、全年预计工作日等因素。台班产量可按照设计能力、实际能力、最高能力等因素确定。开工班次应根据生产任务、现有人力、设备数量、设备效能等确定。全年预计工作日数等于日历日数减去法定节假日和检修日数,计算公式为:

$$\begin{matrix}\text{单台设备年}\\\text{生产能力(台)}\end{matrix}=\text{台班产量}\times\text{开工班次}\times\text{全年预计工作日}$$

单台设备年生产能力如果按台时数测算,就是单台设备预计有效工作时数。计算公式为:

$$\begin{matrix}\text{单台设备预计}\\\text{有效工作时数}\end{matrix}=\left(\begin{matrix}\text{全年制度}\\\text{工作日数}\end{matrix}-\begin{matrix}\text{设备检修}\\\text{停台日数}\end{matrix}\right)\times\text{每日开班数}\times\text{每班工时数}$$

2. 预计生产经营任务的预测

预计生产经营任务按实物量测算,即预计产量。根据市场需求状况规定的产品品种和数量,是计算固定资产需要量的主要依据。如果企业产品品种不多,可按不同品种的产量分别测算;如果产品品种比较多,按不同产品品种分别测算,或者按产品结构或工艺过程进行适当分类,从中选择一种规格的产品为代表产品,将其他产品按照换算系数换算成代表产品的产量。换算系数的计算公式为:

$$\text{某产品的换算系数}=\frac{\text{该产品单位定额台时数}}{\text{代表产品单位定额台时数}}\times100\%$$

$$\text{预计产量}=\sum\text{该产品产量}\times\text{该产品的换算系数}$$

预计生产经营任务按台时数测算,即预计生产经营任务台时定额总数。各类生产设备需用台时定额是将全年预计生产经营任务的实物量按单位产品台时定额换算而成的。计算公式为:

$$\begin{matrix}\text{预计生产经营任务}\\\text{台时定额总数}\end{matrix}=\sum\left(\begin{matrix}\text{预计}\\\text{产量}\end{matrix}\times\begin{matrix}\text{单位产品}\\\text{台时定额}\end{matrix}\right)\times\text{定额改进系数}$$

式中:预计产量,如果企业生产一种产品或产品品种不多时,可按生产经营任务规定的各种产品的预计产量直接计算,如果企业产品品种比较多,则应换算成代表产品的产量;单位产品台时定额,是指企业通过技术资料测算规定现行台时定额;定额改进系数,是指企业预计新定额占现行定额的百分比,现行定额制定后,并不是经常修订,但是在执行过程中,由于采用新技术、劳动生产率提高、管理效能提高等,现行定额就会被突破,就要对现行单位产品台时定额进行必要的修订。

【例 6.19】 企业现行单位产品台时定额为 40 台时,由于技术更新,加强员工培训,预测年度台时定额为 36 台时,则定额改进系数为:

$$定额改进系数 = \frac{36}{40} \times 100\% = 90\%$$

3. 生产能力与预计生产任务平衡情况的预测

生产能力与预计生产任务平衡,是测算生产设备需要量的重要一环,生产能力不够,不能完成任务,生产能力剩余,则投资过剩,对企业不经济。通过科学合理地平衡计算,可以掌握企业生产能力的余缺情况,为调整生产设备、充分利用设备生产能力提供依据。生产设备能力余缺是通过计算设备负荷系数来确定的。其计算公式为:

$$某类设备负荷系数 = \frac{预计生产任务需要台时定额总数}{该种设备全年预计有效工作台时总数}$$

(二)其他固定资产需要量的预测

企业其他配套性固定资产,如厂房、动力设备、运输设备等,它们的需要量与生产设备的需要量有一定的比例关系。配套性固定资产的需要量可以在测定生产设备需要量的基础上,按照其在基年与生产设备的比例关系,结合预测年度提高设备利用率的要求进行测算。将预算年度需要量与基年实有数进行比较,就可以算出预测年度该类设备的余缺情况。

对于非生产性固定资产的需要量,企业可以在现有非生产性固定资产数量的基础上,结合企业的实际需要和可能条件(如企业规模增减、工人人数等)估算出预测年度需要的非生产性固定资产的数量。

在预测出固定资产的需要量后,就可以根据固定资产的当前价值计算出固定资金的需要量。

三、流动资金需要量的预测

流动资金需要量的预测方法很多,常用的有:资金占用比例法、周转期预测法、因素测算法和余额测算法。

(一)资金占用比例法

资金占用比例法是指企业根据预测期确定的相关指标(如净资产、营业收入、营业成本、营业利润等),按基年流动资金实际平均占用额与相关指标的比例关系来预测流动资金需要量的一种方法。其基本计算公式如下:

$$\begin{matrix}预测期流动\\资金需要总量\end{matrix} = \begin{matrix}预测期\\相关指标\end{matrix} \times \begin{matrix}基年相关指\\标流动资金率\end{matrix} \times \left(1 \pm \begin{matrix}预测期流动资金\\周转速度变动率\end{matrix}\right)$$

$$\begin{matrix}基年相关指标\\流动资金率\end{matrix} = \frac{基年流动资金实际平均占用额 - 不合理平均占用额}{基年相关指标实际数额} \times 100\%$$

【例 6.20】 东方公司 20×3 年销售收入为 1 000 万元,流动资金数额为 550 万元,20×4 年预测销售收入目标为 1 500 万元,试测算 20×4 年流动资金需要量是多少? 经过分析,发现

20×3 年流动资金数额650 万中，不合理存货占资金40 万元，不合理应收账款10 万元。20×4 年加强管理后，预期流动资金周转天数由2013 年的180 天缩短到160 天左右。

$$20\times3\text{年销售收入流动资金率}=\frac{550-50}{1\ 000}\times100\%=50\%$$

20×3 年流动资产周转率 360/180 ＝2(次)

20×4 年流动资产周转率 360/160 ＝2.25(次)

流动资产周转速度提高了12.5%，即$\frac{2.25-2}{2}\times100\%=12.5\%$

$$20\times4\text{年流动资金需要量}=1\ 500\times50\%(1-12.5\%)=656.25(\text{万元})$$

(二)周转期预测法

周转期预测法，就是根据流动资金完成一次循环所需要的日数(资金定额日数)和每日平均周转额(每日平均资金占用额)来计算流动资金需要量的一种方法。该方法在具体计算基期数据是比较麻烦，但结果比较准确，是预测流动资金需要量的基本方法，通常用于品种少、用量大、价格高、占用较多资金项目的预测。在工业企业中原材料、在产品、产成品等资金项目都采用该方法进行预测。其计算公式为：

$$\text{某项流动资金需要量}=\text{该项流动资金每日平均周转额}\times\text{该项流动资金周转日数}$$

(三)因素测算法

因素测算法又称为分析调整法，它是以有关流动资金项目上年度的实际平均需要量为基础，根据预测年度的生产经营任务和加速流动资金周转的要求进行分析调整，来预测流动资金需要量的一种方法。该方法计算相对简单，但是预测结果不太准确，因此通常用于品种繁多、规格复杂、用量较少、价格偏低的资金占用项目的资金预测。采用这种方法，首先应在上年度流动资金平均占用额的基础上，剔除不合理部分，然后根据预测期的生产经营任务和加速流动资金周转速度的要求下进行预测，其计算公式为：

$$\text{流动资金需要量}=\left(\text{上年流动资金实际平均占用额}-\text{不合理平均占用额}\right)\times\left(1\pm\text{预测年度生产增减百分比}\right)\times\left(1\pm\text{预测期流动资金周转速度变动率}\right)$$

(四)余额测算法

余额测算法是以上年结转余额为基础，根据预测年度发生额、摊销数额来测算流动资金需要量的一种方法。该方法适用于流动资金占用数额比较稳定的项目，如待摊费用等。其计算公式为：

$$\text{流动资产需要量}=\text{预测年度起初结转余额}+\text{预测年度发生额}-\text{预测年度摊销额}$$

思考题

1. 经营预测的意义及原则。
2. 销售预测的方法。

3. 成本预测的意义和方法。
4. 资金需要量预测的方法。

同步测试题

一、单项选择题

1. 销售预测按其性质可分为定量销售预测法和(　　)。
   A. 算术平均预测法　　B. 回归分析法
   C. 定性销售预测法　　D. 指数平均预测法
2. 预测分析的内容不包括(　　)。
   A. 销售预测　　B. 利润预测
   C. 所得税预测　　D. 资金需要量预测
3. 已知平滑系数 $a=0.4$,20×4 年 5 月份的实际销量为 600 件。原来预测 20×4 年 5 月份销量为 630 件,则预测 20×4 年 6 月份的销量为(　　)件。
   A. 600　　B. 612　　C. 618　　D. 630
4. 下列成本预测方法适用于不可比产品成本预测的是(　　)。
   A. 简单平均法　　B. 加权平均法　　C. 回归分析法　　D. 技术测算法
5. 在预测分析中,对其他预测起着决定作用的是(　　)。
   A. 成本预测　　B. 利润预测
   C. 销售预测　　D. 资金需要量预测
6. 一般来说,资产负债表中不随销售收入变化而变化的资产项目有(　　)。
   A. 货币资金　　B. 存货　　C. 应收账款　　D. 无形资产
7. 一般来说,资产负债表中不随销售收入变化而变化的负债项目有(　　)。
   A. 应付账款　　B. 应交税费　　C. 长期借款　　D. 预收账款

二、多项选择题

1. 下列属于定性分析法的有(　　)。
   A. 判断分析法　　B. 调查分析法　　C. 回归直线法　　D. 购买力指数法
2. 下列属于定量分析法的有(　　)。
   A. 加权平均法　　B. 调查分析法　　C. 回归直线法　　D. 购买力指数法
3. 经营预测的主要内容包括(　　)。
   A. 销售预测　　B. 成本预测　　C. 税费预测　　D. 资金需要量预测
4. 下列成本预测方法适用于不可比产品成本预测的是(　　)。
   A. 简单平均法　　B. 产值成本法
   C. 回归分析法　　D. 技术测算法
5. 一般来说,资产负债表中随销售收入变化而变化的资产项目有(　　)。
   A. 货币资金　　B. 存货　　C. 应收账款　　D. 无形资产
6. 一般来说,资产负债表中随销售收入变化而变化的负债项目有(　　)。

A. 应付账款　　B. 应交税费　　C. 长期借款　　D. 预收账款

三、判断题

1. 预测分析的起点是成本预测。（　　）
2. 定量预测比定性预测更准确。（　　）
3. 指数平滑法是一种定量预测法。（　　）
4. 定量预测法和定性预测法是互斥的，在实际运用中只能选择其中一种方法。（　　）
5. 指数平滑法，平滑指数越大，则近期实际值对预测结果影响越大。（　　）
6. 定性预测法受主观因素影响大，定量预测受主观因素影响小。（　　）

四、计算题

1. 某企业今年上半年6个月的实际销售量如表6.22所示。

表6.22　某企业上半年实际销售量

月份	1月	2月	3月	4月	5月	6月
实际销量(件)	1 200	1 180	1 350	1 400	1500	1 450

试分析：

(1)采用算术平均法预测7月销售量。

(2)假设前6个月的权重分别为0.1、0.1、0.1、0.2、0.2、0.3，采用加权平均法预测7月销售量。

(3)假设6月预测销售量为1 550件，指数平滑系数为0.4，采用指数平滑法预测7月销售量。

2. 某企业销售A、B、C三种产品，边际贡献率分别为40%、30%、20%，在销售额中，各种产品的销售比重分别为50%、20%、30%，预计下年度销售收入总额为2 000万元，固定成本总额为200万元，预测该企业下年度目标利润。

3. 某公司20×3年固定资产利用率为60%，当年销售收入240万元，获净利润40万元，发放股利16万元，若20×4年预计销售收入达到350万元，并仍然按20×3年的股利发放率发放股利，其他因素保持不变，公司20×3年末资产负债表如表6.23所示，采用销售百分比法预测需要追加的资金量。

表6.23　资产负债表

20×3年12月31日　　　　单位：元

资产	金额	负债及所有者权益	金额
货币资金	200 000	应付账款	250 000
应收账款	450 000	短期借款	125 000
存货	500 000	长期借款	575 000
固定资产	800 000	股本	875 000
无形资产	50 000	留存收益	175 000
合计	2 000 000	负债及所有者权益合计	2 000 000

第七章　短期经营决策

本章提要

短期经营决策的基本理论;短期经营决策的基本方法;短期经营决策方法的实际应用;产品定价的决策分析。

学习目标

(1)了解短期经营决策的基本理论。

(2)理解产品定价的决策问题。

(3)掌握短期经营决策的基本方法。

(4)掌握运用短期经营决策方法解决企业实际问题。

案例导入

某机床厂生产3类产品:刨床、铣床和专用机床。20×2年该厂销售部门根据市场需求进行预测,计划初步平衡生产能力,编制了20×3年的生产计划,财会部门准备据此进行产品生产的决策。

该厂生产多年的老产品刨床,由于造价高,定价低,因此常年亏损。尽管是亏损产品,但在市场上仍有一定的需求量,为满足需求,仍在继续生产。财会部门根据产品生产计划预测了20×3年的销售收入、成本和利润,如表7.1所示。

表7.1　机床厂2013年预测情况　　单位:万元

产品	刨床	铣床	专用机床	合计
收入	655	630	138	1 423

续表

产品	刨床	铣床	专用机床	合计
变动成本	458	378	76	912
边际贡献	197	252	62	511
固定成本	224	187	31	442
销售利润	-27	65	31	69

厂长阅读上述资料后,提出以下问题:

(1)20×3年本厂销售利润如何才能达到120万元?

(2)刨床亏损27万元,影响企业的利润,可否考虑停产?

带着上述问题,财会、销售、生产等部门,共同研究,寻求对策,几天后,他们提出以下3个方案,希望你们经过对比分析,确定其中的最优方案:

(1)停止生产刨床,按原计划生产铣床和专用机床。

(2)停止生产刨床后,根据生产能力的平衡条件,铣床最多增产40%,专用机床最多增产10%。

(3)铣床是最近几年开发的新产品,由于技术性能好,质量高,颇受市场欢迎,目前在市场上供不应求,根据市场预测,调整产品生产结构,压缩刨床生产计划30%,铣床在原方案基础上增产36%。

(资料来源:根据相关网络资料整理)

思考:通过计算分析哪一个方案能圆满解决厂长提出的问题。

第一节 短期经营决策概述

一、经营决策的含义与分类

(一)含义

管理的重心在经营,经营的重心在决策。管理会计中经营决策是指针对企业未来经营活动所面临的问题,由各级管理人员作出的有关未来经营战略、方针、目标、措施与方法的决策过程。它是经营管理的核心内容,是关系到企业未来发展兴衰成败的关键所在。

(二)分类

1. 按决策的重要程度分类

(1)战略决策。它是指关系到企业未来发展方向、大政方针的全局性重大决策。这类决策取决于企业的长远规划和外部环境对企业的影响,它的正确与否,对企业的成败具有决定性意义,属于长期投资决策。

(2)战术决策。它是指为达到预期的战略决策目标,对日常经营活动所采用的方法与手段的局部性决策。这类决策主要考虑怎样使现有的人力、物力、财力资源得到最合理、最充分的利用,决策的正确与否,都不会对企业的大局产生决定性影响。所以战术决策也叫经营决策。

2. 按决策条件的肯定程度分类

(1)确定型决策。这类决策所涉及的各种备选方案的各项条件都是已知的,且一个方案只有一个确定的结果。这类决策比较容易,只要进行比较分析即可。

(2)风险型决策。这类决策所涉及的各种备选方案的各项条件虽然也是已知的,但表现出若干种变动趋势,每一个方案的执行都会出现两种或两种以上的不同结果,可以依据有关数据通过预测来确定其客观概率。这类由于结果的不唯一性,存在一定的风险。

(3)不确定型决策。与风险型决策不同,这类决策所涉及的各种备选方案的各项条件只能以决策者的经验判断确定的主观概率作为决策依据。做出这类决策难度较大,需要决策人具有较高的理论知识水平和丰富的实践经验。

本书所讲的决策主要指确定型经营决策。

3. 按决策规划时期的长短分类

(1)短期决策。一般是指在一个经营年度或经营周期内能够实现其目标的决策,主要包括生产决策和定价决策等内容。它的主要特点是充分利用现有资源进行战术决策,一般不涉及大量资金的投入,且见效快,因此经营决策又称短期经营决策。本章主要介绍短期经营决策的问题。

(2)长期决策。它是指在较长时期内(超过一年)才能实现的决策。它的主要特点是对若干期的收支产生影响,一般需投入大量资金,且见效慢,因此长期决策又称长期投资决策或资本性支出决策。

二、经营决策分析的特点

(1)经营决策分析是人(个人或集体)的主观能力的表现。

(2)经营决策分析并非经验的臆断或单纯的空想,而是以客观必然性的认识为根据。

(3)在进行经营决策分析之前,应至少有两种或两种以上的行动方案可供选择,决策是有选择地作出决定。

(4)经营决策分析是面向未来的,它只对未来实践有意义,但决策分析会受到过去实践经验的影响。

(5)经营决策分析本身正确与否,可通过比较决策的主观愿望符合实践的客观结果的程度来评价。

(6)经营决策分析不是瞬间的决定,而是一个提出问题、分析问题、解决问题的系统分析过程。

三、经营决策的程序

经营决策的程序为:

确定目标→收集资料→提出各种备选方案→对备选方案进行初选→考虑其他因素对方案的影响→确定最优方案→评估决策执行情况和信息反馈。

四、短期经营决策分析中的成本概念

在经营决策分析中,成本是一个需要考虑的重要因素,除了经常使用的变动成本和固定成本等成本概念外。还可以将成本按决策的需要进行各种分类,从而形成成本分析当中的特殊成本概念。

(一)相关成本

相关成本是指在决策分析中必须加以考虑并且同方案选择有关的未来成本,主要包括以下内容:

1. 机会成本

机会成本是指在使用资源的决策分析过程中，选取某个方案而放弃其他方案所丧失的潜在收益。每项资源往往有多种用途，但用于某一方面就不能用于另一方面，这就是说，在某方面的所得，正是由于放弃另一方面的机会而产生的。例如，某企业从银行活期存款中取出10万元购买股票，作为短期投资，它的机会成本就是该企业放弃银行存款所能获得的利息收入，在决策分析中，必须把放弃方案可能获得的潜在收益，作为被选用方案的机会成本，才能对该方案的经济效益作出全面、合理的评价，从而正确判断被选方案是否真正最优。

某公司现有一空置的车间，既可以用于A产品的生产，也可以用于出租。如果用来生产A产品，其收入为35 000元，成本费用为18 000元，可获净利17 000元；用于出租则可获租金收入12 000元。

在决策中，如果选择用于生产A产品，则必然放弃出租方案，其本来可能获得的租金收入12 000元应作为生产A产品的机会成本，由生产的A产品负担。这时，我们可以得出正确的判断结论：生产A产品将比出租多获净利5 000元。

如果某项资源只有一个用途，例如煤气公司的输气管道、自来水公司的地下水管等，没有其他选择机会，它的机会成本就等于零。

机会成本仅仅只是被放弃方案的潜在利益，而非实际支出，因而不能据以登记入账。但由于公司资源的有限性，必须充分利用资源效益，所以，机会成本在经营决策中应作为一个现实的重要因素予以考虑。

2. 差量成本

差量成本是指两个备选方案的预期成本之差。不同方案经济效率的高低一般可通过差量成本的计算明显地表现出来。例如，某工厂甲零件若自制，则预期的单位成本（包括直接材料、直接人工和制造费用）为30元，若向市场采购则预期的单位成本为32元，则自制方案较外购方案优，因为每个零件的差量成本为2元，即自制比外购该零件每个节约2元。

3. 边际成本

从理论上讲，边际成本是指产量（业务量）向无限小变化时，成本的变动数额。当然，这是从纯经济学角度来讲的，事实上，产量不可能向无限小变化，至少应为1个单位的产量。所以边际成本是指在企业生产能力的相关范围内，每增加或减少一个单位产量而引起的成本变动。

【例7.1】　某企业每增加1个单位产量的生产引起总成本的变化及追加成本的变化如表7.2所示。

表7.2　总成本的变化及追加成本的变化表

产量（件）	总成本（元）	边际成本（元）
1 000	7 000	—
1 001	7 003	3
1 002	7 006	3
1 003	7 009	3
1 004	7 012	3
1 005	8 112	1 100

续表

产量(件)	总成本(元)	边际成本(元)
1 006	8 115	3
1 007	8 118	3
1 008	8 121	3

边际成本和变动成本是有区别的,变动成本反映的是增加单位产量所追加成本的平均变动,而边际成本是反映每增加一个单位产量所追加的成本的实际数额。所以,只有在相关范围内,增加一个单位产量的单位变动成本才能和边际成本相一致。

4. 付现成本

付现成本是指由现在或将来的任何决策所能够改变其支出数额的成本。可见,付现成本是决策时必须考虑的重要影响因素。

企业如果货币资金比较拮据,近期内又无应收账款可以收回,并且向市场上筹措资金又比较困难或借款利率较高的情况,对付现成本的考虑,往往会比对总成本的考虑更为重要,通常会选择付现成本最小的方案来代替总成本最低的方案。

5. 专属成本

专属成本是指可以明确归属于企业生产的某种产品,或为企业设置的某个部门而发生的固定成本。没有这些产品或部门,就不会发生这些成本,所以专属成本是与特定的产品或部门相联系的特定的成本。例如,专门为生产某种零件或某批发产品而使用的机床的折旧费、保险费等,都属于专属成本。

(二)无关成本

无关成本是指在决策分析中无须考虑、对未来没有影响的成本,或是只在某个备选方案中项目相同、金额相等的未来成本。

1. 沉没成本

沉没成本是指由于过去决策所引起的、并已支付过款项的成本。是对现在或将来的任何决策都无影响的成本。可见,沉没成本是企业在以前经营活动中已经支付现金,而在现在或将来经营期间摊入成本费用的支出。如:固定资产、无形资产、递延资产等均属于企业的沉没成本。

例如,某公司去年年初购买了1台机床,原价为84 000元,可用10年,期满残值为4 000元,则该机床的原价84 000元及第一年按直线法计提的折旧8 000元,均属于沉没成本。

2. 共同成本

共同成本是指由几种、几批或几个有关部门分担的固定成本。例如,企业管理人员的工资、车间的照明费等。

3. 联合成本

联合成本是指关联产品或半成品在进一步加工前所发生的变动成本和固定成本。在对关联产品或半成品是否需要进一步加强的决策分析中,联合成本属于无关成本,不必加以考虑。

注:以上这些成本与财务成本的区别与联系如下:

联系:

这些成本是对财务会计提供的数据进行延伸、整理后提出的新的成本概念,它们是建立在

传统成本基础之上的。

区别：

(1)传统财务成本反映在账簿记录之中，而这些成本概念无须记录入账，只是表现为在决策过程之中为评价备选方案而应加以考虑的各种因素。

(2)传统财务成本属于历史成本范畴，而这些成本概念大多属于未来成本。

(3)财务成本计量必须遵守公认会计准则，具有普遍的适用性，而这些成本的计量无须遵守公认会计准则，只适用于决策分析的特定范围。

五、经营决策的基本方法

经营决策方法很多，主要有差量分析法、边际贡献分析法、成本无差别点法、线性规划分析法、概率分析法等。

(一)差量分析法

"差量分析法"，就是根据两个备选方案的差量收入与差量成本的比较来确定哪个方案较优的方法。在差量分析法中涉及的概念有：差量收入、差量成本、差量损益。

(1)"差量收入"即为两个备选方案的预期收入的差异数。

(2)"差量成本"即为两个备选方案预期成本的差异数。

(3)"差量损益"即为两个备选方案的差别。

它们之间的关系为：差量损益 = 差量收入 - 差量成本。

分析步骤：

第一步：差量收入 = 甲方案的预期收入 - 乙方案的预期收入。

第二步：差量成本 = 甲方案的预期成本 - 乙方案的预期成本。

第三步：差量损益 = 两方案差量收入 - 两方案差量成本。

第四步：判断。

如果两方案的差量损益 > 零，则甲方案优于乙方案。

如果两方案的差量损益 < 零，则乙方案优于甲方案。

注意：两方案的顺序可以互换。

采用差量分析法的关键在于：进行决策分析时，考虑那些对备选方案的预期收入和预期成本发生影响的项目，而那些不相关的因素，则一概予以剔除。

【例7.2】 某企业的一台设备既可生产A产品，也可以生产B产品，其预计销售单价、销量和单位变动成本资料如表7.3所示。

表7.3　某企业产销资料

项　　目	A产品	B产品
销售单价(元/件)	250	100
销量(件)	500	1 000
单位变动成本(元/件)	210	70

用差量分析法作出该企业究竟生产哪种产品较为有利的决策分析。

(1)计算A产品、B产品的差量收入：

差量收入 = 250 × 500 - 100 × 1 000 = 125 000 - 100 000 = 25 000(元)

(2)计算A产品、B产品的差量成本：

差量成本 =210×500 -70×1 000 =105 000 -70 000 =35 000(元)

(3)计算A产品、B产品的差量损益:

差量损益 = 差量收入 - 差量成本 =25 000 -35 000 = -10 000(元)

计算表明,A产品与B产品的差量损益为 -10 000元,为负值,应选择生产B产品。

上述计算也可以通过编制差量分析表的形式加以反映,其表格形式如表7.4所示。

表7.4 差量分析表

单位:元

方案	A产品	B产品	差量
差量收入	250×500	100×1 000	25 000
差量成本	210×500	70×1 000	35 000
生产A产品而非生产B产品获得的差量损益			-10 000

结论:生产A产品而非生产B产品获得的差量收益为 -10 000元,因此,应选择生产B产品。

(二)边际贡献分析法

边际贡献分析法是指通过对比各备选方案所提供的边际贡献大小来确定最优方案的方法。而绝不能以产品提供的单位边际贡献的大小来判断方案的优劣。

判断标准有两个:

(1)通过比较两个方案边际贡献大小,选取边际贡献大为最优方案。

(2)通过比较单位工时所创造边际贡献大小作为选取方案的优劣。

【例7.3】 依据例7.2的资料,采用边际贡献分析法进行决策分析。

用同一台设备生产A产品和B产品,无论选择哪个方案,固定成本总是相同的,是决策分析中的无关成本,因此,可以采取边际贡献分析法进行决策分析。

A产品边际贡献 =(250 -210)×500 =20 000(元)

B产品边际贡献 =(100 -70)×1 000 =30 000(元)

计算表明,生产B产品的边际贡献30 000元大于生产A产品的边际贡献20 000元,所以应选择生产B产品。

上述计算也可以通过编制边际贡献计算分析表的形式加以反映,其表格形式如表7.5所示。

表7.5 贡献毛益计算分析表

摘 要	A产品	B产品
产品产量(件)x	500	1 000
销售单价(元)p	250	100
单位变动成本(元)b_x	210	70
单位贡献毛益(元)c_m	40	30
贡献毛益总额(元)T_{cm}	20 000	30 000

结论:生产B产品的贡献毛益总额30 000元大于生产A产品的贡献毛益20 000元,所以应选择生产B产品。

(三)成本无差别点法(成本平衡点法)

成本无差别分析法,即"成本平衡点法"。"成本平衡点"就是要确定在两个备选方案的预期成本相等的情况下的业务量。找到了这个"成本临界点"就可以确定在什么业务量范围内方案才是较优。

【例7.4】　企业需用的A零件既可以自制,也可以外购,购买单价为20元/件,自制A零件每年需增加专属成本为32 000元,单位变动成本为16元/件。分析企业A零件自制或外购的需要量范围的决策分析。

设A零件的需要量为X,则

外购的相关成本$Y_1=20X$

自制的相关成本$Y_2=32\ 000+16X$

令:$Y_1=Y_2$

则:$20X=32\ 000+16X$

所以:成本平衡点的$X=8\ 000$(件)

计算表明,当需要量为8 000件时,两方案成本相等,均属于可行方案;当需要量小于8 000件时,外购方案的相关成本小于自制方案的相关成本,外购方案较优;当需要量大于8 000件时,自制方案的相关成本小于外购方案的相关成本,自制方案较优。

第二节　事前决策——产品功能成本分析

产品成本的降低是整个生产过程的任务,但是很多企业普遍关注的是生产过程如何降低产品成本,忽略了产品设计阶段。国内外有关资料显示,通过改进产品设计结构所降低的成本数额占成本降低额的70%~80%,所以在保证产品质量的前提下,改进产品设计结构可以大大降低产品成本。可见,大力推广产品功能成本分析,不仅可以保证产品必要的功能及质量,而且可以确定努力实现的目标成本,从而降低产品成本。

产品功能成本分析是将产品的功能(产品所担负的职能或所起的作用)与成本(为获得产品一定的功能必须支出的费用)对比,寻找降低产品成本途径的管理活动。其目的在于以最低的成本实现产品适当的、必要的功能,提高企业的经济效益。

产品功能与成本之间的比值关系称为价值,可用公式表示为:

$$\text{价值}(V)=\frac{\text{功能}(E)}{\text{成本}(C)}$$

从上式可以看出,功能与价值成正比,功能越高,价值越大,反之则越小。成本与价值成反比,成本越高,价值越小,反之则越大。因此,提高产品价值的途径可概括如下:

(1)在产品功能不变的情况下,降低成本,将会提高产品的价值。

(2)在产品成本不变的情况下,提高功能,将会提高产品的价值。

(3)在产品成本提高的情况下,功能提高的幅度大于成本提高的幅度,将会提高产品的价值。

(4)在产品功能提高的情况下,降低成本,将会提高产品的价值。

(5)在产品功能降低的情况下,成本降低的幅度大于功能降低的幅度,将会提高产品的价值。

企业可以根据实际情况,从上述途径入手,运用功能成本分析方法确定目标成本。

功能成本分析大致分以下几个步骤:

一、选择分析对象

由于企业的产品(或零部件)很多,实际工作中不可能都进行功能成本分析,而应有所选择。选择的一般原则是:

(1)从结构复杂、零部件多的产品中选,可以简化结构、减少零部件的种类或数量。

(2)从产量大的产品中选,可以有效地积累每一产品的成本降低额。

(3)从投产期长的老产品中选,可以改进产品设计,尽量采用新技术、新工艺、新方法加工。

(4)从体积大或重量大的产品中选,可以缩小体积、减轻重量。

(5)从原设计问题比较多的产品中选,可以充分挖掘改进设计的潜力。

(6)从工艺复杂、工序繁多的产品中选,可以简化工艺、减少工序。

(7)从畅销产品中选,不仅可以降低成本,而且能使该产品处于更有利的竞争地位。

(8)从消耗量大的零部件产品中选,可以大幅降低成本、优化结构。

(9)从成本高的产品中选,可以较大幅度地降低成本。

(10)从废品率高、退货多、用户意见大的产品中选,可以提高功能成本分析的效率。

二、围绕分析对象收集各种资料

分析对象确定后,应深入进行市场调查,收集各种资料作为分析研究的依据。所需资料大致包括以下几个方面:

(1)从产品的竞争状况收集资料。例如,竞争对手的数量、分布、能力,以及竞争对手在产品设计上的特点及推销渠道等。

(2)从产品的需求状况收集资料。例如,用户对产品性能及成本的要求、销售结构及数量的预期值、价格水平等。

(3)从产品设计、工艺加工状况收集资料。结合市场需求及竞争对手的优势,在产品设计、工艺加工技术方面本企业存在的不足等。

(4)成本资料分析。例如,产品成本构成、成本水平、消耗定额、生产指标等。

(5)国内外同类型产品的其他有关资料。

对于收集到的各种资料,应进行详细分析,去粗取精,去伪存真,增加分析资料的可靠性。

三、功能评价

功能评价的基本步骤包括:以功能评价系数为基准,将功能评价系数与按目前成本计算的成本系数相比,确定价值系数;将目标成本按价值系数进行分配,并确定目标成本分配额与目前成本的差异值;选择价值系数低、降低成本潜力大的作为重点分析对象。

功能评价的方法很多,现介绍最常用的方法——评分法和强制确定法。

1. 评分法

该方法按产品或零部件的功能重要程度打分,通过确定不同方案的价值系数来选择最优方案。

【例 7.5】 为改进某种手机有 3 个方案可供选择,现从性能、防水、防摔、外观等 4 个方面采用 5 分制评分,评分结果如表 7.6 所示。

表 7.6　功能比较表

项目	性能	防水	防摔	外观	总分	选择
方案一	4	4	3	5	16	√
方案二	5	4	4	4	17	√
方案三	3	3	5	4	15	×

上述几个方案中，方案三 的总分最低，初选淘汰。对于方案一和方案二应结合成本资料进行第二轮比较，有关成本资料如表 7.7 所示。

表 7.7　估计成本比较表

项目	预计销售量（部）	单位直接材料，人工等（元）	制造费用（元）	制造成本合计（元）
方案一	4 000	320	50 000	332.5
方案二	4 000	300	43 000	310.75

进行价值分析，以方案一作为标准产品，成本系数计算如下：

方案一的成本系数 $=\dfrac{332.5\times100}{332.5}=100$

方案一的成本系数 $=\dfrac{310.75\times100}{332.5}=93.46$

方案一和方案二的价值系数分别为：

$V_1=\dfrac{16}{100}=0.16$；$V_2=\dfrac{17}{93.46}=0.18$

通过对比可知，方案二不仅成本较低，而且功能成本比值（价值系数）高，因而应该选择方案二。

2. 强制确定法

这种方法也称为一对一比较法或 0-1 评分法，就是把组成产品的零件排列起来，一对一地对比，凡功能相对重要的零件得 1 分，功能相对不重要的零件得 0 分。然后，将各零件得分总数被全部零件得分总数除，即可得零件的功能评价系数。假设某产品由 A、B、C、D、E、F、G 七种零件组成，按强制确定法计算功能评价系数如表 7.8 所示。

表 7.8　功能比较表

零件名称	一对一比较结果							得分合计	功能评价系数
	A	B	C	D	E	F	G		
A	×	1	0	1	1	0	1	4	4/21 = 0.1 904
B	0	×	1	1	0	1	1	4	4/21 = 0.1 904
C	1	0	×	0	1	0	0	2	2/21 = 0.095
D	0	0	1	×	1	1	0	3	3/21 = 0.143
E	0	1	0	0	×	1	1	3	3/21 = 0.143
F	1	0	1	0	0	×	0	2	2/21 = 0.095
G	0	0	1	1	0	1	×	3	3/21 = 0.143
合计								21	1.000

表7.8中A、B两种零件的功能评价系数较大，说明其功能重要，而C、F两个零件的功能评价系数最小，说明其功能不重要。D、E、G三零件比较重要，在功能评价系数确定后，应计算各零件的成本系数和价值系数：

$$各零件的成本系数=\frac{某零件的目前成本}{所有零件的目前成本合计}$$

$$各零件的价值系数=\frac{某零件的功能评价系数}{各零件的成本系数}$$

【例7.6】 以表7.8中某零件的7个零件为例，说明价值系数的计算如表7.9所示。

表7.9 零件价值系数的计算表

零件名称＼项目	功能评价系数	目前成本	成本系数	价值系数
A	0.190 4	180	0.200	0.952
B	0.190 4	300	0.333	0.572
C	0.095	100	0.111	0.856
D	0.143	50	0.056	2.554
E	0.143	100	0.111	1.288
F	0.095	60	0.067	1.418
G	0.143	110	0.122	1.172
合计	1.000	900	1.000	—

价值系数表示功能与成本之比，如果价值系数等于1或接近于1（如A零件），则说明零件的功能与成本基本相当，因而也就不是降低成本的主要目标；如果价值系数大于1（如D、E、F、G零件），则说明零件的功能过剩或成本偏低，在该零件功能得到满足的情况下，已无必要进一步降低成本或减少过剩功能；如果价值系数小于1（如B、C零件），则说明成本相比功能偏高，应作为降低成本的主要目标，进一步发掘提高功能、降低成本的潜力。

那么B、C零件的成本应降低到什么程度，才能与功能相匹配呢？在产品目标成本已定的情况下，可将产品目标成本按功能评价系数分配给各零件，然后与各零件的目前成本比较，即可确定各零件成本降低的数额。假定某产品的目标成本为800元，则各零件预计成本及成本降低额的计算如表7.10所示。

表7.10 零件预计成本表

零件名称＼项目	功能评价系数①	按功能评价系数分配的目标成本(元) ②=①×800	目前成本(元)③	成本降低额(元) ④=②-③
A	0.190 4	152.37	180	-27.63
B	0.190 4	152.37	300	-147.63
C	0.095	76	100	-24
D	0.143	114.42	50	64.42
E	0.143	114.42	100	14.42
F	0.095	76	60	16
G	0.143	114.42	110	4.42
合计	1.000	800	900	-100

从表7.10可以看出，目标成本比目前成本应降低100元，其中A、B、C零件成本与其功能相比偏高，故应作为降低成本的对象，尤其是B零件更应作为重点对象；至于D、E、F、G零件（特别是D零件），只有在功能过剩的情况下，才考虑减少过剩功能以降低成本，否则应维持原状。

最后，在功能评价的基础上，即可对过剩功能和不必要成本进行调整，从而提出新的可供试验的方案。然后按新方案进行试验生产，在征求各方面意见的同时，对新方案的不足加以改进。新方案经进一步调整即可作为正式方案提交有关部门审批，批准后可组织生产部门按设计生产。

第三节　生产过程的决策分析

产品生产过程中，要面临生产何种产品、何时生产、生产多少、亏损产品是否停产、零部件是自制还是外购、半成品（或联合产品）是否需要进一步加工等决策分析问题。

一、生产对象的决策分析

（一）生产何种新产品的决策分析

如果企业有剩余的生产能力可供使用，或者可以利用过时的老产品腾出来的生产能力组织生产，在有几种新产品可供选择时，一般采用差量成本分析法进行决策。

【例7.7】　某医药公司使用一台机器可生产甲产品，也可以生产乙产品，如果机器的最大生产能力为10 000机器小时，生产两种产品所需定额工时及各种成本数据如表7.11所示。试作出医药公司生产何种产品较为有利的决策分析。

表7.11　某医药公司产销资料

项　目	甲产品	乙产品
定额工时（机器小时/件）	40	25
销售单价（元/件）	28	16
单位变动成本（元/件）	24	13
直接材料（元/件）	9	6
直接人工（元/件）	7	4
变动制造费用（元/件）	8	3
固定成本总额（元）	18 000	18 000

（1）根据机器的最大生产能力计算出两种产品的最大产量：

甲产品的最大产量 $= 10\,000/40 = 250$（件）

乙产品的最大产量 $= 10\,000/25 = 400$（件）

（2）计算甲产品和乙产品的差量收入、差量成本和差量损益：

差量收入 $= 28 \times 250 - 16 \times 400 = 7\,000 - 6\,400 = 600$（元）

差量成本 $= 24 \times 250 - 13 \times 400 = 6\,000 - 5\,200 = 800$（元）

差量损益 $= 600 - 800 = -200$（元）

上面计算中，差量损益为负值，说明生产乙产品比生产甲产品可多获利200元。

（二）开发新产品的决策分析

1. 不追加专属成本时的决策分析

当各备选方案只是利用现有剩余生产能力，而不涉及追加专属成本时，各备选方案的原有固定成本都是相同的，属于无关成本。在决策分析时，只需计算各方案的边际贡献就可以正确决策，因此，这种情况下一般采用边际贡献分析法。

【例7.8】 某公司原设计的生产能力是100 000机器小时，但实际开工率只有设计生产能力的60%，现在准备将剩余生产能力用来开发新产品W或Y。有关资料如表7.12所示，试决策分析，该公司开发何种产品较为有利。

表7.12　某公司有关资料

项　　目	预计新产品W	预计新产品Y
定额工时（机器小时/件）	50	40
销售单价（元/件）	60	58
单位变动成本（元/件）	50	49
固定成本总额（元）	30 000	30 000

此类决策采用边际贡献分析法，也可以采用每小时创造的边际贡献的大小来判断方案的优劣。

（1）边际贡献分析法。根据有关资料，编制边际贡献分析表，如表7.13所示。

表7.13　边际贡献分析表

项　　目	预计新产品W	预计新产品Y
剩余生产能力（机器小时）	100 000×（1－60%）＝40 000	
定额工时（机器小时/件）	50	40
最大产量	800	1 000
销售单价（元/件）	60	58
单位变动成本（元/件）	50	49
单位边际贡献（元/件）	10	9
边际贡献总额（元）	10×800＝8 000	9×1 000＝9 000

计算表明，开发新产品Y比开发新产品W多获边际贡献1 000元，故开发新产品Y较为有利。

（2）每小时创造的边际贡献分析法如表7.14所示。

表7.14　每小时创造的边际贡献分析表

项　　目	预计新产品W	预计新产品Y
定额工时（机器小时/件）	50	40
销售单价（元/件）	60	58
单位变动成本（元/件）	50	49
单位边际贡献（元/件）	10	9
每小时创造边际贡献（元）	10/50＝0.2	9/40＝0.225

计算表明，开发新产品Y比开发新产品W每小时多创造边际贡献0.025元，故开发新产品Y较为有利。

开发何种新产品的决策分析

某公司是一家生产尖端电子产品的公司。目前，公司的产品比较单一，主要生产信号发生器作为其他公司的电子配件对外出售，占有的市场份额较大，产品的单位变动成本150元，单位固定成本250元，目前市场价格800元，平均年订单量100万件，年利润可观。董事长在公司年会上提出要利用公司现有的经济资源开发新产品，赚取更多的利润。他认为目前汽车的销售量大增，带来了汽车防盗报警系统需求量的上升，公司可开发这类产品，同时，交通肇事者也会增多，这就给交通管理部门带来管理上的困难，现在发达国家的警车上全部安有雷达测速器，我国公安部门也在部分警车上安装了这种仪器，而且我国已有厂商在生产这种产品，为了占领市场份额，赚取利润，公司也应该开发生产雷达测速器。在董事长的提议下，市场部就两种新产品的年销售量、价格进行了市场调查及预测，结果如表7.15所示。

表7.15　预测资料

项　　目	汽车防盗报警系统	雷达测速器
年销售量(万件)	80	0.92
单位价格(元)	500	10 000

财务部门就两种新产品的单位成本作了预算，结果如表7.16所示。

表7.16　单位成本预算

单位:元

项　　目	汽车防盗报警系统	雷达测速器
直接材料	80	1 500(需要进口)
直接人工	20	200
变动性制造费用	30	300
固定性制造费用	110	4 000
合计	240	6 000

总经理说：由于我们的生产能力有限，如果两种新产品同时开发，又要达到预算的产销量，就要缩减信号发生器的生产量，大概需要减产一半，同时我们也要失去一些老客户，而且生产雷达测速器还需要投入专属设备，大概需要230万元左右。如果只开发其中的一种产品，现有的生产能力完全够用，只需为雷达测速器增加230万元的专属设备。

要求：作为财务经理，请给董事长做出正确的决策：

(1)同时开发这两种新产品的决策。

(2)只开发其中的一种新产品的决策。

(3)不开发任何一种新产品,继续生产老产品的决策。

解析如下:

(1)两种新产品同时开发,由于生产能力有限,老产品需要减产一半。计算新老产品的利润如表7.17所示。

表7.17 计算新老产品的利润

单位:万元

项　目	老产品	汽车防盗报警系统	雷达测速器	利润合计
产量	50	80	0.92	
单价	800	500	10 000	
单位变动成本	150	130	2 000	
单位贡献边际	650	370	8 000	
贡献边际	32 500	29 600	7 360	69 460
固定成本	25 000		230	25 230
利润	7 500	29 600	7 130	44 230

(2)只开发其中一种新产品的决策:

①生产老产品和开发新产品雷达测速器,计算其利润如表7.18所示。

表7.18 计算利润表

单位:万元

项　目	老产品	雷达测速器	利润合计
产量	100	0.92	
单价	800	10 000	
单位变动成本	150	2 000	
单位贡献边际	650	8 000	
贡献边际	65 000	7 360	72 360
固定成本	25 000	230	25 230
利润	40 000	7 130	47 130

②生产老产品和开发新产品汽车防盗报警系统两种产品,计算其利润见表7.19所示。

表7.19 计算利润表

单位:万元

项　目	老产品	汽车防盗报警系统	利润合计
产量	100	80	
单价	800	500	
单位变动成本	150	130	
单位贡献边际	650	370	
贡献边际	65 000	29 600	94 600
固定成本	25 000		25 000
利润	40 000	29 600	69 600

(3)不开发任何一种新产品,继续生产老产品的利润如表7.20所示。

表7.20 老产品的利润表

单位:万元

项 目	老产品	项 目	老产品
产 量	100	贡献边际	65 000
单 价	800	固定成本	25 000
单位变动成本	150	利润	40 000
单位贡献边际	650		

通过计算可以看出,老产品与两种新产品同时生产利润为44 230万元,老产品与新产品雷达测速器同时生产利润为47 130万元,老产品与新产品汽车防盗报警系统同时生产利润为69 600万元,继续生产老产品的利润为40 000万元。所以企业应在继续生产老产品的基础上开发新产品汽车防盗报警系统。

2. 追加专属成本时的决策分析

当产品开发的品种决策方案中涉及追加专属成本时,就无法直接利用边际贡献指标来评价各方案的优劣,此时可以采用剩余边际贡献指标,即边际贡献总额扣除专属成本后的余额进行评价,或者用差量分析法进行评价。

【例7.9】 在例7.8条件基础上,假设某公司制造新产品W需支付专属固定成本1 500元,制造新产品Y需支付专属固定成本3 000元,则决策分析的结论又是怎样?

由于专属固定成本属于相关成本,所以在决策分析过程中必须加以考虑,其边际贡献分析表如表7.21所示。

表7.21 边际贡献分析表

项 目	新产品W	新产品Y
剩余生产能力(机器小时)	100 000×(1-60%)=40 000	
定额工时(机器小时/件)	50	40
最大产量(件)	800	1 000
销售单价(元/件)	60	58
单位变动成本(元/件)	50	49
单位边际贡献(元/件)	10	9
边际贡献总额(元)	8 000	9 000
专属固定成本(元)	1 500	3 000
剩余边际贡献总额(元)	6 500	6 000

计算表明,考虑了专属固定成本以后,新产品W的剩余边际贡献总额较新产品Y的边际贡献总额多500元,所以开发新产品W较为有利。

【思考】例7.9中,如果用差量分析法进行决策分析,其计算过程如何?

二、生产工艺的决策分析

企业对同一种产品或零件采用不同的生产工艺方案进行加工时,其成本往往相差悬殊,采用先进的生产工艺方案,产量、质量肯定会有较大提高,但使用更为先进的专用设备,其单位变动成本可能会较低，而固定成本则较高。采用较为落后的工艺方案，往往只需使用普通的设备，其单位变动成本则可能较高，而固定成本较低。

在进行决策分析时，要以生产产品的数量是否确定为依据。如果生产产品的数量是确定的，则可采用差量分析法；如果生产产品的数量是不确定的，则应采用成本平衡点法。

另外，在分析时还应注意，只需考虑各备选方案单位变动成本和固定成本，至于各备选方案相同的变动成本和固定成本则无须考虑。

【例 7.10】 某汽车制造公司在生产一种轴承时，可使用普通铣床和数控铣床。这两种铣床加工时所需的成本资料如表 7.22 所示。

表 7.22 某汽车制造公司的成本资料

铣床类型	每个轴承加工费变动成本(元)	一次调整准备成本固定成本(元)
普通铣床	1.60	40
数控铣床	0.80	100

试作出该公司在多少批量范围内，选用何种类型的铣床进行加工时的决策分析。

设普通铣床和数控铣床的成本平衡点为 x，则两个备选方案的预计成本为：

普通铣床的预期成本 $y_1 = 40 + 1.6x$

数控铣床的预期成本 $y_2 = 100 + 0.8x$

$y_1 = y_2$

则：$40 + 1.6x = 100 + 0.8x$

故：成本平衡点 $x = 75$(件)

计算表明，若轴承需要量为 75 件，则两方案成本相同，均可行。若轴承需求量超过 75 件，则采用数控机床进行加工的方案较优；若轴承需求量少于 75 件，则采用普通铣床进行加工的方案较优。

三、追加订货的决策分析

特殊价格是指低于正常价格甚至低于单位产品成本的价格。在企业尚有一定的剩余生产能力可利用的情况下，如果其他企业要求以较低的价格追加订货，企业是否接受这种追加订货呢？这就需要视情况而定：

(一)只利用暂时闲置的生产能力而不减少正常销售

当追加订货量小于或等于剩余生产能力时，企业利用剩余生产能力完成追加订货的生产，不妨碍正常订货的完成，而且在接受追加订货时，无须追加专属成本，且剩余生产能力又无法转移时，只要特殊订货的单价大于该产品的单位变动成本，就可以接受追加订货。在这里固定成本属于无关成本，决策时不必考虑。

$$增加利润 = 特别订货单位边际贡献 \times 特别订货数量$$

【例 7.11】 假设某公司只生产 A 产品，生产能力为 300 件，正常产销量为 220 件，固定成本为 2 000 元，单位变动成本为 50 元，正常销售价格为 70 元，现有某客户欲订货 80 件，但最高出价只能为每件 55 元，是否接受订货。

因为特别订货单位价格 55 元大于单位变动成本 50 元，所以这项特殊订货可以接受。增加利润 $= (55 - 50) \times 80 = 400$(元)

计算结果如表 7.23 所示。

表 7.23　利润计算表

单位:元

项目	正常销售	特别订货	合计
销售收入	15 400	4 400	19 800
变动成本	11 000	4 000	15 000
边际贡献	4 400	400	4 800
固定成本	2 000	—	2 000
营业净利润	2 400	400	2 800

从表 7.23 可以看出,这项特别订货能使企业增加边际贡献 400 元,由于固定成本已全部由正常销售负担,所以新增的 400 元边际贡献全部转化为利润,即这项特别订货可使企业增加利润 400 元。

(二)利用闲置的生产能力,并暂时减少部分正常销售以接受特别订货

这种情况下按以下要求定价,才能使企业增加利润。

$$特殊订货价格 > 单位变动成本 + \frac{因减少正常销售而造成的损失}{特殊订货的数量}$$

这里,因特别订货冲击了正常销售,减少了正常销售的收益,所以,想使特别订货为企业增加利润,就必须使特别订货的价格在补偿单位变动成本以及因减少正常销售所造成的损失(即机会成本)后仍有剩余,在这种情况下才可以接受订货。对于这类这类问题可以采用差量分析法。

【例 7.12】　在例 7.11 中,某公司接到的订货数量是 90 件,最高出价仍为 55 元,那么公司能否接受订货?

要想接受这项特别订货,正常销售就必须减少 10 件,因此,要想增加利润,就必须使

$$特殊订货的价格 > 50 + \frac{(70-55) \times 10}{90} = 51.67(元/件)$$

因客户的出价 55 元大于 51.67 元,因此可以接受这项订货。计算如表 7.24 所示。

表 7.24　差量分析计算表

单位:元

项目 \ 方案	不接受特别订货	接受特别订货		
	正常销售	正常销售	特别订货	差额
差量收入	1 5400	14 700	4 950	-4 250
差量成本	11 000	10 500	4 650	-4 150
其中:增量成本	11 000	10 500	4 500	
机会成本			(70-55)×10=150	
差量损益	4 400	4 200	300	-100

通过编表比较,可以看到,如果接受订货,将会使利润增加 100 元。

（三）利用暂时闲置生产能力转产其他产品，需增加专属固定成本的决策分析

这种情况下的决策分析可以按以下要求定价，即可增加企业利润。

$$转产产品价格 > 单位变动成本 + \frac{新增专属固定成本}{转产产品数量}$$

在转产其他产品需增加固定成本的情况下，要想使转产产品为企业增加利润，转产产品的价格就必须在补偿单位变动成本和因转产而新增的固定成本后仍有剩余。这种情况下，增加利润的计算公式为：

$$增加利润 = 转产产品单位边际贡献 \times 转产产品数量 - 新增专属固定成本$$

【例 7.13】 某客户向例 7.12 中的公司订购甲产品 70 件，出厂价格为 55 元，该厂利用闲置生产能力并增加专属固定成本 700 元后即可生产，甲产品的变动成本为 40 元。

由于 $55 > \left(40 + \frac{700}{70}\right)$ 即 $55 > 50$

所以可以接受此项订货，并使企业利润增加 350 元。即：

$(55 - 40) \times 70 - 700 = 350$（元）

案例讨论

某公司生产部经理就项目 Y 的成本问题向财务经理咨询意见。项目 Y 是该经理准备竞投的一个海外一次性的订单。该项目的有关成本如下：

原材料 A	16 000 元
原材料 B	32 000 元
直接人工	24 000 元
监督成本	8 000 元
间接费用	48 000 元
合　计	128 000 元

其他的资料如下：

（1）原材料 A 已存放于仓库，上述数字乃是其成本价格。除上述项目 Y 以外，公司暂时没有其他项目会使用原材料 A。假如需要清理原材料 A，费用将是 7 000 元。原材料 B 将需要从外面购入，成本如上所示。

（2）直接人工 24 000 元为从另一项目调配到项目 Y 的工人的人工成本。另一项目因为调配而需招聘的额外工人的成本为 28 000 元。

（3）监督成本是按项目的人工成本的 1/3 计算，由现有的职员在其既定的工作范围内执行。

（4）间接费用按直接人工的 200% 计算。

（5）公司现正在高于保本点的水平运作。

（6）公司为此项目需购置的新机器，在项目完成后别无他用。机器的成本价为 40 000 元，项目完成后可以卖得 21 000 元。

根据生产部经理的资料，这位海外客户愿意支付的最高价格为 120 000 元，而公司的竞争

对手也愿意接受这个价格。基于上述的成本128 000元还未包括机器的成本及公司的利润，生产部经理可接受的最低价格是160 000元。

要求：

(1)计算项目Y的相关成本，应清楚列明如何得出这些数字，并解释某些数字被排除的理由。

(2)给生产部经理编写一份报告，阐明公司应否竞投此项目、原因及投标价。请留意竞争对手愿意出价120 000元竞投此项目。

(3)指出在竞投项目Y前应考虑的一些非货币性因素。

(4)假设公司是在低于保本点的水平运作，你将会提出什么建议？请说明理由。

四、半成品（或关联产品）是否进一步加工的决策分析

在某些企业中，经常会面临出售半成品或完工产品的决策分析问题，例如，中石油出售开采出来的原油（半成品），也可以对石油进行加工，成为汽油、柴油、沥青等（完工产品）再出售。显然，完工产品的销售单价要比半成品高，但继续加工一般都要追加变动成本和专属固定成本。再如，某些化工企业中，经常会在同一生产过程中同时产生出若干种关联产品，这些关联产品可以在分离后立即出售，也可以在分离后经过继续加工再出售。

对这类决策问题，均可采用差量分析法。但是要注意的是，半成品或关联产品进一步加工前所发生的成本，无论是变动成本还是固定成本，在决策分析中均属于无关成本，不必加以考虑。

（一）半成品是否进一步加工

产品作为半成品出售，其售价和成本都低于进一步加工后作为产成品出售的价格和成本。是否进一步加工，可按差量分析法计算、确定。

$$差量收入=进一步加工后产成品的销售收入-半成品的销售收入$$

$$差量成本=进一步加工后产成品的成本-半成品的成本$$

$$差量损益=差量收入-差量成本$$

差量损益大于零，进一步加工方案优，否则，出售半成品方案优。

【例7.14】　某公司每年生产半成品甲10 000件，每件销售单价为48元，单位变动成本20元/件，固定成本总额为150 000元。假如把半成品进一步加工为完工产品乙，则销售单价可以提高为80元/件，但需要增加单位变动成本23元/件，专属固定成本80 000元。试做出该公司是否需要进一步加工产品的决策分析。

根据上面有关资料，采取差量分析法计算如下：

完工产品乙与半成品甲的差量收入 $=80\times10\ 000-48\times10\ 000=320\ 000$（元）

完工产品乙与半成品甲的差量成本 $=23\times10\ 000+80\ 000-0=310\ 000$（元）

完工产品乙与半成品甲的差量损益 $=320\ 000-310\ 000=10\ 000$（元）

计算表明，把半成品甲进一步加工成为完工产品乙再出售的方案，比直接出售半成品甲的方案多获利10 000元，所以，进一步加工成为完工产品乙再出售的方案较优。

（二）关联产品是否进一步加工

问题的关键在于分析关联产品在加工后所增加的收入是否超过进一步加工过程中所追加的成本。如果前者大于后者，则进一步加工的方案较优；反之，则出售不加工的关联产品的方案较优。这种决策分析采用差量分析法比较好。

【例 7.15】 某石化公司在同一生产过程中，可同时生产出甲、乙、丙、丁4种关联产品，其中甲、乙两种关联产品可在分离后立即售出，也可继续加工后再出售，其有关产量、销售单价及成本资料如表7.25所示。

表 7.25 产销及成本资料表

关联产品名称		甲产品	乙产品
产量(千克)		12 000	5 000
销售单价（元/千克）	分离后	2	6
	加工后	5	10
加工前的关联成本		15 000	25 000
加工过程中增加的成本	单位变动成本(元/件)	2	5
	专属固定成本(元)	5 000	1 000

试作出该公司是否需要进一步加工甲、乙两种关联产品的决策分析。

根据有关资料，分别对甲、乙两种关联产品编制差量分析表，如表7.26和表7.27所示。

表 7.26 甲产品差量分析表

单位:元

项目	加工	不加工	差异额
相关收入	5×12 000 = 60 000	2×12 000 = 24 000	36 000
相关成本	5 000 + 2×12 000 = 29 000	0	29 000
相关损益	36 000 − 29 000 = 7 000		

表 7.27 乙产品差量分析表

单位:元

项目	加工	不加工	差异额
相关收入	10×5 000 = 50 000	6×5 000 = 30 000	20 000
相关成本	1 000 + 5×5 000 = 26 000	0	26 000
相关损益	20 000 − 26 000 = −6 000		

关联产品甲以分离后继续加工再出售可获利7 000元，所以此方案为优；而关联产品乙则以分离后立即出售的方案为优，如果继续加工再出售则要损失6 000元。

五、亏损产品停产或转产的决策分析

(一)生产能力无法转移时，亏损产品是否停产的决策分析

工业企业在日常经营过程中，往往会由于某些产品不能适销对路或质量较次、款式陈旧等原因，造成市场滞销，产品积压而发生亏损，并且此时即使不生产亏损产品，闲置下来的生产能力也无法用于其他方面，这就面临着亏损产品是否要停产的决策分析问题。在这种情况下，只要亏损产品的边际贡献大于零就不应该停产，因为亏损产品停产后减少边际贡献，并不能减少固定成本。如果继续生产亏损产品，亏损产品提供的边际贡献可以弥补部分固定成本，而停产亏损产品不仅不会减少亏损，反而会扩大亏损。所以此时可采用边际贡献分析法进行决策。

【例 7.16】 某公司本年度产销甲、乙、丙3种产品，相关资料如表7.28所示。

表 7.28 某公司本年度产销资料

项目	甲产品	乙产品	丙产品
销量(件)	2 000	500	400
销售单价(元/件)	20	60	25
单位变动成本(元/件)	12	50	15
固定成本总额(元)	18 000(按各产品销售收入比重分配)		

试作出该公司乙产品是否停产的决策分析。

根据有关资料,采用边际贡献分析法,编制边际贡献及利润计算表,如表 7.29 所示。

表 7.29 边际贡献和利润计算表

单位:元

产品名称	甲产品	乙产品	丙产品	合计
销售收入总额	40 000	30 000	10 000	80 000
变动成本总额	24 000	25 000	6 000	55 000
边际贡献总额	16 000	5 000	4 000	25 000
固定成本总额	9 000	6 750	2 250	18 000
利润	7 000	-1 750	1 750	7 000

计算表明,乙产品能提供 5 000 的边际贡献总额,故乙产品不应该停产。如果将乙产品停产,则公司的边际贡献总额减少了 5 000 元,而乙产品所分配的固定成本总额则要转加给甲、丙两种产品去承担,其结果反而造成整个公司利润下降 5 000 元,乙产品停产后的边际贡献与利润计算表如表 7.30 所示。

表 7.30 乙产品停产后的边际贡献与利润计算表

单位:元

产品名称	甲产品	丙产品	合计
销售收入总额	40 000	10 000	50 000
变动成本总额	24 000	6 000	30 000
边际贡献总额	16 000	4 000	30 000
固定成本总额	14 400	3 600	18 000
利润	1 600	400	2 000

(二)生产能力可以转移时,亏损产品是否转产的决策分析

如果亏损产品停产以后,闲置下来的生产能力可以转移,或转产其他产品,或将设备对外出租,就必须考虑亏损产品的机会成本因素,对可供备选的方案进行对比分析后再进行决策。

【例 7.17】 依据例 7.16 的资料,如果将乙产品停产后剩余下来的生产能力转产丁产品,每年可产销 800 件,销售单价为 40 元/件,单位变动成本为 28 元/件,试作出该公司乙产品是否转产的决策分析。

有关计算如下:

丁产品的边际贡献总额 $=(40-28)\times 800=9\ 600$(元)

计算表明,丁产品的边际贡献总额9 600元比乙产品的边际贡献总额5 000元多4 600元,故转产丁产品的方案是可行的。

【思考】 在上例中,乙产品停产后不是转为丁产品,而是将腾出来的厂房、机器设备等出租给别的单位,每年可获得租金10 000元,此时又如何决策呢?

六、零、部、配件取得方式的决策分析

(一)在零件、部件、配件全年需要量确定情况下

在零件、部件、配件全年需求量确定的情况下的决策分析一般可采用差量分析法。此时,一般有自制或外购的两种方式,但由于自制或外购预期收入总是相同的,故采用差量分析法时,只计算差量成本,并从中选择成本较低的方案作为较优方案。当然,在决策分析过程中还应注意:不论是自制还是外购,共同性的固定成本总要发生,并不因方案而异。因此,在一般情况下,特别是在生产能力充足的情况下,自制方案根本不需要考虑固定成本,除非自制时需要增加专用设备,则其新增的专属固定成本属于相关成本。另外,在分析时还应注意是否有机会成本存在(例如,车间中的生产设备如不自制可移做他用,并能提供边际贡献,或获得租金收入等),如果有的话,也应考虑进去。至于外购方案的预期相关成本,一般应包括买价以及订货、运输、装卸等费用在内。

【例7.18】 某电视机厂每年需要甲零件3 600个,若向市场购买,进货价格包括运杂费为30元/件。该厂的数控车间目前尚有剩余生产力,可制造这种零件,经会计部门同生产技术部门进行估算,预计每个零件的成本资料为:直接材料费为14元,变动制造费用为6元,直接人工费用为8元,固定制造费用为6元。数控车间如不制造该零件,生产设备也没有其他用途。试作出该厂甲零件是自制还是外购的决策分析。

由于该厂数控车间有剩余生产能力可以利用,原有的固有成本不会因为自制而增加,也不会因外购而减少,故甲零件的自制成本中的固定制造费用属于无关成本,不应包括在内。据此,可进行差量分析如下:

自制方案的预期成本 = (14 + 6 + 8) × 3 600 = 100 800(元)

外购方案预的期成本 = 30 × 3 600 = 108 000(元)

计算结果表明,甲零件应采取自制方案,自制方案可比外购方案节约成本7 200元。

【例7.19】 依据例7.19的资料,假定某电视机厂数控车间的生产设备如不能自制甲零件,可以租给外厂使用,每月可收取租金1 000元。试作出该厂家甲零件是自制还是外购的决策分析。

若该厂决定自制,则舍弃外购方案可获得的潜在利益(即全年租金收入),应作为被选中自制方案的机会成本来衡量自制方案是否真正可行。据此,进行差量分析如下:

自制方案的预期成本 = (14 + 6 + 8) × 3 600 + 1 000 × 12 = 112 800(元)

外购方案的预期成本 = 30 × 3 600 = 108 000(元)

自制与外购的差异成本 = 112 800 − 108 000 = 4 800(元)

计算结果说明,自制方案如果考虑机会成本,则外购方案要比自制方案节约成本4 800元,所以采用外购方案为宜。

【例7.20】 依据例7.19的资料,若某电视机厂数控车间自制甲零件时,每年需要增加专属固定成本10 000元,作出该厂甲零件是自制还是外购的分析决策。

由于专属固定成本属于决策的相关成本,故在自制方案中应作为预期成本的一部分,据

此，可进行差量分析如下：

自制方案的预期成本 = 10 000 + (14 + 6 + 8) × 3 600 = 110 800(元)

外购方案预期成本 = 30 × 3 600 = 108 000(元)

自制与外购的差异成本 = 110 800 − 108 000 = 2 800(元)

计算结果表明，自制方案考虑专属固定成本后，外购方案要比自制方案节约成本 2 800 元，故采用外购方案较优。

(二)在零件、部件、配件全年需求量不确定的情况下

在零件、部件、配件全年需求量不确定的情况下的决策分析，可以采用成本平衡点法。

【例 7.21】　某农机公司制造拖拉机时的齿轮过去一直依靠外购，购入单价为 520 元。现在该公司的数控车间有不能移做他用的剩余生产能力可以自制齿轮。经过技术部门与会计部门共同估算，自制每个齿轮的单位成本为 550 元，其中：直接人工费为 120 元，直接材料费为 180 元，变动制造费用为 120 元，固定制造费用为 130 元。另外，如自制齿轮，每年还需增加专属固定成本 16 000 元。试作出该公司所需的齿轮是自制还是外购的决策分析。

设齿轮的需求量为 x，则：

外购的相关成本 $y_1 = 520x$

自制的相关成本 $y_2 = 16\,000 + (120 + 120 + 180)x$

$y_1 = y_2$

$520x = 16\,000 + (120 + 120 + 180)x$

得：成本平衡点 $x_0 = 160$(个)

该决策方法还可以通过画图的方法得到成本平衡点：

第一步：在直角坐标系中，通过原点画一条外购成本线。

第二步：画自制成本线。

第三步：外购成本线与自制成本线的交点，就是成本平衡点，如图 7.1 所示。

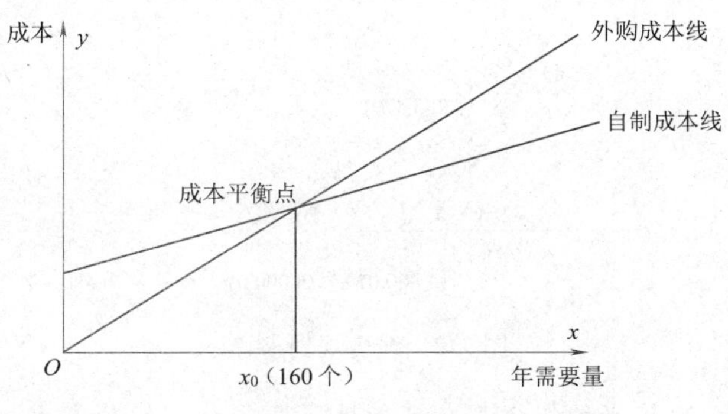

图 7.1　成本平衡点

计算表明，齿轮需求量为 160 个，则两方案的预期成本相同，均属于可行方案，若齿轮需求量大于 160 个，则自制方案较优；如果齿轮需求量小于 160 个，则外购方案较优。

七、产品最优组合的决策分析

在多品种产品的生产过程中，生产离不开一些必要条件或因素(如机器设备、人工、原材料等)，如果各种产品共用一种或几种必要条件或因素，而这些条件或因素又是有限的，就应

使各种产品的生产组合达到最优化的结构,以便有效、合理地使用这些限制资源。这是企业管理者在生产决策中经常遇到的问题。管理者必须根据市场的需要和企业现有资源合理地安排各种产品的生产,使各种产品的产量达到最优组合,以取得最佳的经济效益。

产品组合优化决策就是通过计算、分析进而作出各种产品应生产多少才能使得各个生产因素得到合理、充分的利用,并能获得最大利润的决策。这种产品最优组合的生产问题可采用线性规划法来决策。

【例 7.22】 某企业生产甲、乙两种产品,两种产品公用设备工时数为 15 000 小时,共用人工工时数为 24 000 小时,甲产品单位产品所需设备工时为 3 小时,人工工时数为 5 小时,单位贡献边际为 42 元,乙产品单位产品所需设备工时为 5 小时,人工工时数为 6 小时,单位贡献边际为 60 元,要求采用线性规划法为企业做出最优生产组合的决策分析。

(1)建立目标函数与约束条件方程式,设 x 代表甲产品的产量,y 代表乙产品的产量,S 代表可提供的贡献边际总额,则目标函数方程式为:

$S=42x+60y$

约束条件方程式为:

$3x+5y\leqslant 15\,000$

$5x+6y\leqslant 24\,000$

(2)根据约束条件方程式,求出符合约束条件方程式共同解的区域,符合约束条件方程式共同解在角点(0,0),(4 800,0),(4 285,429),(0 ,3 000)围成的四边形区域内,将其解的区域(阴影部分)在坐标图中标出,如图 7.2 所示。

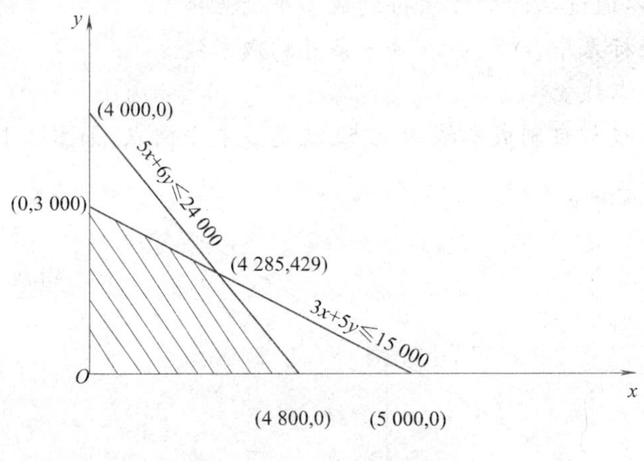

图 7.2 线性规划求解

(3)在线性规划中,比较好的组合都在可行性区域每个角的顶点上。因此,比较各个顶角的目标函数值,就可以找到线性规划的最优解。

把顶角的坐标值带入目标函数 $S=42x+60y$ 得:

角点(0,0):

$S=42x+60y=0$

角点(4 800,0):

$S=42x+60y=42\times 4\,800+60\times 0$

$\quad=201\,600$(元)

角点(4 285,429):

$$S = 42x + 60y = 42 \times 4\ 285 + 60 \times 429$$
$$= 179\ 970 + 25\ 740$$
$$= 205\ 710(\text{元})$$

角点(0,3 000):

$$S = 42x + 60y = 42 \times 0 + 60 \times 3\ 000$$
$$= 180\ 000(\text{元})$$

结果表明,该企业应生产甲产品4 285件、乙产品429件,就可以满足贡献边际最大化的要求。

第四节　产品定价决策

一、影响产品价格的基本因素

产品定价决策分析是指在不违背国家物价政策的前提下,通过对影响产品价格的因素进行分析,运用一定的方法制订出能够使企业获得最大经济效益的产品价格的决策分析过程。为生产的产品或提供的劳务制订合理的价格,是企业生产经营业务的一项重要决策。定价是否合理,直接影响销售,而销售量的多少又决定着生产量的高低,并影响产品成本的水平和盈利的多少。一种产品价格制订的适当与否,往往决定了该产品能否被市场接受,并直接影响该产品的竞争地位和市场占有率。所以产品定价是一个极其复杂又十分敏感的问题,涉及许多影响因素,并且这些因素之间存在着错综复杂的关系。一般来说,影响价格制订的基本因素包括以下几方面:

(一)成本因素

成本是影响定价的最基本因素。从短期来看,企业应根据成本结构确定产品价格,即产品价格必须高于平均变动成本,以便于掌握盈亏情况,减少经营风险;从长期来看,产品价格应等于总成本加上合理的利润,否则无利可图,企业将会停止生产。

(二)需求因素

市场需求与价格的关系可以简单地用市场需求潜力与需求价格弹性来反应。市场需求潜力是指在一定的价格水平下,市场需求可能达到的最高水平。需求价格弹性是指在其他条件不变的情况下,某种商品的需求量随其价格的升降而变动的程度。其计算公式是;

$$\text{需求价格弹性} = \frac{\text{需求变化量}}{\text{价格变化量}}$$

通过公式可以看出,需求价格弹性大的商品,其价格的高低对市场需求影响比较大;可以促销;需求价格弹性小的商品,其价格的制订对市场需求影响小。例如日常生活必需品,如食油、粮食、日用小商品等,由于日常需求量大,且价格弹性较小,可采用较低的定价和薄利多销的策略;对消费品中的奢侈品和耐用消费品,如高档化妆品、名贵首饰、高级组合音响等,由于需求量小,价格弹性也较小,则可采用优质高价的策略,因为对购买者来说,看中的是商品的品质和品牌,价格则属于次要问题。

(三)竞争因素

产品竞争的激烈程度不同,对定价的影响也不同。竞争越激烈,对价格的影响越大。完全竞争的市场,企业几乎没有定价的主动权;在不完全竞争的市场中,竞争的强度主要取决于产品制造的难易程度和供求形势。由于竞争影响定价,企业要做好定价工作,必须充分了解竞争者的情况:主要竞争对手来自何方,主要竞争对手的实力如何,以及主要竞争者的定价策略如何。

(四)科学技术因素

科学发展及技术进步在生产中的推广和应用必将导致新产品、新工艺、新材料代替老产品、老工艺、旧材料,从而形成新的产业结构、消费结构和竞争结构。例如,化纤工业的兴起和发展形成对传统棉纺织工业和丝绸工业的巨大竞争压力;高清晰度彩电系统将是对原有彩电系统的否定。这种科学技术因素对销售价格的影响必须予以考虑。

(五)相关工业产品的销售量

某些产品的销售量往往取决于相关工业产品的销售,如纺织业与服装业、轮胎业与汽车业、玻璃业与建筑业等,基本上是后者的销售决定前者的销售。因此,前者的销售价格的制定可以根据后者的预测资料进行。

二、产品价格的制订

(一)成本加成定价法

1. 完全成本定价法

完全成本定价法是按照完全成本定价的方法。即在单位完全成本的基础上加上一定比率的利润来制订产品价格的一种方法。其计算公式如下:

产品销售单价 = 产品预计单位完全成本 ×(1 + 利润加成率)

【例 7.23】 某公司准备制订 A 产品的销售价格,经估算,生产 A 产品 10 000 件的估计成本资料如表 7.31 所示,公司拟采用完全成本定价法,该公司要求在 A 产品的基础上加成 40%,试确定 A 产品的销售价格。

表 7.31 A 产品成本构成表

单位:元

项　目	金额(产量 10 000 件)
直接材料	600 000
直接人工	200 000
变动制造费用	140 000
固定制造费用	300 000
变动销售及管理费用	150 000
固定销售及管理费用	130 000
合计	1 520 000

A 产品单位生产成本 = (600 000 + 200 000 + 140 000 + 300 000)/10 000
　　　　　　　　　= 124(元)

A 产品销售价格 = 124 ×(1 + 40%)= 173.6(元)

2. 变动成本定价法

变动成本定价法是按照产品的变动成本加上一定数额的贡献毛益,作为制订产品售价依据的方法。一般采用单位产品全部变动成本,成本加成内容应该包括目标利润和全部的固定

成本即边际贡献,因此,成本加成率实质就是变动成本贡献率。其计算公式为:

产品单位售价 = 产品单位变动成本 ×(1 + 变动成本加成率)

变动成本加成率 =(利润 + 固定成本)/变动成本 = 边际贡献/变动成本

【例 7.24】 根据例 7.24 的资料,若该公司采用变动成本加成法,要求在 A 产品单位变动成本的基础上加成 80%,试确定 A 产品的销售价格。

A 产品单位变动成本 =(600 000 + 200 000 + 140 000 + 150 000)/10 000

= 109(元)

A 产品销售价格 = 109 ×(1 + 80%)= 173.6(元)

3. 边际成本定价法

边际成本是指每增加一个单位(可以是 1 件、10 件、20 件等)产品销售所增加的总成本;边际收入则是指每增加一个单位产品销售所增加的总收入;边际收入与边际成本之差,称为边际利润,表示每增加一个单位产品销售所增加的利润。边际利润等于零或接近于零,意味着边际成本与边际收入相等或近似相等。此时,如果再增加产品销售量,由于边际收入小于边际成本,将不能再为企业提供新增利润,因此企业利润不会增加反而减少。可见,边际收入等于边际成本时的利润总额最大。此时的价格和销售量,就是最优价格和最优售量。利用边际收入等于边际成本时利润最大的原理制订产品价格的方法,称为边际成本定价法。

(二)竞争导向定价法

具体包括随行就市定价、竞争价格定价、密封投标定价等方法。

1. 随行就市定价法

这是竞争导向定价法中广为流行的一种。定价原则是使本企业产品的价格与竞争产品的平均价格保持一致,其目的是:

(1)平均价格在人们的观念中常被认为是“合理价格”,易被消费者接受。

(2)试图与竞争者和平相处,避免激烈竞争所产生的风险。

(3)一般能为企业带来合理、适度的盈利。

2. 竞争价格定价法

竞争价格定价法是一种主动竞争的定价方法,一般为实力雄厚,或产品独具特色的企业所采用。

3. 密封投标定价法

密封投标定价法主要用于投标交易方式。企业参加投标是希望中标,而能否中标在很大程度上取决于企业与竞争者投标报价水平的比较。因此,投标报价时要尽可能准确地预测竞争者的价格意向,然后,在正确估算完成招标任务所需成本的基础上,定出最佳报价。

(三)需求导向定价法

需求导向定价法是以消费者对商品需求或商品价值的认识程度为基本依据的定价方法。主要有以下两种:

1. 需求价值定价法

该方法是将消费者对商品价值的理解程度作为定价的基本依据。它以顾客为中心,在把握消费者对商品价值的认识程度、摸清消费者可接受价格的基础上,反向推导出零售商及各级中间商的销售价格和厂家的出厂价,故又称为反定价法或价格倒推法。

2. 需求差异定价法

该方法以销售对象、销售地点、销售时间等条件变化所产生的需求差异作为定价的基本依据，针对每种差异决定在基础价格上定价加上一定百分比，但预测结果还应结合产品所处的不同寿命阶段，采取不同的价格策略，最后确定实际价格。

（四）产品寿命周期与价格策略

1. 产品寿命周期及其测定方法

所谓产品寿命周期，是指某种产品从投入市场开始直到退出市场为止的整个过程。产品寿命周期一般可以分为投入期、成长期、成熟期和衰退期4个阶段，如图7.3所示。

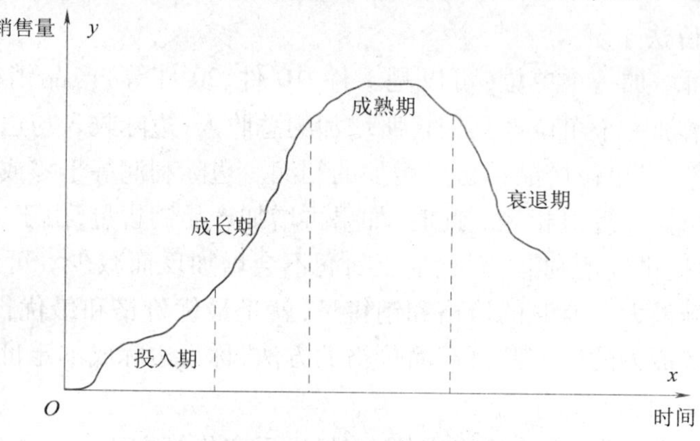

图7.3　产品寿命周期图

在不同寿命阶段，产品的质量、成本、产销量、竞争情况及需求者的评价等都存在着差异，对价格的确定会产生不同的影响，因而应该采用不同的价格策略，使价格能够准确反映价值和供求关系，从而增强产品的竞争力，使企业获得最佳经济效益。产品寿命周期的确定比较困难，通常可以采用绘图法和销售增长率测定法进行预测。

绘图法就是将某产品的历史产销量资料按时间先后顺序逐一在直角坐标系中标出坐标点，然后连点成线，得出到绘图时为止的寿命周期曲线。尽管该曲线只是整个寿命周期曲线的某一段，但已经可以根据曲线的趋势粗略判别该产品在寿命周期中所处的阶段。

销售增长率测定法是利用销售增长率判断产品在寿命周期中所处阶段的一种方法。产品寿命周期不同阶段的基本区别在于各阶段销售增长率的变化不同。在投入期，销售量增长缓慢，销售增长率较小；在成长期，销售量急剧上升，销售增长率较大；在成熟期，销售量增长趋缓，销售增长率较小；而在衰退期，销售量开始减少，销售增长率出现负数。因此，通过计算比较销售增长率的大小，即可粗略判断产品的寿命阶段。销售增长率的计算公式如下：

一般而言，$0<$销售增长率$<10\%$时，为投入期或成熟期；当销售增长率$\geqslant 10\%$时，为成长期；当销售增长率<0时，为衰退期。

2. 产品寿命周期的阶段价格策略

不同阶段的价格策略必须根据各阶段的特征灵活确定。下面简单介绍不同阶段的基本特征和所采用的一般价格策略。

（1）投入期的价格策略。作为刚刚投入市场的新产品，虽然具有一定的技术、经济优势，甚至还可能是独家生产经营，但由于产品结构和工艺尚未定型，质量不太稳定，大批生产的能力也未形成，加上消费者（或用户）对新产品缺乏了解和信任，因而销路有待打开，产品开发是

否成功还没有把握。针对上述特征,企业为尽快打开局面,可采取以下价格策略:

①渗透策略。即在投入期,以低价投放新产品,并辅以高促销手段,其目的在于尽快打开销路,夺取更大的市场份额。在有效占领市场后,再逐渐提高价格水平。这种策略能有效地排斥竞争者,使企业长期占有市场,从而持久地给企业带来日益增多的利润。但渗透策略定价水平低,使企业投资回收速度放慢,企业在投入期经济效益较差。在产品市场规模大、竞争激烈、价格弹性大的情况下,采用渗透策略可以达到以廉取胜、薄利多销的目的。

②撇脂策略。即在投入期,以高价投放新产品,并辅以高促销手段,从而保证获得初期高额利润,以后随产品销路的扩大逐渐降价。采取此策略,高价高利,可以迅速回收投资,并为以后产品降价促销提供条件。但这种策略也会引来竞争,影响及时打开销路。因此,它只适用于市场上没有类似替代物、在短期内居垄断地位并容易开辟市场的新产品。

(2)成长期的价格策略。产品经过投入期的试销和改进,技术日趋成熟,质量也基本稳定,逐渐形成销售高峰,产品进入成长期。在成长期内,由于广告宣传等促销作用,产品已为消费者(或用户)所熟悉,并在竞争中占有较大优势,市场需求量扩大,利润也开始迅速增长。成长期是产品开发的关键时期,企业一方面应该努力稳定和适当提高产品的质量,扩大生产能力;另一方面应在保证市场供应,维持、扩大市场占有率的情况下,通过采取目标价格策略,修正预测值,确定最优价格。具体做法是使该阶段的目标利润率高于整个寿命期里的平均利润率,这样不仅可以使产品的成长期成为企业获利最多的时期,而且企业也有了降价促销的后续手段,从而在销售困难时期可以以多补少,使整个寿命期内的产品利润最大化。

(3)成熟期的价格策略。产品进入成熟期,市场需求量接近饱和,销售增长率逐渐下降。本阶段的最大特点就是随着大量竞争者进入市场,竞争日益激烈。为了延长产品的成熟期,提高产品开发的经济效益,企业一方面应该继续加强广告宣传和用户服务工作,在保持老用户的同时,努力扩大新用户;另一方面则应努力加强内部管理,大幅降低产品成本,为今后采用竞争价格策略创造条件,维持原有的市场占有率。竞争价格策略因竞争者的情况而异。对于竞争条件(如成本、质量、性能等)差的对手,可以采用低价倾销的方法,在价格政策允许的范围内挤走竞争者或乘机扩大市场占有率;对于竞争条件强的对手,可以采用"你提我也提,你降我也降"的办法,努力维持原有市场占有率;对于竞争条件相当的对手,为了避免竞争可能形成的两败俱伤的局面,可以采用非价格竞争的办法,即在维修、供应备品备件、代培人员等方面提供更优越的条件,以维持原有的市场占有率。

(4)衰退期的价格策略。新技术的出现预示着品质更优越、性能更卓著的新产品将替代市场上原有的老产品,于是原有产品进入衰退期。衰退期产品的特点是,由于消费者(或用户)的购买转向新产品,原有产品销售增长率和利润急剧下降,甚至出现负增长的情况,市场需求逐渐缩小。对处于衰退期的产品,企业应积极转移产品市场,努力在新地区开拓对该产品的需求,并努力开发新产品,创造新的需求。

WPS 在本章中的应用

一、经营决策分析模型的建立

【例 7.25】 某医药公司使用一台机器可生产甲产品,也可以生产乙产品,如果机器的最大生产能力为 10 000 机器小时,生产两种产品所需定额工时及各种成本数据如表 7.32 所示。试作出医药公司生产何种产品较为有利的决策分析。

表 7.32　某医药公司产销资料

项　目	甲产品	乙产品
定额工时(机器小时/件)	40	25
销售单价(元/件)	28	16
单位变动成本(元/件)	24	13
直接材料(元/件)	9	6
直接人工(元/件)	7	4
变动制造费用(元/件)	8	3
固定成本总额(元)	18 000	18 000

(一)差量分析法

第一步:把上述数据录入 WPS 工作表。

第二步:计算相关指标,写出计算公式,如图 7.4 所示。

	A	B	C	D	E
1					
2		某医药公司产销资料			
3	生产能力为10000机器小时				
4	项目	甲产品	乙产品		
5	定额工时（机器小时/件）	40	25		
6	销售单价（元/件）	28	16		
7	单位变动成本（元/件）	24	13		
8	直接材料（元/件）	9	6		
9	直接人工（元/件）	7	4		
10	变动制造费用（元/件）	8	3		
11	固定成本总额（元）	18000	18000		
12					
13		甲产品	乙产品	差额	
14	产量	250	400		
15	差量收入	"=B14*B6"	"=C14*C6"	"=B15-C15"	
16	差量成本	"=B14*B7"	"=C14*C7"	"=B16-C16"	
17	差量损益			"=D15-D16"	
18					

图 7.4　输入计算公式

第三步:通过公式计算结果,差量损益为 -200 元,企业应生产乙产品比较有利,如图 7.5 所示。

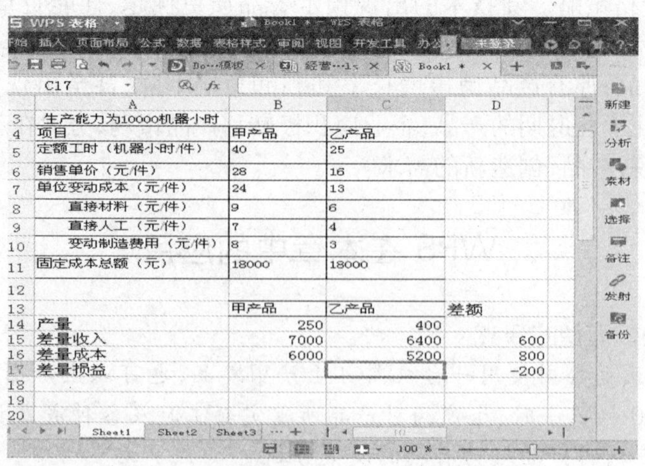

	A	B	C	D
3	生产能力为10000机器小时			
4	项目	甲产品	乙产品	
5	定额工时（机器小时/件）	40	25	
6	销售单价（元/件）	28	16	
7	单位变动成本（元/件）	24	13	
8	直接材料（元/件）	9	6	
9	直接人工（元/件）	7	4	
10	变动制造费用（元/件）	8	3	
11	固定成本总额（元）	18000	18000	
12				
13		甲产品	乙产品	差额
14	产量	250	400	
15	差量收入	7000	6400	600
16	差量成本	6000	5200	800
17	差量损益			-200
18				
19				
20				

图 7.5　显示计算结果

(二)贡献边际分析法

计算相关指标:

(1)输入计算公式,如图7.6所示。

	A	B	C	D
3	生产能力为10000机器小时			
4	项目	甲产品	乙产品	
5	定额工时(机器小时/件)	40	25	
6	销售单价(元/件)	28	16	
7	单位变动成本(元/件)	24	13	
8	直接材料(元/件)	9	6	
9	直接人工(元/件)	7	4	
10	变动制造费用(元/件)	8	3	
11	固定成本总额(元)	18000	18000	
12				
13		甲产品	乙产品	差额
14	产量	250	400	
15	单位贡献边际	"=B6-B7"	"=C6-C7"	
16	贡献边际总额	"=B14*B15"	"=C14*C15"	

图7.6 输入公式

(2)得出结果,生产乙产品比较有利,如图7.7所示。

	A	B	C	D
2	某医药公司产销资料			
3	生产能力为10000机器小时			
4	项目	甲产品	乙产品	
5	定额工时(机器小时/件)	40	25	
6	销售单价(元/件)	28	16	
7	单位变动成本(元/件)	24	13	
8	直接材料(元/件)	9	6	
9	直接人工(元/件)	7	4	
10	变动制造费用(元/件)	8	3	
11	固定成本总额(元)	18000	18000	
12				
13		甲产品	乙产品	差额
14	产量	250	400	
15	单位贡献边际	4	3	
16	贡献边际总额	1000	1200	

图7.7 显示计算结果

(三)接受订货的决策分析

【例7.26】 假设某公司只生产A产品,生产能力为300件,正常产销量为220件,固定成本为2 000元,单位变动成本为50元,正常销售价格为70元,现有某客户欲订货80件,但最高出价只能为每件55元,是否接受订货?

这种决策一般用差量分析法，因企业利用的是剩余生产能力，固定生产成本不用考虑，只要特殊订货的单价能补偿单位变动成本就可以接受。本例中，特殊订货在补偿变动成本外还可以是企业获利400元，可以接受订货，如图7.8和图7.9所示。

D10 ″=D8-D9″

	A	B	C	D	E
1	某公司生产A产品的资料				
2	特殊订单决策				
3	生产能力	300	固定成本	2000	
4	正常销售量	220	特殊订货量	80	
5	单位变动成本	50	特殊订货价格	55	
6	售价	70			
7		不接受订货	接受订货	差额	
8	差量收入	0	″=D4*D5″	″=B8-C8″	
9	差量成本	0	″=D5*D4″	″=B9-C9″	
10	差量损益			″=D8-D9″	
11					

图7.8　输入公式

D11

	A	B	C	D	E
1	某公司生产A产品的资料				
2	特殊订单决策				
3	生产能力	300	固定成本	2000	
4	正常销售量	220	特殊订货量	80	
5	单位变动成本	50	特殊订货价格	55	
6	售价	70			
7		不接受订货	接受订货	差额	
8	差量收入	0	4400	4400	
9	差量成本	0	4000	4000	
10	差量损益			400	
11					

图7.9　显示结果

【例7.27】　假设某公司只生产A产品，生产能力为300件，正常产销量为220件，固定成本为2 000元，单位变动成本为50元，正常销售价格为70元，现有某客户欲订货90件，但最高出价只能为每件55元，是否接受订货？

在这种情况下，接受订货。因90件的订货量超过剩余产量，接受它就要损失正常销售10件，为此接受订货的10件产量为企业造成的损益应作为接受订货的机会成本。分析计算如图7.10和图7.11所示。

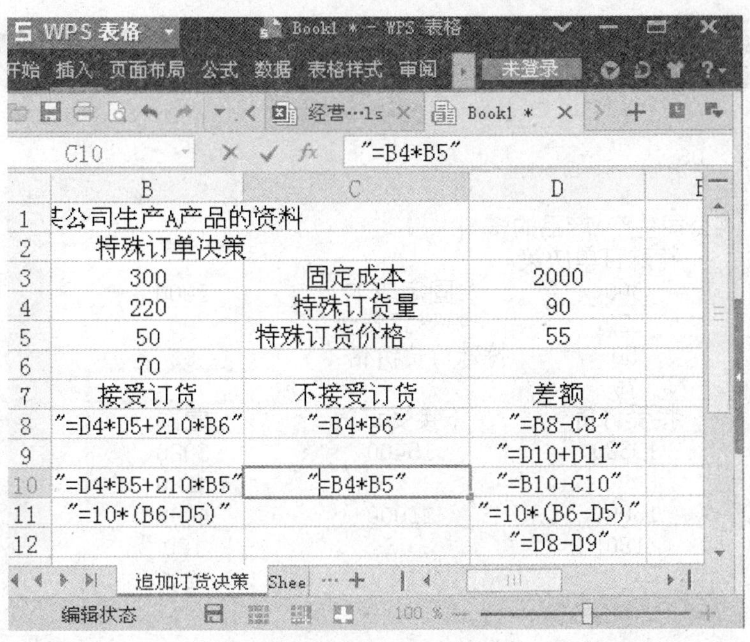

	B	C	D
1	某公司生产A产品的资料		
2	特殊订单决策		
3	300	固定成本	2000
4	220	特殊订货量	90
5	50	特殊订货价格	55
6	70		
7	接受订货	不接受订货	差额
8	"=D4*D5+210*B6"	"=B4*B6"	"=B8-C8"
9			"=D10+D11"
10	"=D4*B5+210*B5"	"=B4*B5"	"=B10-C10"
11	"=10*(B6-D5)"		"=10*(B6-D5)"
12			"=D8-D9"

图 7.10 输入公式

	A	B	C	D
1	某公司生产A产品的资料			
2	特殊订单决策			
3	生产能力	300	固定成本	2000
4	正常销售量	220	特殊订货量	90
5	单位变动成本	50	特殊订货价格	55
6	售价	70		
7		接受订货	不接受订货	差额
8	差量收入	19650	15400	4250
9	总成本			4150
10	差量成本	15000	11000	4000
11	机会成本	150		150
12	差量损益			100

图 7.11 显示计算结果

差量损益为 100 元，可以接受订货。

二、因素变动的假设分析

在模型创建完成的基础上，可以进行相应的分析，如果对方的定价或订货量发生变化，结果会怎样？

【例 7.28】 在例 7.27 中，其他条件不变的情况下，特殊订货价格由原来的 55 件降为 52 件，是否接受订货？通过计算可以看出，企业亏损 200 元，不能接受订货。计算如图 7.12 所示。

WPS 表格　Book1 * - WPS 表格

D6

	B	C	D
1	公司生产A产品的资料		
2	特殊订单决策		
3	300	固定成本	2000
4	220	特殊订货量	90
5	50	特殊订货价格	52
6	70		
7	接受订货	不接受订货	差额
8	19380	15400	3980
9			4180
10	15000	11000	4000
11	180		180
12			-200

图 7.12　显示计算结果

【例 7.29】 在例 7.28 中，其他条件不变的情况下，特殊订货量由原来的 90 件升为 95 件，是否接受订货？通过计算可以看出，企业亏损 190 元，不能接受订货。计算如图 7.13 所示。

WPS 表格　Book1 * - WPS 表格

E11

	B	C	D
1	公司生产A产品的资料		
2	特殊订单决策		
3	300	固定成本	2000
4	220	特殊订货量	95
5	50	特殊订货价格	52
6	70		
7	接受订货	不接受订货	差额
8	19640	15400	4240
9			4430
10	15250	11000	4250
11	180		180
12			-190

图 7.13　显示计算结果

三、结果变动的假设分析

【例 7.30】 在例 7.30 中,假设某公司只生产 A 产品,生产能力为 300 件,正常产销量为 220 件,固定成本为 2 000 元,单位变动成本为 50 元,正常销售价格为 70 元,现有某客户欲订货 90 件,但最高出价只能为每件 55 元,通过上面的分析企业是可以接受订货的。因订货可以盈利 100 元。反过来,如果企业要盈利 200 元,在其他条件不变的情况下,企业可以接受的订货价格是多少?

选择"工具"→"单变量求解"命令,在"单变量求解"对话框中,"目标单元格"输入"D12","目标值"输入"200","可变单元格"输入"D5",如图 7.14 所示。

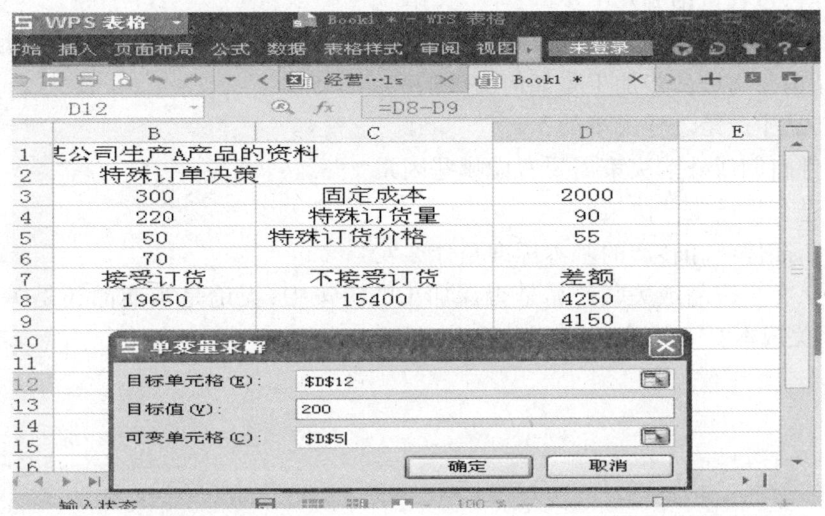

	B	C	D
1	某公司生产A产品的资料		
2	特殊订单决策		
3	300	固定成本	2000
4	220	特殊订货量	90
5	50	特殊订货价格	55
6	70		
7	接受订货	不接受订货	差额
8	19650	15400	4250
9			4150

图 7.14　单变量求解

单击"确定"按钮,结果为单价由原来 55 元变为 56 元,如图 7.15 所示。

D12　=D8-D9

	B	C	D
1	某公司生产A产品的资料		
2	特殊订单决策		
3	300	固定成本	2000
4	220	特殊订货量	90
5	50	特殊订货价格	56
6	70		
7	接受订货	不接受订货	差额
8	19740	15400	4340
9			4140
10	15000	11000	4000
11	140		140
12			200

图 7.15　显示结果

思考题

1. 提高产品价值的途径有哪些？
2. 进行功能成本决策选择分析对象的一般原则有哪些？试举出5条。
3. 实施功能评价的基本步骤包括哪些？
4. 如何根据价值系数来选择降低成本的目标？
5. 什么是决策分析？
6. 决策分析过程包括哪几个步骤？
7. 生产经营决策中常用的方法有哪些？各有哪些优缺点？它们的评价指标是什么？
8. 半成品销售与进一步加工是如何决策的？
9. 关联产品生产是怎样决策的？
10. 零部件自制或外购决策需要考虑哪些因素？
11. 如何进行生产工艺决策？
12. 亏损产品停产和转产的基本标准是什么？
13. 为什么在半成品或关联产品是否深加工的决策中，无论是半成品还是关联产品本身的成本都是无关成本？

同步测试题

一、单项选择题

1. 一般不涉及新的固定资产投资，只涉及一年以内的一次性专门业务，并仅对该时期内的收支盈亏产生影响的决策为(　　)。

   A. 风险决策　　B. 控制决策

   C. 长期投资决策　　D. 短期经营决策

2. 将决策分析区分为短期经营决策与长期决策所依据的分类标志是(　　)。

   A. 决策的重要程度　　B. 决策条件的肯定程度

   C. 决策时期的长短　　D. 决策解决的问题

3. 在管理会计中，将决策划分为确定型决策、风险型决策和不确定型决策的分类标志是(　　)。

   A. 决策的重要程度　　B. 决策条件的肯定程度

   C. 决策规划时期的长短　　D. 决策解决的问题内容

4. 在新产品开发的品种决策中，如果方案涉及追加专属成本，则下列方法中不宜采用的是(　　)。

   A. 单位资源贡献边际分析法　　B. 贡献边际总额分析法

   C. 差量损益分析法　　D. 相关损益分析法

5. 下列决策方法中，能够直接揭示中选的方案比放弃的方案多获得的利润或少发生损失的方法是(　　)。

A. 单位资源贡献边际分析法　　B. 贡献边际总额分析法
C. 差量损益分析法　　D. 相关损益分析法

6. 在零部件自制或外购的决策中,如果零部件的需用量尚不确定,应当采用的决策方法是(　　)。
A. 相关损益分析法　　B. 差别损益分析法
C. 相关成本分析法　　D. 成本无差别点法

7. 下列成本中,一定属于相关成本的是(　　)。
A. 付现成本　　B. 沉没成本　　C. 不可避免成本　　D. 固定成本

8. 某企业接受一批特定订货,需购买一台专用设备,价值为10 000元,在此特定订货决策中,专用设备价值属于(　　)。
A. 专属成本　　B. 重置成本　　C. 沉没成本　　D. 不可避免成本

9. 在短期决策分析中,属于无关成本的是(　　)。
A. 沉没成本　　B. 重置成本　　C. 差别成本　　D. 机会成本

10. 某厂加工的半成品若直接出售可获利6 000元,若进一步加工为成品出售可获利5 000元,则加工为成品的机会成本是(　　)元。
A. 4 800　　B. 6 000　　C. 5 000　　D. 11 000

11. 短期经营决策不包括(　　)。
A. 成本决策　　B. 定价决策
C. 产品生产决策　　D. 固定资产投资决策

12. 在企业利用剩余生产能力开发新产品的决策分析中,不能作为决策标准的是(　　)。
A. 贡献边际总额　　B. 单位贡献边际
C. 单位产品每小时提供的贡献边际　　D. 以上均错

13. 在企业有剩余生产能力的情况下,当(　　)时,即可接受客户的追加订货。
A. 对方出价小于单位变动成本　　B. 对方出价大于单位变动成本
C. 对方出价大于完全成本　　D. 以上均错

14. 在(　　)的情况下,亏损产品应停产。
A. 该亏损产品的单位贡献边际大于零
B. 该亏损产品的单价大于其单位变动成本
C. 该亏损产品的变动成本率等于1
D. 该亏损产品的贡献边际总额大于零

15. 某企业需要A零件,若外购,则单价为20元/件,若自制,则单位产品的变动成本为10元/件,每年需要追加固定成本20 000元,当需要量为2 500件时,应选择(　　)。
A. 自制　　B. 外购
C. 自制或外购均可　　D. 以上均错

16. 采用贡献边际分析时,应从贡献边际中扣除(　　)。
A. 共同成本　　B. 混合成本
C. 专属成本　　D. 变动成本

17. 成本平衡点法的应用条件是(　　)。
A. 各备选方案的业务量可以事先确定

B. 各备选方案的成本资料不全
C. 各备选方案的预期收入不相等
D. 各备选方案的业务量不能事先确定

二、多项选择题

1. 按照决策条件的肯定程度,可将决策划分为以下类型,即(　　)。
A. 战略决策　　B. 战术决策
C. 确定型决策　　D. 风险型决策
E. 不确定型决策

2. 下列各种决策分析中,可按成本无差别点法作出决策结论的有(　　)。
A. 亏损产品的决策　　B. 是否增产的决策
C. 追加订货的决策　　D. 自制或外购的决策
E. 生产工艺技术方案的决策

3. 下列各项中,属于关联产品深加工决策方案可能需要考虑的相关成本有(　　)。
A. 加工成本　　B. 可分成本
C. 机会成本　　D. 增量成本
E. 专属成本

4. 在是否接受低价追加订货的决策中,如果发生了追加订货冲击正常任务的现象,就意味着(　　)。
A. 不可能完全利用其绝对剩余生产能力来组织追加订货的生产
B. 追加订货量大于正常订货量
C. 追加订货量大于绝对剩余生产能力
D. 因追加订货有特殊要求必须追加专属成本
E. 会因此而带来机会成本

5. 下列各项中,属于生产经营决策的有(　　)。
A. 亏损产品的决策　　B. 深加工的决策
C. 生产工艺技术方案的决策　　D. 最优售价的决策
E. 开发新产品的决策

6. 下列属于相关成本的有(　　)。
A. 沉没成本　　B. 专属成本
C. 重置成本　　D. 边际成本
E. 差别成本

7. 下列属于无关成本的有(　　)。
A. 机会成本　　B. 差别成本
C. 沉没成本　　D. 可避免成本
E. 不可避免成本

8. 在管理会计中边际成本具体表现形式有(　　)。
A. 差量成本　　B. 单位变动成本
C. 固定成本　　D. 变动成本
E. 机会成本

9. 下列属于短期经营决策内容的有( )。
   A. 亏损产品是否转、停产的决策
   B. 新产品开发的决策
   C. 零、配件取得方式的决策
   D. 关联产品是否进一步加工的决策
   E. 设备更新改造的决策

10. 差量分析法涉及的指标有( )。
   A. 差量成本
   B. 差量收入
   C. 差量损益
   D. 边际成本
   E. 边际收入

11. 产品最优售价决策标准是( )。
   A. 成本最低
   B. 销售收入最高
   C. 利润最高
   D. 边际收入等于边际成本
   E. 边际收入大于边际成本

12. 采用边际贡献分析法进行决策分析时,选优的标准为( )。
   A. 贡献边际总额
   B. 单位贡献边际
   C. 贡献边际率
   D. 单位产品每小时提供的贡献边际
   E. 单位资源提供的贡献边际

13. 某企业生产的甲半成品,其正常的单位成本包括直接材料、直接人工、变动制造费用、固定制造费用。企业目前有生产能力将甲半成品进一步加工成成品乙,则在决策分析中,应考虑的项目是( )。
   A. 进一步加工增加的收入
   B. 关联成本
   C. 机会成本
   D. 进一步加工追加的成本
   E. 半成品自身的成本

三、判断题

1. 简单地说,决策分析就是领导拍板作出决定的瞬间行为。 ( )
2. 决策分析的实质就是要从各种备选方案中作出选择,并一定要选出未来活动的最优方案。 ( )
3. 因为企业采用先进的生产工艺技术,可以提高劳动生产率,降低劳动强度,减少材料消耗,可能导致较低的单位变动成本,所以在不同生产工艺技术方案的决策中,应无条件选择先进的生产工艺技术方案。 ( )
4. 对于那些应当停止生产的亏损产品来说,不存在是否应当增产的问题。 ( )
5. 在生产经营决策中,确定决策方案必须通盘考虑相关业务量、相关收入和相关成本等因素。 ( )
6. 固定资产折旧费属于沉没成本,因此在决策时不予考虑。 ( )
7. 能够明确归属于特定决策方案的变动成本不是专属成本。 ( )
8. 若企业有剩余生产能力生产零部件,则固定成本属于无关成本。 ( )
9. 如果进一步加工关联产品所增加的收入大于其本身的成本,则进一步加工更为有利。 ( )
10. 在采用何种工艺的决策分析中,确定成本分界点是关键。 ( )
11. 为了扭亏为盈,凡是亏损的产品都应当停产。 ( )

12. 生产决策中应用边际贡献分析法，就是通过对比各备选方案所提供的单位边际贡献的大小来确定最优方案。 （　　）

13. 凡是单价低于按完全成本法计算的单位成本的订货，均不宜接受订货。 （　　）

四、业务题

1. 已知：某企业尚有一些闲置生产能力，拟用于开发一种新产品，现有 A、B 两个品种可供选择。A 品种的单价为 100 元/件，单位变动成本为 60 元/件，单位产品工时定额为 2 小时/件，B 品种的单价为 120 元/个，单位变动成本为 40 元/个，单位产品工时定额为 8 小时/个。

要求：用贡献边际分析法作出开发哪个品种的决策，并说明理由。

2. 已知：某企业每年需用 A 零件 2 000 件，原由金工车间组织生产，年总成本为 19 000 元，其中，固定生产成本为 7 000 元。如果改从市场上采购，单价为 8 元，同时将剩余生产能力用于加工 B 零件，可节约外购成本 2 000 元。

要求：为企业作出自制或外购 A 零件的决策，并说明理由。

3. 已知：某产品按每件 10 元的价格出售时，可获得 8 000 元贡献毛益，贡献毛益率为 20%，企业最大生产能力为 7 000 件。

要求：分别根据以下不相关条件作出是否调价的决策。

(1) 将价格调低为 9 元时，预计可实现销售 9 000 件。

(2) 将价格调高为 12 元时，预计可实现销售 3 000 件。

4. 某企业生产 A 半成本，年生产量为 1 000 件，直接对外销售单价为 50 元/件，单位变动成本为 28 元/件，若进一步加工成 B 产品，则每件追加成本为 35 元/件，B 产品销售单价为 100 元/件。

要求：分别就下列情况作出是否进一步加工的决策分析。

(1) 该企业具备深加工 1 000 件 B 产品的能力，不需要追加专属成本，生产能力也不可转移。

(2) 该企业只有加工 800 件 B 产品的生产能力，该能力可用于对外承揽加工业务，预计一年可获贡献边际总额为 8 000 元，不需要追加专属成本。

5. 某制药公司生产新药品若干瓶，销售单价为 18 元/件，其成本如表 7.33 所示。根据目前生产状况，该企业尚有一定的生产能力，现有客户订货 1 000 瓶，但只愿意出价 14 元/瓶。试作出是否接受订货的决策分析。

表 7.33　成本资料

项　目	金额(元)
直接材料	5
直接人工	4
变动制造费用	3
固定制造费用	3
单位成本	15

6. 某公司新进一台设备，可以生产甲产品，也可以生产乙产品，该设备最大生产能力为 12 000机器小时，生产所需机器小时和各项成本资料如表 7.34 所示。

试作出生产哪种产品较为有利的决策分析。

表 7.34　生产所需机器小时和各项成本资料表

项　　目	甲产品	乙产品
定额工时(小时)	30	40
单价(元)	16	25
单位成本(元)	15	23
其中:单位变动成本(元)	7	11
固定制造成本(元)	8	12

7. 某自行车厂每年需要车轮 30 000 个,若外购,单价(包括运杂费)为 46 元/个,若自制,预计每个车轮的成本资料表 7.35 所示。

表 7.35　成本资料

项　　目	金额(元)
直接材料	30
直接人工	6
变动制造费用	9
固定制造费用	7
单位成本	52

又假设外购车轮时,生产车间可用来出租,每月可的租金为 20 000 元,试作出该厂车轮是自制还是外购的决策分析。

8. 某公司组织多品种生产,20 ×3 年 C 产品销售收入为 10 000 元,亏损额为 5 000 元,变动成本率为 80% ,如果停产 C 产品,其生产那设备可以对外出租,一年可获得租金收入为 2 500元,试作出 C 产品是否停产的决策分析。

第八章　标准成本法

本章提要

标准成本法及成本差异；变动成本差异的计算、分析和控制；固定制造费用成本差异的计算、分析和控制；成本差异的账务处理。

学习目标

(1) 了解标准成本的制定及作用。

(2) 掌握各种成本差异的计算及分析。

(3) 掌握成本差异的账务处理。

案例导入

东方有限责任公司，是一家生产空调配件的企业，去年开始，由于材料涨价等原因，产品生产成本逐渐超标，失去控制，主管生产的副总经理很着急，每月都分析产品成本报表，由于成本降不下来，副总同生产部门和采购部门关系僵持；为了控制成本，公司从人才市场招聘一名有工作经验的王某，副总拿出上个月的产品成本费用清单。该清单显示上月订单是 4 000 件，而车间实际生产了 4 200 件(车间主任认为单位产品成本没有超支，还节约了)，生产空调配件铜管的标准用量 8 t，标准单价是 55 000 元/t，实际用量 10 t，单价 500 00 元/t(车间主任认为铜管质量不好，是采购部门不负责采购导致)，其他费用变化不大，但是生产部门和采购部门矛盾很大。王某通过标准成本法进行分析，写出成本差异分析报告，找出了成本超支的原因及责任部门和责任人，公司矛盾有所缓和。

(资料来源：根据相关网络资料整理)

思考：成本差异分析内容包括什么？

第一节　标准成本法及成本差异

一、标准成本法的含义

标准成本法是指通过制订标准成本，将标准成本与实际成本进行比较分析，获得成本差异，并对成本差异的因素进一步分析和计量，据以加强成本控制的一种会计信息系统和成本控制系统。有了标准成本，就可以将成本的事前控制、事中控制、事后控制及核算有机地结合起来，它具有事前估算成本、事中及事后计算分析成本并解释成本差异，从而进行业绩考核，并落实经济责任制。

标准成本法是在泰罗的生产标准化思想影响下，于20世纪20年代产生于美国，随着内容的不断发展和完善，被西方国家广为采用，开始只是被用来进行成本控制，后来与成本核算结合起来，成为一种成本计算与成本控制相结合的方法。

二、标准成本的种类

标准成本是在正常生产经营条件下应该实现的，可以作为控制成本开支、评价实际成本、衡量工作效率依据和尺度的一种目标成本。它是根据对实际情况（生产技术、管理水平等）的调查，采用科学方法制订的，经过努力可以达到的成本。在制定标准成本时，根据所要达到的要求不同，所采用的标准有理想标准成本、正常标准成本和现实标准成本。

（一）理想标准成本

理想标准成本是指设备处于最佳状态、经营管理没有任何差错为前提所确定的标准成本。这种标准成本是在假定没有材料浪费、设备不发生事故、产品无废品、工时全有效的基础上制定的，要求太高，通常会因为难以达到而影响工人的积极性，所以不适合作为现行标准成本，而只能作为一种最高的参考标准。

（二）正常标准成本

正常标准成本是指在正常生产经营条件下应该达到的成本水平，它是根据正常的耗用水平、正常的价格、正常的生产经营能力的利用程度，在剔除一些不正常因素的影响，并考虑未来变动趋势而制订的标准成本。这种标准成本反映该行业价格水平、生产能力和技术水平的平均趋势，要求偏低，所以只能是一种参考，不宜作为未来成本控制的目标。

（三）现实标准成本

现实标准成本是根据企业近期可能发生的生产要素的耗用量、要素价格、生产能力的利用程度，通过有效的经营管理活动应达到的标准成本。这种标准成本从实际出发，具有一定的可操作性，同时又对未来成本管理提出合理要求，是一种既先进又合理，既可行又具有一些挑战性，经过努力可以实现的成本目标。因此，现实标准成本是各类企业首选的标准成本。

三、标准成本的制订

采用标准成本法的前提和关键是标准成本的制订。为了便于进行成本控制、成本核算和成本差异分析的工作，标准成本可以按车间、产品、成本项目分别反映；标准成本按照成本项目划分为直接材料标准成本、直接人工标准成本、变动制造费用标准成本和固定制造费用标准成本。前3个方面的内容都由数量标准和价格标准共同构成，即某成本项目的标准成本 = 数量标准 × 价格标准，而固定制造费用标准成本只能编制预算总额。

（一）直接材料标准成本

直接材料标准成本是单位产品直接材料用量标准与价格标准之积。直接材料用量标准是指单位产品应耗用直接材料的数量，通常也称为材料消耗定额。直接材料用量标准的确定，应由企业的产品设计部门主持，尽量吸收执行标准的生产部门和员工参加，充分考虑产品的设计、生产和销售的现状，结合企业经营管理的实际情况和降低成本任务的具体要求，考虑材料在使用过程中发生的必要损耗，并按照产品零部件的组成来测定各种材料的消耗定额；直接材料价格标准是指取得材料应支付的单位价格，包括进价和相应的采购费用（包括订货费用、运费、装卸费等）。直接材料价格标准通常由财务部门会同采购部门按材料的品种分别制订。这样单位产品直接材料标准成本的计算公式为：

$$直接材料标准成本=\sum(直接材料用量标准\times直接材料价格标准)$$

（二）直接人工标准成本

直接人工标准成本是单位产品的直接人工工时用量标准与小时工资率标准之积。采用不同工资制度的企业，影响直接工资标准成本的因素也不同。采用计件工资形式的企业中，直接人工标准成本直接表现为计件工资的单价；采用计时工资形式的企业中，直接工资标准成本由直接人工工时用量标准和小时工资率两个因素决定。本教材主要介绍采用计时工资形式的企业直接人工标准成本的制订。小时工资率标准是指生产工人每消耗一个标准工时所应分配的工资成本，属于价格标准。其计算公式为：

$$小时工资率=预计直接人工工资总额/标准工时总数$$

标准工时总数等于企业充分利用现有生产能力的条件下，单位产品工时消耗定额与可能达到的最大产量的乘积。直接人工工时用量标准是指单位产品应发生的标准工时，也称单位产品工时定额，它是企业在现有生产技术条件下，考虑提高劳动生产率的要求，生产单位产品所消耗的直接生产工人的工时数，包括有效作业时间、必要的休息、设备停工维修等，属于用量标准。

在确定了工时标准和小时工资率标准后，直接人工标准成本的计算公式为：

$$直接人工标准成本=直接人工工时用量标准\times小时工资率标准$$

（三）变动制造费用标准成本

变动制造费用标准成本是工时用量标准与变动制造费用分配率标准之积。

变动制造费用的工时用量标准可以直接沿用直接人工工时用量标准，变动制造费用分配率标准是每消耗一个标准工时应发生的变动制造费用，其试算公式为：

$$变动制造费用分配率标准=\frac{变动制造费用预算总额}{标准工时总数}$$

上式中的标准工时总数可以分别用直接人工工时或机器台时总量表示，按照依据的业务量基础不同又分为最大产量标准工时总数和预算产量标准工时总数两种形式。最大产量标准工时总数等于企业在充分利用现有生产能力的条件下单位产品工时消耗定额与可能达到的最大产量的乘积，同上式中标准工时总数口径完全一致；预算产量标准工时总数等于企业按照预算产量组织生产过程中的单位产品工时消耗定额与预算产量的乘积。

确定了变动制造费用工时用量标准与变动制造费用分配率标准后，就可以计算变动制造费用标准成本，即：

$$\begin{matrix}变动制造费用\\标准成本\end{matrix}=\begin{matrix}变动制造费用\\工时用量标准\end{matrix}\times\begin{matrix}变动制造费用\\分配率标准\end{matrix}$$

（四）固定制造费用标准成本

固定制造费用主要是指间接生产成本中那些不随产品产量变化的费用（如厂房设备折旧、维修费、租赁费等）。它通常根据事先编制的固定预算来控制费用总额。

在变动成本法下，固定制造费用属于期间费用，不在各种产品间进行成本分配，因而不包括在单位产品的标准成本中。在完全成本法下，与变动制造费用一样也要通过分配计入单位产品的标准成本中。在这种情况下，制订固定制造费用标准成本可采用两种方法：

（1）第一种方法与确定变动制造费用标准成本的过程类似，即分别确定固定制造费用的分配率标准和工时用量标准，然后计算两者的乘积。

（2）第二种方法是直接用固定制造费用预算额除以预算产量，计算出单位产品的固定制造费用标准。

（五）单位产品标准成本的制订

有了上述各项内容的标准成本后，企业就可以设置产品的标准成本表，在表中分别列明各项成本的用量标准与价格标准，如表 8.1 所示。

表 8.1　标准成本

产品名称：

计量单位：　　　　　　　　日期：　　　　　　　　　　　　　　　　　　单位：元

项　目	用量标准①	价格标准②	标准成本 = ① × ②
直接材料 直接人工 变动制造费用	耗用量（消耗定额） 工时 工时	价格 工资率 分配率	
单位变动成本			
固定制造费用			
单位产品标准成本			

四、成本差异的种类

成本差异是指实际成本与标准成本之间的差额。成本差异按成本的构成，可分为直接材料成本差异、直接人工成本差异和制造费用差异。制造费用差异按形成的原因和分析方法不同，又可分为变动制造费用差异和固定制造费用差异两部分。直接材料成本差异、直接人工成本差异和变动制造费用差异属于变动成本，决定变动成本数额的因素是数量（消耗量）因素和价格因素，所以直接材料成本差异、直接人工成本差异和变动制造费用差异按形成原因，可分为价格差异和数量差异。固定制造费用是固定成本，不随业务量变动，其差异不能简单地分为数量（消耗量）因素和价格因素，固定制造费用差异可分为支出差异、生产能力利用差异和效率差异。

（一）用量（数量）差异

用量差异是指由于特定成本项目的实际耗用量与标准耗用量不一致而导致的成本差异，其计算公式为：

用量差异 =（实际用量 − 标准用量）× 标准价格

= 实际产量下的用量差 × 标准价格

对于直接材料成本项目，式中“标准用量”就是按材料消耗定额和实际产量计算的直接材料定额消耗量,“实际产量下的用量差”表现为实际产量下直接材料的实际消耗量与标准消耗量的差。

对于直接人工成本项目,式中“标准用量”就是按工时消耗定额和实际产量计算的直接工时定额消耗量,“实际产量下的用量差”表现为实际产量下实际耗用直接工时与标准耗用直接工时的差。工时的“用量差异”意味劳动生产率的高低,所以直接人工成本的工时用量差异又称为直接人工效率差异。

对于变动制造费用项目,式中“标准用量”就是按工时消耗定额和实际产量计算的工时定额消耗量,“实际产量下的用量差”表现为实际产量下实际耗用与标准耗用工时的差。“用量差异”是指由于工时耗用量发生差异而导致的成本差异,同样是由于劳动生产率变动而引起的差异,所以变动制造费用的“用量差异”又称为变动制造费用效率差异。

(二)价格差异

价格差异是指由于特定成本项目的实际价格水平与标准价格不一致而导致的成本差异,其计算公式为:

价格差异 =(实际价格 - 标准价格)× 实际产量下的实际耗用量
= 价格差 × 实际产量下的实际耗用量

对于直接材料成本项目,式中的“价格差”表现为材料的实际单价与标准单价的差。

对于直接人工成本项目,式中的“价格差”表现为实际小时工资率与标准小时工资率的差;直接人工成本“价格差异”是由小时工资率不同而产生,所以直接人工成本“价格差异”又称为直接人工工资率差异。

对于变动制造费用项目,式中的“价格差”表现为变动制造费用实际分配率与标准分配率之差。变动制造费用“价格差异”是由于分配率不同而形成的成本差异,又称为变动制造费用耗费差异。

五、标准成本的作用

由于事先确定标准成本、事中计算成本差异、事后进行成本差异分析,因而标准成本制度的建立对企业提高经营管理有积极的作用。

(1)便于企业编制预算和进行预算控制。事实上,标准成本本身就是单位成本,有了这个标准,企业就可以按照成本的内容进行成本预算与控制。例如,在编制标准成本时,有了直接材料标准成本,而直接材料标准成本是直接材料用量标准和价格标准的积,这样就可以可通过直接材料用量标准和价格标准的积确定总直接材料成本预算,而直接材料用量标准和价格标准可以由相应的责任部门予以控制。

(2)可以有效控制支出。对于采购、生产、销售,领料、用料、工时及人力的安排,均以标准成本作为事前和事中控制的依据。

(3)便于考核、评价各部门的工作业绩。标准成本是事先制订的、在正常生产经营条件下应当发生的成本,各成本项目都是依据预计的数量标准和价格标准确定的,因而,可以通过确定每个成本项目实际脱离标准成本的差异及其责任归属,来评价各部门的工作业绩,分清相应的管理责任,确定其经营活动的效果。例如,产品标准成本的直接材料标准成本是直接材料用量标准和价格标准之积,直接材料用量标准,是产品设计部门主持,由生产部门落实,直接材料用量标准就是考核生产部门的标准;直接材料标准成本的价格标准由采购部门落实,因此,产品标准成本中的直接材料标准成本的价格标准是考核采购部门的标准,而不是考核生产部门的标准。

(4)为企业进行决策和预测提供依据。例如在产品定价决策时,通常在是在参照标准成本的基础上进行的。

(5)简化成本核算的账务处理工作。标准成本法下,原材料、在产品、产成品均以标准成本计价,所产生的差异处理相对简单化了,这样,在成本核算方面就可以大大减少核算的工作量。

第二节　变动成本差异的计算、分析和控制

标准成本按照成本项目划分为直接材料标准成本、直接人工标准成本、变动制造费用标准成本和固定制造费用标准成本。直接材料成本、直接人工成本和变动制造费用都是变动成本,导致实际成本和标准成本差异的因素相似,都分为用量因素和价格因素;而固定制造费用是固定成本,其实际成本和标准成本的差异因素不同于变动成本。

一、直接材料成本差异

直接材料成本差异是指一定产量产品的直接材料实际成本与直接材料标准成本之间的差异。其计算公式为:

直接材料成本差异 = 直接材料实际总成本 − 直接材料标准总成本
= 直接材料价格差异 + 直接材料用量差异

直接材料实际总成本 = 实际价格 × 实际总用量

直接材料标准成本 = 标准价格 × 标准总用量

直接材料实际总用量 = 单位产品直接材料实际耗用量 × 实际产量

直接材料标准总用量 = 单位产品直接材料标准耗用量 × 实际产量

直接材料成本属于变动成本,其差异形成的原因包括数量差异和价格差异,其中数量差异是实际材料消耗量脱离标准材料消耗量所产生的差异,其计算公式为:

直接材料用量差异 =(实际用量 − 标准用量)× 价格标准 × 实际产量

式中"标准用量"即单位产品材料消耗定额

价格差异是实际价格脱离单位价格所产生的差异,其计算公式为:

直接材料价格差异 =(实际价格 − 标准价格)× 实际用量 × 实际产量

直接材料价格差异 =(实际价格 − 标准价格)× 实际总用量

将以上公式综合如下:

实际价格×实际用量×实际产量(1)
标准价格×实际用量×实际产量(2)
标准价格×标准用量×实际产量(3)

材料价格差异A =(1)−(2)
材料用量差异B =(2)−(3)

材料成本差异 =A+B =(1)−(3)

【例8.1】　某制造企业生产甲产品,6月份计划产量1 050件,实际产量为1 000件,其标准成本如表8.2所示。

表 8.2　甲产品标准成本

产品名称:甲

计量单位:件　　　　　　　　　日期:

项　　目	用量标准	价格标准	标准成本
直接材料:A(kg)	80	3	240
B(kg)	10	4	40
直接人工(工时)	14	6	84
变变动制造费用(工时)	14	7	98
单位变动成本(元)			462
固定制造费用(元)			72 000
单位产品标准成本(元)			530.57

注:单位产品固定制造费用 = 72 000/1 050 = 68.57

6 月份实际耗用 A 材料 79 000 kg,实际成本 244 900 元;B 材料 11 000 kg,实际成本 46 200 元 。试计算分析直接材料成本差异 ,资料如表 8.3 所示。

表 8.3　单位材料实际成本与标准成本

项目＼材料	A 材料		B 材料	
	实际值	标准值	实际值	标准值
用量(kg)	79 000/1 000 = 79	80	11 000/1 000 = 11	10
价格(元/kg)	244 900/79 000 = 3.1	3	46 200/11 000 = 4.2	4
合计(元)	244.9	240	46.2	40

直接材料成本差异 = (244 900 + 46 200) − (80 × 3 + 10 × 4) × 1 000

= 291 100 − 280 000 = 11 100(元)(不利差异)

成本差异的原因分析:

(1)材料用量差异为:

A 材料用量差异 = (79 000/1 000 − 80) × 3 × 1 000 = −3 000(有利差异)

B 材料用量差异 = (11 000/1 000 − 10) × 4 × 1 000 = 4 000(元)(不利差异)

材料用量差异合计为超支为 1 000 元。即 −3 000 + 4 000 = 1 000(元)。

(2)材料价格差异:

A 材料价格差异 = (244 900/79 000 − 3) × 79 000≈7 900 元(不利差异)

B 材料价格差异 = (46 200/11 000 − 4) × 11 000≈2 200(不利差异)

材料价格差异合计为超支为 10 100 元,即 7 900 + 2 200 = 10 100(元)。

结论:计算分析可知甲产品由于材料原因成本超支 11 100 元,其中由于材料用量超支 1 000元,材料价格超支 10 100 元。

直接材料用量差异的因素很多,包括工人技术熟练程度、工人对工作责任心、用料合理与否、材料质量、生产设备状况等。一般来说,用量超标大多是工人技术不熟练、缺乏培训或工作粗心、责任心差造成的,应有生产部门负责,但是,有的用量差异也会由其他部门的原因造成。例如材料质量不过关,低质量材料过多,导致生产部门用料较多,这样产生的材料用量差异应有采购部门负责；如果是存储管理不善，导致仓储过程中材料质量下降，由此引起生产部门用料较多，这样产生的材料用量差异应由仓储部门负责；再如，由于设备管理部门的生产设备没有发挥应有的生产能力，造成材料浪费而产生材料用量差异，应由设备管理部门负责。

直接材料价格差异通常应由采购部门负责，因为影响采购价格的因素，如采购地点、供应商、采购批量、运输工具、材料质量等，一般都是由采购部门控制并受其决策影响；当然有些因素是采购部门无法控制的，例如通货膨胀、国家对某些材料的价格政策，但是对这些因素，企业也可以在范围之内合理决策。

只有对材料成本差异找出真正的原因，才能分清各部门的责任，在科学分析的基础上，才能进行有效的控制。

二、直接人工成本差异

直接人工成本差异是指一定产量产品的直接人工实际成本与直接人工标准成本之间的差额。其计算公式为：

直接人工成本差异 = 直接人工实际总成本 − 直接人工标准准成本
= 直接人工工时差异 + 直接人工价格差异
= 直接人工效率差异 + 直接人工工资率差异

直接人工实际总成本 = 实际工时 × 实际工资率 × 实际产量

直接人工标准总成本 = 标准工时 × 标准工资率 × 实际产量

实际总工时 = 实际工时 × 实际产量

标准总工时 = 标准工时 × 实际产量

直接人工效率差异 =（实际工时 − 标准工时）× 标准工资率 × 实际产量

直接人工工资率差异 =（实际工资率 − 标准工资率）× 实际工时 × 实际产量
=（实际工资率 − 标准工资率）× 实际总工时

式中：直接人工工资率差异也称为直接人工价格差异，类似材料价格差异；直接人工效率差异，就是工时差异，是由于劳动效率造成的，所以称为直接人工效率差异。直接人工成本差异的分析方法类似材料成本差异的分析方法。

现将公示综合如下：

实际工资率×实际工时×实际产量（1） 标准工资率×实际工时×实际产量（2） 标准工资率×标准工时×实际产量（3）	人工工资率差异 A=（1）−（2） 人工效率差异 B=（2）−（3）	直接人工 成本差异 =A+B =（1）−（3）

【例 8.2】　根据例 8.1 中的标准成本可知，甲产品的工时定额是 14 工时，小时工资率标准是 6 元，6 月份直接人工总工时为 13 600 工时，实际直接人工总成本为 83 800 元，试计算分析直接人工成本差异。

直接人工成本差异 = 83 800 − 14 × 6 × 1 000 = −200（元）（有利差异）

差异的原因分析：

直接人工工资率差异 =（83 800/13 600 − 6）× 13 600 ≈ 2 200（元）（不利差异）

说明工人工资水平较高，使得直接人工成本超支 2 200 元

直接人工效率差异 =（13 600/1 000 − 14）× 6 × 1 000 ≈ −2 400（元）（有利差异）

说明人工效率提高节约,人工成本 2 400(元)。

通过上例计算分析可知道,6 月份直接人工成本节约了 200 元,这是由于实际工资率超过标准工资率造成直接人工上升 2 200 元。实际工时小于标准工时,造成直接人工下降 2 400 元,综合分析计算人工成本降低 200 元。

直接人工成本差异形成的原因主要由劳动人事部门和生产部门负责。其差异主要是工资级别调整、生产工艺、工人技能及加工方法等引起。如由于技术人员调配不当,使用的工资级别较高的工人多,或者高工资率的员工去干一般工人的工作,会引起人工成本上升;或者低级别的工人去操作高水平的工作,因技能差,导致废品率高或材料浪费多,导致成本上升。要避免这些不利因素,劳动人事部门要注重员工培训、合理配置生产人员。再如生产过程不合理,可能是生产部门管理或生产环节安排不合理,应该对生产流程和环节合理安排。员工劳动生产率低下,可能是技能差,也可能是工资薪级制度不合理导致。只有找出差异产生的具体原因,分清责任部门,才能采取相应有效的控制措施。

三、变动制造费用成本差异

变动制造费用成本差异是指在一定产量产品的实际变动制造费用与标准变动制造费用之间的差异。其计算公式为:

变动制造费用成本差异 = 实际变动制造费用 - 标准变动制造费用
= 变动制造费用效率差异 + 变动制造费用分配率差异

实际变动制造费用 = 实际分配率 × 实际工时 × 实际产量
= 实际分配率 × 实际总工时

标准变动制造费用 = 标准分配率 × 标准工时 × 实际产量
= 标准分配率 × 标准总工时

变动制造费用是变动制造费用分配率与总工时之积,因此变动制造费用差异包括变动制造费用分配率差异和变动制造费用工时差异,变动制造费用工时差异是由劳动效率变动引起的,因此变动制造费用工时差异又称为变动制造费用效率差异。变动制造费用分配率类似材料价格差异和直接人工工资率差异。变动制造费用效率差异类似材料用量差异和直接人工工效率差异。其计算公式为:

变动制造费用效率差异 = (实际工时 - 标准工时) × 标准分配率 × 实际产量

变动制造费用分配率差异 = (实际分配率 - 批准分配率) × 实际工时 × 实际产量

变动制造费用分配率差异 = (实际分配率 - 批准分配率) × 实际总工时

现将公式综合如下:

实际分配率×实际工时×实际产量（1）
标准分配率×实际工时×实际产量（2）
标准分配率×标准工时×实际产量（3）

变动制造费用分配率差异A = （1）-（2）
变动制造费用效率差异B = （2）-（3）

变动制造费用差异 =A+B = （1）-（3）

【例 8.3】 根据例 8.1 中的标准成本可知,6 月份变动制造费用小时分配率为 7 元,工时定额为 14 工时,本月实际变动制造费用总额为 100 000 元,实际总工时为 13 850 工时。试分析测算变动制造费用差异。

变动制造费用差异 = 100 000 - 7 × 14 × 1 000 = 2 000（元）（不利差异）

差异的原因分析：

变动制造费用效率差异 = (13 850/1 000 - 14) × 7 × 1 000

= -1 050（元）（有利差异）

说明劳动效率提高，节约变动制造费用 1 050 元。

变动制造费用分配率差异 = (100 000/13 850 - 7) × 13 850

= 3 050（元）（不利差异）

说明变动制造费用有关项目超支，导致变动制造费用超支 3 050 元。两者合计，变动制造费用超支 2 000 元。

变动制造费用是由许多项目构成，并且与一定的生产水平相联系；对变动制造费用进行差异分析，是为了分清是效率差异还是分配率差异，以及差异的方向和大小。分清原因，加强管理，提高工时利用效率和劳动生产率是降低变动制造费用效率差异的主要手段；对于变动制造费用分配率差异多数属于客观因素，应合理压缩开支，但是可调节空间通常较小。

第三节 固定制造费用成本差异的计算、分析和控制

一、固定制造费用成本差异的计算

与变动制造费用不同，在一定相关范围内，固定制造费用不会随业务量变化而变化，这就决定了对其进行控制的方法也和变动制造费用不同。固定制造费用成本差异是指在一定期间实际固定制造费用与标准固定制造费用之间的差额。其计算公式为：

$$\text{固定制造费用成本差异} = \text{实际固定制造费用} - \text{实际产量的标准固定制造费用}$$

$$= \frac{\text{实际产量的}}{\text{实际总工时}} \times \text{实际分配率} - \frac{\text{实际产量的}}{\text{标准总工时}} \times \text{标准分配率}$$

$$\text{标准固定制造费用} = \text{固定制造费用标准分配率} \times \text{标准工时}$$

$$\text{固定制造费用标准分配率} = \frac{\text{预算固定制造费用}}{\text{预算工时}}$$

固定制造费用是固定成本，在一定业务量范围内不随业务量的变化而变动。因此，固定制造费用成本差异不能简单地分为价格差异和数量（或用量）差异两种类型。根据固定制造费用不随业务量的变化而变动的特点，为了计算固定制造费用的标准分配率，必须设定一个预算工时，实际工时与预算工时之间的差异造成的固定制造费用差异叫做固定制造费用生产能力利用程度差异。因此固定制造费用差异的分析计算分为固定制造费用的开支差异、能力差异和效率差异。这 3 种差异形成的计算公式如下：

$$\frac{\text{固定制造费用的}}{\text{开支差异}} = \frac{\text{实际固定}}{\text{制造费用}} - \frac{\text{预算产量}}{\text{标准固定制造费用}}$$

$$\frac{\text{固定制造费用的}}{\text{能力差异}} = \left(\frac{\text{预算产量的}}{\text{标准总工时}} - \text{实际总工时}\right) \times \text{标准分配率}$$

$$\frac{\text{固定制造费用}}{\text{效率差异}} = \left(\text{实际总工时} - \frac{\text{实际产品}}{\text{标准总工时}}\right) \times \text{标准分配率}$$

以上计算公式综合如下：

实际分配率×实际总工时（1）
标准分配率×预算总工时（2）
标准分配率×实际总工时（3）
标准分配率×标准总工时（4）

固定制造费用开支差异A =（1）-（2）
固定制造费用能力差异B =（2）-（3）
固定制造费用效率差异C =（3）-（4）

固定制造费用差异 =（1）-（4） =A+B+C

式中：

预算总工时 = 预算产量 × 标准工时

标准总工时 = 实际产量 × 标准工时

【例8.4】 根据例8.1中的标准成本的数据，6月份预算固定制造费用为72 000元，本月实际发生的固定制造费用为70 000元。实际产量的标准总工时为1 000 × 14（标准工时）= 14 000工时，本月计划生产甲产品1 050件，则预算总工时为14 700工时（1 050 × 14 = 14 700），实际总工时为13 850工时。试计算分析固定制造费用成本差异。

(1)根据公式可以计算出标准分配率和实际分配率：

固定制造费用标准分配率 = 72 000/14 700 = 4.9

固定制造费用实际分配率 = 70 000/13 850 = 5.05

(2)根据以上公式计算固定制造费用的开支差异、能力差异和效率差异：

$$\text{固定制造费用开支差异} = 70\ 000 - \frac{72\ 000}{14\ 700} \times 14\ 700 = -2\ 000(\text{元})(\text{有利差异})$$

$$\text{固定制造费用能力差异} = \frac{72\ 000}{14\ 700} \times (14\ 700 - 13\ 850) = 4\ 163.265(\text{元})(\text{不利差异})$$

$$\text{固定制造费用效率差异} = \frac{72\ 000}{14\ 700} \times (13\ 850 - 14\ 000) = -734.694(\text{元})(\text{有利差异})$$

$$\text{固定制造费用差异} = 70\ 000 - 14\ 000 \times \frac{72\ 000}{14\ 700} = 1\ 428.57(\text{元})(\text{不利差异})$$

$$= \text{固定制造费用开支差异} + \text{固定制造费用能力差异} + \text{固定制造费用效率差异}$$

$$= -2\ 000 + 4\ 163.265 + (-734.694)$$

$$= 1\ 428.571(\text{元})$$

二、固定制造费用成本差异的分析与控制

在一定业务范围内，固定制造费用是不随业务量变动而变化的。对固定制造费用的分析与控制通常是通过固定制造费用的预算额与实际额对比分析来进行。由于固定制造费用是由很多部门和环节的许多明细项目构成，因此，对固定制造费用成本差异的分析与控制也应该就每个部门及明细项目分别进行。

影响固定制造费用开支差异的原因可能是：资源价格的变动（如材料价格变动、工资率变动等），某些固定成本（折旧费、办公费、维修费等）因管理决策有所增减，资源的数量预算有所增减（员工人数、产量等）；固定制造费用能力差异，只反映计划生产能力的利用程度，是由产销量引起的，一般不能说明固定制造费用的超支或节约；固定制造费用效率差异，是由劳动生产率变动或生产批量变动引起。这样针对制造费用成本变动的不同原因，采取不同的控制方法。

案例讨论

某公司本期预算固定制造费用为10 000元，预算工时为4 000小时，实际耗用工时为3 000小时，实际固定制造费用为12 000元，标准工时为4 200小时。

要求：

(1)说明预算工时与标准工时有什么区别。

(2)请利用资料计算固定制造费用能力差异，并解释其含义。

第四节　成本差异的账务处理

作为一个完整的标准成本制度，标准成本的制订和成本差异的计算、分析、控制应该与成本核算有机地结合起来，成为一种成本核算与成本控制相结合的完整体系，采用标准成本法进行账务处理时，就会出现标准成本和成本差异问题，因此，对标准成本和成本差异应该分别设置相应的账户进行核算。

一、成本差异核算应设置的账户

采用标准成本法进行核算时，除了设置“生产成本”“产成品”账户针对人工费、材料费和制造费用进行核算外，对成本差异，还要按成本差异的具体内容进行设置账户。

对材料成本差异方面，应设置“直接材料价格差异”和“直接材料用量差异”两个账户。对直接人工差异方面，应设置“直接人工工资率差异”和“直接人工效率差异”两个账户。对变动制造费用差异方面，应设置“变动制造费用分配率差异”“变动制造费用效率差异”两个账户。对固定制造费用差异方面，应设置“固定制造费用开支差异”“固定制造费用能力差异”“固定制造费用效率差异”3个账户，各种成本差异账户借方核算不利差异（超支），贷方核算有利差异（节约）。

二、标准成本的记账规则

采用标准成本法进行核算是时，平时按计划标准成本核算，成本差异的计算、分析工作要到月底进行分析后确认。所以，对平时发生的原材料、直接人工和各种变动制造费用、固定制造费用，先在“原材料”“直接人工”“制造费用”“生产成本”账户归集；月底计算分析差异后，再将实际成本中的差异部分，转入相应的成本差异账户；产品完工，将完工产品的标准成本从“生产成本”账户转入“库存商品”账户。

【例8.5】 综合前面例8.1～例8.4，按标准成本法编制会计分录如下：

(1)借：生产成本——甲产品	280 000	
直接材料价格差异——A	7 900	
直接材料价格差异——B	2 200	
直接材料用量差异——B	4 000	
贷：原材料——A		244 900
——B		46 200
直接材料用量差异——A		3 000
(2)借：生产成本——甲产品	84 000	

直接人工工资率差异　　2 200

贷：直接人工　　83 800

直接人工效率差异　　2 400

(3)借：制造费用(变动)　　98 000

变动制造费用分配率差异　　3 050

贷：相关科目　　100 000

变动制造费用效率差异　　1 050

(4)借：制造费用(固定)　　802 530.735

固定制造费用能力差异　　4 163.265

贷：相关科目　　72 000

固定制造费用开支差异　　2 000

固定制造费用效率差异　　734.694

三、期末成本差异的账务处理

在前面举例中，介绍了将各种成本及成本差异记入各个账户的会计分录，在各个成本差异账户中对发生的成本差异进行了归集，在"生产成本"账户中只核算了产品的标准成本。随着产品的出售以及产品成本的结转，期末对所发生的成本差异也应进行结转和处理。成本差异的处理主要有直接处理法和递延法。

(一)直接处理法

直接处理法是指将本期发生的各种成本差异全部转入"主营业务成本"账户，由本期的销售产品负担，并全部从利润表的销售收入项目下扣减，不再分配给期末在产品和期末库存产成品。这时，期末资产负债表的在产品和产成品项目只反映标准成本。随着产品的出售，将本期已销售产品的标准成本由"库存商品"账户转入"主营业务成本"账户，而各个差异账户的余额于期末直接转入"主营业务成本"账户。这种方法可以避免期末繁杂的成本差异分配工作，同时本期发生的成本差异全部反映在本期的利润上，使利润指标能如实反映本期生产经营工作和成本控制的全部效果，这也符合会计工作的权责发生制的要求。但这种方法要求标准成本的制订应该切合实际并且需要不断进行修正，这样，期末资产负债表的产品项目反映的成本才能切合实际。这种方法的优点是账务处理比较简单，并能使当期经营成果与成本控制直接挂钩。但当标准成本制订不科学，或实际成本波动较大时，就会因差异过大而导致当期收益失真，进而导致期末存货成本水平失真。

【例8.6】 假设该制造企业"生产成本"和"库存商品"账户均无期初余额，本期投产的甲产品1 000件都已完工，并以全部出售，每件售价1 000元，其他数据资料见例8.1～例8.5，则上述业务的账务处理分录如下：

(1)产品完工入库

借：库存商品　　534 571.429

贷：生产成本　　534 571.429

(2)销售产品

借：银行存款　　1170 000

贷：主营业务收入　　1 000 000

应交税费——应交增值税(进项税额)　　170 000

(3)结转已售产品标准成本

借：主营业务成本	534 571.429	
贷：库存商品		534 571.429

(4)结转成本差异

借：主营业务成本	14 328.571	
直接材料用量差异——A	3 000	
直接人工效率差异	2 400	
变动制造费用效率差异	1 050	
固定制造费用开支差异	2 000	
固定制造费用效率差异	734.694	
贷：直接材料价格差异——A		7 900
直接材料价格差异——B		2 200
直接材料用量差异——B		4 000
直接人工工资率差异		2 200
变动制造费用分配率差异		3 050
固定制造费用能力差异		4 163.265

(二)递延法

递延法是将本期的各种成本差异按标准成本的比例，分配给期末在产品、产成品和已售产品。这样分配后，期末资产负债表的在产品和产成品项目反映的都是实际成本，利润表的营业成本反映的是本期主要是已售产品的实际成本。这种方法下，期末差异分配比较复杂，不便于产品成本的差异分析与控制。这种方法认为，成本差异的产生与存货和本期销货之间都有联系，不应该只由本期销货承担成本差异，而应该有一部分随期末存货递延到下期。

递延法的优点是可以比较准确地体现本期产品的实际成本，但是分配成本差异的工作过程比较烦琐。

由此可见，标准成本体系通过标准成本的事前制订，对各种资源的消耗和费用的开支规定了数量界限，这样就可以在事前限制各种消耗和费用的发生标准；在成本的形成过程中，按标准成本控制支出，随时可以显示是节约还是超支，便于企业及时采取措施，控制偏差，达到降低成本的目的，产品完工后，通过实际成本与标准成本的对比分析，找出差异，并分析差异，便于成本差异的分析与控制，及时总结经验，为以后降低成本找到切实可行的途径。

思考题

1. 什么是标准成本？标准成本有哪些类型？
2. 标准成本有什么作用？
3. 什么是直接材料标准成本？它是如何制订的？
4. 什么是直接人工标准成本？它是如何制订的？
5. 什么是制造费用标准成本？它是如何制订的？
6. 直接材料用量差异产生的原因是什么？责任如何划分？

7. 如何计算分析成本差异？
8. 应设置哪些成本差异核算账户？

同步测试题

一、单项选择题

1. 下列变动成本差异中无法从生产过程的分析中找出产生原因的是(　　)。
   A. 变动制造费用效率差异　　B. 变动制造费用耗费差异
   C. 材料价格差异　　D. 直接人工效率差异
2. 固定制造费用的实际金额与固定制造费用的预算金额之间的差额称为(　　)。
   A. 耗费差异　　B. 效率差异
   C. 开支差异　　D. 能力差异
3. 根据一般应该发生的生产要素消耗量、预计价格和预计生产经营能力利用程度制订出来的标准成本是(　　)。
   A. 平均标准成本　　B. 理想标准成本
   C. 正常标准成本　　D. 先进标准成本
4. 正常标准成本排除了各种偶然性和意外情况的消耗水平,因此具有(　　)。
   A. 客观性　　B. 现实性
   C. 激励性　　D. 稳定性
5. 固定制造费用的实际金额与预算金额之间的差额称之为(　　)。
   A. 耗费差异　　B. 能力差异
   C. 效率差异　　D. 开支差异
6. 被广泛采用的标准成本一般是指(　　)。
   A. 基本的标准成本　　B. 理想的标准成本
   C. 正常的标准成本　　D. 现实的标准成本
7. 计算价格差异的公式是:(　　)。
   A. 价格差×实际产量下的实际用量　　B. 价格差×实际产量下的标准用量
   C. 标准价格×实际产量下的用量差　　D. 实际价格×实际产量下的用量差
8. 固定性制造费用成本差异是(　　)之间的差。
   A. 实际产量下,实际固定性制造费用与标准固定性制造费用
   B. 预算产量下,实际固定性制造费用与标准固定性制造费用
   C. 实际产量下的实际固定性制造费用与预算产量下的标准固定性制造费用
   D. 预算产量下的实际固定性制造费用与实际产量下的标准固定性制造费用
9. 按照产品成本项目反映的目标成本称为(　　)。
   A. 单位成本　　B. 标准成本
   C. 预算成本　　D. 理想成本
10. 直接材料价格差异通常由(　　)部门负责。
    A. 生产　　B. 采购

C. 财务　　D. 销售

11. 直接人工成本差异中的价格差异是指(　　)。

A. 工资率差异　　B. 工时差异

C. 人工效率差异　　D. 数量差异

12. 变动制造费用效率差异是指(　　)。

A. 工人劳动生产率变动而发生的差异

B. 机器设备功效变动而发生的差异

C. 制造费用价格变动而发生的差异

D. 工人工资变动而发生的差异

13. 变动制造费用的价格差异又可称为(　　)。

A. 效率差异　　B. 工时差异

C. 分配率差异　　D. 能力差异

14. 固定制造费用差异包括开支差异、效率差异和(　　)。

A. 价格差异　　B. 数量差异

C. 能力差异　　D. 预算差异

二、多项选择题

1. 标准成本的种类有(　　)。

A. 实际标准成本　　B. 现行标准成本

C. 基本标准成本　　D. 预定标准成本

E. 理想标准成本

2. 下列属于标准成本的数量标准的是(　　)。

A. 直接材料的消耗定额　　B. 直接人工的工时定额

C. 变动制造费用工时定额　　D. 固定制造费用分配率

E. 直接材料价格差异

3. 标准成本账务系统应反映的资料有(　　)。

A. 标准成本　　B. 成本差异

C. 实际成本　　D. 目标成本

E. 理想标准成本

4. 造成人工效率差异的原因有(　　)。

A. 劳动情绪不佳　　B. 产量太少无法发挥批量优势

C. 设备故障较多　　D. 工人经验不足

E. 作业计划安排不当

5. 企业在制订标准成本时,无论对哪个成本项目都需要确定其(　　)。

A. 工时标准　　B. 损耗标准

C. 用量标准　　D. 价格标准

E. 差异标准

6. 标准成本下,应按标准成本记账的科目有(　　)。

A. 生产成本　　B. 原材料

C. 产成品　　D. 制造费用

E. 成本差异

7. 原材料质量低劣，会造成(　　)向不利方面扩大。

A. 直接材料成本的用量差异　　B. 直接人工成本的效率差异

C. 变动制造费用的效率差异　　D. 固定制造费用的能量差异

E. 直接材料成本的价格差异

8. 下列各项中，能够造成变动制造费用耗费差异的有(　　)。

A. 直接材料质量次，废料过多　　B. 间接材料价格变化

C. 间接人工工资调整　　D. 间接人工的人数过多

E. 直接材料质量好

9. 造成材料数量差异的主要原因有(　　)。

A. 操作疏忽造成废品废料增加　　B. 工人用料不用心

C. 机器或工具不适用造成用料增加　　D. 新工人上岗造成多用料

E. 未按经济采购批量进货

10. 下列成本差异属于数量差异的是(　　)。

A. 材料消耗量差异　　B. 人工工资率差异

C. 变动制造用工时差异　　D. 人工工时差异

E. 固定制造耗费差异

11. 固定制造费用差异的包括 3 种差异，即(　　)。

A. 固定制造费用开支差异　　B. 固定制造费用能力差异

C. 固定制造费用效率差异　　D. 固定制造费用能量差异

12. 影响材料消耗量的因素可以是(　　)。

A. 工人技能　　B. 材料质量

C. 材料价格　　D. 设备状况

13. 成本差异的处理方法主要有(　　)。

A. 直接处理法　　B. 间接处理法

C. 递延法　　D. 平均分摊法

三、判断题

1. 计算价格差异时的标准价格与标准成本制定过程中使用的“价格标准”相同，都属于单位概念。(　　)

2. 有利差异越大越好，不利差异越小越好。(　　)

3. 标准成本是一种单位的概念，而预算成本是一种总额的概念。(　　)

4. 在标准成本法下，当期发生的全部成本差异均作为期间费用处理。(　　)

5. 标准成本制度下，对超支差异应贷记相应的有关差异账户，节约差异则借记相应有关差异账户。(　　)

6. 基本标准成本一经制订是不予变动的。(　　)

7. 材料价格差异多采用结转本期损益法处理。(　　)

8. “标准成本”一词在实际工作中仅指实际产用的标准成本，是根据实际产品产量和单位产品成本标准计算出来的。(　　)

9. 直接人工的工资率差异就是人工“价格差异”。(　　)

10. 固定制造费用效率差异 = 固定制造费用标准分配率 ×（实际工时 − 标准工时）。（　）

11. 在实际中应用比较广泛的是理想标准成本。（　）

12. 成本差异是实际成本脱离标准成本的差异。（　）

13. 计算价格差异时，要以标准数量为基础。（　）

14. 计算数量差异时，要以标准价格为基础。（　）

15. 变动制造费用效率差异是由于分配率变动引起的。（　）

四、计算题

1. 某企业计划期的产品的直接材料的消耗定额为 10 kg，每千克的标准单价为 50 元。标准工时为 6 000 小时，直接人工工资总额为 36 000 元，变动制造费用预算总额为 24 000 元，固定制造费用预算总额为 30 000 元。假定生产甲产品的直接人工的工时定额为 75 小时。

要求：计算甲产品标准成本。

2. 某公司生产甲产品，每瓶的直接材料和直接人工的标准成本资料如表 8.4 所示。

表 8.4　甲产品标准成本资料

成本项目	价格标准	用量标准	标准成本
直接材料	1.20 元/g	8 g/瓶	9.60 元
直接人工	6 元/工时	0.50 工时/瓶	3.00 元

若本月份实际发生的业务情况如下：

(1) 购进直接材料 15 000 克，实际支付 18 750 元。

(2) 本期购进材料全部用于生产，共生产甲产品 1 760 瓶。

(3) 本期共耗用直接人工 835 工时，支付人工成本 5 177 元。

要求：

(1) 计算本月份的材料价格差异与用量差异。

(2) 计算本月份的工资率差异和人工效率差异

3. 某企业生产 A 产品，对甲材料的消耗定额为 100 kg，材料价格标准为每千克 5 元。6 月份实际产量为 2 000 件，A 材料的实际消耗量为 198 000 kg，实际材料总成本为 1 020 000 元，试计算：

(1) 直接材料成本差异。

(2) 直接材料成本用量差异。

(3) 直接材料成本价格差异。

4. 某企业生产 A 产品。单位产品标准工时为 4 小时，工资率为 10 元/小时。本月计划产量为 1 200 件，实际产量为 1 250 件，实际总工时为 4 600 工时，实际工资总额为 45 000 元。试计算：

(1) 直接人工成本差异。

(2) 直接人工效率差异。

(3) 直接人工工资率差异。

5. 某产品的变动制造费用标准成本为：工时消耗 3 小时，变动制造费用小时分配率 5 元。本月生产产品 500 件，实际使用工时 1 400 小时，实际发生变动制造费用 7 700(元)。

要求:分析计算变动制造费用的耗费差异和效率差异。

6. 某企业本月固定制造费用预算总额为65 000元,实际发生额为68 000元。预算产量标准工时为4 200工时,实际产量应消耗的标准工时为4 400工时,本月实际耗用工时为4 500工时。试计算:

(1)固定制造费用差异。

(2)固定制造费用开支差异、能力差异和效率差异。

(3)根据第3题至第6题的计算结果,编制标准成本制度的会计分录。

7. 在第2题的基础上,本月变动制造费用预算为19 000元,实际发生变动制造费用21 000元,试计算:

(1)变动制造费用差异。

(2)变动制造费用效率差异。

(3)变动制造费用分配率差异。

第九章　全面预算管理

本章提要

全面预算管理概述；全面预算管理程序及管理系统；全面预算编制方法。

学习目标

通过本章学习了解预算的发展历史和战略型全面预算的发展；理解全面预算管理的作用及与其他管理体系的关系；掌握全面预算的各种计算方法及应用范围。

案例导入

从各种外在的表现看，Roger Jones 都是一位成功的牙科医生。他拥有自己的办公大楼，这座大楼他出租给了一家专业公司，而他的牙科诊所也设在里面。他执业的年收入超过了 750 000 美元。他本人的薪水为 150 000 美元。他和家人在一个高级住宅区拥有一所大房子。

然而，Jones 医生最近却收到了一封美国国家税务局（IRS）的挂号信。信中警告他说，要冻结他的诊所，并要拍卖他的财产，因为他在过去的 6 个月里没有缴纳薪酬税。而且，那家专业公司难以支付供应商的货款，并欠一家供应商的货款超过了 200 000 美元。尽管该公司曾安排要支付账单的利息，但现在连利息也没法支付了。类似的问题在过去的 5 年里反复出现过。

在过去，Jones 医生靠抵押自己的私人住宅或办公大楼的资产来借款解决类似的问题，目前办公大楼上没有足够的资产来解决税务问题。当地的一家银行提供了一项重新筹资协议，使他有足够的钱来支付滞纳的税款及相关的罚款和利息。

然而，这一次，Jones 医生决心要彻底解决财务上的问题。最近一次的贷款已经用尽了他的全部私人财产。他采取的第一举措就是辞退了他的接待员兼簿记员，理由是由于她未能恰当地管理公司的财务资源，因而她要负大部分的责任。

然后，Jones 医生打电话到当地的一家注册会计师事务所——Lawson，Johnson and Smith 会计师事务所，要求请一位顾问来诊断一下公司反复出现的财务困难的根源。该事务所的一位合伙人 Jeanette Smith 花了一周的时间来检查会计记录，并同 Jones 医生进行了广泛的交谈。之后，他出具了以下的报告：

Roger Jones Jones 医生

West Apple 大街 1091 号

雷诺，内华达

亲爱的 Jones 医生：

您目前的财务困难是由于缺少适当的规划和控制而造成的。现在您的许多支出决策都过于随意和武断，而是否有经济能力却很少被考虑。正是因为这样，您的支出经常超出工作需要。为了支付额外的支出，您的出纳只能推迟支付那些基本的营业费用，如薪酬税、进货费用及实验室的运作费用。

下面的例子说明了造成您财务上困难的一些决策：

(1) 提薪。您每年都是薪水增长 5%，而不管公司能否成功地消化这些增支。还有，您薪水要比业务状况相当的同行的薪水高出 10%。

(2) 提现。在过去的 5 年里，您每月都要提取大约 1 000 美元的现金。这些提现被当作公司给您这位总裁的贷款。

(3) 购置设备。在过去的 5 年中，公司购买了一辆小货车、一台录像机、一台冰箱、一台微波炉和一套内部立体声系统。有些是现金购买，有些是分期付款。对于您的公司业务而言，这些东西没有一项是非买不可的。

这些决策，以及其他类似的决策，对您个人和公司的财务状况都产生了负面影响。在过去 5 年里您的住宅及办公楼的抵押付款已经增加了 50%。此外，公司的负债也同期增加了 200%。

（资料来源：根据网络相关资料整理）

思考：

(1) Jones 医生为什么辞退了他的簿记员？他的财务困难是由她造成的吗？为什么？

(2) 一套正式的预算编制系统如何能帮助 Jones 医生摆脱财务困境？

(3) 许多小公司并不编制预算，因为它们规划很小，只需记录所有人的收入与支出，评价这种观点是否正确。

(4) 你编制预算吗？解释一下原因。

第一节　全面预算管理概述

一、预算发展史

“预算”一词起源于法语 bougette（公文包），源于英国财政大臣公文包中的下一年度财政预算数据。伴随着经济活动的日益发展，英国、美国等发达资本主义国家逐渐形成了政府部门的预算制度，之后又为企业所借鉴，发展成为企业的重要管理工具与控制手段。

现代意义上的企业预算管理始于 19 世纪末。“预算”在发展初期，主要是作为一种管理控制工具为企业所用。自 20 世纪 20 年代起，杜邦、通用汽车和西门子等一些西方大型企业就已经开始利用预算协调与控制企业内部职能，以管理成本和控制企业现金流。在此阶段，企业规模的盲目扩大是造成一些企业生产过剩、产品积压的主要诱因，因而迫使企业必须有计划地按照市场需求安排生产。同时在规模扩大、管理人员增加的情况下，为提高办事效率，企业往往采取了分权方式进行管理，因此也需要采取某些手段来协调各职能部门的工作，防止各自为政的情况发生。在此情况下，"预算"便应运而生，以解决企业因生产力快速发展、企业规模扩大，以及管理人员增加、企业分权化管理等带来的管理问题。在此阶段，标准成本法和差异分析法等已经成为预算管理中的常用方法。

之后，随着科学技术的迅猛发展，社会生产力得到了更大的提升，并且伴随着资本的积累，企业扩展为跨国公司，企业竞争日益激烈，市场环境也越来越复杂。为了帮助企业在竞争中处于优势地位，人们将许多新的管理理论和方法运用于预算管理中，如变动成本法、弹性预算法及盈亏平衡法等，使预算管理更趋合理，其计划、协调、控制的功能也得到进一步的完善。组织行为学的引入为预算管理带来了一场大变革，出现了分权式民主参与管理模式的预算制度，使得预算在制订过程中更加人性化，预算结果也更贴近实际，并为"预算"功能的拓展提供了条件。此后，还出现了"零基预算"理论，使预算管理在理论和方法上得到了进一步的提高。至此，预算从理论上已基本发展成为包括计划、控制、激励与绩效管理等功能在内的综合管理体系，并成为企业的业绩考评工具，全面预算管理体系基本成形。借助计算机技术的发展、运算速度的提高，大量的预算数据可以利用计算机进行计算和存储。20 世纪 80 年代开发出的企业资源整合系统，使企业全面预算体系在技术上得到了强大的支持和完善，企业可以将生产、服务、质量控制及职能管理等全部纳入预算系统进行统筹管理，大大增强了预算的控制功能。

但是，随着企业竞争的加剧和企业管理理论的进一步发展，人们也越来越认识到企业的生存与发展与其所处环境的密切关系，因此，在企业管理领域，出现了以针对商业背景、实现和引导企业开发潜能、应对不断变化的外部环境以实现企业目标为对象的企业战略管理研究。全面预算作为一项企业管理工具也随之得到相应的发展，已逐渐发展成为战略导向型的全面预算。

二、全面预算管理的概念

通过对预算管理的历史回顾，可以看出预算作为一种管理工具，是随着社会经济活动的发生与发展共同成长的，是随着技术的进步而逐渐趋于完善的。虽然在不同发展时期，预算的功能有所不同，但都是通过对企业内各项经济活动的计划与安排，达到管理企业、实现企业目标的目的。因此，全面预算可以说是企业对一定期间内的经营、投资、财务等与企业价值流相关的各项经济活动所作的总体安排，是对公司整体战略发展目标和年度计划的细化。

作为一种管理控制方法，全面预算是通过将企业内的所有关键问题融合在一个体系中，凭借其计划、协调、控制、激励、评价等综合管理功能，整合优化配置企业资源，提升企业运行效率，帮助企业实现其发展战略目标。

全面预算管理的"全面"不仅体现在其全方位地涉及企业的经营、投资和财务等各项活动，将企业的"人、财、物"等各个方面，以及"供、产、销"等各个环节均纳入其管理范畴，而且通过预算的编制、分解、下达，以及执行、分析、调整、考核、奖惩等，对企业各项经济活动进行事前、事中和事后的"全过程"管理。此外，全面预算还采取了"全员"参与的方式，要求企业内的所有部门、单位以及岗位和人员等都参与到预算的编制与实施过程中，共同进行管理，最大地调动了所有人员的能动性。因此，全面预算是帮助企业实现其发展战略和年度经营目标的有效管理方法与工具。

三、全面预算的构成

全面预算由业务预算(也称经营预算)、投资预算、筹资预算以及财务预算(包括资金预算、利润预算、现金流量表预算和资产负债表预算)等一系列预算组成,它们相互衔接并互相勾稽,共同构成了一个综合的预算体系。

全面预算量化了企业管理层对未来收入、现金流量及财务状况的预期。财务预算是一系列专门反映企业未来预算期内财务状况和经营成果以及现金收支等价值指标的各种预算的总称。

全面预算通常包括以下具体内容:

(一)业务预算

(1)销售预算。

(2)生产预算:

- 直接材料预算;
- 直接人工预算;
- 制造费用预算;
- 期末产成品存货预算。

(3)成本预算。

(4)销售及管理费用预算。

(二)财务预算

财务预算量化了企业管理层对未来收入、现金流量及财务状况的预期,包括:

(1)现金预算表。

(2)预计收益表。

(3)预计资产负债表。

(三)投资预算

略。

(四)筹资预算

上述各项预算间的关系及编制流程如图9.1所示。全面预算的编制以销售预算为起点,进而对生产、成本费用以及现金收支等各个方面进行预测,并在这些预测的基础上,最终形成一套包括预计资产负债表、预计利润表及其附表等在内的预计财务报表,用以反映企业在未来期间的财务状况和经营成果。

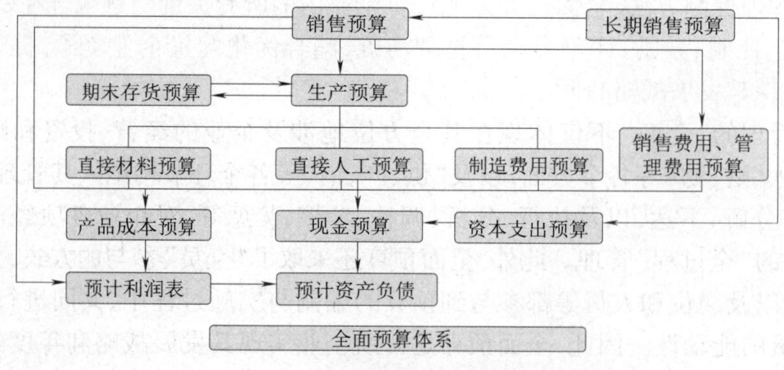

图9.1　全面预算的编制流程图

四、全面预算的作用

全面预算管理是一个系统工程;预算管理以企业的发展战略目标和基本策略为原则,并以良好的组织架构、明确的职责分工和权限划分以及完善的流程为基础。

预算管理是计划未来工作的过程。预算在编制的过程中以企业各下属单位的各种计划为基础。预算是工作计划的量化体现,同时也促进工作计划目标明确并且相互衔接。

全面预算管理的过程是企业目标分解、实施、控制和实现的过程,它不只是某一专业职能部门的职责。预算管理必须在企业最高管理层的统一指挥与协调下,在企业各层级单位和全体员工的共同参与下才能够完成。

现代企业管理正在从传统的职能管理走向职能扁平化和过程集成化的管理模式,在这种管理模式下,企业被视为一个整体,管理者在目标战略的指引下,以业绩评价系统为导向,利用预算管理控制系统,将多层代理框架和企业团队相协调,使经营战略决策与管理行为和企业行动相一致。

全面预算作为一种公司整体规划和动态控制的管理方法,对企业整体经营活动进行量化管理与计划安排,是公司整体战略和年度计划的具体体现。

(一)全面预算管理的特征

全面预算管理具有以下特性:

1. 整体性

全面预算通过数字关系将企业内部的各种预测、计划与预算联结为一个整体,它们相互衔接并互相勾稽,共同组成了综合的预算体系。

2. 适时性

企业的预算必须与企业所处的经营环境与拥有的资源和企业的发展目标保持动态平衡,当企业内外部环境发生变化时,企业目标及其战略规划也将随之进行调整,预算也应适时跟进调整,以确保行动方向与目标保持一致。

3. 规范性

企业的预算应当按照企业内部的既定预算系统统一进行编制,以规范企业的运营。

4. 参与性

企业在编制预算过程中,需要全员参与,以制订出切实可行的企业发展目标。

5. 责任性

在编制出的预算中,对每位员工的职责范围及员工间的相互关系都应有明确的规定;所有责任中心也是按照可控原则进行划分,即做到责任到位、分工明确、相互衔接。

(二)全面预算管理的作用

全面预算管理在企业管理中的作用主要表现在以下几个方面:

1. 预测

通过对企业运营的规划、分析,并经过数量化的系统编制,使企业的目标得以具体化,使企业能够对未来特定期间的发展方向和既定目标具有明确的认识。

2. 规划

全面预算是一项系统工程,预算的制订过程就是具体规划的过程,是将企业的总体目标数量化,并分解、落实到各责任部门和岗位的过程。因此,预算就是企业为达到总体目标、对内部工作职能和业绩规模的具体规划。

3. 评价

预算目标的制订为企业绩效评估及信息反馈提供了标准，同时也为各下属单位确定了具体可行的努力目标，并建立了共同遵守的行为规范，企业可以利用预算目标对部门的业绩进行公正的评价。

4. 控制

全面预算是执行战略过程中进行管理监控的基准和参照，也是企业业绩评价的基础和比较对象。管理者将预算作为一种控制工具，通过将实际绩效与原定计划进行比较，可寻找差异并分析差异形成的原因。在此，预算被作为衡量绩效的标准和改善未来绩效的依据。控制是预算最本制的功能。

5. 沟通

系统内各部门可以通过预算系统了解各自的职责分工及与其他部门间的关系，减少了各部门在操作中可能形成的隔阂，并通过信息系统加强了各部门间的信息沟通。企业在预算实施过程中，应经常将工作成果与预算进行对比，及时发现偏差。当出现重大偏差时，还应及时进行信息沟通。

6. 协调

企业总体目标的实现有赖于各部门的配合与协作，特别是在规模较大、运营复杂的企业中，各部门的活动（如采购、库存、生产、销售、资金等）之间形成错综复杂的关系，彼此相互影响、相互制约。预算作为一种协调工具，可以帮助企业通过对各部门预算完成情况的对比与分析，在部门间进行协调；各部门也可以按照预算目标自觉调整本部门的工作，以配合其他部门共同实现企业的总体目标。

7. 资源分配

企业的资源是有限的，如何充分利用有限的资源，为股东获取最大的利益，不仅是企业的责任，同时也是摆在企业管理者面前的难题。以预算数为基础分配企业的资源和成本费用，可以避免资源的无效占用，减少因采用实际数据进行分配所可能产生的分配失调现象。美国著名管理学家戴维·奥利曾指出，全面预算是为数不多的能够将企业的资金流、实物流、业务流、信息流、人力流等相整合的管理控制方法之一。全面预算的编制和执行过程就是将企业的有限资源整合、协调与分配到企业的各项业务与活动中，通过企业资源的优化配置，增强资源的价值创造能力，提高企业经营效率，以最终达到提高企业经济效益的目的。

8. 奖酬激励

在实务中，有些企业也将预算目标作为考核、奖励员工的计量标准。它们通过对企业各层级、各部门、各责任单位的权、责、利关系进行规范化、明细化、具体化以及量化的界定，并通过全面预算执行及监控，以及对全面预算执行结果的考核，达到出资者对经营者进行有效制约、经营者对企业员工进行有效控制和管理的目的。

9. 防范风险

全面预算是企业内部管理控制的一项工具，有效控制企业风险、实现企业目标也是其基本功能之一。全面预算的制订和实施过程本身就是企业对所面临的各种风险进行识别、预测、评估与控制的过程。因此，财政部等国家五部委在联合发布《企业内部控制基本规范》时，将预算控制作为重要的控制活动和风险控制措施。

五、预算与其他管理体系的关系

(一)预算与计划

预算与计划具有十分密切的关系。

计划是良好管理的关键,它通过对未来事件的预测,预先对企业的未来活动做出安排,包括对可能出现的问题进行应变对策安排等。计划是管理工作的首要职能,即所谓"预则立",虽然它并不能保证事业的成功,但是能有效地提高成功的几率。制订良好的计划,首先要确定明确的目标,然后才是就如何实现目标进行策划,包括根据目标设定明确的行动方向,寻找最为经济有效的行动路径与执行方法,并对资金、人员及设备等有限资源进行合理分配。

企业的计划包括以市场预测为依托的销售计划,以生产安排为主线的生产线安排计划、生产计划、原材料采购计划、库存计划、薪酬计划,以及资产计划、资金计划和用品采购计划等。全面预算就是在这些计划的基础上,制订企业的收入预算、成本预算(包括生产成本预算、人力成本预算及固定成本预算)、各项费用预算等,最后形成预计利润表。全面预算是在计划的数量化基础上所做的价值量的表述和安排。

预算与计划间的关系如图9.2所示。

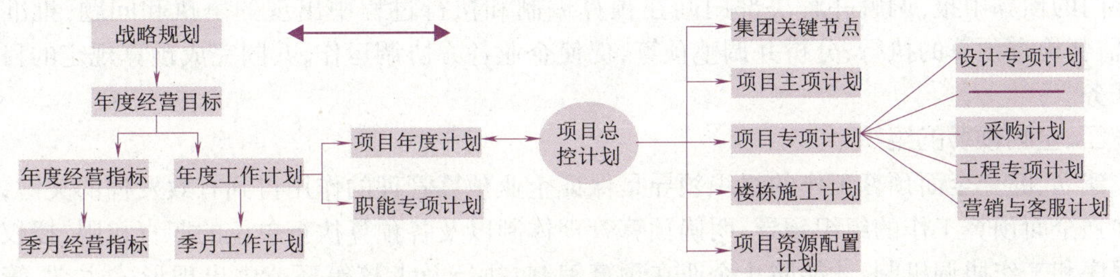

图9.2　全面预算与计划之间的关系

有了计划之后才能够进行全面预算管理。

预算管理的首要功能是对资金、人员及设备等各种资源进行有效的支配与控制,而目标管理则以计划为首要功能。目标管理与预算制度的结合运用主要就是根据预算建立目标,通过计划寻求达成目标的途径,然后通过预算进行控制与调节,最终共同促使目标的实现。

(二)预算与预测

预测是根据历史资料和现在的信息,运用一定的科学预测方法,对市场趋势和企业未来经济活动可能产生的经济效益和发展趋势进行的预计与推测,它是计划的基础。

预算则是在预测的基础上,对企业未来发展所提出的对策性方案和计划的数量表述,它是以货币的形式对企业未来的收入、现金流量和财务状况进行的预期量化。

(三)预算与财务

预算最终是以预计财务报表的形式反映企业在一定时期内与经营、财务、投资等价值流相关的总体计划,它包括财务计划,但又不仅仅是财务计划。在预算的制订和执行中,管理、控制和协调始终贯穿于全过程,而财务在此过程中也起着十分重要的作用。总之,全面预算管理是企业整个管理体系的一项重要工具,企业的成功需要依靠包括预算管理在内的整个管理体系和运行机制的共同作用才能实现。

(四)预算与战略规划

战略规划是在战略决策的基础上,为实现战略目标所拟定的行动的路线和资源配置计划,是在企业中长期经营方向的指导下配置及约束相关经营资源。预算则是对战略目标和战略规划的分解,它服务于战略规划,并以战略规划为起点。战略规划首先分解为各项详细的计划,如销售计划、资金计划等,而全面预算就是在这些计划的基础上,通过合理地配置资源,制订各项详细预算,如成本费用预算、收入预算,最终形成财务预算表。全面预算实际上是指导资源分配以实现战略目标的连续控制过程。

第二节　全面预算管理系统及管理程序

一、全面预算管理体系

全面预算是企业的一项重大经营管理决策活动,也是一项工作量大、涉及面广、时间性强、操作复杂的系统工程,包括预算的编制、执行、分析、评价及控制等工作。为保证预算工作的有序进行和有效实施,在管理体制上,一般要求企业在内部设立预算管理委员会专门负责预算的编制并监督实施。预算管理委员会通常由企业全面管理工作的总经理和分管生产、销售、财务等各职能部门的负责人组成,其主要职能是制定和颁布有关预算制度的各项政策,审查和协调各部门的预算申报,调解并解决部门间在预算编制和执行过程中出现的争执和问题,批准预算,监督检查预算的执行,分析并调整预算,促使企业各方协调运作,共同完成预算规定的目标和任务。

二、全面预算的组织

建立、健全全面预算工作的组织领导是保证企业预算管理的作用得到有效发挥的关键,只有加强全面预算工作的组织领导,明确预算管理体制以及各预算执行单位的职责权限、授权批准程序和工作协调机制,才能防止企业在预算编制、执行及考核等环节中出现形式主义、管理松懈的问题,也才能使预算体系真正起到控制、协调与风险防范的作用。

因此,健全的预算管理体制是实现预算功能的保障。企业一般应遵循合法科学、高效有力、经济适度、全面系统、权责明确等原则设置全面预算管理体制。全面预算管理的基本架构包括决策机构、工作机构和执行单位 3 个层次。

(一)预算管理决策机构

预算管理决策机构在企业的组织架构中属于公司治理层,通常直接归属于公司董事会,其主要职责包括:

(1)制定企业全面预算管理制度,明确企业预算管理的政策、措施、办法和要求等。

(2)根据企业战略规划和年度经营目标拟定预算目标,并确定预算目标分解方案、预算编制方法和程序。

(3)组织编制、综合平衡预算草案,并下达经批准的正式年度预算。

(4)审议预算调整方案,并协调解决预算编制和执行过程中遇到的重大问题。

(5)审议预算考核和奖惩方案,并对企业全面预算的执行情况进行考核。

(二)预算管理工作机构

预算管理工作机构是企业预算管理工作的常设管理机构,其主要职责一般包括:

(1)按照预算决策机构的要求拟订企业各项全面预算管理制度,并负责检查落实预算管理制度的执行。

(2)根据预算管理决策机构拟定的预算目标,拟订年度预算总目标分解方案及有关预算编制程序、方法的草案,报决策机构审定。

(3)组织和指导各级预算单位开展预算编制工作,并预审各预算单位的预算初稿,综合平衡,以及提出修改意见和建议。

(4)汇总编制企业全面预算草案。

(5)负责跟踪、监控企业预算执行情况,定期将各预算单位的预算执行情况进行汇总、分析后,将有关分析报告提交决策机构并提出决策建议。

(6)协调解决企业预算编制和执行中的有关问题,并审查各预算单位的预算调整申请,汇总后制订年度预算调整方案,提交决策机构审议。

(7)向决策机构提交预算考核和奖惩方案,并组织开展对预算执行单位的预算执行情况的考核,将考核结果和奖惩建议提交决策机构。

(三)全面预算的执行单位

企业全面预算的执行单位是指在实现预算总目标的过程中,能够按照其所起的作用和所负的职责,承担一定的经济责任并享有相应权利和利益的企业内部单位,如企业内部的职能部门以及所属分(子)公司等。企业内部预算责任单位的划分通常与企业的组织机构设置一致。预算执行单位在预算管理决策机构及其工作机构的指导下开展工作,其主要职责一般为:

(1)提供编制预算的各项基础资料,并负责本单位全面预算的编制和上报工作。

(2)分解、落实本单位的预算指标,并监督检查本单位的预算执行情况。

(3)及时分析、报告本单位的预算执行情况,解决预算执行中的问题。

(4)根据内外部环境变化及企业预算管理制度,提出预算调整申请。

(5)组织实施本单位内部的预算考核和奖惩工作。

(6)配合预算管理部门做好企业总预算的综合平衡、执行监控、考核奖惩等工作。

三、全面预算的授权审批与协调

全面预算作为管理体系,也应当按照不相容职务相互分离的原则,划分各部门、各岗位在预算管理体系中的职责、分工与权限,明确预算编制,执行、分析、调整及考核等各环节的授权审批制度与工作程序。只有这样,才能够做到分工明确、职责分明,通过层层分解将各项预算指标落实到每一个岗位和员工,并通过相互制衡、层层考核,加强预算的执行力,以确保企业目标的实现。

预算管理工作各环节的不相容岗位一般包括:预算编制与预算审批、预算审批与预算执行、预算执行与预算考核。预算管理部门负责预算的审批,在预算管理体系中主要起决策、组织、领导、协调和平衡的作用。企业内部的生产、市场、投资、技术、人力资源等各预算管理部门既是本部职能预算的执行单位,也负责所预算的编制以及预算执行的监控和分析工作;既是预算结果的被考核部门,同时还应配合预算管理部门对企业总预算的综合平衡、执行监控,以及分析、考核等开展相应的工作。

四、全面预算的业务流程

企业全面预算的业务流程一般包括预算的编制、执行和考核3个阶段。其中,预算的编制包括预算编制、审批与下达等环节;预算的执行包括将预算指标层层分解、将责任落实到具体考核单位和个人、对预算的执行进行监控、对预算执行结果进行分析、根据环境等因素的变化调整预算等环节;预算的考核则是将考核对象所完成预算指标的情况与企业事先制订的考核标准进行比对,然后再按照企业事先制订的考核方案进行奖惩。

预算的编制、执行和考核3阶段及其中的各业务环节环环相扣、相互关联并相互影响，并在企业运作过程中不断地循环运行，达到对企业的经济活动进行全面控制的目的。全面预算业务流程如图9.3所示。

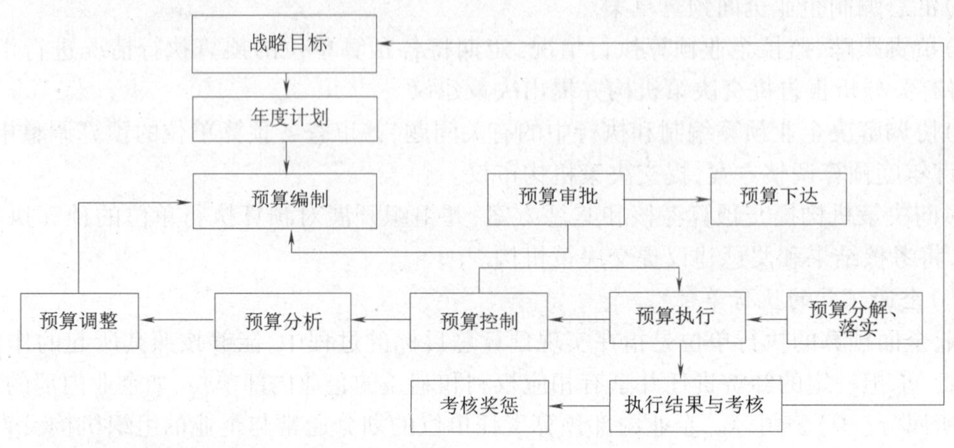

图9.3　全面预算业务流程

第三节　全面预算编制

一、全面预算的编制程序

全面预算的编制是一项工作量大、涉及面广、时间性强、操作复杂的工作。为了保证预算编制工作有条不紊地进行，一般要在企业内部专设一个预算委员会负责预算编制并监督实施。它通常由总经理和分管销售、生产、财务等方面的副总经理及总会计师等高级管理人员组成。其主要任务是：制定和颁布有关预算制度的各项政策；审查和协调各部门的预算申报工作；解决有关方面在编制预算时可能发生的矛盾和争执；批准最终预算，并经常检查预算的执行情况，促使有关方面协调一致地完成预算所规定的目标和任务。

企业全面预算的编制涉及经营管理的各个部门。只有预算执行人员参与预算的编制，才能使预算成为他们自愿努力完成的目标。因此，预算的编制应采取自上而下、自下而上的方法，不断地反复和修正，最后，由有关机构综合平衡，并以书面形式传达，作为正式的预算落实到各有关部门付诸实施。

全面预算的编制程序可归纳为以下几个步骤：

(1)最高领导层根据企业长期规划和有关预算决策资料提出企业一定时期内的经营总目标，并提前约三个月将目标分解下达各基层预算执行单位和各职能部门。

(2)最基层经营管理人员根据基层单位实际情况草拟尽可能可靠的本单位预算草案，并提前两个半月交所属职能部门。

(3)各职能部门汇总、协调本部门的预算，分别编制出销售、生产、财务等预算并提前约两个月报送企业预算委员会。

(4)预算委员会审查、平衡业务预算，继而汇总出企业的全面预算，并提前一个半月报送企业领导和审议机构。

(5)企业领导和审议机构通过或责令修改预算,并提前一个月提交董事会通过。

(6)董事会通过、批准后的预算下达各预算执行部门执行。

二、全面预算的编制原则

为提高全面预算的编制质量,预算编制应遵循以下原则:

(1)编制预算要以明确的经营目标为前提。例如,如果确定了目标利润,就能相应地确定目标成本编制有关营业收入和费用、成本的预算。

(2)编制预算时,要做到全面、完整,凡是会影响目标实现的业务和事项,均应以货币或其他计量形式具体地加以反映,尽量避免由于预算缺乏周详的考虑而影响目标的实现。有关预算指标之间要相互衔接,勾稽关系要明确,以保证整个预算的综合平衡。

(3)预算要积极可靠,留有余地。积极可靠是指要充分估计目标实现的可能性,不要把预算指标定得过低或过高,保证预算能在实际执行过程中充分发挥其指导和控制作用。为了应付实际情况的千变万化,预算又必须留有余地,具有一定的灵活性,以免在意外事件发生时造成被动,影响平衡,以至于影响原定目标的实现。

三、全面预算的编制要点

企业经营预算和财务预算的预算期间通常为一年,并且与企业的会计年度相一致。编制顺序是先编制销售预算,然后再以"以销定产"的方法,依次编制生产预算、直接材料采购预算、直接人工预算、制造费用预算、销售及管理费用预算等,同时编制各项专门决策预算。最后,根据业务预算和专门决策预算编制财务预算。企业的财务预算是在上述经营预算和资本支出预算的基础上,按照一般会计原则和方法编制的。

下面对经营预算和财务预算的各个子预算的编制要点进行介绍。

1. 销售预算

通过对企业未来产品销售情况所作的预测,推测下一预算期的产品销售量和销售单价,这样就可求出预计的销售收入。

$$销售收入 = 销售量 \times 销售单价$$

由于销售预算是其他预算的起点,并且销售收入是企业现金收入的最主要来源,因此销售预测的准确程度对整个全面预算的科学合理性起着至关重要的作用。

2. 生产预算

生产预算是根据预计的销售量和预计的期初、期末产成品存货量,按产品分别计算出每一个产品的预计生产量,计算方法为:

$$预计生产量 = 预计销售量 + 预计期末产成品存货量 - 预计期初产成品存货量$$

在进行生产预算时,不仅要考虑到企业的销售能力,同时要考虑到预算期期初和期末的存货量,目的就是尽可能降低产品的单位成本,避免由于存货过多而造成的资金积压和浪费,或由于存货不足、无货销售而导致收入下降的情况发生。

3. 直接材料预算

预计生产量确定以后,按照单位产品的直接材料消耗量,同时考虑预计期期初、期末的材料存货量,便可以编制直接材料预算。根据计算所得到的预计直接材料采购量,不仅可以安排预算期内的采购计划,也可得到直接材料的预算额。

$$直接材料预算额 = 直接材料预计采购量 \times 直接材料单价$$

与生产预算相同,在编制直接材料预算时考虑期初、期末存货的目的也在于尽可能降低产品成本,避免因材料存货不足影响生产,或由于材料存货过多而造成资金的积压和浪费。

4. 直接人工预算

直接人工预算与直接材料预算相似,也是在生产预算的基础上进行的。

直接人工预算额 = 预计生产量 × 单位产品直接人工小时 × 小时工资率

5. 制造费用预算

制造费用预算是除直接材料和直接人工以外的其他产品成本的计划。这些成本按照其与生产量的相关性,通常可分为变动制造费用和固定制造费用两类(即通常所说的成本性态分类)。不同性态的制造费用,其预算的编制方法也完全不同。因此,在编制制造费用预算时,通常是将两类费用分别进行编制。

变动制造费用与生产量之间存在线性关系,因此其计算方法为:

变动制造费用预算额 = 预计生产量 × 单位产品预定分配率

固定制造费用与生产量之间不存在线性关系,其预算通常都是根据上年的实际水平,经过适当的调整而取得的。此外,固定资产折旧作为一项固定制造费用,由于不涉及现金的支出,因此在编制制造费用预算、计算现金支出时,需要将其从固定制造费用中扣除。

6. 期末产成品存货预算

期末产成品存货不仅影响到生产预算,其预计金额也直接对预计利润表和预计资产负债表产生影响。其预算方法为:先确定产成品的单位成本,然后将产成品的单位成本乘以预计的期末产成品存货量即可。

7. 销售成本预算

销售成本预算是在生产预算的基础上,按产品对其成本进行归集,计算出产品的单位成本,便可以得到销售成本的预算。

销售成本预算 = 产品单位成本 × 预计销售量

8. 销售与管理费用预算

销售与管理费用包括除制造费用以外的其他所有费用,这些费用的预算编制方法与制造费用预算的编制方法相同,也是按照费用的不同性态分别进行编制的。

9. 现金预算

现金预算是所有有关现金收支预算的汇总,通常包括现金收入、现金支出、现金多余或现金不足,以及资金的筹集与应用 4 个组成部分。现金预算是企业现金管理的重要工具,它有助于企业合理安排和调动资金,降低资金的使用成本。

10. 预计利润表

预计利润表是在上述各经营预算的基础上,按照权责发生制的原则编制的,其编制方法与编制一般财务报表中的利润表相同。预计利润表揭示的是企业未来的盈利情况,企业管理者可据此了解企业的发展趋势,适时调整其经营策略。

11. 预计资产负债表

预计资产负债表反映的是企业预算期末各账户的预计余额,企业管理者可以据此了解企业未来期间的财务状况,以便采取有效措施,防止企业不良财务状况的出现。预计资产负债表是在预算期初资产负债表的基础上,根据经营预算、资本支出预算和现金预算的有关结果,对有关项目进行调整后编制而成的。

四、预算编制方法

企业在编制全面预算时，常用的编制方法包括固定预算编制法、弹性预算编制法、零基预算编制法、概率预算编制法、滚动预算编制法等不同的编制方法。

（一）固定预算

固定预算是一种最基本的全面预算编制方法，该方法又称静态预算，根据预算期内正常的、可实现的某一业务量（如生产量、销售量）水平作为唯一基础，不考虑预算期内生产活动可能发生的变动而编制预算的方法。一般情况下，对不随业务量变化而变化的固定成本（如企业管理费用）的预算多采用固定预算方法进行编制；但对于变动成本、费用等随业务量的变化而变化的项目，在编制预算时不宜采用此法。

【例9.1】 A产品的固定预算产量600件，其成本资料如表9.1所示。

表9.1 产量600件的成本资料表

单位：元

成本项目	总成本	单位成本
直接材料	3 600	6
直接人工	1 200	2
制造费用	1 200	2
合计	6 000	10

若该产品实际完成800件，实际总成本7 800元，其中直接材料4 600元，直接人工为1 400元，制造费用为1 800元，单位成本为9.75元。实际费用与预算费用比较，如果与固定预算相比，则超支很大；如果与按产量调整后的固定预算相比，又节约很多。两种方法比较的结果，如表9.2所示。

表9.2 按产量调整的固定预算

单位：元

成本项目	固定预算	实际费用	差异	按产量调整的固定预算	实际费用	差异
直接材料	3 600	4 600	1 000	4 800	4 600	-200
直接人工	1 200	1 400	+200	1 600	14 000	-200
制造费用	1 200	1 800	+600	1 600	1 800	+200
合计	6 000	7 800	+1 800	8 000	7 800	-200

这两种比较方法都不太合理，前者产量增加了，费用没有按产量调整，差异说明不了什么意义；后者全部按实际产量调整，然而，实际上其中一部分费用是固定不变的，如制造费用中的固定制造费用，因此也不妥当。

随着产量的变动重新编制固定预算的做法，虽然便于比较考核，但是由于产量变动比较频繁，这样做工作量往往很大。因此，固定预算方法的优点是编制较为简便。它的缺点主要有以下几个方面：

（1）预算机械化，不具有环境适应性。因为编制预算的业务量基础是事先假设的某个业务量。在此法下，不论预算期内业务量水平是否发生变动，都只按事先确定的某一个业务量水平作为编制预算的基础，但是日后预算执行过程中的实际业务量可能会和预算发生偏差。

(2)缺乏可比性。由于上述情况的存在,通常会导致各项指标的实际数与预算数据失去可比性。按照固定预算方法编制的预算不利于正确地控制、考核和评价企业预算的执行情况。

(3)容易导致预算执行中的突击行为。即在临近预算期末时,无论需要与否,将尚未消化的预算额度尽可能地耗尽,以防下期预算被缩减,同时也为下期预算留有余地。其结果可是资源的无谓浪费。

基于上述原因,固定预算只能适用于那些业务量水平较为稳定的企业或非营利组织编制预算。如果用来衡量业务水平经常变动的企业,往往不合适,甚至还会引起人们的误解。

(二)弹性预算

弹性预算又称变动预算或滑动预算,是根据企业可预见的业务量规模,以业务量、成本和利润之间的依存关系为依据,以变动成本法为基础,在编制预算时使预算具有一定的伸缩范围,能够适用于不同业务量的一种编制方法。只要这些数量关系不变,弹性预算可以持续使用较长的时期,不必每月重复编制。

1. 弹性预算的特点

与固定预算相比,弹性预算具有以下特点。

(1)弹性预算按多种业务量水平编制,任何业务量都可以找到相同的控制依据和评价标准。

(2)弹性预算按多种业务量水平编制,资源费用、成本水平、产品价格不变,弹性预算的结果在不同的生产经营活动水平下都能适用。

(3)可比性强。弹性预算是按成本的不同性态分类列示,反映了不同成本与业务量之间的关系,便于控制和考核成本,挖掘降低成本的能力。

由于未来业务量的变化会影响到成本、费用和利润的各个方面,因此,弹性预算方法在理论上主要适用于编制全面预算中与业务量有关的各种预算,但在实务中,主要用于成本费用和利润预算的编制。

编制弹性预算所依据的业务量可以是产量、销售量、直接人工工时、机器工时、材料消耗量和直接人工工资等。但要选用一个最能代表本部门生产经营活动水平的业务量作为计量单位,例如,以手工操作为主的车间,就应选用人工工时;制造单一产品或零件的部门,可以选用实物数量;制造多种产品或零件的部门,可以选用人工工时或机器工时;修理部门可以选用直接修理工时等。弹性预算的业务量范围视企业或部门的业务量变化情况而定,务必使实际业务量不致超过确定的范围。一般来说,可定在正常生产能力的70%~110%之间,或以历史上最高业务量和最低业务量为其上下限。

2. 弹性预算的编制方法

弹性预算的编制通常有如下几种常见方法。

(1)公式法。指通过确定 $y=a+bx$ 公式中的 a 和 b,来编制弹性预算的方法:

在分析成本习性的基础上,将任何成本近似地表示为 $y=a+bx$。在公式法下,如果事先确定了有关业务量 z 的变动范围,只要根据有关成本项目的 a(固定成本)和 n(单位变动成本参数),就可以很方便地推算出业务量在允许范围内任何水平上的各项预算成本。

【例9.2】 M公司20×4年按公式法编制的制造费用弹性预算指标(部分)如表9.3所示,其中较大的混合成本项目已被分解。

表 9.3　M 公司 20×4 年制造费用弹性预算(公式法)

直接人工工时:500～770 小时　　　　单位:元

项　　目	固定成本(每月)a	变动成本(每人工工时)b
管理人员工资	600	
维修费	599	0.11
水费	80	0.08
辅助材料	100	0.21
燃油		0.06
辅助工人工资		0.08

公式法的优点是便于计算任何业务量的预算成本;缺点是并非所有的成本都能分解并用 $y=a+bx$ 公式来表示,如阶梯成本和曲线成本只能用数学方法进行修正,因此会有一定的误差。

(2)列表法。也称多水平法,是指通过列表的方式,在确定的业务量范围内,划分出若干个不同水平,计算相关数值,来编制弹性预算的方法。此法在一定程度上能弥补公式法无法直接计算不同业务量下总成本预算数据的弱点。

表 9.4 表示的是一个用多水平法表示的弹性预算。在这个预算中,业务量的间隔为 10%,这个间隔可以大些,但太大了就会失去弹性预算的优点;间隔较小,用以控制成本较为准确,但会增加编制预算的工作量。

【例 9.3】　是按列表法编制的 M 公司 20×4 年制造费用弹性预算。

表 9.4　M 公司 20×4 年制造费用弹性预算(列表法)

单位:元

业务量(直接人工小时)	4 800	5 400	6 000	6 600	7 200
生产能力(%)	80	90	100	110	120
变动成本(2 元/小时)	9 600	10 800	12 000	13 200	14 400
混合成本	3 000	3 100	3 200	3 300	3 400
固定成本	4 000	4 000	4 000	4 000	4 000
合计	16 600	17 900	19 200	20 500	21 800

列表法的优点是比公式法更精确且一目了然,但工作量较大。

(三)增量预算与零基预算

编制成本费用预算的方法按其是否以基期水平为基础,分为增量预算和零基预算两种。

1. 增量预算

增量预算是指以基期成本费用水平为基础,结合预算期业务量水平及有关降低成本的措施,通过调整有关原有费用项目而编制预算的方法。它适用于比较稳定的成熟企业预算的编制。该方法的基本假设是:

(1)企业的每项活动都是企业不断发展所必需的。

(2)在未来预算期内企业至少以现有的费用水平继续存在。

(3)现有费用已得到有效的利用。

因此,增量预算以过去的经验为基础,承认过去所发生的一切都是合理的,主张不需在预

算内容上做较大改进,而是沿袭以前的预算项目。这种方法可能存在以下缺点:

(1)受到原有费用项目与预算内容的限制。由于按增量预算方法编制预算,可能会不加分析保留或接受原有的成本项目,可能使原来不合理的费用开支继续存在下去,形成不必要开支,造成预算上的浪费,甚至可能导致预算落后。

(2)容易导致预算中的"平均主义"和"简单化"。采用此法,容易鼓励预算编制人员凭主观臆断按成本项目平均消减预算或只增不减,不利于调动各部门降低费用的积极性。

(3)可能对企业未来发展考虑不够充分。按照这种方法编制的费用预算,对于那些未来实际需要开支的项目可能因没有考虑情况的变化而造成预算不够确切。

2. 零基预算

零基预算是指在编制成本费用预算时,不考虑以往会计期间所发生的费用项目和费用数额,而是以所有的预算支出均为零为出发点,一切从实际需要与可能出发,逐项审议预算期内各项费用的内容及开支标准是否合理,在综合平衡的基础上,编制费用预算的一种方法。

编制零基预算的一般程序如下:

(1)动员与讨论,即动员企业内部所有部门,在充分讨论的基础上提出本部门在预算期内应当发生的费用项目,并确定其预算数额,而不考虑这些费用项目以往是否发生及发生额多少。

(2)划分不可避免项目和可避免项目。企业发生的全部费用可以划分为不可避免项目和可避免项目,不可避免项目是指在预算期内必须发生的费用项目,可避免项目是指在预算期内通过采取措施可以不发生的费用项目。在预算编制过程中,对不可避免项目必须保证资金供应;对可避免项目则需要逐项进行成本-效益分析,按照各项目开支必要性的大小确定各费用预算的优先顺序。

(3)划分不可延缓项目和可延缓项目。将纳入预算的各项费用进一步划分为不可延缓项目和可延缓项目,不可延缓项目是指必须在预算期内足额支付的费用项目,可延缓项目是指可以在预算期内部分支付或延缓支付的费用项目。在预算编制过程中,必须根据预算期内可供支配的资金数额在各费用项目之间进行分配。应优先保证不可延缓项目的开支,然后再根据需要和可能,按照项目的轻重缓急确定可延缓项目的开支标准。

零基预算编制举例。

【例9.4】 N公司采用零基预算编制预算期20×4年度的销售及管理费用预算,基本编制程序如下:

首先,企业销售及管理部门根据预算法编制预算期利润目标及销售目标等,经讨论、研究,确定20×4年所需发生的费用项目及支出数额为:

项目	金额
保险费	6 000元
广告费	10 000元
租金	3 000元
办公费	14 000元
差旅费	4 000元
培训费	10 000元
合　计	47 000元

其次,对各项费用中属于选择性固定成本的广告费、培训费,参照历史经验,经过成本-效益分析,结果如表9.5所示。

表9.5 成本—效益分析表

项目	成本(元)	收益(元)	成本收益率
广告费	2	80	1:40
培训费	2	50	1:25

然后,将所有费用项目按照性质和轻重缓急,排除开支等级和顺序。

第一等级:保险费、租金、办公费和差旅费,属于约束性固定成本,为预算期必不可少的开支,应全额得到保证。

第二等级:广告费,属于选择性固定成本,可以根据预算期企业资金供应情况酌情增减,但由于广告费的成本收益率高于培训费,因而列入第二等级。

第三等级:培训费,也属于选择性固定成本,根据预算期企业资金供应情况酌情增减,但由于培训费的成本收益率小于广告费,因而列入第三等级。

最后,如果N公司预算期可用于销售及管理费用的资金数额为47 000元,则可以根据所排列的等级和顺序分配落实预算资金。

第一等级的费用项目所需资金应全额满足:

保险费	6 000元
租金	3 000元
办公费	14 000元
差旅费	4 000元
合 计	27 000元

剩余的可供分配的资金数额为20 000元(47 000-27 000),按成本收益率的比例分配广告费和培训费,则广告费可分配资金为:

20 000×[40/(40+25)]=12 307(元)

培训费可分配资金为:

20 000×[25/(40+25)]=7 693(元)

零基预算与传统预算方法相比,它不是以承认现实的基本合理性为出发点,而是以零为起点,从而避免了原来不合理的费用开支对预算期费用预算的影响,因而具有能够充分合理、有效地配置资源,减少资金浪费的优点,特别适用于那些较难分辨其产出的服务性部门。但是,零基预算的方案评级和资源分配具有较大的主观性,容易引起部门间的矛盾。

(四)概率预算

概率预算是为了反映企业在实际经营过程中各预定指标可能发生的变化而编制的预算。它不仅考虑了各因素可能发生变化的水平范围,而且考虑到在此范围内有关数据可能出现的概率情况。因此在预算的编制过程中,不仅要对有关变量的相应数值进行加工,还需对有关变量可预期的概率进行分析。用该方法编制出的预算由于在其形成过程中,把各种可预计到的可能性都考虑进去了,因而比较接近客观实际情况,同时还能帮助企业管理者对各种经营情况及其结果出现的可能性做到心中有数,有备无患。

现举例说明这种预算的编制过程。

【例 9.5】 设 M 公司预算期产品销售单价为 200 元,销售量和变动成本的预期值及相应的概率,以及其他有关数据如表 9.6 所示。

表 9.6 M 公司概率预算表 1

销量(件)	20 000			25 000			30 000		
销售收入(元)	4 000 000			5 000 000			6 000 000		
概率Ⅰ	0.2			0.6			0.2		
变动成本(生产)(元)	100	110	120	100	110	120	100	110	120
变动成本(销售)(元)	10	10	10	10	10	10	10	10	10
概率Ⅱ	0.3	0.4	0.3	0.3	0.4	0.3	0.3	0.4	0.3
固定成本(元)	700 000	700 000	700 000	800 000	800 000	800 000	900 000	900 000	900 000
利润(元)	1 100 000	900 000	700 000	1 450 000	1 200 000	950 000	1 800 000	1 500 000	1 200 000
总概率(Ⅰ×Ⅱ)	0.12	0.16	0.12	0.36	0.48	0.36	0.12	0.16	0.12
利润期望值	1 200 000								

通过将各变量的有关数据与其相对应的总概率相乘,然后汇总,就可求得各变量的预期值。为方便使用,下面用普通利润表的形式来表示,如表 9.7 所示。

表 9.7 M 公司概率预算表 2(利润表形式)

单位:元

	预期值	变化范围
销售收入	5 000 000	4 000 000 ~ 6 000 000
减:变动生产成本	2 750 000	2 000 000 ~ 3 600 000
生产贡献毛益	2 500 000	1 600 000 ~ 3 000 000
减:变动销售成本	250 000	200 000 ~ 300 000
产品贡献毛益	2 000 000	1 400 000 ~ 2 700 000
减:固定成本	800 000	700 000 ~ 900 000
利润总额	1 200 000	700 000 ~ 1 800 000

(五)滚动预算

滚动预算也称"永续预算"或"连续预算",它与一般预算的重要区别在于,其预算期不是固定在某一期间(一般预算的预算期通常是一年,并且与会计年度保持一致)。它的预算期一般也是一年,但是每执行完 1 个月后,就要将这个月的经营成果与预算数相对比,从中找出差异及原因,并据此对剩余 11 个月的预算进行调整,同时自动增加 1 个月的预算,使新的预算期仍旧保持为一年。

滚动预算的编制基本上是按其他的预算方法进行,但是它对近 3 个月内的预算比较详细具体,而对后 9 个月的预算则较为笼统,因为远期的市场等因素一般较难预测。

滚动预算在执行过程中,由于随时对预算进行调整,从而可以避免由于预算期过长,导致预算脱离实际,无法指导实际工作的可能。并且滚动预算长期保持一年的预算期,使企业管理者对企业的未来有一个较为稳定的视野,有利于保证企业的经营管理工作能稳定地进行。但是,滚动预算的延续工作将耗费大量的人力、物力,代价较大。

五、全面预算编制举例

全面预算的编制期间可以是 1 年、2 年或 5 年,其中最常见的是年度预算。它的预算期间和会计年度一致,便于预算执行结果的分析、评价和考核。全面预算的编制程序为:最先是销售预算,然后是生产预算、直接材料预算、直接人工预算、销售管理费用预算,最后是现金预算、预计损益计划及预计资产负债表。下面将通过编制已进入市场成长期的甲公司 20×4 年的预算来简要介绍全面预算的编制。

(一)销售预算

销售预算是编制全面预算的起点。全面预算中几乎全部其他项目(包括产量要求、采购及经营费用)都取决于销售预算。因此,销售预算应尽量准确。而销售预算根据年度目标利润所规定的销售量和销售单价来编制,其准确性取决于准确的销售预测。销售预测需要考虑许多因素,如过去的销售情况、定价政策、未交货订单、市场研究、总体经济形势、行业经济形势、广告和促销计划、竞争等。因此销售量可以按预测销售量来确定,单价可以采用企业确定的目标价格或以前年度的销售单价,也可以在以前年度销售单价的基础上适当进行调整。销售收入的计算公式为:

预计销售收入 = 预计销售量 × 预计销售单价

销售预算通常可以分品种、月份、销售区域和销售人员来编制。并且销售预算通常附有一份预算期的预计收现计划表,用于编制现金预算。预计收现计划表与销售预算一同编制,因为销售部门通常控制着提供给客户的信用条件。任何一个季度的预计现金收入是以下二者的合计:①该季的预计现金销售;②以前各季所赊销的现金回款。

假设甲公司 20×4 年度销售预算如表 9.8 所示,甲公司年初应收账款余额为 1 400 元,预计 20×4 年销售 4 160 件产品,第四季度达到销售的最高峰。销售预算通常还附有预算期间关于预计现金收入的计算,以便于现金预算的编制。假设甲公司每季度销售收入中收到现金 60%。其余 40% 要下季度才能收到现金。

表 9.8 甲公司 20×4 年度销售预算

项目 \ 时间		第一季度	第二季度	第三季度	第四季度	全年合计
预计销量(件)		1 100	1 000	900	1 160	4 160
销售单价(元/件)		8	8	8	8	8
预计销售收入(元)		8 800	8 000	7 200	9 280	33 280
预计现金收入	年初应收账款(元)	1 400				1 400
	第一季度销售收入(元)	5 280	3 520			8 800
	第二季度销售收入(元)		4 800	3 200		8 000
	第三季度销售收入(元)			4 320	2 880	7 200
	第四季度销售收入(元)				5 568	5 568
	现金收入合计(元)	6 680	8 320	7 520	8 448	30 968

(二)生产预算

销售预算编制完成后,当期的产量要求可以根据现有存货和预计销售量算出,从而生产预算得以编制。生产预算确定了为满足企业的销售和存货需要而必须产出的产品数量。在编制生产预算时,管理层必须考虑到生产所需的存货数量。许多企业愿意保有一定数量的原材料和产成品库存以防实际需求超出预计,这样的存货通常称为安全储备。除了要生产足够的数量来满足市场需求以外,企业还必须生产足够的数量来为预期的期末存货水平做好准备。期初产成品存货已满足了一部分产品需求。因此,预计生产量的计算公式如下:

预计生产量 = 预计销售量 + 预计期末存货数量 - 预计期初存货数量

期末存货量大小的选择,需要平衡两个相冲突的目标:一是公司要保证充足的存货储备,以保证生产经营的连续性和节奏性;二是尽量减少不重要的存货,以提高资金利用水平和降低成本耗费。因此,企业要在存货储备成本和未能满足客户需要所致的可能销售损失之间进行比较。企业的存货储备取决于以下多个因素:①企业客户的订货模式;②生产和发运产品所需时间;③原材料的可得性;④原材料供应商的可靠性。

为了确切了解现有生产能力是否能够完成预计的生产量,生产设备管理部门还必须再审核生产预算,若无法完成,预算委员会可以修订销售预算或者考虑增加生产能力;若生产能力超过需求,则可以考虑把剩余生产能力用于其他方面。编制生产预算的过程中,如果发现销售预算与生产能力不匹配,则应采取相应的补救措施,避免因生产能力不足或不必要的生产能力闲置而降低企业生产经营的经济效益。

一旦知道了企业的预计产量要求,就可以对生产中耗用的资源进行预算。直接材料、直接人工和制造费用的各项预算都要依据生产预算中的产品数量进行预算。

在本例中,假设各个季度的期末存货按下一个季度销售量的 15% 计算,各季度预计的期初存货与上季期末存货相等,年初有存货 165 件,年末留存 175 件。据此,可编制甲公司 20×4 年度的生产预算,如表 9.9 所示。

表 9.9　甲公司 20×4 年度生产预算

单位:件

项目 \ 时间	第一季度	第二季度	第三季度	第四季度	全年合计
预计销量	1 100	1 000	900	1 160	4 160
加:预计期末存货	150	135	174	175	175
合计	1 250	1 135	1 074	1 335	4 335
减:预计期初存货	165	150	135	174	165
预算生产量	1 085	985	939	1 161	4 170

(三)直接材料预算

直接材料预算是一项采购预算,以生产预算为基础,为企业的生产需求提供所需的材料数量。企业需要充足的材料用于当期生产并为原材料的预期期末存货水平做好准备。某些原材料已经以期初原材料存货的形式存在,其余的将向供应商采购。前期的期末存货成为下期的期初存货。如果制造产品所需材料超过一种,那么计划表格要按照材料的种类分别编制,然后将各种材料的成本加总,得出直接材料总成本。

预算期所需直接材料的采购量可用下列公式求得：

直接材料预计采购量＝预计生产量×单位产品耗用量＋预计期末存货－预计期初存货

在编制直接材料预算的同时，一般还要编制材料的预计现金支出计划表，用于编制现金预算。该表根据采购部门预期从供应商那里取得的信用条件来编制。

直接材料的预算额可计算如下：

直接材料预计采购额＝直接材料预计采购量×单价

在本例中，设单位产品的直接材料耗用量为 1.2 kg，每千克单价为 2 元。各季度的期末存货按下一季度生产需用量的 25% 计算，各季度预计的期初材料存货与上季末的材料存货相等，年末预计的材料存货为 340 kg。在各季度的材料采购货款中，有 60% 在本季度内付清，另外 40% 在下季度付清，20×3 年年末的应付账款余额为 1 550 元。据此，可编制甲公司20×4 年度的直接材料预算，如表 9.10 所示。

表 9.10　甲公司 20×4 年度直接材料预算

项目 \ 时间		第一季度	第二季度	第三季度	第四季度	全年合计
预计生产量（件）		1 085	985	939	1 161	4 170
单位产品材料用量（kg）		1.2	1.2	1.2	1.2	1.2
生产需用总量		1 302	1 182	1 126.8	1 393.2	5 004
加：预计期末存货（kg）		295.5	281.7	348.3	340	340
合计		1 597.5	1 463.7	1 475.1	1 733.2	5 344
减：预计期初存货（kg）		325.5	295.5	281.7	348.3	325.5
预计采购量（件）		1 272	1 168.2	1 193.4	1 384.9	5 018.5
材料单价（元/件）		2	2	2	2	2
预计采购额（元）		2 544	2 336.4	2 383.8	2 769.8	10 037
预计现金支出	年初应付账款（元）	1 550				1 550
	第一季度采购额（元）	1 526.4	1 017.6			2 544
	第二季度采购额（元）		1 401.8	934.6		2 336.4
	第三季度采购额（元）			1 432.1	954.7	2 386.8
	第四季度采购额（元）				1 661.9	1 661.9
	现金支出合计（元）	3 076.4	1 419.4	1 366.7	2 616.6	10 479.1

（四）直接人工预算

直接人工预算列示了根据预计生产量进行生产所需要的直接人工工时及相应的成本。人工需要量可以预测，企业可以以直接人工预算为基础来对人工需求进行计划。如果不对人工需求进行计划的话，可能的后果是人工短缺、不必要的加班或出乎意料的临时裁员。这些后果会影响雇员士气并使员工流动率上升。为预测直接人工的预计总成本，直接人工预算是必要的。

直接人工成本的预算数通常从管理部门和工程技术部门获得，其计算公式如下：

预计的直接人工＝预计生产量×单位产品直接人工工时×小时工资率

在此计算公式中，工资率一般用每工时的平均工资来计算。

本例中假设只有一个工种,单位产品的工资定额为 1.3 小时,每小时人工成本(单位工资率)为 1.5 元。各期需要的直接人工工时直接按当期预计的产成品产量计算。据此,可以编制甲公司 20×4 年度的直接人工预算,如表 9.11 列示。

表 9.11　甲公司 20×4 年度直接人工预算

时间 项目	第一季度	第二季度	第三季度	第四季度	全年合计
预计产量(件)	1 085	985	939	1 161	4 170
单位产品工时定额(小时)	1.3	1.3	1.3	1.3	1.3
直接人工总工时(小时)	1 410.5	1 280.5	1 220.7	1 509.3	5 421
单位工时工资率(元)	1.5	1.5	1.5	1.5	1.5
预计的直接人工成本(元)	2 115.8	1 920	1 831.1	2 264.6	8 131.5

(其中:1 163.8 为倒挤数)

(五)制造费用预算

制造费用预算提供一张包含除直接材料和直接人工以外的所有生产成本的计划表。与直接材料和直接人工不同,制造费用项目不存在易于辨认的投入产出关系,其预算需要根据生产水平、管理层的意愿、长期生产经营能力、公司政策和国家的税收政策等外部因素进行编制。为了简化预算的编制程序,把制造费用划分为变动制造费用和固定制造费用两大类。

固定制造费用与生产量之间不存在线性关系,包括厂房和设备的折旧、租金及一些车间管理费用、财产税等,它们支撑企业总体的生产经营能力,一经形成,在短期内会保持不变,其预算通常是依据上年的实际水平作适当调整得到的。

变动制造费用通常包括动力、维修费、间接材料、间接人工等。计算变动制造费用的关键在于确认哪些具体项目是可变的,并选择与产量具有线性关系的成本分配基础,如机时、人工工时、产量、作业量等业务量,然后计算变动制造费用的分配率。

预计变动制造费用 = 预计直接人工工时 × 变动制造费用分配率

预计制造费用 = 预计变动制造费用 + 预计固定制造费用

为了给编制现金预算提供必要的信息,在制造费用预算中,通常包括费用方面预算的现金支出。尽管固定资产折旧是计算制造费用分配率所必需的,但由于它在预算期间内无须现金支出,因此,在编制制造费用现金时,应将折旧这一项目扣除。

预计需要支付现金的制造费用 = 预计制造费用 − 折旧

在本例中,假设经有关部门测算,直接人工为 0.251 8 元/件,间接材料为 0.275 8 元/件,维修费用为 0.051 6 元/件,水电费为 0.227 8 元/件,劳动保护费为 0.036 元/件,则甲公司 20×4年度制造费用各项目的预算如表 9.12 所示。

表 9.12　甲公司 20×4 年度制造费用各项目的预算

单位:元

	第一季度	第二季度	第三季度	第四季度	全年合计
变动制造费用:					
间接人工	273.2	248	236.4	292.3	1 049.9

续表

	第一季度	第二季度	第三季度	第四季度	全年合计
间接材料	299.2	271.7	259	320.2	1 150.1
维修费	56	50.8	48.5	60	215.3
水电费	247.2	224.4	213.9	264.5	950
劳动保护费	39	35.5	33.8	41.8	150.1
小计	914.6	830.4	791.6	978.8	3 515.4
固定制造费用：					
折旧费	350	350	350	350	1 400
维修费	50	50	50	50	200
管理人员工资	103.8	103.8	103.8	103.6	415
保险费	187.5	187.5	187.5	187.5	750
租赁费	77.5	77.5	77.5	77.5	310
小计	768.8	768.8	768.8	768.8	3 075
合计	1 683.4	1 599.2	1 560.4	1 560.4	6 590.4
减：折旧费	350	350	350	350	1400
现金支出合计	1 333.4	1 249.2	1 397.4	1 397.4	5 190.4

（其中：管理人员第四季度工资 103.6 为倒挤数）

为了便于编制产品成本预算，需要计算费用分配率（以直接人工总工时为标准）。

变动制造费用分配率 = 3 515.4 ÷ 5 421 = 0.65（元/工时）

固定制造费用分配率 = 3 075 ÷ 5 421 = 0.57（元/工时）

（六）期末产成品存货的预算

期末产成品存货预算不仅提供了编制预计资产负债表所需的信息，同时也为编制预计利润表提供了产品销售成本的数据，其编制的基本步骤为：先计算确定产成品单位成本（根据前述的直接材料、直接人工、变动和固定制造费用的预算材料），然后将产成品单位成本乘以预计期末产成品存货数量，即可得出预计期末产成品存货额。计算方法为：

期末产成品存货 = 产成品单位成本 × 预计期末产成品存货数量

编制制造费用预算后，就可以计算产成品的单位成本，以便于为预计收益表的编制提供销售成本数据，并为预计资产负债表的编制提供期末销售的产成品存货数据。假设年初存货为 165 件，其成本为 980.1 元。

根据上述有关资料，可编制甲公司 20×4 年度的产品成本预算，如表 9.13 所示。

表 9.13　甲公司 20×4 年度的期末产品存货预算

项目	单位成本			生产成本（4 170 件）	存货成本（175 件）	销货成本（4 160 件）
	标准分配率	标准耗用量	成本（元）			
直接材料	2 元/kg	1.2 kg	2.40	10 008	420	9 984
直接人工	1.5 元/工时	1.3 工时	1.95	8 131.5	341.25	8 112

续表

项目	单位成本			生产成本（4 170 件）	存货成本（175 件）	销货成本（4 160 件）
	标准分配率	标准耗用量	成本（元）			
变动性制造费用	0.65 元/工时	1.3 工时	0.84	3 515.4	147	3 494.4
固定性制造费用	0.57 元/工时	1.3 工时	0.74	3 075	129.5	3 078.4
合计			5.93	24 729.9	1 041.2	24 668.8

（其中：存货成本合计 1 041.2 为倒挤数）

（七）销售及管理费用预算

销售及管理费用预算包含预算期内将发生的非制造作业的各项费用。该预算一般由承担各项职责的经理们编制的许多个别预算构成。组成全面预算中这一部分的项目，数量可能非常庞大（取决于组织的规模和复杂程度），它们包括各种活动，如营销、会计、人力资源等。像制造费用一样，销售与管理费用也可分为变动部分和固定部分。变动销售与管理费用通常包括销售佣金、运杂费和物料用品费等，它们随着销售量的变动而变动；固定销售与管理费用在一定范围内不受销售量的影响，如租金、保险、折旧和基本工资等，其编制方法与制造费用预算的编制方法相同。还有，在编制销售与管理费用预算时，非现金开支（如折旧）要单独提出，从现金预算中扣除。假设在本例中销售及管理费用皆为固定费用，经有关部门测算，甲公司 20×4年度销售及管理费用预算如表 9.14 所示。

表 9.14　甲公司 20×4 年度销售及管理费用预算

单位：元

项　目		金额
销售费用：		
销售人员工资		125
广告费		275
运输费		150
保管费		150
管理费用：		
管理人员工资		250
办公费		175
职工培训费		75
保险费		125
合计		1 325
预计现金支出	全年预计现金支出	1 325
	每季平均现金支出	331.25

（八）现金预算

现金预算是企业描述预算期所有营业活动现金收支的汇总，通常包括现金收入、现金支出、现金多余或不足,以及资金筹集与运用 4 个部分。通过现金预算,管理者确保企业将有足够的现金开展所计划的各项活动,提前安排适当的融资渠道,以避免负担过高的融资成本。对持有的多余现金,也应进行投资筹划,以争取获得最高的收益。

因此,现金预算是全面预算中的一个重要环节,有助于企业事先对其现金需要进行安排。

现金预算一般包括以下 4 个主要部分。

(1)现金收入。

(2)现金支出。

(3)现金多余或不足。

(4)资金的筹集与运用。

这 4 部分的基本关系是:

$$期初现金金额+现金收入=当期可动用现金合计$$

$$当期可动用现金合计-现金支出=现金多余或不足$$

$$现金多余或不足+资金的筹集与运用=期末现金余额$$

预计的现金收入部分是相应期间现金的所有来源,包括现销、应收账款收回、应收票据到期、票据贴现收入、出售长期性资产、收回投资等产生现金的业务。现金的主要来源是销售,由于大部分销售主要是采用赊销方式,因此,企业的一个主要任务就是确定其应收账款的收款方式。

现金支出指预算期内预计发生的现金支出,包括采购材料支付货款、缴纳税金、股利支出、工资支出、制造费用和管理费用各项预算中的现金支出以及资本性支出等。所有那些不导致现金支出的费用都应排除在外,如折旧费等。短期借款的利息不列入该项,而应放在资金的筹集与运用上。

现金多余或不足是预计可动用现金合计数与预计现金支出合计数之间的差额。这一部分的重要性在于它揭示了现金短缺时公司需要借入的款项;当现金多余时,公司应作出计划,将多余资金投放出去,以提高资金利用效率。

现金的筹集与运用是根据预算期现金收支差额和企业有关资金管理的各项政策,确定筹集与运用资金的数额。如果现金不足,可向银行取得借款或通过其他方式筹措资金,并预计还本付息的期限和数额;如果现金多余,除了可用于偿还借款外,还可用于购买作为短期投资的有价证券。这一部分现金预算使得企业可以同贷款人密切合作,确保必要时随时可以获得现金。企业常常在多家银行有信用额度,以满足短期现金需要。这部分有助于经理们确定是否有必要在现有信用额度以外寻求任何特殊的借款安排。

现金预算是全面预算的重要部分。即便公司产生了净收益,但如果手头没有日常运作所需的资金,也会遇到严重困难。比如,公司如果无法及时结清应收账款,往往会损失折扣,还可能因付款延迟而遭受罚款。更严重的是,供应商可能会拒绝本公司赊账。最严重的后果就是因无法偿还到期债务而被迫破产。因此,对公司的现金需要作出计划是良好的财务管理所必不可少的。根据有关资料,可编制甲公司 20×4 年度的现金预算,如表 9.15 所示。

表 9.15 甲公司 20×4 年度现金预算

单位:元

项　　目	第一季度	第二季度	第三季度	第四季度	全年合计
(1)期初现金余额	150.0	1 073.1	1 122.4	2 002.9	150.0
(一)现金收入					
(2)经营现金流入					
产品销售收入	6 680.0	8 320.2	7 520.0	8 848.0	30 968.0
经营现金收入合计	6 680.0	8 320.0	7 520.0	8 848.0	30 968.0
(3)其他现金收入					
固定资产变价收入				500.0	500.0
其他现金收入合计				500.0	500.0
(4)现金收入合计					
(4)=(2)+(3)	6 680.0	8 320.0	7 520.0	8 948.0	31 468.0
(5)可供使用现金	6 830.0	9 393.1	8 642.4	10 950.9	35 816.4
(二)现金支出					
(6)经营现金支出					
直接材料	3 076.4	2 419.4	2 366.7	2 616.6	10 479.1
直接人工	2 115.8	1 920.8	1 831.1	2 263.8	8 131.5
制造费用	1 333.4	1 249.2	1 210.4	1 397.4	5 190.4
销售及管理费用	331.3	331.3	331.3	331.3	1325.0
经营现金支出合计	6 856.9	5 920.7	5 739.5	6 608.9	25 126.0
(7)其他现金支出					
购入生产设备		1 450.0		1 250.0	2 700.0
税款支出	500.0	500.0	500.0	500.0	2 000.0
股利支出	400.0	400.0	400.0	400.0	1 600.0
其他现金支出合计	900.0	2 350.0	900.0	2 150.0	6 300.0
(8)现金支出合计					
(8)=(6)+(7)	7 756.9	7 270.7	6 639.5	8 758.9	31 426.0
(三)现金多余和不足					
(9)可使用现金减现金支出	(926.9)	1 122.4	2 002.9	2 192.0	4 390.4
(9)=(5)-(8)					
(四)筹集资金					
(10)向银行借款	2 000.0			1 000.0	3 000.0
(五)还银行借款					
(11)还银行借款				2 000.0	2 000.0
(12)还借款利息				200.0	200.0
(13)期末现金余额	1 073.1	1 122.4	2 002.9	992.0	992.0

在本例中,甲公司在预算期内还将发生以下经济业务:每季预交所得税 500 元;每季支付

现金股利400元；第四季度出售一台设备，价款500元；第二季度和第四季度分别购入前一套生产设备，价款分别为1 450元和1 250元。该公司规定现金的最低期末余额为1 000元，不足数向银行借入。假设银行借款额为1 000元的整数倍，需要时期初借入，偿还时期末归还。借款期限最长为1年，年利率为10%。

第一季度借款额＝第一季度现金不足额＋最低现金余额

＝926.9＋1 000＝1 926.9（元）≈2 000（元）

第四季度还款利息＝2 000×10%＝200（元）

第四季度借款额＝第四季度现金余额－第四季度还银行借款本息＋最低现金余额

＝2 192－2 200＋1 000＝992（元）≈1 000（元）

（九）预计利润表

在上述经营预算结果的基础上，根据权责发生制会计原则，即可编制预计利润表。预计利润表是整个预算过程的一个重要环节，是总预算中一张关键的表，它提供未来一段时期内某组织的盈利能力估计，揭示企业预期的盈利情况，从而有利于经营人员及时调整经营策略。

预计利润表是根据上述各有关预算汇总编制而成的，如表9.16所示。

表9.16　甲公司20×4年度预计利润表

单位：元

项　目	金　额
销售收入	33 280
销售成本	24 668.8
毛利润	8 611.2
销售及管理费用	1 325
利息	200
利润总额	7 086.2
所得税	2 000
净利润	5 086.2

借助于现金预算的方法只是编制预计利润表方法的一种，也可以运用销售百分比法的原理预测预计利润表各项目的数额，以此编制预计利润表。

（十）预计资产负债表

预计资产负债表是在期初资产负债表的基础上，根据当前的实际资产负债表和全面预算中的其他预算所提供的资料，对相关项目进行调整后来编制的；是预算期期末财务状况的总括性预算，确定了预算期期末的资产、负债和所有者权益金额。

预计资产负债表提供预计资产和负债的有关信息，管理当局可以据此了解企业预算期间的财务状况，预防不良财务状况的出现。

“应收账款”是根据表9.8中第四季度销售收入和本期收现率计算的：

期末应收账款＝本期销售额×（1－本期收现率）＝9 280×（1－60%）＝3 712（元）

“应付账款”是根据表9.10中第四季度采购额和付现率计算的：

期末应付账款＝本期采购额×（1－本期付现率）＝2 769.8×（1－60%）＝1 107.9（元）

“留存收益”是根据表9.15和表9.16中的有关数据来计算的，如表9.17所示。

期末留存收益 = 期初留存收益 + 本期利润净额 − 本期支付股利

= 4 840.1 + 5 086.2 − 1 600 = 8 326.3(元)

表 9.17　甲公司 2014 年度预计资产负债表

单位:元

资产	年初	年末	负债及所有者权益	年初	年末
流动资产					
现金	150	992	流动负债		
应收账款	1 400	3 712	应付账款	1 550	1 107.9
直接材料	651	680	短期借款		1 000
产成品	980.1	1 041.2			
合计	3 181.1	6 425.2	合计	1 550	2 107.9
固定资产			所有者权益		
房屋及建筑物	7 500	7 500	股本	11 066	11 066
生产设备	9 950	12 150	留存收益	4 840.1	8 326.3
运输设备	1 000	1 000			
累计折旧	(4 175)	(5 575)			
合计	14 275	1 075	合计	15 906.1	19 392.3
总计	17 456	21 500.2	总计	17 456.1	21 500.2

思考题

1. 什么是预算？预算按控制期的长短分为哪几种？
2. 什么是全面预算？它有哪些作用？
3. 试述自编预算程序的优缺点。
4. 什么是固定预算？何谓弹性预算？它们各有何特点？
5. 什么是零基预算？零基预算的编制步骤是怎样的？
6. 全面预算体系从内容看分成几类？具体来说又包括哪些内容？

同步测试题

一、单项选择题

1. 专门反映企业未来一定预算期内财务状况、经营成果和现金收支的一系列计划，如预计资产负债表、预计利润表和现金收支预算等，是指(　　)。

   A. 全面预算　　B. 经营预算　　C. 资本预算　　D. 财务预算

2. 预算最本质的功能在于(　　)。

   A. 计划　　B. 考核　　C. 控制　　D. 评价

3. 预算管理循环中有一个重要环节,其质量的高低直接影响预算执行结果,也影响对预算执行者的业绩评价,这个重要环节是( )。

A. 预算编制 B. 预算控制 C. 预算分析 D. 预算考评

4. 从整体上概括企业的特征和中长期的未来发展方向的是( )。

A. 公司战略 B. 战略目标

C. 战略计划 D. 全面预算

5. 预算的决策机构是( )。

A. 经理 B. 董事会

C. 股东大会 D. 财务部门

6. 作为公司全面预算编制的根据,公司的各个预算都是由它细化和分解而来的,那么,它是指( )。

A. 资本预算 B. 公司战略

C. 生产预算 D. 现金预算

7. 在成本习性分析的基础上,分别按一系列可能达到的预计业务量水平编制的能适应多种情况的预算,是( )。

A. 定期预算 B. 弹性预算

C. 零基预算 D. 固定预算

8. 下列各项预算中,构成全面预算体系最后环节的是( )。

A. 日常业务预算 B. 专门决策预算

C. 财务预算 D. 现金预算

9. 星海公司预计 20×8 年三、四季度销售产品分别为 220 件、350 件,单价分别为 2 元、2.5 元,各季度销售收现率为 60%,其余部分下个季度收回,则星海公司第四季度现金收入为( )元。

A. 437.5 B. 440 C. 875 D. 701

10. 编制生产预算的基础是( )。

A. 销售预算 B. 直接人工预算

C. 管理费用预算 D. 现金预算

11. 为规划和控制未来时期的生产、销售等经常性业务以及与此相关的各项成本和收入而编制的预算是( )。

A. 全面预算 B. 经营预算

C. 资本预算 D. 财务预算

12. 从内容上看,下列不属于财务预算的是( )。

A. 预计利润表 B. 现金收支预算

C. 预计资产负债表 D. 弹性预算

二、多项选择题

1. 与生产预算有直接联系的预算有( )。

A. 直接材料预算 B. 变动制造费用预算

C. 销售及管理费用预算 D. 直接人工预算

E. 现金流量预算

2. 财务预算是一系列专门反映企业未来一定预算期内预计财务状况和经营成果,以及现金收支等价值指标的各种预算的总称,具体包括(　　)。

A. 预计资产负债表　　B. 预计利润表
C. 现金收支预算　　D. 资本支出预算
E. 销售收入预算

3. COSO 报告提出内部控制整体框架,属于内部控制整体框架的有(　　)。

A. 控制环境　　B. 资产预算
C. 控制活动　　D. 现金控制
E. 监督

4. 一个公司的全面预算管理组织体系通常包括(　　)。

A. 预算审批机构　　B. 预算决策机构
C. 预算组织机构　　D. 预算执行机构
E. 预算控制机构

三、判断题

1. 企业实行预算的目的是为了限制花钱。(　　)
2. 全面预算管理最早兴起于西方国家。(　　)
3. 预算编制涉及到企业每一个部门、每一个岗位,它需要企业每一个部门和每一位员工的参与和支持。(　　)
4. 通常战略计划强调企业使命、战略和重要比率关系,一般只包括少数高度概括的目标,并不涉及各部门、各单位的预算具体目标。(　　)
5. 财务预算包括生产预算、经营预算和应收账款预算。(　　)
6. 在资本预算中涉及的现金流量是与投资决策相关的,是指一个项目引起的企业现金支出和现金收入的数量。(　　)
7. 预计利润表是财务预算中的一个重要环节,也是编制预计资产负债表的基础。(　　)

四、业务题

1. A 公司 20×1 年度前 6 个月的预计销售量如表 9.18 所示。

表 9.18　20×1 年度前 6 个月的预计销售量

单位:kg

月份	1	2	3	4	5	6
预计销量	3 000	3 600	3 800	5 000	3 800	4 000

该公司只生产这一种产品,单位产品材料用量为 4 kg。此外,该公司采取下列政策:期末存货水平为随后两个月预计销售量的 50%,月末原材料存货量保持在次月预计生产需用量的 150%。20×0 年 12 月 31 日的所有存货也反映了这种政策。

要求:

(1)编制 20×1 年 1~4 月的生产预算。

(2)编制 20×1 年 1~3 月的直接材料预算。

2. 星海公司预算期间20×9年度简略销售情况如表9.19所示,若销售当季度收回货款60%,次季度收款35%,第三季度收款5%,预算年度期初应收账款金额为22 000元,其中包括上年度第三季度销售的应收款4 000元,第四季度销售的应收账款18 000元。

表9.19　20×9年度简略销售情况

季度	1	2	3	4	合计
预计销售量(件)	2 500	3 750	4 500	3 000	13 750
销售单价(元)	20	20	20	20	20

要求:根据上述资料编制预算年度的销售预算,填写表9.20。

表9.20　预算年度的销售预算

项　　目		一季度	二季度	三季度	四季度
预计销售量	预计销售量(件)	2 500	3 750	4 500	3 000
	销售单价(元/件)	20	20	20	20
	预计销售金额(元)	①	②	③	④
	本年期初应收账款收现(元)	⑤	⑥		
	一季度销售收现(元)	⑦	17 500	2 500	
	二季度销售收现(元)		45 000	⑧	3 750
	三季度销售收现(元)			54 000	31 500
	四季度销售收现(元)				36 000

3. 已知:A公司20×5年1~3月份实际销售额分别为38 000万元、36 000万元和41 000万元,预计4月份销售额为40 000万元。每月销售收入中有70%能于当月收现,20%于次月收现,10%于第三个月收讫,不存在坏账。假定该公司销售的产品在流通环节只需缴纳消费税,税率为10%,并于当月以现金交纳。该公司3月末现金余额为80万元,应付账款余额为5 000万元(需在4月份付清),不存在其他应收应付款项。

4月份有关项目预计资料如下:采购材料8 000万元(当月付款70%),工资及其他支出8 400万元(用现金支付),制造费用8 000万元(其中折旧费等非付现费用为4 000万元),营业费用和管理费用1 000万元(用现金支付),预交所得税1 900万元,购买设备12 000万元(用现金支付)。现金不足时,通过向银行借款解决。4月末现金余额要求不低于100万元。

要求:

根据上述资料,计算该公司4月份的下列预算指标:

(1)经营性现金流入。

(2)经营性现金流出。

(3)现金余缺。

(4)应向银行借款的最低金额。

(5)4月末应收账款余额。

4. ABC企业20×5年现金预算(简表)如表9.21所示。假定企业发生现金余缺均由归还或取得流动资金借款解决,且流动资金借款利息可以忽略不计。除表中所列项目外,企业没有有价证券,也没有发生其他现金收支业务。预计 20×5 年末流动负债为 4 000 万元,需要保证的年末现金比率为 50%。

要求:根据所列资料,计算填列表中用字母表示的项目。

表 9.21　20×5 年现金预算

单位:万元

项　　目	第 1 季度	第 2 季度	第 3 季度	第 4 季度
期初现金余额	1 000			2 500
本期现金收入	31 000	33 500	E	36 500
本期现金支出	30 000	C	37 000	40 000
现金余缺	A	1 000	3 000	G
资金筹措与运用	-500	1 000	F	I
取得流动资金借款		1 000		
归还流动资金借款	-500			
期末现金余额	B	D	2 500	H

5. 已知:ABC 公司 20×4 年 10～12 月份实际销售额分别为 50 000 万元、51 000 万元和 52 000 万元,预计 20×5 年 1 月份销售额为 55 000 万元。每月销售收入中有 50% 能于当月收现,30% 于次月收现,20% 于第三个月收讫,不存在坏账。假定该公司销售的产品只需缴纳消费税,税率为 l0%,并于当月以现金交纳。该公司 20×4 年 12 月末现金余额为 100 万元,不存在应收、应付款项。

20×5 年 1 月份有关项目的预计资料如下:采购材料 20 000 万元(当月付款 80%),工资支出 8 800 万元(用现金支付),制造费用 9 000 万元(其中非付现费用为 4 000 万元),营业费用和管理费用均为 500 万元(用现金支付),预交所得税 3 200 万元购买设备 15 000 万元(用现金支付)。现金不足时,通过向银行借款解决(借款是 100 万元的倍数)。20×5 年 1 月末现金余额要求不低于 160 万元。

要求:

根据上述资料,编制该公司 20×5 年 1 月份的现金预算填入表 9.22 中。

表 9.22　20×5 年 1 月份现金预算

单位:万元

项　　目	金　　额
(1)月初现金余额	
(2)经营现金收入	
(3)可运用的现金合计	
(4)材料采购支出	
(5)直接工资支出	
(6)应交税金及附加支出	
(7)制造费用支出	

续表

项　目	金　额
(8)营业费用	
(9)管理费用	
(10)预交所得税	
(11)购置固定资产	
(12)现金支出合计	
(13)现金余缺	
(14)向银行借款	
(15)归还银行借款	
(16)支付借款利息	
(17)月末现金余额	

6. 某公司20×5年初有现金余额5 500元,应收账款余额45 000元,应付账款余额9 400元,A材料1 030 kg,B材料830 kg,甲产品100件。计划20×5年每季度销售甲产品分别为1 100件、1 600件、2 000件、1 500件,每季度末库存甲产品分别为160件、200件、150件、120件。甲产品每件售价为90元,销售收入中有60%可当季收到现金,其余下季收回。甲产品耗用A、B两中材料,定额分别为3 kg、2 kg,材料单价分别为5元、3元,季末材料库存量按下季生产用量的30%计算,采购材料款当季支付50%,其余下季支付。每件产品的工时定额为4小时,每小时工资为5元,变动性制造费用每小时1.40元,每季固定性制造费用为38 800元,其中有固定资产折旧费17 000元。每季度发生销售费用分别为9 240元、10 190元、10 950元、10 000元,每季度发生管理费用均为2 625元。20×5年公司安排长期投资110 000元,每季度分别投入28 000元、10 000元、34 000元、38 000元,同时每季度均偿还长期借款利息3 500元。公司现金持有量控制的范围为5 500元至8 000元,不足则借款,多余则还款。借款单位为1 000元,借款在期初,还款在期末。借款利率为10%,借款利息支付在归还本金时进行。

要求编制:

①销售预算;②生产预算;③材料预算;④人工预算;⑤制造费用预算;⑥现金预算。

新华书店如何编制预算报表

新华书店进口了一批讲座录像带,并将它们售给大中学校。在20×3年底书店的资产负债表显示如表9.23所示。

表 9.23　资产负债表(20×3 年 12 月 31 日)

单位:元

资产	年末数	负债与股东权益	年末数
现金	10 000	负债	
应收账款	30 000	应付账款	40 000
材料存货	25 000	应交所得税	10 000
厂房设备	100 000	负债合计	50 000
减:累计折旧	25 000	股东权益	
		普通股	50 000
		留存收益	40 000
		股东权益合计	90 000
资产总计	140 000	负债与股东权益总计	140 000

书店的会计师在获得以下信息后,便编制 20×4 年的预算。

(1)销售。每月 7 000 盒,每盒售价 7 元(去年价格是 6 元)。书店的目的是保持相当于一个月销售量的存货。进口录像带的价格预计会在 20×4 年 1 月 1 日从 5 元涨至 6 元。

(2)费用。

销售费用 15 000 元。

行政费用 35 000 元。

新设备 15 000 元(20×4 年 1 月 1 日购买)。

(3)折旧。折旧率为 10%,采用直线法计提。

(4)税款和股息。税款预计为净利润的 25%,要在第二年支付。在当年准备支付每股 0.1 元的股息。

(5)债权债务。预计应收账款的平均收账期将为一个月。另一方面,供应商已决定严格执行一个月的赊账期。除了税金之外,其他所有交易均以现金支付。

你作为会计师,请编制:

(1)20×4 年度的现金预算。

(2)20×4 年度利润表预算。

(3)20×4 年 12 月 31 日的预计资产负债表。

第十章　绩效考核与评价

本章提要

业绩考核与评价系统；以企业为主体的业绩考核与评价；以责任中心为主体的业绩考核与评价；基于 EVA 的业绩考核与评价；基于战略的业绩考核与评价。

学习目标

(1)了解战略的绩效考核评价方法。
(2)了解平衡计分卡的评价思路和方法。
(3)了解责任会计的产生和发展。
(4)理解建立责任会计制度的原则、内部转移价格的类型及利弊。
(5)掌握责任中心的种类及其业绩考核的基本方法。
(6)掌握基于企业利润的绩效评价方法；掌握基于 EVA 的绩效评价方法。

案例导入

这是历史上一个制度建设的著名例证。18 世纪末期，英国政府决定把犯了罪的英国人统统发配到澳洲去。一些私人船主承包从英国往澳洲大规模地运送犯人的工作。英国政府实行的办法是以上船的犯人数支付船主费用。当时那些运送犯人的船只大多是由一些很破旧的货船改装的，船上设备简陋，没有医疗药品，更没有医生，船主为了谋取暴利，尽可能地多装人，使船上条件十分恶劣。一旦船只离开了岸，船主按人数拿到了政府的钱，对于这些人能否远涉重洋活着到达澳洲就不管不问了。有些船主为了降低费用，甚至故意断水断食。3 年以后，英国政府发现：运往澳洲的犯人在船上的死亡率达 12%，其中最严重的一艘船上 424 个犯人死了 158 个，死亡率高达 37%。英国政府费了大笔资金，却没能达到大批移民的目的。

英国政府想了很多办法。每一艘船上都派一名政府官员监督,再派一名医生负责犯人和医疗卫生,同时对犯人在船上的生活标准做了硬性的规定。但是,死亡率不仅没有降下来,有的船上的监督官员和医生竟然也不明不白地死了。原来一些船主为了贪图暴利,贿赂官员,如果官员不同流合污就被扔到大海里喂鱼了。政府支出了监督费用,却照常死人。

政府又采取新办法,把船主都召集起来进行教育培训,教育他们要珍惜生命,要理解去澳洲去开发是为了英国的长远大计,不要把金钱看得比生命还重要。但是情况依然没有好转,死亡率一直居高不下。

一位英国议员认为是那些私人船主钻了制度的空子。而制度的缺陷在于政府给予船主报酬是以上船人数来计算的。他提出从改变制度开始:政府以到澳洲上岸的人数为准计算报酬,不论你在英国上船装多少人,到了澳洲上岸的时候再清点人数支付报酬。

问题迎刃而解。船主主动请医生跟船,在船上准备药品,改善生活,尽可能地让每一个上船的人都健康地到达澳洲。一个人就意味着一份收入。

自从实行上岸计数的办法以后,船上的死亡率降到了1%以下。有些运载几百人的船只经过几个月的航行竟然没有一个人死亡。

(资料来源:根据网络相关资料整理)

思考:这个故事告诉我们什么?

第一节　绩效考核与评价系统

一、绩效评价的概念与分类

(一)绩效评价的概念

绩效在英文中使用 performance 一词,中文也有译作业绩、效绩的。根据《韦伯斯特词典》的解释,绩效的意思是:①正在执行的活动或已完成的活动;②重大的成就,正在进行的某种活动或者取得的成绩。因而,绩效既可以看做是一个过程,也可以看做是该过程产生的结果。《现代汉语词典》将绩效解释为:①建立的功劳和完成的事业;②重大的成就。可见,中文和英文中对绩效的理解既有相同之处,也有不同之处。相同之处是,二者都强调绩效的结果性,即绩效是重大的成就;不同之处是,英文中强调绩效的过程性,过程往往是结果的动因。

企业绩效是指一定经营期间的企业经营效益和经营者业绩。企业经营效益水平主要表现在盈利能力、资产运营水平、偿债能力和后续发展能力等方面。经营者业绩主要通过经营者在经营管理企业的过程中对企业经营、成长、发展所取得的成果和所做出的贡献来体现。企业绩效评价包括了对企业经营效益和经营者业绩两个方面的评判。

企业绩效评价是指运用数理统计和运筹学原理,根据特定指标体系,对照统一的标准,按照一定的程序,通过定量定性对比分析,对企业一定经营期间的经营效益和经营者业绩做出客观、公正和准确的综合评判。企业绩效评价是在会计学和财务管理的基础上,运用计量经济学原理和现代分析技术而建立起来的剖析企业经营过程、真实反映企业现实状况、预测未来发展前景的一门科学。

(二)绩效评价的分类

根据不同的标准,企业绩效评价有以下几种分类:

(1)按照企业经营性质分类,企业绩效评价可以分为工商类企业绩效评价和金融类企业绩效评价。工商类企业绩效评价又可分为工业企业绩效评价、商业企业绩效评价、服务企业绩效评价;金融企业绩效评价又可以为银行绩效评价和非银行金融机构绩效评价。这是因为不同经营性质的企业,经营目标不尽相同,所体现的经营绩效特点也有差别,在进行绩效评价时就应在方法上有所区别。

(2)按照评价特点分类,企业绩效评价可以分为例行评价和特定评价。例行评价和特定评价在评价时间、评价年度和评价方式选择方面都有差异。

(3)按照评价的深入程度分类,可以分为初步评价、基本评价和综合评价。企业绩效评价指标体系分三个层次,三层次指标是层层深入、逐步递进的关系。指标层次选择不同,评价结论的综合程度就不同,初步评价、基本评价和综合评价就是选用不同层次指标开展的评价,其反映企业绩效的综合程度是逐步深入的。另外,在经过评价组织机构批准后,评价指标也可以单独产生企业绩效的定性评价结论。

(4)按照评价对象性质分类,可以分为企业评价、行业评价、区域评价。这套企业绩效评价体系主要是对单个企业实施绩效评价,但也可在企业评价的基础上对行业经济效益和区域经济实力实施评价。

(5)按照评价目的分类,可以分为单户企业评价和多户企业评价。前者纯粹是为了得出企业的经营绩效,一般采用综合评价方式;后者是为对多个企业经营绩效进行比较、分析,一般只实施基本评价。

二、绩效评价系统

(一)绩效评价主体

绩效评价主体是指绩效评价的组织者和实施者。从管理会计角度讲,绩效评价主体分为两个层次:一是企业所有者对企业最高管理层进行的绩效评价,此时绩效评价主体是企业的所有者;二是企业上级管理层对下级管理层的绩效评价,此时绩效评价主体是企业上级管理层。

作为第一层次绩效评价主体的企业所有者,是依据产权关系为基础的委托—代理关系对企业最高管理层进行绩效评价。在西方典型的股份有限公司中,所有者仅保留重要的表决权,而把大部分决策权委托给他们的代表"董事会",对管理者的绩效评价和奖惩措施的制订都由董事会来完成。董事会广泛地参与公司的内部治理:对股东财产负有经营管理责任,其最大的职责是公司财产的保值增值,同时还要维护其他利益相关者的利益,它们不仅与公司利益相关,而且具有参与监督的动机,也有参与监督评价的能力。

作为第二层次绩效评价主体的企业上级管理层,是依据以管理权关系为基础的委托—代理关系对企业下级管理层进行绩效评价。这一层次的关系比第一层次的关系要复杂得多,是管理会计确定内部责任单位、进行业绩评价的重点。

在上述委托—代理链条中,每一环成为管理者业绩评价的主体时都有不足之处,但是利益产生第一推动力,只有与公司利益相关的当事人才会关心公司的经营状况和经营行为。所以,在选择评价主体的时候,应该注意以下3个基本原则:①评价主体必须与公司的利益紧密相关;②评价主体的选择应便于降低代理成本;③要有监督的动机和能力。

(二)绩效评价客体

绩效评价客体即绩效评价的对象。由于绩效评价分为两个层次,因此评价客体自然也就分为最高管理层和下级管理层。

那么谁能作为企业最高管理层的代表呢?经营权有两个层次的含义:一是对企业生产经

营活动的管理权;二是对企业的生产、营销、分配等方面的大政方针的决策权。在实行经理负责制的企业中,从经理所拥有的权利和担负的责任来看,他们是企业最高管理层的代表。在股份制企业中,所有权与经营权的分离首先表现为所有权与管理权的分离,其次表现为所有权与决策权的分离。但后者的分离是不彻底的。我国《公司法》规定,股份有限公司的组织结构管理模式为:股东通过股东大会选举出代表他们的董事会和监事会;董事会是公司的经营管理机构,有权决定公司经营计划和投资方案监事会对董事会和经理人员的行为进行监督;总经理由董事会聘用,负责公司的日常经营管理工作。可见,企业经理拥有的权利在公司制的企业中由董事会与总经理分享。董事会是主要的管理者,经理层是分享管理者角色的管理者。

至于下级管理层自然是指企业管理组织结构中的各个层次,如纵向组织结构中的分厂、车间、工段、班组等,横向组织结构中的供应、生产、销售等职能部门和计划、财务、人事等管理部门。当然,下级管理层未必一定服从企业管理组织结构的要求,如按可控性划分责任单位、按成本动因划分作业单位,等等。可以说,作为评价客体的下级管理层,应根据管理的要求设置。

(三)绩效评价目标

绩效评价目标是解决为什么进行评价的问题。目标代表着一个组织努力追求的一些未来预期,即一种预期的绩效,从当前绩效衡量的结果评估企业目标的实现情况。

管理者绩效评价的目标应该是管理者的能力、水平和为实现企业目标所作的贡献,但在实践中这个目标可操作性较差。

管理者绩效评价的目标应该由企业目标决定。而按企业理论的说法,企业是一个契约关系网,其主要当事人是股东、职工和债权人等。从股东角度看,企业的目标可能是股东财富最大化;从企业职工的角度看,企业的目标应该是自身福利的最大化;从债权人的角度看,企业的目标应该是利润最大化。企业的目标可以从多个方面加以描述:股东财富最大化、投资收益率最大化、职工工资增长最大化、利润最大化等,这说明企业目标是多样的,企业不可能同时追求上述多个目标,因此,企业只能达到多种目标之间的协调。对于企业相关利益主体的不同目标的折中,可以用实现企业的长期稳定发展、企业总价值的最大化来表述。企业的长期稳定发展和企业总价值的不断增长是企业的经营目标,企业的各利益集团都可以借此来实现它们的最终目标。长期稳定发展包含以下几个方面:①为股东提供回报;②关心企业职工利益,创造优美和谐的工作环境;③关心客户的利益,在新产品的研制和开发上有较高投入,不断推出新产品来满足客户要求;④保持对债权人的按期偿付,不拖欠;⑤关心社区建设,注重社会贡献。企业的管理者也有其自身所追求的目标,他们追求自身效用的最大化,这主要包括两个方面:即货币收入和非货币方面的利益。非货币方面的利益包括政治地位和社会地位等。将企业目标与管理者目标相比,可以发现,企业与管理者都有经济利益的追求,这是一致的方面。但也有不一致的方面,管理者对个人经济利益的追求可能导致其在追求企业目标时的差异性,另外,管理者也有非经济利益方面的追求。而企业实际追求的目标是由管理者确定的,隐含在管理者的管理行为中。对管理者进行绩效评价的目标就是要衡量管理者实现企业目标的程度。正因为管理者的目标函数与企业目标不完全一致,对管理者进行绩效评价才有其必要性。

第二节　以企业为主体的绩效考核与评价

以企业为主体的绩效考核与评价最初以考核利润为目标,后来以考核净资产利润率为目标，往往追求企业利润最大化或股东财富最大化。这种评价标准主要用于企业所有者对企业最高管理层进行的绩效评价，此外也可以用于企业上级管理层对下级管理层的绩效评价。

一、基于利润的绩效考核与评价指标

由于利润是企业一定期间经营收入和经营成本、费用的差额，反映了当期经营活动中投入（所费）与产出（所得）对比的结果，在一定程度上体现了企业经济效益的高低，因而追求利润最大化往往可以给企业利益相关者带来好处。

基于利润的绩效考核与评价指标往往根据考核的需要确定，主要包括营业利润率、成本费用利润率、投资报酬率、净资产收益率和资产报酬率等，而针对上市公司则经常采用每股收益、每股股利等指标。

1. 营业利润率

营业利润率是企业一定时期营业利润与营业收入的比率。其计算公式为：

$$营业利润率=\frac{营业利润}{营业收入}\times 100\%$$

营业利润率越高，表明企业市场竞争力越强，发展潜力越大，盈利能力越强。在实务中，也经常使用销售毛利率、销售净利润率等指标来分析企业经营业务的获利水平。其计算公式分别为：

$$销售毛利率=\frac{销售毛利}{销售收入总额}\times 100\%$$

$$销售净利润率=\frac{净利润}{销售收入}\times 100\%$$

2. 成本费用利润率

成本费用利润率是企业一定时期利润总额与成本费用总额的比率。其计算公式为：

$$成本费用利润率=\frac{利润总额}{成本费用总额}\times 100\%$$

成本费用利润率越高，表明企业为取得利润而付出的代价越小，成本费用控制得越好，盈利能力越强。

3. 投资报酬率

投资报酬率是企业某投资项目年平均利润与项目投资总额的比率，表明企业资产的综合利用效果。其计算公式为：

$$投资报酬率=\frac{年平均利润}{项目投资总额}\times 100\%$$

一般情况下，投资报酬率越高，表明企业的投资效益越好。

4. 净资产收益率

净资产收益率是企业一定时期净利润与平均净资产的比率，反映企业自有资金的投资收益水平。其计算公式为：

$$净资产收益率=\frac{净利润}{平均净资产总额}\times 100\%$$

一般认为，净资产收益率越高，企业自有资本获取收益的能力越强，运营效益越好，对企业投资人、债权人利益的保证程度越高。

5. 资产报酬率

资产报酬率是一定时期企业利润总额与平均资产总额之间的比率。计算公式为：

$$资产报酬率=\frac{利润总额}{平均资产总额}\times 100\%$$

在市场经济条件下，各行业间竞争比较激烈，企业的资产报酬率越高，说明总资产利用效果越好；反之越差。

二、基于净资产收益率的绩效考核与评价体系

对所有者、债权人、投资者及政府来说，分析和评价企业的获利能力对其决策是至关重要的。但传统的评价企业获利能力的单个指标虽然可以分别用来衡量影响和决定企业获利能力的不同因素，包括销售绩效、资产管理水平、成本控制水平等，从某一特定的角度对企业的财务状况以及经营成果进行分析，却都不足以全面地评价企业的总体财务状况以及经营成果。为了弥补这一不足，就必须有一种方法能够进行相互关联的分析，将有关的指标和报表结合起来，采用适当的标准进行综合性的分析评价，既能全面体现企业整体财务状况，又能指出指标与指标之间及指标与报表之间的内在联系。

杜邦分析法是利用几种主要的财务比率之间的关系来综合地分析企业财务状况的一种方法。最早由美国杜邦公司使用，故名杜邦分析法。杜邦分析法是一种评价公司盈利能力和股东权益回报水平，从财务角度评价企业绩效的一种经典方法。其基本思想是将企业净资产收益率（即权益报酬率）逐级分解为多项财务比率乘积，从而有助于深入分析和比较企业经营绩效。

杜邦分析体系的基本框架见图 10.1 所示。

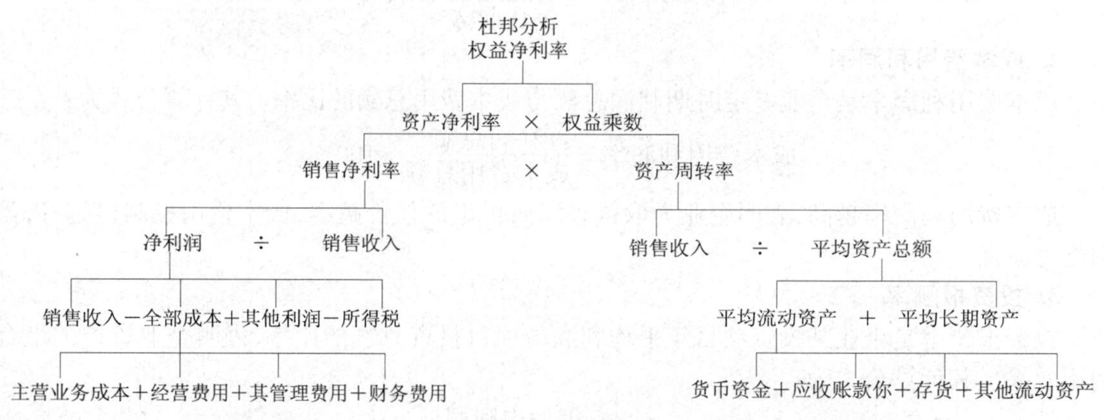

图 10.1　杜邦分析体系

杜邦分析法的基本思路为：

（1）权益报酬率与资产报酬率及权益乘数之间的关系。权益报酬率是一个综合性最强的财务分析指标，是杜邦分析系统的核心。企业财务管理的重要目标之一就是实现股东财富的最大化，权益报酬率正是反映了股东投入资金的获利能力，以及企业筹资、投资和生产运营等各方面经营活动的效率。权益报酬率取决于企业资产报酬率和权益乘数。资产报酬率反映企业运用资产进行生产经营活动的效率高低，而权益乘数则主要反映企业的筹资情况，即企业资金来源结构。

（2）资产报酬率与销售净利率及资产周转率之间的关系。资产报酬率是影响权益报酬率的最重要的指标，具有很强的综合性，而资产报酬率又取决于销售净利率和资产周转率的高

低。资产周转率反映总资产的周转速度,对资产周转率的分析需要对影响资产周转的各因素进行分析,以判断影响公司资产周转的主要问题在哪里。销售净利率反映销售收入的收益水平,增加销售收入、降低成本费用是提高企业销售利润率的根本途径,而扩大销售同时也是提高资产周转率的必要条件和途径。

(3)权益乘数表示企业的负债程度,反映了公司利用财务杠杆进行经营活动的程度。资产负债率高,权益乘数就大,说明公司负债程度高,公司会有较多的杠杆利益,但风险也高;反之,资产负债率低,权益乘数就小,说明公司负债程度低,公司会有较少的杠杆利益,但相应所承担的风险也低。杜邦分析法在揭示上述几种财务比率之间的关系之后,再将净利润、总资产进行层层分解,从而就可以全面、系统地揭示出企业的财务状况以及财务状况这个系统内部各个因素之间的相互关系。它通过几种主要的财务指标之间的关系,直观明了地反映出企业的偿债能力、营运能力、盈利能力及其相互之间的关系,从而为经营者提供了解决企业财务问题的思路,并为企业提供了财务目标的分解、控制途径。

三、基于利润的业绩考核与评价的缺点

(一)依赖的是历史信息,无法体现企业未来的发展状况

上述各种利润指标的计算都是依据从财务报表中截取的数据,反映的是历史信息,使得指标的相关性和可靠性受到一定程度的限制,历史数据仅能反映过去某段时间的结果,缺乏对未来发展状况的体现。

(二)仅反映财务数据,无法全面反映企业的经营状况

众多以利润为导向的评价指标仅仅反映了财务数据,而单凭财务数据往往无法了解管理层主观努力的效果和公司的内部经营状况。另外,财务报告数据本身也可能或多或少受到会计准则的规定和管理层进行盈余管理的影响,所以仅仅依赖财务数据往往无法做出准确的判断。

(三)可能造成短视行为,无法全面反映企业的长远利益

基于利润的责任考核与评价并没有考虑货币的时间价值,因此,管理层会集中精力将政策变现,不由自主地激励了短视行为;此外,为了达到利润考核的目的,很可能导致管理层为了降低成本而不进行技术改造及设备更新、不开发新产品、不处理积压商品、不进行正常的设备维修和保养,从而对公司的长远发展埋下祸根。

(四)未能有效考虑风险,无法正确反映企业目标

基于利润的责任考核与评价往往使财务人员不顾风险的大小去追求最大利润。例如,同样投入100万元,本年获利都是10万元,但其中一个企业获利已全部转化为现金,另一个企业则全部表现为应收账款,若不考虑风险大小,同样不能准确判断哪一个更符合企业目标。

第三节 以责任中心为主体的绩效考核与评价

一、责任会计的建立

责任会计是现代管理会计的一项重要内容,是将庞大的企业组织分而治之的一种做法。责任会计的产生可以追溯到19世纪末20世纪初,但理论和方法上的成熟以及真正在实践中发挥作用,则是在20世纪40年代以后。第二次世界大战后,企业的规模以前所未有的速度发展,出现了越来越多的股份公司、跨行业公司和跨国公司。这些公司业务所涉行业交叉、管理

层次多、分支机构遍布,传统的管理模式已不适用或者效率低下,于是责任会计受到了普遍重视,其方法也被不断改进并最终形成了现代管理会计中的责任会计。

(一)分权管理与责任会计

在典型的现代企业中,由于企业内外环境日益复杂,企业的高层领导既不可能了解企业所有的生产经营活动情况,也不可能为基层经理人员作出所有决策。于是对组织中谁有权力做出决策、其应负的责任以及如何进行评价和奖惩等问题的思考,促使企业实行某种形式的分权管理制度,即将决策权随同相应的责任下放给基层经理人员,许多关键的决策由接近这些问题的经理人员作出,并确定相应的业绩评价考核指标和方法。

(1)信息的专门化。企业高级管理层在分享下级部门的信息时,往往遇到许多困难:下级管理人员要将其拥有的所有相关信息都传递给高级管理层非常困难,高级管理层要完全了解其信息和作出正确判断同样也非常困难,因为许多由观察得到的信息很难量化甚至难以用语言表达。

(2)反应的及时化。管理要求企业充分利用下级管理部门在制订和实施决策过程中能迅速作出反应的优势,避免高度集中式决策导致的某些决策延误和失败。

(3)下级管理人员的积极性。如果下级管理人员发现他们的作用仅限于执行上级的指令,就可能会对分配给他们的工作失去兴趣,停止发挥聪明才智;若在执行任务时被赋予更大的自主权,他们会对分配的任务更主动,积极性也会更高。

企业越是下放经营管理权,就越要加强内部控制。于是,很多大型企业将所属各级、各部门按其权力和责任的大小,划分为各种成本中心、利润中心和投资中心等责任中心,实行分权管理,并对它们分工负责的经济活动进行规划、控制、考核和评价。

(二)责任中心

责任中心是指根据其管理权限承担一定的经济责任,并能反映其经济责任履行情况的企业内部责任单位。凡是管理上可以分离、责任可以辨认、成绩可以单独考核的单位,都可以划分为责任中心,大到分公司、地区工厂或部门,小到车间、班组。责任中心是将企业经营体分割成拥有独自产品或市场的多个绩效责任单位,然后将总部的管理责任授权给这些单位之后,通过客观的业绩评价指标体系,实施必要的业绩衡量与奖惩,以期达成企业设定的经营成果的一种管理制度。按照责任对象的特点和责任范围的大小,责任中心可以分为成本(费用)中心、利润中心和投资中心。

(1)成本(费用)中心。它是指只发生成本(费用)而不取得收入的责任单位,成本(费用)中心只考核责任成本,不考核其他内容。

成本(费用)中心所发生的各项成本对成本(费用)中心来说,有些是可以控制的,有些则是无法控制的。显然,成本(费用)中心只对其可控成本负责。一般来讲,可控成本应同时符合以下3个条件:①责任中心能够通过一定的方式了解将要发生的成本;②责任中心能够对成本进行计量;③责任中心能够通过自己的行为对成本加以调节和控制。凡是不能同时符合上述3个条件的成本通常为不可控成本,一般不在成本(费用)中心的责任范围之内。

(2)利润中心是指既要发生成本,又能取得收入,还能根据收入与成本配比计算利润的责任单位。

"利润中心"的成本和收入对利润中心来说,都必须是可控的。可控收入减可控成本就是利润中心的可控利润,也就是责任利润。一般来说,企业内部的各个单位都有自己的可控成本

(费用),所以成为利润中心的关键在于是否存在可控收入。可控收入在制造业通常包括以下三种:

①对外销售产品而取得的实际收入。如果责任中心有产品销售权,就会取得实际收入。由于获得实际收入就可以计算真正实现的利润,因而这类责任中心可以称为自然利润中心。

②按照包含利润的内部结算价格转出本中心的完工产品而取得的内部销售收入。如果责任中心的产品不能直接对外销售,而只是提供给企业内部的其他单位,那么取得的收入就不是对外销售的实际收入,只是企业内部销售收入。这种内部销售收入与该利润中心完工产品成本的差额,是所谓的内部利润(或称生产利润)。由于这种内部利润并非现实的利润,因而创造内部利润的这类利润中心可以称为人为利润中心。

③按照成本型内部结算价格转出本中心的完工产品而取得的收入。这类利润中心的产品也只是提供给企业内部的其他单位,因而也属于人为利润中心。但是,这类利润中心转出的产品是按照计划成本计价的,所谓收入实际上就是按照计划成本转出的完工产品的总成本。将按照计划成本转出的完工产品总成本与完工产品实际成本的差额,视为内部利润。不难看出,这种内部利润实际上就是产品成本差异,只是使用了内部利润的概念。从这个意义上讲,大多数成本中心都可以转作人为利润中心。

对利润中心绩效进行考核的重要指标是其可控利润,即责任利润。如果利润中心获得的利润中有该利润中心不可控因素的影响,则必须进行调整。将利润中心的实际责任利润与责任利润预算进行比较,可以反映出利润中心责任利润预算的完成情况。

(3)投资中心。它是指既要发生成本又能取得收入、获得利润,还有权进行投资的责任单位。显然,该责任中心不仅要对责任成本、责任利润负责,还要对投资的收益负责。投资中心应拥有完整的或较大的生产经营权,实际上相当于独立核算的企业,或总公司下属的独立核算的分公司或分厂等。

(三)内部结算价格

在责任会计体系中,企业内部的每一个责任中心都是作为相对独立的商品生产经营者存在的,为了分清经济责任、各责任中心之间的经济往来,应当按照等价交换的原则实行“商品交换”。各责任中心之间相互提供产品(或劳务,下同)时,要按照一定的价格,采用一定的结算方式,进行计价结算。这种计价结算并不真正动用企业货币资金,而是一种观念上的货币结算,是一种资金限额指标的结算。计价结算过程中使用的价格称为内部结算价格。

内部结算价格的制订应贯彻公平原则,对于具有前后“传递性”关系的责任中心来说,可以使它们在公平、合理、对等的条件下努力工作。同时,既要考虑有关责任中心的利益,更要考虑企业的总体利益,并且尽量使两者的利益保持一致。

责任会计中的内部结算价格大体上有以下6种类型可供选择:

(1)计划制造成本型内部结算价格。即以制造成本法下的计划单位成本作为内部结算单价,其优点是:将责任成本核算与产品成本核算有机地联系起来,没有虚增成本的现象;各责任中心占用的资金也没有虚增数额,便于资金预算的分解落实;将责任中心完工产品实际成本与按这类内部结算价格计价的“收入”进行比较,可以明确反映责任中心的成本节约或超支。不足之处是没有与各责任中心真正创造的利润联系起来。

(2)计划变动成本型内部结算价格。即以单位产品的计划变动成本作为内部结算单价,其优点为:符合成本性态,能够明确揭示成本与产量之间的关系;能够正确反映责任中心的成本节约或超支,便于合理考核各责任中心的工作业绩;有利于企业及各责任中心进行生产经营决策,可以根据产品变动成本和售价,决定是否接受订货进行生产。不足之处在于产品成本中不包括固定成本,因而不能反映劳动生产率的变化对产品单位成本中固定成本的影响,从而割裂了固定成本与产量之间的内在联系,也不利于调动各责任中心增加产量的积极性。

(3)计划变动成本加计划固定总成本型内部结算价格。即内部结算价格由两部分构成:一部分是产品的计划变动成本,另一部分是计划固定总成本。采用这类内部结算价格进行结算时,相互提供的产品按照数量和单位产品计划变动成本计价结算,计划固定总成本则按月进行结算。这类内部结算价格除包含前述计划变动成本型内部结算价格的优点,还因将计划固定总成本由提供产品的责任中心转移给接受产品的责任中心,从而合理体现转移产品的劳动耗费,便于各责任中心正确计算产品成本。其不足之处在于较难合理确定计划固定总成本。

(4)计划制造成本加利润型内部结算价格。即以单位产品的计划制造成本加上一定比例的计划单位利润作为内部结算单价,其优点是包含一定数量的利润额,责任中心在增加产量时,即使没有降低成本,也可以增加利润,有利于调动各责任中心增加产量的积极性,克服前述各种成本型内部结算价格的缺点。不足之处在于计算的利润不是企业真正实现的利润,表现为扩大了的产品成本差异,要作为产品成本差异进行调整,就会增大产品成本差异率,使产品成本核算不够真实;由于产品成本差异的调整,相应地加大了成本核算工作量,还会虚增各责任中心的资金流入量,因而也会使各责任中心的资金占用额虚增,不便于进行资金计划的纵向分解。

(5)市场价格型内部结算价格。即以单位产品的市场销售价格作为内部结算单价,在提供产品的责任中心的产品能够对外销售,而接受产品的责任中心所需的产品也可以外购的情况下,以市场价格作为内部结算价格,能够较好地体现公平性原则;各责任中心计算的利润是企业实现的利润,有利于促使各责任中心参与市场竞争,加强生产经营管理,这无疑是市场价格型内部结算价格的优点。其不足之处则是在市场价格不能合理确定的情况下,可能导致各责任中心之间的苦乐不均。

(6)双重内部结算价格。即提供产品的责任中心转出产品与接受产品的责任中心转入产品,分别按照不同的内部结算价格结算,其差额由会计部门进行调整。例如,成本中心与利润中心之间相互提供产品,成本中心可以采用某种成本型内部结算价格计价,利润中心则可以采用某种包括利润的内部结算价格计价;又如,采用制造成本法计算产品成本的责任中心与采用变动成本法计算产品成本的责任中心之间相互提供产品,前者可以采用计划制造成本型内部结算价格计价,后者则可以用计划变动成本型内部结算价格计价。由此可见,采用双重内部结算价格可以根据各责任中心的特点,在一项往来结算业务中,选用不同的内部结算价格,满足各自管理的要求。

二、以利润为中心的绩效考核与评价

(一)总资产报酬率

总资产报酬率是企业的息税前利润同平均资产总额的比率,是反映企业资产综合利用效果的指标,也是衡量企业总资产获利能力的重要指标。具体方法参考例10.1。

【例10.1】 A公司20×4年简易资产负债表、利润表和历年其他财务比率如表10.1~表10.3所示。

表 10.1 A 公司 20×4 年度资产负债表

单位:元

项目	年末数	年初数	项目	年末数	年初数
流动资产	12 054 315 616.18	5 937 367 989.21	流动负债	5 411 971 652.33	1 349 650 643.21
非流动资产	35 755 955 876.16	29 196 915 474.47	非流动负债	6 286 482 309.62	1 298 395 689.77
			负债合计	11 698 453 961.95	2 648 046 332.98
			股东权益合计	36 111 817 520.39	32 486 237 130.70
			其中:实收资本	6 551 029 090.00	6 551 029 090.00
			负债与权益合计	47 810 271 492.34	35 134 283 463.68
资产合计	47 810 271 492.34	35 134 283 463.68			

表 10.2 A 公司 20×4 年度利润表

单位:元

项 目	本年累计数	上年累计数
营业收入	5 689 073 060.86	2 634 043 005.57
减:营业成本	4 412 308 174.33	2 171 060 987.46
营业税金及附加	248 297 522.43	8 694 509.13
销售费用	609 222 888.82	141 105 671.65
管理费用	2 183 682 907.83	518 704 837.67
财务费用	13 200 342.16	(3 585 706.03)
资产减值损失	5 176 733.24	19 971 324.11
加:公允价值变动损益		
投资收益	5 062 538 433.27	1 692 268 479.43
汇兑收益		
营业利润	3 279 722 925.32	1 470 359 861.01
加:营业外收入	18 734 198.54	21 541 190.96
减:营业外支出	2 514 479.75	120 655 255.28
利润总额	3 295 942 644.11	1 371 245 796.69
减:所得税费用	(6 316 827.96)	8 115 585.23
净利润	3 302 259 472.07	1 363 130 211.46
基本每股收益	0.504	0.208

表 10.3 A 公司历年其他财务比率

年份	20×1	20×2	20×3	20×4
总资产报酬率(%)	16.985	8.859	5.723	7.963
长期资本报酬率(%)	18.847	9.600	6.026	8.653
净资产报酬率(%)	48.560	9.556	6.172	9.628
每股收益	0.600	0.337	0.208	0.504

根据 A 公司 20×4 年资产负债表、利润表，总资产报酬率计算如下：

$$总资产报酬率=\frac{净利润}{平均资产总额}\times 100\%=\frac{净利润}{(期初资产总额+期末资产总额)\div 2}\times 100\%$$

$$=\frac{3\ 302\ 259\ 472}{(35\ 134\ 283\ 463.68+47\ 810\ 271\ 492.34)\div 2}\times 100\%$$

$$=7.96\%$$

可以看出，某公司总资产报酬率在 20×1 年达到峰值，为 16.985%，此后逐年下降，20×3 年跌到最低，为 5.723%，20×4 年呈上升趋势，为 7.963%。

(1)总资产来源于所有者投入资本和债务资本两方面，利润的多少与企业资产的结构有密切关系。因此，评价总资产报酬率时要与企业资产结构、经济周期、企业特点、企业战略结合起来进行。

(2)对公式中的分子“净利润”有几种观点。一种观点是采用税后净利润，在杜邦分析体系中就是采用此种利润额概念，因为它展示了一个重要关系式：总资产收益率(报酬率)=销售净利率×总资产周转率，从而可进一步分析并显示经营获利能力和资产周转速度对总资产报酬率的影响。但由于税后净利润已扣除负债利息，它必然会受到资本结构的影响，因而导致不同时期、不同企业的总资产报酬率会因资本结构等因素的不同而缺乏可比性。另一种观点是采用“息税前利润”，其理由是：第一，从经济学角度看，利息支出的本质是企业纯收入的分配，是企业创造利润的一部分。为了促使企业加强成本、费用管理，保证利息的按期支付，将利息费用化的部分列作财务费用，从营业收入中得到补偿，利息资本化的部分计入资产原价，以折旧、摊销等形式逐期收回。所以应将利息支出加回到利润总额中。第二，权益融资成本是股利，股利是以税后利润支付，其数额包含在利润总额之中；债务性融资成本是利息支出，而在计算利润总额时已将其扣除，为了使分子、分母的计算口径一致，分子中应包括利息支出。第三，息税前利润可以避免因资本结构不同而导致不同的利润，能够较好地体现资产的总增值情况，而且便于企业间的横向比较，因而这是最常用的方式。但其不足之处是它未能反映最终所得，所以不太符合所有者的分析要求。

(二)长期资本报酬率

如果说总资产报酬率从资产负债表左方进行了“投入”与“产出”的比较，那么长期资本报酬率则是从资产负债表的右方进行“投入”与“产出”的比较。长期资本报酬率也称长期资本收益率，是收益总额与长期资本平均占用额之比，反映企业投入长期资本的获利能力。

其计算公式为：

$$长期资本报酬率=(利润总额\div 长期资本额)\times 100\%$$

$$长期资本额=平均非流动负债+平均所有者权益$$

$$=(期初非流动负债+期末非流动负债)\div 2$$

$$(期初所有者权益+期末所有者权益)\div 2$$

根据 A 公司 20×4 年资产负债表、利润表，A 公司 20×4 年度长期资本报酬率计算如下

$$A公司20\times 4年度长期资本额=(1\ 298\ 395\ 689.77+6\ 286\ 482\ 309.62)\div 2+$$

$$(36\ 111\ 817\ 530.39+32\ 486\ 237\ 130.70)\div 2$$

$$=3\ 792\ 438\ 999.695+34\ 299\ 027\ 330.545$$

$$=38\ 091\ 466\ 330.24(元)$$

A 公司 20 ×4 年度长期资本报酬率 = 3 295 942 644. 11 ÷ 38 091 466 330. 24 × 100%
= 8. 653%

可以看出，A 公司的长期资本报酬率波动较大，20 ×1 年最高，达到 18. 847%，此后迅速下降，至 20 ×3 年只有 6. 026%，20 ×4 年又迅速上升达到 8. 653%。

(1) 长期资本报酬率反映的是每单位长期资本能够获得多少盈利。该指标从长期资金的提供者——长期债权人和所有者的角度来分析其投资报酬率。显然，要提高长期资本报酬率，一方面要增强企业的获利能力，另一方面要尽可能减少长期资本的占用。

(2) 在利用长期资本报酬率衡量企业的获利能力时，不能仅分析企业某一个会计年度的长期资本报酬率，还应当结合趋势分析和同业比较分析，才能有助于得出相对准确的分析结论。

(3) 长期资本报酬率与总资产报酬率相比，由于后者衡量的是所有资金提供者的收益，通常该比率较低；而长期资本报酬率衡量长期资金提供者的收益，由于短期资金的收益相对较低，所以该比率要高于总资产报酬率。

三、投资中心的绩效考核与评价

投资中心是指除了能够控制成本中心、收入中心和利润中心之外，还能对投入的资金进行控制的中心。投资中心是最高层次的责任中心，它拥有最大的决策权，也承担最大的责任。投资中心必然是利润中心，但利润中心并不都是投资中心。利润中心没有投资决策权，而且在考核利润时也不考虑所占用的资产。

投资中心可以看作有投资决策权的利润中心，其权责都高于利润中心。它不仅要对成本、利润负责，而且必须对投资效益负责。因此对投资中心进行业绩评价时，既要评价其成本和收益的状况，更要结合其投入资金全面衡量其投资报酬率大小和投资效果的好坏。一般来说，投资中心的业绩评价有两个重要的财务指标：投资报酬率和剩余收益。

(一) 投资报酬率

投资报酬率是投资中心一定时期的营业利润和该期的投资占用额之比。该指标反映了通过投资而返回的价值，是企业从一项投资性商业活动的投资中得到的经济回报。企业最终获得的利润和投入的经营所必备的财产是紧密联系的。该指标是全面评价投资中心各项经营活动、考评投资中心业绩的综合性质量指标，它既能揭示投资中心的销售利润水平，又能反映资产的使用效果。此外，投资中心管理层要负责确定公司的战略防线，因此它们在提高市场占有率以及成功引进新产品等方面也负有责任。

A 公司的投资报酬率 = 营业利润 ÷ 投资占用额 × 100%
= 3 279 722 925. 32 ÷ 3 248 623 713. 70
= 10. 10%

投资报酬率综合反映了投资中心的经营业绩，其作为评价指标，考虑了投资规模，是一个相对指标，可以用于不同的投资中心的横向比较，还可用于不同规模的企业和同一企业不同时期的比较。但投资报酬率在使用的过程中也存在自身的缺陷。该指标可能会使管理者拒绝接受超出企业平均水平投资报酬率而低于该投资中心现有报酬率的投资项目，有损企业的整体利益。其次，投资报酬率有可能导致决策的短视行为而损害公司的长远利益。由于管理层需要想方设法减少经营成本和管理费用，他们也可能会减少企业未来增长所必要的投资，如研发费用的投入等。

（二）剩余收益

剩余收益是指投资中心获得的利润扣减其投资额（或净资产占用额）按规定（或预期）的最低收益率计算的投资收益后的余额，是一个部门的营业利润超过其预期最低收益的部分。计算方法为：

$$剩余收益 = 营业利润 - 营业资产 \times 预期最低投资报酬率$$

剩余收益和投资报酬率可以起到互补作用，剩余收益弥补了投资报酬率的不足，可以在投资决策方面使投资中心利益与企业整体利益取得一致，并且剩余收益允许不同的投资中心使用不同的风险调整资本成本。剩余收益最大的不足之处在于，不能用于两个规模差别比较大的投资中心的横向比较。

需要强调的是，责任绩效评价并非只局限于上述财务指标基础上的评价。事实上，所有责任中心均会有重要的非财务业绩评价指标，如商品或劳务的质量、经营周期、顾客满意度、员工满意度和市场占有量等。这些非财务指标的重要性因责任中心的划分而各不相同。即使在同一类责任中心，由于各个部门权责范围的差异，重要性也会有所不同。这就要求基于各责任中心的具体特征进行详细的分析。

第四节　基于 EVA 的绩效考核与评价

一、EVA 的概念

EVA 作为一种度量企业经营业绩的指标，已有两百多年的历史，其理论渊源出自早期开发出来的“剩余收益”思想，并在技术方法上进行了以下几个方面的改进：引进了财务经济学的资本资产定价模型，用以确定企业的资本成本，分析各部门的风险特征；EVA 以对外报告的会计数据为基础进行调整，矫正了传统财务指标的信息失真。从概念上说，EVA 是指扣除产生利润的投资的资本成本后所剩下的利润，也就是经济学家所称的“剩余收入”或“经济利润”。它与大多数指标的不同之处在于：考虑了带来企业利润的所有资金（债务和股本）的成本，是对真正“经济利润”的评价。

管理学之父彼得·德鲁克在《哈佛商业评论》上的一篇文章中指出：“作为一种度量全要素生产率的关键指标，EVA 反映了管理价值的所有方面。”EVA 不仅是一个全面的绩效衡量指标，还是一个全面财务管理的框架、一种经理人的薪酬激励机制。从本质上说，EVA 管理是基于价值的管理，它揭示了价值创造的途径，指出了创造财富的真正关键所在，是一种变革性战略。它通过影响一个企业从董事会到基层上上下下的所有决策，改善组织内部每一个人的工作环境，改变员工的行为方式和企业文化，帮助管理者为股东、客户和自己带来更多的财富。

EVA 已被可口可乐、索尼、西门子等一些杰出的公司所采用，并帮助它们取得了非凡的财务业绩。加入 WTO 以后，中国的企业面临着一个新的市场环境。传统的会计衡量标准和管理模式日趋落伍，新的经济管理手段和技能越来越重要。竞争性市场经济要求企业必须改变 EVA 理念，摒弃多年来奉行的注重销售额或市场份额、注重总资产和总产出的规模导向战略，认识到价值创造的重要性，逐步从“收益管理—基于会计指标的管理”向“价值管理—EVA 管理”转变，将管理和创造股东（所有者）财富作为企业财务目标并将其贯彻到管理决策的方方面面。新的战略要求通过设立新的指标体系来统帅企业的各项经营活动，使企业价值包括股东（所有者）的价值最大化，而不是像传统做法那样只考虑销售额的最大化。经济增加值

(EVA)作为企业经营效益的衡量标准和财务管理的手段,在企业业绩衡量、财务管理、价值评估及员工激励机制的变化中将扮演越来越重要的角色。

二、EVA的计算

EVA是一种以会计为基础期间(年度、季度或月份)经营业绩的衡量标准。EVA等于税后净营业利润(Net Operating Profit After Tax, NOPAT)减去债务和股本成本,公式如下

$$\begin{aligned} \text{EVA} &= \text{税后净营业利润} - \text{总资本} \times \text{加权平均资本成本} \\ &= \text{NOPAT} - \text{NA} \cdot K_w \end{aligned}$$

在实际使用时需要注意的是上述公式的应用是以一定的会计制度为基础的,由于各国会计制度不同,会计核算方式不同,在应用经济增加值计算公式时应根据具体情况进行修正。从我国的实际情况看,使用这个公式时应注意以下几个方面:

(1)税后净营业利润:首先,这里的"净"是指进行了一些调整,去除了各种会计信息的扭曲。如果我们简单地利用会计上的底线利润,税后净营业利润将会低估真实的经济利润,因为会计准则将太多的项目如研究开发费等作为本期费用处理,但从股东角度出发,这些项目应在资产负债表上作为资产更合适。其次,上式的税后利润是营业利润减去所得税额后的余额;而我国现行制度中的税后利润则是指利润总额减去所得税后的余额。最后,上式中的营业利润是指息税前利润,即营业利润中包括利息费用在内,而我国现行制度中的营业利润不包括利息费用在内,利润总额中也不含利息。因此,在计算时税后净营业利润修正为

$$\begin{aligned} \text{税后净营业利润} = {} & \text{税后净利润} + \text{利息费用} + \text{少数股东损益} + \text{本年商誉摊销} + \\ & \text{递延税款贷方余额的增加} + \text{其他准备金额的增加} + \\ & \text{资本化研究发展费用} - \text{资本化研究发展费用在本年的摊销} \end{aligned}$$

(2)总资本:这里的总资本指的是企业产生利润所占用的全部资金的账面价值,包括债务资本和股本资本,其中债务资本是指债权人提供的短期和长期贷款,不包括应付账款、应付票据等商业信用负债;股本资本不仅包括普通股权益,还包括少数股东权益。同时,由于各项准备金并不是企业当期资产的实际减少,准备金余额的变化也不是当期费用的现金支出,因此在进行资本总额的调整时应将其计入资本总额当中,即

$$\begin{aligned} \text{资本总额} = {} & \text{股东权益合计} + \text{少数股东权益} + \text{递延税款贷方余额(借方余额则为负值)} + \\ & \text{各种准备金(坏账准备等)} + \text{累计商誉摊销} + \text{研发费用的资本化金额} + \\ & \text{借款总额(短期借款、长期借款)} \end{aligned}$$

在实际计算时既可以采用年初的资本总额,也可以采用年初与年末资本总额的平均值。

(3)加权平均资本成本:这里的资金成本概念体现了亚当·斯密的基本思想,企业投入的资金应当带来最低限度的、具有竞争力的回报。负债成本是企业借款的利息,只要利息可以抵税,就使用税后利率。股本资本不仅包括普通股,还包括少数股东权益。股本资本成本的计算首先以长期国债为计算的起点加上权益风险报酬(随着行业的不同而有很大的差异)。在计算了股本成本后,企业根据资本结构中债务和股本的比例可以得到加权资本成本。具体公式为

$$\begin{aligned} \text{股本成本} = {} & \text{五年期固定利率国债利率} + \text{公司的}\beta\text{值} \times \text{(过去五年股市年平均收益率} + \\ & \text{未来风险调整} - \text{未来五年期固定利率国债利率)} \end{aligned}$$

$$\text{债务成本} = \text{借款利息率} \times (1 - \text{税率})$$

$$\begin{aligned} \text{加权平均资本成本} = {} & \text{股本资本成本} \times \text{股本资本占全部资本比重} + \\ & \text{负债成本} \times \text{负债资本占全部资本比重} \end{aligned}$$

根据 EVA 的创造者斯图尔特咨询公司的研究,要精确计算经济增加值要进行的调整达 120 多项。然而,在实际应用中,并不是每个企业都要进行所有这些调整。大多数公司只需做出 15 项左右的调整就可以满足要求了。决定一个项目是否进行调整,首先而且最重要的一个原则是该项调整是否“举足轻重”,是否是实质性的,是否对管理行为有影响。这里的“举足轻重”并不是依据某个数据相对于企业资产或利润的比重大小而定,而是指有关数据对下层决策者来说是否重要,这样的会计调整是否影响股东财富、影响管理人的决策。如果一项调整不能影响决策,通常就不值得去做。大量实践表明,涉及 EVA 调整的不外乎有以下几类:①对稳健会计影响的调整;②对可能导致盈余管理项目的调整;③对非经营利得和损失的调整;④弥补指标计算本身固有缺陷的调整。

调整项目如表 10.4 所示。

表 10.4　EVA 计算主要调整项目表

单位:元

项目	调整方法	调整的目的和原因
商誉	资本化,不摊销 把当期的商誉摊销加到 NOPAT 中,把过去年份已摊销的商誉加到资本中	①大多数商誉资产的寿命是无限期的,比如品牌、声誉和市场地位等,能为企业带来收益 ②可以使管理者更加关注现金流,而不仅仅是记账
研发费用	资本化并摊销	研发占用企业资金,需要资本化并按一定期限摊销
存货	先进先出法	采用后进先出法将低估存货占用的资金
战略性投资	开始产生 NOPAT 时,再考虑计算投资所占用的资金成本	扩展管理者视野,鼓励他们认真考虑长期投资机会
折旧	偿债基金法	对于拥有大量长期设备的公司来说,运用直线折旧法来计算 EVA 会造成很大的偏差,不利于对新设备的投资。其原因在于,相对于资产本身价值的不断下降,EVA 方法中扣减的资本成本也在下降,因此旧的资产看起来比新的资产要便宜得多。这样一来,管理者就不愿用“昂贵”的新设备代替“廉价”的旧设备
资产清理	直接从资产负债表中转出	让企业部门经理不必对这部分的资产利得或损失负责,以保证其业绩是由生产经营产生的
税收	把过去从利润中扣除的递延税款从资产负债表中的负债项目下移出,加到股本中去	从经济观点看,公司应该从当前利润中扣除唯一税款就是当前缴纳的税款,而不是将来可能或不可能缴纳的税款。因此,为了在公司层次上计算 NOPAT 和 EVA,公司扣除的税款只应是在度量期内所缴纳的税额
各种准备金	当期变化加入利润,余额加入资本总额	准备金并不是当期资产的实际减少,准备金余额的变化也不是当期费用的实际支出

三、EVA 的优缺点

(1)EVA 概念简单,易于非财务人员掌握和应用,因此它是一种培训员工,甚至培训公司最普通员工的简单而有效的方法。

(2)从理论和实践的角度看,作为一种度量企业业绩的指标,EVA 最直接地联系着股东(所有者)财富的创造。对股东来说,EVA 总是越多越好。从这个意义上讲,EVA 是唯一能够指导经营者正确行动的业绩度量指标,它能够连续地度量业绩的改进。相反,销售利润率、每股收益、EVA 报酬率等评价与市场价值的联系比较微弱,有时甚至会误导决策,侵蚀股东财富。

(3)EVA 架构下的综合性财务管理系统几乎可以指导公司的每一个决策,这些决策包括年度经营预算、年度资本预算、战略谋划 EVA 收购和公司出售等,纠正了目前财务管理系统指标混乱、决策无所适从的现状。

此外,EVA 还是一个独特的薪酬激励制度中的关键变量,它真正把管理者的利益和股东利益联系起来,促使管理人像股东那样思考和行动。

综合来说,EVA 是一种治理公司的内部控制制度。在这种制度下,所有员工协同工作,积极地追求最好的业绩。

第五节　基于战略的绩效考核与评价体系的产生

一、基于战略的绩效考核与评价体系的产生

以收益为基础的财务数据只能够衡量过去决策的结果,却无法评估未来的绩效表现,容易误导企业未来发展方向。同时,当财务指标为企绩效效评估的唯一指标时,容易使经营者过分注重短期财务结果。在一定程度上,也使经营者变得急功近利,有强烈动机操纵报表上的数字,而不愿就企业长期策略目标进行资本投资。如何将绩效评价的目光投向公司的战略计划和未来的发展,成为决定绩效评价的重大转折。

战略理论已经为实务界和理论界所熟悉,但是如何度量战略计划和战略目标的实现程度,或者说如何实施与战略有关的绩效考核和评价,还有两个需要注意的问题。

第一,如何将战略计划落实为具体的活动。以低成本战略的实施为例,可以从两个层面来理解:一是战略成本规划层面,旨在帮助企业通过事先的成本规划与控制,从根本上改进其长期的盈利能力。这一层面的方法主要有源于战略管理的价值链分析以及用于制定成本目标的产品生命周期成本法、目标成本规划法等。二是经营改进层面,旨在改善企业日常经营活动效率,落实成本规划。顺应这一思路的方法有竞争对手成本分析法和标杆制度、成本动因分析法等。

第二,如何将战略目标变成可供考评的指标。公司应该对成功起决定作用的某个战略要素进行定性的描述,例如利用企业关键绩效指标(KPI)来进行这一步。通过对组织内部流程的输入端、输出端的关键参数进行设置、取样、计算、分析,得到衡量流程绩效的一种目标式量化管理指标,它是把企业的战略目标分解为可操作的工作目标的工具,是企绩效效管理的基础。KPI 可以使部门主管明确部门的主要责任,并以此为基础明确部门人员的绩效衡量指标。建立明确的、切实可行的、可量化的 KPI 体系,是做好绩效管理的关键。

可见,战略模式以战略目标为导向,通过指标间的各种平衡关系以及战略指标或关键指标的选取来体现企业的战略要求,其最大特点在于引入了非财务指标。许多研究者认为,非财务指标能够有效地解释企业实际运行结果与预算之间的偏差。比如,市场占有率和产品质量等非财务指标长期以来就被企业用于战略管理,可以有效地解释企业利润或销售收入的变动。

此外,非财务指标能够更清晰地解释企业的战略规划以及对战略实施过程进行控制。

战略绩效考核与评价模式中,比较有代表性并引起广泛关注的,有绩效金字塔和平衡记分卡两种模式。

二、绩效金字塔

绩效金字塔(Performance Pyramid)由麦克奈尔、林奇和克罗斯(McNair, Lynch and Cross)于 1990 年提出,它强调公司总体战略与绩效指标间的重要联系。从图 10.2 可以看出,企业分为 4 个层次:公司总体战略位于最高层,由此产生企业的具体战略目标,并在企业内部逐级传递,直到最基层的作业中心。有了合理的战略目标,作业中心就可以开始建立合理的经营效率指标,以满足战略目标的要求。然后,这些指标再反馈给企业高层管理人员,作为制订企业未来战略目标的基础。

从绩效金字塔可以看出,战略目标传递的过程是多级瀑布式的,它首先传递给业务单位层次,由此产生了市场满意度(市场目标)和财务绩效指标(财务目标);然后继续向下传给业务经营系统,产生顾客满意度、灵活性、生产效率等指标;最后传递到作业中心层次,产生质量、交货、周转期和成本构成等指标。

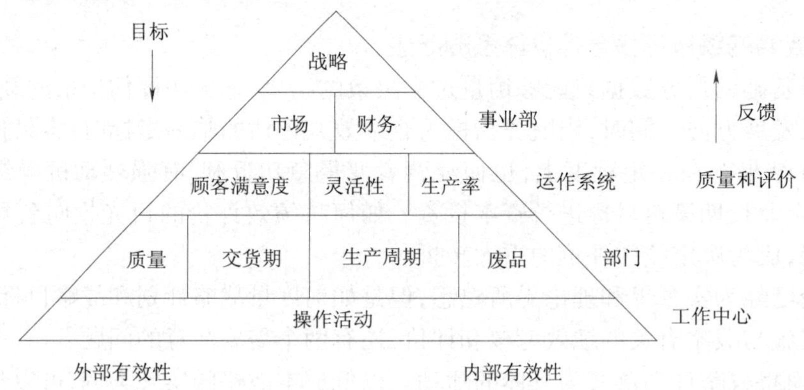

图 10.2　金字塔图

由此,绩效信息渗透到整个企业的各个层面。这些信息由下而上逐级汇总,最终使高层管理人员可以利用这些信息制订未来的战略目标。

绩效金字塔着重强调企业战略在确定绩效指标中所扮演的重要角色,反映了战略目标和绩效指标的互动性,揭示了战略目标自上而下和经营指标自下而上逐级反复运的层级结构。这个逐级的循环过程揭示了企业持续发展的能力,为正确评价企业绩效作出了意义深远的重要贡献。绩效金字塔模型十分注重绩效动因与结果之间的联系,而这种联系与战略计划制订过程中应用的因果联系思想是极为相似的。绩效金字塔模型从战略管理角度给出了业绩指标体系之间的因果关系,对指标体系的设计具有启发性,但没有形成具有可操作性的业绩评价系统。

此外,业绩金字塔没有考虑企业的学习和创新能力,而在竞争日益激烈的今天,对企业学习和创新能力的正确评价尤为重要。因此,虽然这个模型在理论上是比较成型的,但实际工作中较少采用。

三、平衡计分卡

20 世纪 80 年代,美国管理会计委员会从财务效益的角度发布了“计量企业业绩说明书”,提出了净收益、每股盈余、现金流量、投资报酬率、剩余收益、市场价值、经济收益、调整通货膨胀后的绩效等 8 项计量企业经营绩效的指标。但这些指标基本是以财务指标为核心,而以战略为核心的绩效评价体系能克服这个缺点,国内外学者和我国政府有关部门先后提出了多种战略绩效评价模式或模型,具有代表性的有平衡计分卡和绩效三棱镜。

(一)平衡计分卡模型

1992 年,卡普兰和诺顿提出了平衡计分卡(BSC)。该方法最大的贡献在于它引入了非财务评价指标,它从 4 个不同的视角(财务视角、顾客视角、内部业务视角、创新和学习视角)提供一种考察价值创造的战略方法,从而克服了单纯利用财务手段进行绩效管理的局限。平衡计分卡通过以下 4 个方面评价企业的绩效:

(1)财务。反映企业如何满足股东的需要,即实现股东价值最大化,指标包括净资产收益率、现金流量、盈利能力和利润预测的可靠性等。

(2)顾客。反映企业如何满足客户的需要,代表性的指标有客户满意程度、市场占有率、产品交货率等。

(3)内部业务。反映企业是否较好地完成了其核心工作,具体指标包括单位成本收益率、废品率、机器利用率、生产准备时间、生产能力利用等。

(4)创新和学习。反映企业改进与创新的能力,具体指标有员工满意程度、员工培训次数、员工建议数量、提供新服务收入所占比重等。这种方法所采用的考核指标来源于组织的战略目标和竞争需要,它是一种综合性的绩效,在企业中引起了强烈的反响。它成功使绩效评价走出了传统绩效评价的只重财务指标和短期目标的误区,将长期与短期因素、财务与非财务因素、外部与内部因素等多方面引入绩效评价体系。平衡计分卡的主要框架如图 10.3所示。

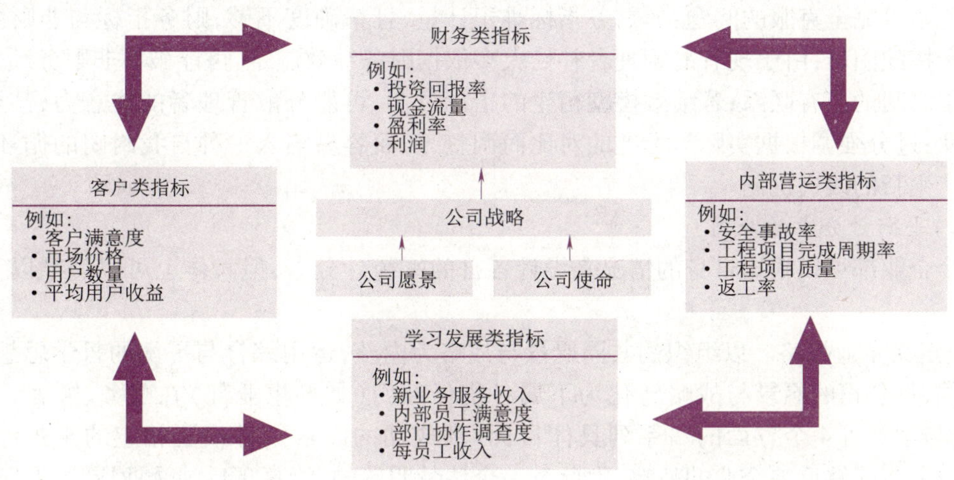

图 10.3 平衡计分卡模型

但是 BSC 仍然存在一些不足,非财务指标以多种数据形式衡量,没有标准化的定义,在不同公司其定义变化很大,量化困难;翰尼(Hanne 2000)认为联系非财务指标和长期绩效之间的因果联系缺少合理的定义;BSC 要求企业从 4 个方面考虑战略目标的绩效实施,每个方面必须制订详细的目标和指标,成本很大,而且需要建立的时间很长,往往要1年以上,国外许多公司的实践表明,采用平衡计分卡是一个长期的过程,企业从上到下都要对其有充分的了解和认同。而且其忽视了社会责任,没有在社会责任方面提出相应的指标体系。

(二)绩效三棱镜模型

2002年尼利(Neely)提出了绩效三棱镜的概念,绩效三棱镜展示了全面的绩效衡量结构,它包括利益相关者满意、利益相关者贡献、战略、流程、能力5个层面,具有内在紧凑联系的这5个层面共同构成了一个绩效计量的三维体系。绩效测量贯穿于绩效模型的5个方面,而且结合公司实际情况,每一个方面又都可以进一步细化和分解为许多具体问题,而每一个问题都必须用计量指标来表示。由于模型5个方面具有内在的联系,因此由模型衍生出来的计量指标之间自然也就具有相互依存的关系。测量指标不局限于财务指标,也不强调以非财务指标作为对财务指标的补充,而是以绩效棱镜5个层面为引导,如图10.4所示。

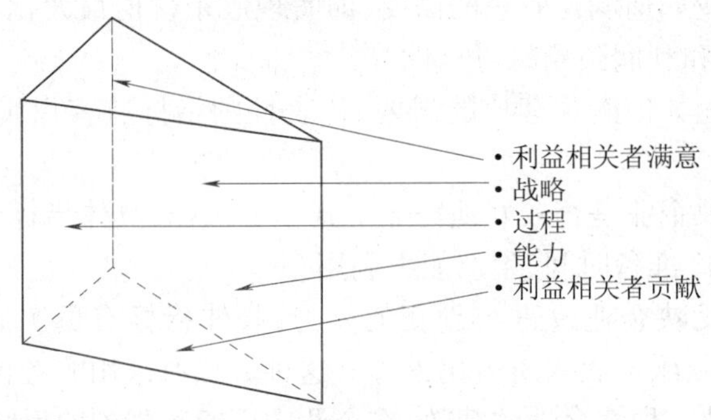

图10.4　绩效三棱镜模型

虽然从理论上讲基于绩效三棱镜模型的绩效管理是近乎完美的,但在实际操作中仍然存在着一些不可完全克服的问题:非财务指标难于计量,且精确度不够;财务指标与非财务指标的权衡和搭配困难;由于现有的管理者补偿大多依据财务绩效制定,可能破坏非财务绩效与管理者补偿之间的应有联系;若绩效模型衍生的指标过多,可能分散管理者的注意力,甚至令其无所适从;过分强调根据实际与标准的对比而调整,从而容易陷入一种自我封闭的循环中去,不利于产生新的改进机制。

(三)平衡计分卡的应用

每个企业部可以根据自身的情况来设计各自的平衡计分卡,但大体上可以遵循以下几个步骤:

(1)定义企业战略。以组织的共同愿景与战略为内核,运用综合与平衡的哲学思想,依据组织结构,将公司的愿景与战略转化为下属各责任部门(如各事业部)在财务、顾客、内部流程、创新与学习等4个方面的一系列具体目标(即成功的因素),并设置相应的4张计分卡。平衡计分卡应能够反映企业的战略,因此有一个清楚明确的、能真正反映企业愿景的战略是至关重要的。由于平衡计分卡的4个方面与企业战略密切相关,因此这一步骤是设计一张好的平衡计分卡的基础。

(2)就战略目标取得一致意见。由于各种原因,管理集团的成员可能会对目标有不同的意见,但无论如何,必须在企业的长远目标上达成一致。另外,应将平衡计分卡的每一个方面的目标数量控制在合理的范围内,仅对那些影响企业成功的关键因素进行测评。

(3)选择和设计测评指标。一旦目标确定,下一个任务就是选择和设计判断这些目标是否达到的指标。依据各责任部门分别在财务、顾客、内部流程、创新与学习4个方面的可具体操作的目标,设置一一对应的绩效评价指标体系。这些指标不仅与公司战略目标高度相关,而且是以先行与滞后两种形式,同时兼顾和平衡公司长期和短期目标、内部与外部利益,综合反映战略管理绩效的财务与非财务信息。

所选指标必须能准确反映每一个特定的目标,以便通过平衡计分卡所收集到的反馈信息具有可靠性,并且保证平衡计分卡中的每一个指标都是表达企业战略的因果关系链中的一部分。此外在设计指标时,不应采用过多的指标,也不应对那些企业员工无法控制的指标进行测评。一般在平衡计分卡的每一个方面,使用3~4个指标就足够了,超出4个指标将使平衡计分卡过于零散。

(4)制定实施计划。这一步骤要求各层次的管理人员参与测评,同时包括将平衡计分卡的指标与企业的数据库和管理信息系统相联系,在全企业范围内运用。由各主管部门与责任部门共同商定各项指标的具体评分规则。一般是将各项指标的预算值与实际值进行比较,对应不同范围的差异率,设定不同的评分值。以综合评分的形式,定期(通常是一个季度)考核各责任部门在财务、顾客、内部流程、创新与学习等四个方面的目标执行情况,及时反馈,适时调整战略偏差,或修正原定目标和评价指标,确保公司战略得以顺利与正确地执行。

案例讨论

在绩效考核的时节说起绩效考核的话题却远没那么轻松。但依然有话要说。我们不妨换个方式解读这个大话题,这是一种便捷的“换脑”方式。“猫捉老鼠”——一个大家并不陌生的寓言故事。

1. 怎样给猫分鱼

猫在主人吩咐下到屋子里抓老鼠。它终于看到了一只老鼠,几个奔跑来回,到底也没有抓到。后来老鼠一拐弯不见了。主人看到这种情景,讥笑道:“大的反而抓不住小的。”猫回答说:“你不知道我们两个的‘跑’是完全不同的吗?我仅仅是为了一顿饭而跑,而它却是为性命而跑啊!”

正如一位大企业的老总问另一个大企业的老总:“为什么你们的促销员、业务员和区域销售经理都像疯子和狼一样的卖货,而我们的人员却总好像是老牛拉破车一样?”那位老总回答道:“那是因为你们的员工再怎么为你卖命工作,他最多只能得到一顿丰盛的饭;而我们的员工只要在为我拼命工作的话,他一辈子的饭都可以解决了,而且很丰盛。”

2. 薪酬设置,前有黄金后有老虎

主人想,猫说得也对,得想个法子,让猫也为自己的生存而奋斗。于是,主人就多买了几只猫,并规定凡是能够抓到老鼠的,就可以得到5条小鱼,抓不到老鼠的就没有饭吃。刚开始,猫们很反感和不适应,但随着时间的推移,也渐渐适应了这种机制。这一招果然奏效,猫们纷纷努力去追捕老鼠,因为谁也不愿看见别人有鱼吃而自己没有。因此,主人也轻松和安宁了许多,不再日夜睡不着觉了。

这种薪酬设置在营销系统中,被众多的企业拿来屡试不爽。浙江一带的中小型企业都是这样起步的。企业在一定期间免费提供产品,不提供其他条件,但谁能把产品卖了,谁就有重奖,同时,差价全部归个人。差价每卖一台就兑现一台,奖赏年终一并结算。这就是曾经被浙江企业普遍采用的销售承包制度。正是这种最原始的薪酬制度,使得浙江的产品卖到了全国,甚至是全世界,同时成就了遍布全国甚至全世界的浙江小老板和商人。所谓“重赏之下必有勇夫”,奖要奖到喜出望外,罚要罚得心惊肉跳。正是这种在市场经济不太成熟条件下的“黄金老虎薪酬制”,在某种程度上有效地促进了中国企业的成长。

3. 绩效考核狮子、羚羊和草原的生物链游戏

过了一段时间,问题又出现了,主人发现虽然每天猫们都能捕到五六只老鼠,但老鼠的个头却越来越小。原来有些善于观察的猫,发现大的老鼠跑得快、逃跑的经验非常丰富,而小老鼠逃跑速度相对比较慢、逃跑的经验少,所以小老鼠比大老鼠好抓多了。而主人对于猫们的奖赏是根据其抓到老鼠的数量来计算的。

主人发现了蹊跷,决定改革奖惩办法,按照老鼠的重量来计算给猫的食物。这一招很快起到了的作用。

这就是在销售上的按量提成和按额提成的典型应用。尤其是家电行业,企业总部对于分支机构,分公司经理对于业务经理,业务经理对于促销员,都曾经走过这种由量提成到按额提成的演变和转变。这两种提成制度在企业的不同阶段都曾经有效地提高过中层业务人员的工作积极性,也都有效地促进了企业的快速发展。没有完全的好坏之分,只有相对的适合之别。这是一种纵向的薪酬设置和绩效管理方式。

当然,薪酬设置和绩效管理还必须进行横向对比,也就是说它必须融入到整体行业环境中,否则,就会是“铁打的营盘流水的兵”,或者招不到人才,或者留不住人才。

过了一段时间。主人发现邻居家的猫和自己的一样多,可抓到的老鼠却比自己多得多。他好奇地敲开了邻居家的门。邻居介绍说:“我的猫中有能力强的,也有能力差的。我让能力强的去帮助能力差的,让它们之间相互学习;另外,我将猫们编成几组,每一组猫分工配合,这样,抓到老鼠的数量就明显上升了。”

主人觉得这样的方法非常好,就复制过来。可实行一段时间后,发现效果一点也不好,猫们根本就没有学习的积极性,每个小组抓的老鼠数量反而没有以前单干时候多。可是问题出在哪里?

主人决定和猫们开会讨论。

猫们说:“抓老鼠已经很辛苦了,学习还要占用我们的时间,抓到的老鼠当然少了,但鱼还是按照以前的办法分,你让我们怎么愿意去学习呢?另外,分鱼时你知道我们是怎样分工合作的吗?我们常常为分鱼打架,还怎么合作?”

主人觉得猫们说得也有道理,决定彻底改革分鱼的办法。不管猫们每天能否抓到老鼠,都分给固定数量的鱼,抓到老鼠后,还有额外的奖励。

但是仔细一想,还是有问题。小组中有的猫负责追赶老鼠,有的负责包抄,有的负责外围巡逻,防止老鼠从包围逃跑。每个小组应该按抓到的老鼠数量来分配,但小组内部如何分配呢?鱼的数量是永远不变,还是过一段时间调整一次?分工不同的猫得到的固定的鱼的数量是否一样呢?

这回主人可真的犯难了。

故事中的"主人"的困惑,正是许多企业都曾经碰到过或正在经历的难题。只有从真正意义上解决了这些难题,才能保证绩效考核不会流于形式甚或适得其反。

讨论:

(1)怎么样根据行业的薪资状况和水平制订企业的薪资体系?一般来说,企业行业地位越低,薪酬状况就要高于行业平均水平;企业行业地位越高,薪酬状况可以适当低于行业平均水平。但如果要找到优秀人才和留住优秀的人才,则要超越雇员的期望。

(2)如何结合企业的特点构建企业的学习型团队?学习是根本,团队是支撑,文化是核心,氛围是保障,而最终的目的则是能够产生生产力和提高生产力。

(3)虚拟团队和项目经理制在企业中如何更好地发挥作用?关键的一点就是要最大程度地降低企业的内部沟通交易成本,不然就适得其反,一伙没有正式组织约束的人就会整天吵架和摩擦。

(4)团队中的岗位责任制如何制订,才会更好地发挥个人英雄主义的同时又能有效地促进团队的发展?从中国目前企业的现状来说,个人英雄辈出。但从企业的长远发展考虑,个人英雄并非好事,把一个组织或一个部门的命脉悬于一人之手,那可是很脆弱的。只有英雄领导的优秀团队才是企业真正的希望。

在专业分工的时代,每只猫都无法单独抓住老鼠,但每只猫都可以决定这个群体抓不住老鼠。专业分工的最大问题是管理复杂,需要群体协调,已经无法论"鼠"行赏。这正是考核的过程导向要解决的问题。

思考题

1. 业绩评价系统的构成要素有哪些?
2. 平衡计分卡业绩评价系统的特点?
3. 常用的业绩评价方法有哪些?
4. 绩效工资激励有哪些形式?各有什么特点?
5. 基于经济增加值业绩评价系统的激励机制有哪些优点?

同步测试题

一、单项选择题

1. 成本中心考核的成本是(　　)。

A. 产品成本　　B. 责任成本

C. 可控成本　　D. 管理费用

2. 下列各项中不属于制订内部转移价格的原则的是(　　)。

A. 目标一致原则　　B. 真实性原则

C. 公平合理原则　　D. 评价与激励相结合原则

3. 下列各项中属于责任预算的主要责任指标的是(　　)。

A. 剩余收益　　B. 劳动生产率

C. 出勤率　　D. 材料消耗率

4. 考查利润中心负责人经营业绩最好的指标是(　　)。

A. 利润中心边际贡献总额　　B. 利润中心负责人可控利润总额

C. 利润中心可控利润总额　　D. 企业利润总额

5. 企业的各责任中心中权力最大的是(　　)。

A. 成本中心　　B. 自然利润中心

C. 人为利润中心　　D. 投资中心

6. 下列说法中错误的是(　　)。

A. 成本中心对可控的成本或费用承担责任

B. 利润中心既对可控的成本负责又对可控的收入和利润负责

C. 投资中心只对投资效果负责

D. 投资中心既对成本、收入和利润负责,又对投资效果负责

7. 投资利润率指标的优点不包括(　　)。

A. 能反映投资中心的综合盈利能力　　B. 可以作为选择投资机会的依据

C. 可以避免本位主义　　D. 具有横向可比性

8. 下列指标中,能够使业绩评价与企业目标协调一致。并引导投资中心部门经理避免本位主义的决策指标是(　　)。

A. 投资利润率　　B. 可控利润总额

C. 可控边际贡献　　D. 剩余收益

9. 甲利润中心常年向乙利润中心提供劳务。假定今年使用的内部结算价格比去年有所提高,在其他条件不变的情况下,则(　　)。

A. 乙中心取得了更多的内部利润　　B. 甲中心因此而减少了内部利润

C. 企业的总利润有所增加　　D. 企业的总利润没有变化

10. 某公司某部门的有关数据为:销售收入 500 00 元,已销产品的变动成本和变动销售费用 30 000 元,可控固定间接费用 2 500 元,不可控固定间接费用 3 000 元,分配来的公司管理费用 1 500 元。那么,该部门的利润中心负责人可控利润为(　　)元。

A. 20 000　　B. 17 500

C. 14 500　　D. 10 750

11. 不属于分权管理优势的是(　　)。

A. 各部门利益统一　　B. 决策及时

C. 资源利用合理　　D. 锻炼基层管理人员

12. 只考核责任中心成本和费用的责任中心是(　　)。

A. 投资中心　　B. 利润中心

C. 客户服务中心　　D. 成本中心

13. 成本中心的成本是指(　　)。

A. 产品成本　　B. 目标成本
C. 责任成本　　D. 制造成本

14. 下列成本中,属于成本中心须控制和考核的成本是(　　)。
A. 标准成本　　B. 期间成本
C. 可控成本　　D. 可变成本

15. 不仅考核其成本,还要考核其收入和利润的责任中心是(　　)。
A. 投资中心　　B. 成本中心
C. 利润中心　　D. 财务中心

16. 下列项目中,不属于利润中心负责范围的是(　　)。
A. 利润　　B. 收入
C. 成本　　D. 投资

17. 主要用于考核责任中心经理的经营业绩的考核指标是(　　)。
A. 部门利润额　　B. 部门经理贡献毛益
C. 部门贡献毛益　　D. 部门利润率

18. 一般没有独立的对外经营权的利润中心是(　　)。
A. 人为利润中心　　B. 自然利润中心
C. 企业利润中心　　D. 资产利润中心

19. 下列指标中,可以用于评价投资中心的指标是(　　)。
A. 投资报酬率　　B. 投资收益率
C. 剩余利润　　D. 税后利润

20. 以中间产品或劳务的市场销售价格作为计价基础的内部转移价格是(　　)。
A. 以市场价格为基础的转移价格　　B. 全部成本的转移价格
C. 以市场价格为基础的协商价格　　D. 双重内部转移价格

二、多项选择题

1. (　　)是责任会计中应用最广泛的责任中心形式。
A. 成本中心　　B. 利润中心
C. 投资中心　　D. 责任中心
E. 收益中心

2. 对投资中心考核的指标有(　　)。
A. 投资利润率　　B. 剩余收益
C. 贡献毛益　　D. 营业利润

3. 使用双重转移价格的假设前提是(　　)。
A. 内部转移的产品或劳务有外部市场
B. 供应方有剩余生产能力
C. 能够制订准确的标准成本
D. 供应方的单位变动成本要低于市价

4. 作为利润中心的业绩考核指标,"利润中心负责人可控利润总额"的计算公式正确的是(　　)。

A. 该利润中心销售收入总额－该利润中心变动成本总额

B. 该利润中心贡献毛益总额－该利润中心负责人可控固定成本

C. 该利润中心销售收入总额－该利润中心变动成本总额－该利润中心负责人可控固定成本

D. 该利润中心贡献毛益总额－该利润中心负责人不可控固定成本

5. 内部转移价格的种类有(　　)。

A. 纯粹市场价格　　B. 协商价格

C. 成本加成价格　　D. 双重转移价格

6. 已知甲利润中心生产的半成品既可以出售,又可以供乙利润中心使用。甲中心全年最大产量为50 000件,全年最大外销量为40 000件,售价为100元/件,单位变动成本为80元/件。双方决定按双重价格计价,则甲乙双方在结算时使用的内部转移价格为(　　)。

A. 甲中心以80元/件出售,乙中心以100元/件采购

B. 甲中心以100元/件出售,乙中心以80元/件采购

C. 甲中心以90元/件出售,乙中心以80元/件采购

D. 甲中心以90元/件出售,乙中心以100元/件采购

7. 建立责任会计制度应遵循的原则有(　　)。

A. 责、权、利相结合的原则　　B. 目标一致性原则

C. 可控性原则　　D. 公平合理性原则

E. 及时反馈原则

8. 判断可控成本一般应具备的条件有(　　)。

A. 能否转移成本费用

B. 能否预知即将发生的各种成本费用

C. 能否分清成本费用的内容

D. 能否确切计算所发生的成本费用

E. 能否控制与调节该成本费用

9. 成本中心可进一步分为(　　)。

A. 标准成本中心　　B. 可控成本中心

C. 费用中心　　D. 不可控成本中心

E. 自然成本中心

10. 评价和考核投资中心工作业绩的指标有(　　)。

A. 销售利润率　　B. 投资收益率

C. 成本降低率　　D. 贡献毛益

E. 剩余收益

11. 制订内部转移价格应遵循的原则有(　　)。

A. 一贯性　　B. 连续性

C. 合理性　　D. 激励性

E. 全局性

三、判断题

1. 投资中心必然是利润中心。（ ）
2. 企业职工个人不能构成责任实体，因而不能成为责任控制体系中的责任中心。（ ）
3. 对一个企业而言，变动成本和直接成本大多是可控成本，而固定成本和间接成本大多是不可控成本。（ ）
4. 同一成本项目，对有的部门来说是可控的，而对另一部门则可能是不可控的。也就是说，成本的可控与否是相对的，而不是绝对的。（ ）
5. 某责任中心有权决定是否使用某种资产，该责任中心就应对这种资产的成本负责。（ ）
6. 可以计算其利润的组织单位，是真正意义上的利润中心。（ ）
7. 为了便于评价、考核各责任中心的业绩，对一责任中心提供给另一责任中心的产品，其供应方和使用方所采用的转移价格可以不同。（ ）
8. 在利润中心责任报告中各项目的差异数，正差均为不利差，负差均为有利差。（ ）
9. 在一定的条件下，可控成本与不可控成本可以相互转换。（ ）
10. 以实际成本作为内部转移价格可以避免责任转嫁现象。（ ）
11. 成本的可控与不可控是绝对的，在一定时空条件下，可控成本与不可控成本可以实现相互转化。（ ）
12. 成本中心的责任报告中出现的差异如为正值，表示有理差异。（ ）
13. 各成本中心的可控成本之和是企业的总成本。（ ）
14. 从一个成本中心看，直接成本都是可控成本，而间接成本都是不可控成本。（ ）
15. 在投资中心中计算投资利润率时，固定资产按原始价值计价，会出现投资利润率逐年提高的假象。（ ）
16. 以实际成本作为内部转移价格可以避免责任转嫁现象。（ ）
17. 凡可控成本必须是可以预计、可以计量、可以施加影响、可以落实责任的成本，否则为不可控成本。（ ）

四、计算分析题

1. 某公司某年事业部的相关资料如下：

投资收益率	25%
贡献毛益率	10%
销售收入	2 400 000元

要求：

（1）计算该事业部占用的资产。

（2）假设公司要求达到的最低利润率为18%，请计算该事业部的剩余收益。

2. 甲企业一加工车间为成本中心，生产A产品，预算产量为10万件，单位成本200元；实际产量11万件，单位成本210元。

要求：

（1）计算该成本中心的成本降低额。

（2）该成本中心的成本降低率。

3. 甲企业的 A 部门为利润中心，有关数据如下：利润中心销售收入 90 万元，利润中心销售产品变动成本和变动销售费用 50 万元，利润中心负责人可控固定成本 15 万元，利润中心负责人不可控而应由该中心负担的固定成本 20 万元。

要求：

(1) 计算该利润中心的边际贡献总额。

(2) 计算该利润中心负责人不可控利润总额。

(3) 计算该利润中心可控利润总额。

4. 某百货公司下设一鞋帽部 19×9 年销售收入为 200 万元，变动成本率为 60%，固定成本为 30 万元，其中折旧 10 万元，要求对以下两个互不相关的问题予以回答：

(1) 若该鞋帽部为利润中心，其固定成本中只有折旧为不可控的，试评价该部门经理业绩，以及该部门对百货公司的贡献。

(2) 若该部门为投资中心，其所占用的资产平均额为 100 万元，该公司要求的最低投资利润率为多大？

5. 某企业下设甲投资中心和乙投资中心，两投资中心均有一投资方案可供选择，预计产生的影响如表 10.5 所示。

表 10.5　预计产生的影响

单位：万元

项　　目	甲投资中心		乙投资中心	
	追加投资前	追加投资后	追加投资前	追加投资后
总资产	50	150	100	200
息税前利润	4	10.8	15	28.8
总资产息税前利润率	10%	A	15%	C
剩余收益	-2	B	3	D

要求：

(1) 计算并填列表 10.5 中用字母表示的位置的数额。

(2) 运用剩余收益指标判断两投资中心是否应追加投资进行决策。

6. 某集团公司下设 A、B 两个投资中心。A 中心的投资额为 500 万元，投资利润率为 12%；B 中心的投资利润率为 15%，剩余收益为 30 万元；集团公司要求的平均投资利润率为 10%。集团公司决定追加投资 200 万元，若投向 A 公司，每年增加利润 25 万元；若投向 B 公司，每年增加利润 30 万元。要求计算下列指标：

(1) 追加投资前 A 中心的剩余收益。

(2) 追加投资前 B 中心的投资额。

(3) 追加投资前集团公司的投资利润率。

(4) 若 A 公司接受追加投资，其剩余收益。

(5) 若 B 公司接受追加投资，其投资利润率和剩余收益。

7. ABC 公司有 3 个业务类似的投资中心，其 20×4 年的有关资料如表 10.6 所示。

表 10.6　ABC 公司 20×4 年的有关资料

单位:万元

项　目	实际数		
	A 部门	B 部门	C 部门
利润	22	24	30
净资产	100	110	120

假设该公司的加权平均最低投资利润率是 18%,请使用剩余收益指标评价 3 个投资中心的业绩。

附录A 自测题

自测题(一)

一、单项选择题(共10分,每小题1分)

1. 在成本与销售量保持不变的情况下,若降低销售单价,则下列叙述中正确的是( )。

   A. 盈利区的三角形面积扩大,亏损区的三角形面积缩小

   B. 总收入线的斜率增大

   C. 产品的盈利能力有所提高

   D. 产品的保本点提高

2. 凡成本总额与业务量总数成( )关系的成本称为变动成本。

   A. 正比　　B. 反比

   C. 等比增加　　D. 等比减少

3. 阶梯式混合成本又可称为( )。

   A. 半固定成本　　B. 半变动成本

   C. 延期变动成本　　D. 曲线式成本

4. 如果某期按变动成本法计算的营业利润为5 000元,该期产量为2 000件,销售量为1 000件,期初存货为零,固定性制造费用总额为2 000元,则按完全成本法计算的营业利润为( )元。

   A. 6 000　　B. 5 000　　C. 1 000　　D. 0

5. 在变动成本法下,销售收入减变动成本等于( )。

   A. 销售毛利　　B. 税后利润

   C. 税前利润　　D. 贡献边际

6. 某企业利用0.4的平滑指数进行销售预测,已知20×3年的实际销量为100 t,预计销量比实际多10 t;20×4年实际销量比预测销量少6 t,则该企业20×4年实际销量应为( )t。

   A. 106.6　　B. 100　　C. 93.6　　D. 63.6

7. 某产品按每件10元的价格出售时，可获得8 000元贡献边际，贡献边际率为20%，企业最大生产能力为10 000件；将价格调低为9元时，预计可实现销售9 000件，则调价前后的利润无差别点业务量为(　　)件。

A. 9 000　　B. 8 000　　C. 6 000　　D. 4 000

8. 现代会计可以分为两个重要领域，它们是(　　)。

A. 管理会计与财务会计　　B. 管理会计与责任会计

C. 预测会计与决策会计　　D. 规划与控制会计

9. 在以下预算中，首先应当编制的是(　　)。

A. 生产预算　　B. 销售预算

C. 直接材料预算　　D. 直接人工预算

10. 下列各项中，属于标准成本控制系统前提和关键的是(　　)。

A. 标准成本的制定　　B. 成本差异的计算

C. 成本差异的分析　　D. 成本差异的账务处理

二、多项选择题(本题共20分，每小题2分。不选、错选、少选或多选，该小题均不得分)

1. 下列各项中，属于正确描述预测决策会计特征的说法是(　　)。

A. 最具有能动性

B. 处于现代管理会计的核心地位

C. 能够考核评价经营业绩

D. 是现代管理会计形成的关键标志之一

E. 可以控制企业的生产过程

2. 完全成本法与变动成本法的明显区别主要有(　　)。

A. 应用的前提条件不同　　B. 期间成本的构成内容不同

C. 损益确定程序不同　　D. 提供信息的用途不同

E. 计算出的税前利润不同

3. 下列各项中，体现变动成本法优点的有(　　)。

A. 所提供的资料较好地符合企业生产经营的实际情况

B. 能提供每种产品盈利能力的资料，有利于管理人员的决策分析

C. 便于分清各部门的经济责任

D. 简化了产品成本计算

E. 可以大大地刺激企业提高产品生产的积极性

4. 安全边际指标的表现形式有(　　)。

A. 安全边际量　　B. 安全边际额

C. 安全边际率　　D. 保本作业率

E. 保利量

5. 下列各项中，属于生产经营决策相关成本的有(　　)。

A. 增量成本　　B. 机会成本

C. 专属成本　　D. 沉没成本

E. 联合成本

6. 管理会计与财务会计的联系可归纳为(　　)。
   A. 两者会计信息同源
   B. 两者提供的会计信息既对内又对外
   C. 两者服务对象相互交织
   D. 两者目标一致
   E. 两者面临问题一样
7. 下列项目中,属于弹性预算的优点是(　　)。
   A. 适应范围广
   B. 使用时期长
   C. 各项实际指标与预算期指标可比性较高
   D. 避免重复编制预算
   E. 不受基期数影响
8. 下列各项中,属于责任会计制度内容的有(　　)。
   A. 设置责任中心　　B. 编制责任预算
   C. 提交责任报告　　D. 评价经营业绩
   E. 反映财务状况
9. 变动性制造费用差异可分解为(　　)。
   A. 耗费差异　　B. 预算差异
   C. 开支差异　　D. 效率差异
   E. 能量差异
10. 成本动因按其在作业成本中体现的分配性质不同,可以分为(　　)。
   A. 资源动因　　B. 作业动因
   C. 产品动因　　D. 需求动因
   E. 价格动因

三、判断题(本题共10分,每题1分)

1. 成本性态分析中高低点法的优点是计算精度高,缺点是计算过程过于复杂。(　　)
2. 导致两种方法分期营业利润出现差额的根本原因,就在于它们对固定性制造费用的处理采取了不同的方式。(　　)
3. 在其他条件不变情况下,固定成本越大,保本量越高。(　　)
4. 成本预测是其他各项预测的前提。(　　)
5. 按管理会计信息及时性特征,应每日定期提供企业经营管理所需信息。(　　)
6. 阶梯式混合成本又可称为半变动成本。(　　)
7. 预计资产负债表和预计利润表构成了整个的财务预算。(　　)
8. 标准成本控制系统中,计算价格差异的用量基础是实际产量下的实际耗用量。(　　)
9. 以贡献边际减去固定性制造费用就是利润。(　　)
10. 完全成本法与变动成本法的根本区别在于如何看待固定性制造费用,完全成本法将固定性制造费用视为一种可以在将来换取收益的资产,而变动成本法则将其视作为取得收益已经耗费的成本。(　　)

四、计算分析题(所有需要计算的数据都必须列出计算过程,否则扣分。每小题15分,本类题共60分)

1. 已知:某公司的A产品1~8月份的产量及总成本资料如下表所示:

指标＼月份	1	2	3	4	5	6	7	8
产量(件)	1 100	1 000	1 850	1 700	1 800	1 920	2 000	2 100
总成本(元)	60 000	62 000	65 000	72 000	70 000	79 000	82 000	80 000

要求:采用高低点法进行成本性态分析。

2. 某公司生产的A产品,销售价格为10元/件,单位产品变动生产成本为5元,固定性制造费用总额为24 000元,销售及管理费用为6 000元,全部是固定性的。存货按先进先出法计价,最近3年的产销量如下表:

单位:件

资料	第一年	第二年	第三年
期初存货量	0	0	2 000
本期生产量	6 000	8 000	4 000
本期销货量	6 000	6 000	6 000
期末存货量	0	2 000	0

要求:

(1)分别按变动成本法和完全成本法计算单位产品成本。

(2)分别按变动成本法和完全成本法计算第一年的营业利润。

(3)利用差额简算法计算第三年完全成本法与变动成本法的营业利润差额。

3. 已知某公司组织多品种经营,假定本年全厂固定成本为384 200元,本年的有关资料如下:

单位:元

品种	销售单价	销售量	单位变动成本
A	620	100	420
B	100	2 000	50
C	60	3 000	45

要求:

(1)计算综合贡献边际率。

(2)计算综合保本额。

(3)计算每种产品的保本额。

4. 某公司只生产一种产品,全年最大生产能力为1 200件。年初已按100元/件的价格接受正常任务1 000件,该产品的单位完全生产成本为80元/件(其中,单位固定生产成本为25元)。现有一客户要求以70元/件的价格追加订货300件,因有特殊工艺要求,企业需追加900元专属成本。剩余能力可用于对外出租,可获租金收入5 000元。按照合同约定,如果正常订货不能如期交货,将按违约货值的 1% 加纳罚金。

要求:为企业做出是否接受低价追加订货的决策。

5. 某公司生产一种产品,其变动性制造费用的标准成本为 21 元/件(3 小时/件 ×7 元/小时)。本期实际产量 1 300 件,发生实际工时 4 100 小时,变动性制造费用 31 160 元。

要求:

(1)计算变动性制造费用的成本差异。

(2)计算变动性制造费用的效率差异。

(3)计算变动性制造费用的分配率差异。

(4)如果固定性制造费用的总差异是 2 000 元,生产能力利用差异是 -1 600 元,效率差异是 600 元,计算固定性制造费用的预算差异。

自测题(二)

一、单项选择题(本题共10分,每小题1分)

1. 在西方会计发展史上,第一次提出“管理会计”术语的是(　　)年。
   A. 1902年　　B. 1912年
   C. 1922年　　D. 1952年
2. 下列各项中,不属于管理会计职能的是(　　)。
   A. 参与经济决策　　B. 对外报告经营成果
   C. 规划经营目标　　D. 考核评价经营业绩
3. 在历史资料分析法的具体应用方法中,计算结果最为精确的方法是(　　)。
   A. 高低点法　　B. 散布图法
   C. 回归直线法　　D. 直接分析法
4. 如果完全成本法的期末存货成本比期初存货成本多10 000元,而变动成本法的期末存货成本比期初存货成本多4 000元,则可断定两种成本法的营业利润之差为(　　)元。
   A. 14 000　　B. 10 000　　C. 6 000　　D. 4 000
5. 在其他因素不变的条件下,其变动不能影响保本点的因素是(　　)。
   A. 单位变动成本　　B. 固定成本
   C. 单价　　D. 销售量
6. 在采用平滑指数法进行近期销售预测时,应选择(　　)。
   A. 固定的平滑指数　　B. 较小的平滑指数
   C. 较大的平滑指数　　D. 任意数值的平滑指数
7. 在管理会计中,将决策划分为确定型决策、风险型决策和不确定型决策的分类标志是(　　)。
   A. 决策的重要程度　　B. 决策条件的肯定程度
   C. 决策规划时期的长短　　D. 决策解决的问题内容
8. 下列各项中,属于经营预算的是(　　)。
   A. 管理费用预算　　B. 经营决策预算
   C. 现金预算　　D. 预计利润表
9. 如果产品的单价与单位变动上升的百分率相同,其他因素不变,则保本销售量(　　)
   A. 上升　　B. 降低
   C. 不变　　D. 可能变动
10. 下列各项中,属于成本中心控制和考核的内容是(　　)。
   A. 责任成本　　B. 产品成本
   C. 直接成本　　D. 目标成本

二、多项选择题(本题共20分,每小题2分。不选、错选、少选或多选,均不得分)

1. 管理会计与财务会计之间有许多不同之处,如(　　)。
   A. 会计主体不同　　B. 基本职能不同

C. 依据的原则不同　　D. 信息特征不同

E. 服务对象不同

2. 由于相关范围的存在,使得成本性态具有以下特点,即(　　)。

A. 相对性　　B. 不变性

C. 可转化性　　D. 暂时性

E. 正比例变动性

3. 如果企业在某期发生了营业利润差额,就意味着该期完全成本法(　　)。

A. 与变动成本法计入当期利润表的固定性制造费用水平出现了差异

B. 期末存货吸收与期初存货释放的固定性制造费用出现了差异

C. 完全成本法的营业利润与变动成本法的营业利润的水平不同

D. 完全成本法的利润表与变动成本法的利润表的格式不同

E. 与变动成本法对固定性制造费用处理不同

4. 在完全成本法下,期间费用应当包括(　　)。

A. 制造费用　　B. 变动制造费用

C. 固定制造费用　　D. 销售费用

E. 管理费用

5. 保本点的表现形式包括(　　)。

A. 保本额　　B. 保本作业率

C. 保本量　　D. 变动成本率

E. 贡献边际率

6. 下列各项中,属于关联产品深加工决策方案可能需要考虑的相关成本有(　　)。

A. 加工成本　　B. 专属成本

C. 机会成本　　D. 增量成本

E. 可分成本

7. 下列各项中,属于固定预算缺点的有(　　)。

A. 长期性差　　B. 适应性差

C. 准确性差　　D. 间断性差

E. 随意性

8. 内部经济仲裁委员会工作内容包括(　　)。

A. 调解经济纠纷　　B. 对无法调解的纠纷进行裁决

C. 办理内部交易结算　　D. 办理内部责任结转

E. 进行业绩考核评价

9. 下列项目中,可以作为管理会计主体的有(　　)。

A. 分厂　　B. 企业整体

C. 车间　　D. 班组

E. 个人

10. 投资中心主要考核(　　)。

A. 剩余收益　　B. 贡献边际

C. 投资报酬率　　D. 可控成本

E. 利润总额

三、判断题(本题共 10 分,每题 1 分)

1. 固定成本和变动成本的划分是相对的,暂时的。 ( )
2. 成本性态分析与成本性态分类的结果相同。 ( )
3. 两种成本法出现不为零的利润差额,只有可能性,没有必然性。 ( )
4. 保本点、保利点和保本作业率都是反指标。 ( )
5. 在采用销售百分比法预测资金需要量时,一定随销售变动的资产项目有货币资金、应收账款、存货和固定资产。 ( )
6. 当边际收入等于边际成本,边际利润为零时,意味着产品售价最优,利润最大。( )
7. 预计资产负债表和预计利润表构成了整个的财务预算。 ( )
8. 价格差异中含着混合差异。 ( )
9. 各成本中心的可控成本之和是企业的总成本。 ( )
10. 资源动因能够反映产品产量与作业成本之间的因果关系。 ( )

四、计算分析题(每小题 15 分,本题共 60 分)

1. 某企业生产 A 产品,每年需要甲零件 1 200 件。该零件可以自制也可以外购。目前该企业已具备自制能力,自制甲零件的完全成本为 30 元,其中:直接材料 20 元,直接人工 4 元,变动性制造费用 1 元,固定性制造费用 5 元。假定甲零件的外购单价为 26 元,且自制生产能力无法转移。要求:

(1)计算自制甲零件的单位变动成本。

(2)作出自制或外购甲零件的决策。

(3)计算节约的成本。

(4)若自制生产能力可以对外出租,获租金收入 5 000 元,计算自制的相关成本。

(5)针对(4)作出自制或外购甲零件的决策。

2. 某工厂 12 个月中业务量最高为 10 000 机器小时,维修费为 300 元,业务量最低为 6 000机器小时,维修费为 200 元。试根据高低点法计算并写出混合成本的分解公式。并计算当业务量为 7 000 机器小时,维修费是多少。

3. 某企业只销售一种产品,20 ×3 年单位变动成本为 15 元/件,变动成本总额为 63 000 元,共获税前利润 18 000 元,若该公司计划于 20 ×4 年维持销售单价不变,变动成本率仍维持 20 ×3 年的 30% 。要求:

(1)计算该产品的销售单价。

(2)计算该公司 20 ×3 年的销售量和固定成本。

(3)预测 20 ×4 年的保本额。

(4)若目标利润为 100 000 元,预测实现目标利润时的销售量。

(5)若 20 ×4 年的计划销售量比 20 ×3 年提高 8% ,预测安全边际额。

4. 某企业可生产半成品 6 000 件,如果直接出售,单价为 20 元,其单位成本资料如下:单位材料为 8 元,单位工资为 4 元,单位变动性制造费用为 3 元,单位固定性制造费用为 2 元,合计为 17 元。现该企业还可以利用剩余生产能力对半成品继续加工后再出售,这样单价可以提高到 27 元,但生产一件产成品,每件需追加工资 3 元、变动性制造费用 1 元。要求就以下不相关情况,利用差别损益分析法进行决策:

(1)若该企业的剩余生产能力足以将半成品全部加工为产成品;如果半成品直接出售,剩余生产能力可以承揽零星加工业务,预计获得贡献边际 1 000 元。

(2)若该企业要将半成品全部加工为产成品,需租入一台设备,年租金为 20 000 元。

(3)若半成品与产成品的投入产出比为 2∶1。

5. 某总公司加权平均投资利润率为 18%,其所属 A 投资中心的经营资产平均余额为 400 万元,利润为 100 万元。现该投资中心有一投资项目,投资额为 50 万元,预计投资利润率为 20%。若该公司要求的最低投资报酬率为其加权平均投资利润率。要求:

(1)如果不考虑投资项目,计算 A 投资中心目前的投资利润率。

(2)如果按投资利润率来衡量,A 投资中心是否愿意接受这一投资项目?

(3)计算投资项目的剩余收益。

(4)如果按剩余收益来衡量,A 投资中心应否接受这一投资项目?

附录B 自测题答案

自测题(一)的答案

一、单项选择题

1. D 2. A 3. A 4. A 5. D

6. B 7. B 8. A 9. B 10. A

二、多项选择题

1. ABD 2. ABCDE 3. ABCD 4. ABC 5. ABC

6. ACD 7. ABCD 8. ABCD 9. AD 10. AD

三、判断题

1. × 2. √ 3. √ 4. × 5. ×

6. × 7. × 8. √ 9. × 10. √

四、计算题

1. 解:

高点(2 100,80 000),低点(1 000,62 000)

$b=(80\ 000-62\ 000)/(2\ 100-1\ 000)=16.36$

$a=62\ 000-16.36\times 1\ 000=45\ 640$

$y=45\ 640+16.36x$

2. 解:

(1)分别按变动成本法和完全成本法计算单位产品成本。

单位:元/件

单位产品成本	第一年	第二年	第三年
变动成本法	5	5	5
完全成本法	5 +24 000/6 000 =9	5 +24 000/8 000 =8	5 +24 000/4 000 =11

(2)变动成本法营业利润 =10 ×6 000 -5 ×6 000 -24 000 -6 000 =0(元)

因为期初存货 = 期末存货 =0,所以完全成本法下的营业利润 =0(元)

(3)两法营业利润差额 =0 -2 000 ×24 000/8 000 = -6 000(元)

3. 解:(1)计算综合贡献边际率:

品种	单位贡献边际	贡献边际率	销售收入(元)	销售比重
A	620 -372 =248	248/620 =40%	620 ×100 =62 000	62 000/(62 000 +200 000 +180 000) =14.03%
B	100 -50 =50	50/100 =50%	100 ×2 000 =200 000	62 000/(62 000 +200 000 +180 000) =45.25%
C	60 -45 =15	15/60 =25%	60 ×3 000 =180 000	62 000/(62 000 +200 000 +180 000) =40.72%

综合贡献边际率 =40% ×14.03% +50% ×45.25% +25% ×40.72% =38.42%

(2)综合保本额 =384 200/38.42% =1 000 000(元)

(3)A 品种保本额 =1 000 000 ×14.03% =140 300(元)

B 品种保本额 =1 000 000 ×45.25% =452 500(元)

C 品种保本额 =1 000 000 ×40.72% =407 200(元)

4. 解:

解法一:

差别损益分析表

单位:元

项目 \ 方案	接受追加订货	不接受订货	差异额
相关收入	100 ×900 +70 ×300 =111 000	100 ×1 000 =10 000	+11 000
相关成本	97 000	80 000	+17 000
其中:增量成本	80 ×1 000 +55 ×200 =9 1000	80 ×1 000 =80 000	
机会成本	5 000	0	
专属成本	900	0	
专属成本	100 ×(300 -200) ×1% =100	0	
差别损益			-6 000

决策:该企业应拒绝接受该项追加订货,否则企业将多损失 6 000 元利润。

解法二:

差别损益分析表

单位:元

项目 \ 方案	接受追加订货	不接受订货	差异额
相关收入	70 ×300 =21 000	0	+21 000
相关成本	27 000	0	+27 000
其中:增量成本	55 ×200 =11 000		
机会成本	100 ×100 =10 000	0	
机会成本	5 000		

续表

方案 项目	接受追加订货	不接受订货	差异额
专属成本	900	0	
专属成本	100 ×（300 − 200）× 1% = 100	0	
差别损益			−6 000

5. 解：

(1)变动性制造费用成本差异 = 31 160 − 1 300 × 21 = 3 860(元)

(2)效率差异 = (4 100 − 1 300 × 3) × 7 = +1 400(元)

(3)分配率差异 = (31 160/4 100 − 7) × 4 100 = +2 460(元)

(4)固定性制造费用预算差异 = 2 000 − (−1 600 + 600) = 3 000(元)

自测题(二)答案

一、单项选择题

1. D　2. B　3. C　4. C　5. D
6. C　7. B　8. A　9. B　10. A

二、多项选择题

1. ABCDE　2. ACD　3. ABCE　4. DE　5. AC
6. ABC　7. ABC　8. ABCDE　9. ABCDE　10. AC

三、判断题

1. √　2. ×　3. ×　4. √　5. ×
6. √　7. ×　8. ×　9. ×　10. ×

1. 解：

(1)自制甲零件的单位变动成本 = 20 + 4 + 1 = 25(元)

(2)因为单位变动成本 25 < 外购单价 26 元，所以应当自制。

(3)自制比外购节约的成本 = (26 − 25) × 1 200 = 1 200(元)

(4)自制的相关成本 = 25 × 1 200 + 5 000 = 35 000(元)

(5)由于自制的相关成本 35 000 元，而外购的成本是 312 000 元，外购比自制可以节约成本 3 800 元，所以应当外购。

2. 解：

单位变动成本 = (300 − 200)/(10 000 − 6 000) = 0.025

固定成本 = 300 − 10 000 × 0.025 = 50

混合成本的分解公式

$y = 50 + 0.025x$

当业务量为 7 000 机器小时，维修费 $y = 50 + 0.025x = 50 + 0.025 \times 7\,000 = 225$(元)

3. 解：

(1)因：(单价 − 单位变动成本)/单价 = 70%

(单价－15)/单价＝70%

得:单价＝50(元)

(2)变动成本额/单位变动成本＝销售量

销售量＝63 000/15＝4 200(件)

利润＝收入－变动成本－固定成本

18 000＝4 200×50－63 000－固定成本

固定成本＝129 000(元)

(3)保本额＝固定成本/贡献边际率

＝129 000/70%

＝184 285.71(元)

(4)目标销售量＝(100 000＋129 000)/(50－15)

＝6 542.86(件)

(5)2014 后的销售量＝4 200×(1＋8%)＝4 536(件)

2014 年保本销售量＝固定成本/(单价－单位变动成本)＝129 000/(50－15)

＝3 686(件)

安全边际额＝(4 536－3 686)×50＝42 500(元)

4. 解:

(1)

单位:元

项目 \ 方案	继续加工	直接出售	差异额
相关收入	27×6 000＝162 000	20×6 000＝120 000	42 000
相关成本	25 000	0	25 000
其中:		0	
加工成本	4×6 000＝24 000	0	
机会成本	1 000	0	
差别损益			17 000

应继续加工,这样可多获利 17 000 元。

(2)

单位:元

项目 \ 方案	继续加工	直接出售	差异额
相关收入	27×6 000＝162 000	20×6 000＝120 000	42 000
相关成本	44 000	0	44 000
其中:		0	
加工成本	4×6 000＝24 000	0	
专属成本	20 000	0	
差别损益			－2 000

应直接出售,这样可多获利2 000元。

(3)

单位:元

项目＼方案	继续加工	直接出售	差异额
相关收入	27×3 000 = 81 000	20×6 000 = 120 000	-39 000
相关成本	24 000	0	24 000
其中:		0	
加工成本	4×6 000 = 24 000	0	
差别损益			-63 000

应直接出售,这样可多获利63 000元。

5. 解:

(1)投资利润率 = 100/400×100% = 25%

(2)因为投资项目的投资利润率为20%小于A投资中心的投资利润率25%,所以A投资中心不愿意接受这一投资项目。

(3)剩余收益 = 50×20% - 50×18% = 1(万元)

(4)由于该投资项目的剩余收益为1万元,大于零,所以A投资中心应接受这一投资项目。

参考文献

[1] 孙茂竹,文光伟,杨万贵. 管理会计学[M].5 版. 北京:中国人民大学出版社,2012.
[2] 白玉芳. 管理会计学[M]. 上海:上海交通大学出版社,2013.
[3] 张晓燕. 新编管理会计学[M].2 版. 大连:大连理工大学出版社,2013.
[4] 马元驹,李百兴. 管理会计模拟实验教程[M]. 北京:中国人民大学出版社,2010.
[5] 熊素宜,陈世文. 管理会计实用教程[M]. 北京:北京交通大学出版社,2013.
[6] 侯本领. 管理会计[M]. 大连:东北财经大学出版,2013.
[7] 曹慧民. 管理会计[M]. 上海:立信会计出版社,2013.